Heinrich Himmler

Michael Wildt e Katrin Himmler

Heinrich Himmler

Cartas de um assassino em massa

Tradução de
CLÓVIS MARQUES

1ª edição

RIO DE JANEIRO • SÃO PAULO

2017

CIP-BRASIL. CATALOGAÇÃO NA PUBLICAÇÃO
SINDICATO NACIONAL DOS EDITORES DE LIVROS, RJ

W665h
Wildt, Michael
  Heinrich Himmler: cartas de um assassino em massa / Michael Wildt e Katrin Himmler; Tradução de Clóvis Marques. – 1ª ed. – Rio de Janeiro: Record, 2017.

  Tradução de: Heinrich Himmler
  Inclui bibliografia
  Inclui anexos
  ISBN: 978-85-01-10926-2

  1. Himmler, Heinrich, 1900-1945. 2. Nazistas – Alemanha – Biografia. 3. Holocausto judeu (1939-1945). 4. Alemanha – Política e governo – 1933-1945. I. Himmler, Katrin. II. Marques, Clóvis. III. Título.

17-41295
CDD: 920.9943086
CDU: 929:94(43)'1945/...'

Copyright © Éditions Plon, 2014

Título original em francês: Heinrich Himmler: d'après sa correspondance avec sa femme 1927-1945

Todos os direitos reservados. Proibida a reprodução, armazenamento ou transmissão de partes deste livro, através de quaisquer meios, sem prévia autorização por escrito.

Texto revisado segundo o novo Acordo Ortográfico da Língua Portuguesa.

Direitos exclusivos de publicação em língua portuguesa para o Brasil adquiridos pela
EDITORA RECORD LTDA.
Rua Argentina, 171 – 20921-380 – Rio de Janeiro, RJ – Tel.: (21) 2585-2000, que se reserva a propriedade literária desta tradução.

Impresso no Brasil

ISBN 978-85-01-10926-2

Seja um leitor preferencial Record.
Cadastre-se em www.record.com.br e receba informações sobre nossos lançamentos e nossas promoções.

Atendimento e venda direta ao leitor:
mdireto@record.com.br ou (21) 2585-2002.

Sumário

Agradecimentos — 7
Introdução — 9

Cartas

1927-1928 — 29
1928-1933 — 115
1933-1939 — 195
1939-1945 — 223

Epílogo: O pós-guerra — 347
Anexos — 351
    Índice de abreviações — 353
    Notas biográficas — 357
    Fontes e bibliografia seleta — 399

Agradecimentos

Devemos os maiores agradecimentos a Vanessa Lapa, que nos proporcionou a possibilidade de trabalhar com esses documentos excepcionais. As numerosas entrevistas que tivemos com ela a respeito desse material, em particular, foram muito proveitosas para todos nós. Sem seu incansável comprometimento ao longo dos últimos anos, nosso projeto comum de livro e filme jamais teria se concretizado.

Nossos agradecimentos calorosos também para seus colaboradores e colaboradoras na produção cinematográfica: em primeiro lugar, Hermann Pölking-Eiken, cujas meticulosas investigações para o filme também nos foram úteis em várias oportunidades. Obrigado a Sharon Brook, Dorothea Otto e Sarah Strebelow, pela qualidade de sua cooperação nas trocas de informações. Enviamos um agradecimento especial a Sharon, pelo apoio como babá em Tel Aviv, Berlim e Lübeck.

Horst von der Ahé amavelmente pôs à nossa disposição o vasto fundo de seu pai Gerhard. Anne Pütz e Alexandra Wiersch se encarregaram da transcrição datilográfica das cartas.

Os numerosos colaboradores dos diferentes arquivos, do Staatsarchiv de Munich, dos Bundesarchiv de Berlim-Lichterfelde e Koblenz, inclusive os arquivos visuais, sempre responderam de maneira rápida e confiável a nossas inúmeras solicitações. Enviamos agradecimentos muito especiais, no caso, a Michael Hollmann, do Bundesarchiv de Koblenz.

Obrigado também às colaboradoras e aos colaboradores das diferentes bibliotecas, especialmente a da Fondation Topographie des Terrors de Berlim e da Biblioteca Central da Universidade Humboldt de Berlim.

Linde Apel fez uma leitura crítica da introdução, e suas indicações nos foram muito úteis. Devemos a Christina Wittler informações importantes sobre Marga Himmler, a Jens Westemeier, dados a respeito de Hedwig Potthast. Amir Gilan permitiu dias inteiros de pesquisas nos arquivos e bibliotecas.

E, para encerrar, agradecemos a nossas editoras: Muriel Beyer e Cécile Majorel, da editora Plon, e Kristin Rotter, da editora Piper, em Munique, que, com sua leitura minuciosa e seus numerosos e preciosos conselhos, transformaram nosso manuscrito em um verdadeiro livro.

Introdução

Na primavera de 1945, imediatamente depois da guerra, um *intelligence officer* dos Estados Unidos encontrou-se em Gmund, perto do Tegernsee, com dois GI norte-americanos que aparentemente tinham se aprovisionado muito bem de "lembranças" na "casa de Lindenfycht", a residência particular de Heinrich Himmler. O oficial, também historiador, rapidamente entendeu o que os dois transportavam e tentou comprar seus achados. Um dos dois aceitou. O oficial adquiriu assim um arquivo contendo documentos privados da família Himmler, entre eles os diários manuscritos do jovem Heinrich Himmler no período de 1914 a 1922. Mas o outro GI não quis vender seus tesouros e retomou seu caminho.

O oficial mandou os diários para casa e não lhes deu mais atenção até 1957, quando se lembrou de sua existência em conversa com um amigo historiador judeu-alemão, Werner Tom Angress, a quem os entregou, para que procedesse a uma exploração histórica. Assistido por um jovem colega, chamado Bradley F. Smith, Angress fez uma transcrição dos manuscritos e, em 1959, os dois comunicaram sua descoberta em artigo publicado no *Journal of Modern History*.[1]

---

[1] Werner Tom Angress (1920-2010) contou essa história várias vezes e a esboçou sucintamente no ensaio que escreveu com Bradley F. Smith: "Diaries of Heinrich Himmler's Early Years" (*The Journal of Modern History*, vol. 31, nº 3, setembro de 1959). Sobre Werner T. Angress, ver suas Memórias: *... immer etwas abseits. Jugenderinnerungen eines jüdischen Berliners, 1920-1945*, Berlim, 2005.

Existem outras versões dessa história, que portanto ainda não foi elucidada, já que os dois GI nunca foram identificados. Posteriormente, Angress entregou os diários, assim como os demais documentos, à Hoover Institution on War, Revolution and Peace, da Stanford University na Califórnia, que facultou seu acesso ao público. Durante anos, a tal "coleção Himmler", na qual se encontravam as cartas de Marga Himmler ao marido, foi uma mina para a historiografia. Por volta de 1995, depois de vários anos de negociações, o Arquivo Federal de Koblenz comprou da Hoover Institution os originais, hoje conservados em suas instalações sob o título *Nachlass Himmler*: "Fundo Himmler".

No início da década de 1980, apareceu em Israel outra coleção de documentos privados da família de Heinrich Himmler, documentos que manifestamente constituíam as "lembranças" levadas pelo segundo GI. Esse material reúne cerca de setecentas cartas escritas por Heinrich Himmler à sua mulher, de 1927 a 1945, conservadas em rolos de microfilmes, além dos diários microfilmados de Marga Himmler, redigidos entre 1937 e 1945; documentos cujos originais estão hoje de posse do US Holocaust Memorial Museum, em Washington. Essa coleção encontrada em Israel contém também os originais da caderneta entregue a Marga Himmler pelo Partido Nazista, seu diário de juventude escrito entre 1909 e 1916, um outro sobre a infância de sua filha, Gudrun, além do álbum de poesia e o diário de mocinha desta última, cobrindo o período de 1941 a abril de 1945 — registros nos quais Marga anotava as despesas da casa, os presentes de Natal e suas receitas, os boletins e documentos entregues pela Juventude Hitlerista a Gerhard von der Ahé, que, aos 4 anos de idade, ficou sob os cuidados do casal Himmler em 1933,[2] assim como diversas fotos particulares, tanto as isoladas quanto as coladas em algum álbum.

---

[2] Por comodidade, usaremos daqui por diante a expressão "filho adotivo", embora não corresponda exatamente à realidade. Cabe notar, por sinal, que Marga e Heinrich Himmler mantiveram contato com a mãe de Gerhard.

Não se sabe como esses documentos chegaram a Israel. Seu proprietário durante longos anos, um sobrevivente da Shoah, declarou em uma primeira versão, no fim da década de 1960, que os encontrara em um mercado de pulgas na Bélgica. Em outra, afirmou que os comprara de um parente de Himmler, Karl Wolff, no México, em seguida guardando-os em casa. Um cineasta israelense aparentemente pretendia usá-los em um filme sobre Himmler, o que no entanto não ocorreu, pois morreu prematuramente. Parece que a certa altura se pretendeu vender esses documentos ao Arquivo Federal de Koblenz. Por isso o Arquivo realizou em 1982-1983 uma perícia de grande alcance, comportando um teste de material, para autenticar os documentos. Os resultados não deixavam margem a dúvida. Embora as cartas originais de Himmler não estejam disponíveis, constatou-se sem equívoco a autenticidade desses textos, tanto com base em sua caligrafia quanto pela imbricação com as cartas de Marga Himmler, tanto no tempo quanto no conteúdo.[3]

Hoje, todos esses documentos são de propriedade da documentarista israelense Vanessa Lapa, que os utilizou em seu filme *Der Anständige* ("O Decente"), exibido no Festival de Berlim em 2014, quando foram revelados pela primeira vez ao público.[4]

Com essas duas coleções de fontes, dispomos de um denso corpus de documentos privados de Heinrich Himmler — o que não acontece com nenhum outro membro da direção nacional-socialista. Enquanto Hitler, como se sabe, não deixou diários nem anotações privadas; Hermann Göring, o mais alto dirigente nazista a sentar no banco de acusados em Nuremberg em 1945-1946, só deixou rabiscos escritos nos documentos

---

[3] Perícia do Bundesarchiv (Arquivo Federal) de Koblenz Gesch.-Z. III 2-4211/Himmler, Archivdirektor, dr. Josef Henke, 12 de março de 1984. Em um texto anterior, de 18 de fevereiro de 1984, o dr. Henke mais uma vez confirmou *"that the authenticity of the material preserved in Tel Aviv can be considered as reasonably beyond doubt"* ("que se pode razoavelmente considerar que a autenticidade dos documentos conservados em Tel Aviv não deixa margem a dúvida").

[4] Os documentos originais encontram-se em Tel Aviv; depois de concluir seu filme, Vanessa Lapa entregou-os a serviços de arquivamento, para que fossem catalogados de acordo com as normas e os tornassem acessíveis aos leitores interessados e aos cientistas.

oficiais do Terceiro Reich; e Joseph Goebbels de fato redigiu um diário megalomaníaco de vários milhares de páginas, mas destinado antes de mais nada a ilustrar seu papel político de alto dignitário nazista e servir de base para publicações posteriores, Heinrich Himmler efetivamente deixou um acervo inédito. Um dos maiores genocidas da história é, portanto, o criminoso nazista do qual dispomos de maior número de documentos de caráter privado.

As cartas de Heinrich Himmler à sua mulher, Marga, nunca publicadas até hoje, e as respostas dela completam-se mutuamente, compondo uma vasta correspondência que se estende desde seu primeiro encontro, em 1927, até o fim da guerra, em 1945. As primeiras cartas parecem de uma banalidade extraordinária; nada indica que o homem de 1927 se tornaria um assassino em massa: duas personalidades aparentemente simples, um funcionário do Partido Nazista e uma enfermeira divorciada, conhecem-se no fim da década de 1920 e trocam declarações de amor em inúmeras cartas; casam-se, instalam-se no campo para viver isolados, têm um filho e em seguida acolhem em sua casa uma outra criança. Enquanto o marido está quase sempre em viagem profissional ao longo dos anos seguintes, a mulher fica em casa, cuidando ao mesmo tempo dela, do filho e do pequeno cultivo agrícola. Ao longo dos anos, as cartas tornam-se mais sóbrias; o marido faz carreira, e os dois falam de suas preocupações cotidianas, telefonando-se quase diariamente, inclusive quando ele já tem há muito tempo uma amante que lhe dá outros filhos. A guerra só aparece nessas cartas como uma sombra. Marga fala das noites de bombardeio em Berlim, enquanto Heinrich diz que tem "muito trabalho" na frente oriental. Quando ele entende que a guerra está perdida, a correspondência termina com uma carta de adeus.

Por menos eloquente que esse esboço possa parecer, bem podemos perceber, observando mais de perto, tudo que essa correspondência diária entre Heinrich e Marga Himmler deixa entrever das percepções, visões de si mesmos e visões do mundo compartilhadas pelos correspondentes. Essas cartas nada têm de indiferente nem de banal. Mesmo a defasagem nelas constatada entre a realidade homicida e o idílio privado vai diminuindo à medida que a violência e a falta de empatia se tornam igualmente visíveis na vida cotidiana pequeno-burguesa dos Himmler.

*

Heinrich Himmler nasceu a 7 de outubro de 1900 em Munique, segundo dos três filhos do professor de liceu Gebhard Himmler e de sua esposa Anna. Com os irmãos Gebhard e Ernst, cresceu em uma família burguesa e de boas condições materiais. Os filhos receberam uma instrução clássica geral, e sua educação foi fortemente marcada por princípios como obediência e senso do dever. Com o fim da Primeira Guerra Mundial, Heinrich desistiu de tornar-se oficial do Exército e partiu para estudar agronomia, engajando-se na corrente etnopopulista ("*völkisch*") e, em seguida, tornando-se orador no "movimento" nacional-socialista. A partir de 1929, recebeu o título de *Reichsführer-SS* (chefe da SS para todo o território do Reich) e, em 1930, se tornou deputado no Reichstag. Depois da chegada dos nacional-socialistas ao poder, teve sob sua responsabilidade, a partir de 1936, toda a polícia alemã; e foi responsável pelo terror, a perseguição e o extermínio dos judeus da Europa. Em 1939, já feito comissário do Reich para a consolidação da identidade étnica alemã, foi incumbido do planejamento dos gigantescos projetos de transferência e assassinato na Europa oriental e na ocidental. Por volta do fim da guerra, em 1943, foi promovido a ministro do Interior do Reich, e, por fim, em 1944, nomeado comandante do exército de reserva. Suicidou-se em 23 de maio de 1945, após ser detido.

Margarete Siegroth, nascida Boden, veio ao mundo no dia 9 de setembro de 1893 em Goncerzewo (Goncarzewy), perto de Bromberg (Bydgoszcz), na Pomerânia; era filha do proprietário fundiário Hans Boden e de sua esposa, Elfriede, e cresceu com dois irmãos e três irmãs. Durante a Primeira Guerra Mundial, perdeu o irmão mais velho, formou-se em enfermagem e trabalhou em hospitais militares. Casou em 1920, e, após o fracasso dessa união, trabalhou a partir de 1923 como enfermeira-chefe em uma clínica particular de Berlim, da qual era acionista graças ao pai. Após o casamento com Himmler, aderiu ao Partido Nazista em 1928, deu à luz em 1929 a única filha dos dois, Gudrun, e também passou a cuidar em 1933 do "filho adotivo" Gerhard. Durante a Segunda Guerra Mundial, Marga Himmler trabalhou como *Oberführerin* na Deutsches Rotes Kreuz em Berlim (a Cruz Vermelha Alemã, DRK na sigla em alemão). Ela viajou nessa condição pelos países ocupados da Europa e, depois da guerra, foi internada com Gudrun; mais tarde, viveu em Bielefeld e na casa de sua filha, em Munique, onde morreu em 25 de agosto de 1967.

Heinrich Himmler e Marga Siegroth conheceram-se em 18 de setembro de 1927, durante uma viagem de trem entre Munique e Berchtesgaden, onde Marga passaria férias e Heinrich estaria por motivos profissionais. Com seus cabelos loiros e seus olhos azuis, ela correspondia fisicamente ao ideal feminino de Himmler, e os dois ainda compartilhavam muitos outros pensamentos: a recusa da democracia, o ódio ao "sistema berlinense", o antissemitismo ("o bando dos judeus") e o desprezo pelo ser humano ("como as pessoas são falsas e más", lemos em uma das cartas). Logo os dois estariam sonhando juntos com a vida no campo — não só para melhorar os modestos vencimentos que Himmler recebia do partido com uma exploração agrícola autárquica, a criação animal e o cultivo de legumes, mas também porque isso correspondia ao ideal do "retorno à gleba" preconizado pelo movimento etnopopulista. O "belo lar próprio" que queriam construir juntos devia ser um "castelo em segurança" graças ao qual esperavam manter-se à distância da "sujeira".

O que chama a atenção, contudo, é o que *não* pode ser encontrado nessas primeiras cartas: nem Heinrich nem Marga evidenciam verdadeiro interesse um pelo outro; não fazem perguntas sobre o cotidiano, a família, o passado ou os desejos do destinatário; mencionam às vezes experiências ou conversas "muito interessantes", sem que jamais apareça de maneira explícita o que nelas há de "interessante" — em uma palavra, os dois carecem totalmente de curiosidade ou empatia. O amor que sentem um pelo outro se expressa em fórmulas estereotipadas ou intermináveis redundâncias associadas a exigências descomedidas e egocêntricas: "Não esqueça que depois você pertencerá exclusivamente a mim." Receber a carta diária do outro tem mais importância aos olhos de ambos que seu conteúdo propriamente dito, sempre idêntico, e é exatamente essa redundância que permite gerar o entendimento. As dúvidas que às vezes se manifestam a respeito dessa harmonia não são admitidas, pois não estão de acordo com o mundo estreito no qual ambos evoluem: "Certamente temos a mesma opinião, o contrário seria realmente impensável." Nenhum dos dois tem condições de formular o que fundamenta o afeto recíproco. Os sentimentos são no máximo expressos em frases ternas — "Você me cobre de tanto amor e atenções" —, e nos raros encontros ocorridos antes do casamento eles se armam de revistas de enigmas para se prevenir do tédio que já os ameaça.

As cartas mostram claramente a obstinação com que Himmler viveu e agiu, durante todos esses anos, de acordo com suas convicções e sua visão de mundo: desde 1924, seu objetivo era ajudar o movimento nacional-socialista a ter êxito, valendo-se incansavelmente de seu talento de orador e organizando eficazmente estruturas e redes em todo o Reich. Ele de modo algum era o secretário sem importância de um partido de pequenos grupos, enfrentando problemas financeiros permanentes e só depois de 1933 dando início subitamente a uma carreira. Vemos pelo contrário a importância que sua posição tinha no partido e qual era sua proximidade com o Führer, já na década de 1920: Himmler organizava as manifestações de que Hitler participava como orador e muitas vezes viajou com ele ("o chefe e eu partimos amanhã"). Além do mais, foi durante anos orador do partido, encarregado, como agrônomo diplomado, de promover a agitação nas regiões rurais tão fundamentais para o Partido Nazista. Em paralelo, organizava localmente, montando unidades da SA e da SS, as estruturas e os contatos pessoais nos quais haveria de se apoiar depois de 1933 para construir seu poderoso aparelho de terror formado pela SS, a polícia e a Gestapo.

Ele próprio gostava de se referir ao seu trabalho pela romântica designação de "combate", e nas cartas a Marga se apresentava como "lansquenê",* tentando assim distanciar-se do trabalho comum de escritório dos "pequeno-burgueses tediosos". A longa duração dessa correspondência e o fato de serem precocemente mencionadas pessoas que mais tarde fariam parte do círculo íntimo do regime nacional-socialista mostram a que ponto Himmler evoluiu em meio a seus semelhantes durante todos esses anos — e o papel importante que esses contatos de longo curso entre "antigos camaradas" desempenhariam em suas carreiras posteriores. Os "cordames" constituídos por Himmler ao longo dos anos no interior do movimento eram indissociáveis: antes mesmo de seu casamento, ele praticamente só tinha contatos pessoais com partidários da ideologia nazista; com o previsto retorno ao campo, também vivia na vida privada aquilo que preconizava em seus discursos, e, antes da tomada do poder por Hitler, aquilo mesmo por que militava na qualidade de membro da "liga dos Artamans", um grupo etnopopulista.

Marga Himmler tampouco era em absoluto uma esposa apolítica. Imediatamente depois do casamento, entrou para o grupo local do Partido Nazista em Waldtrudering, perto de Munique, e os Himmler cultivaram sobretudo amizades com casais que também eram, já no período de Weimar, nacional-socialistas convictos. Logo depois do casamento, Marga comunicou orgulhosamente ao marido que sua casa era "ponto de encontro de todos os nacional-socialistas".

Do seu domicílio, Marga acompanhava com interesse a evolução política ("Como eu gostaria de assistir um dia a todos esses grandes acontecimentos"); a partir de 1928, leu regularmente o jornal do partido, *Völkischer Beobachter*, e inclusive encontrava suas empregadas por meio de anúncios publicados na folha de propaganda da extrema direita. Em algumas oportunidades, conseguiu convencer Heinrich a levá-la em suas viagens.

---

* Palavra derivada da grafia francesa, *lansquenet*, por sua vez derivada do alemão *Landsknecht* ("cavaleiro da terra, do país"), designando soldados de infantaria nos séculos XV e XVI. [*N. do T.*]

Vários anos antes da tomada de poder pelos nazistas, o casal já se movimentava quase exclusivamente entre aqueles que compartilhavam suas ideias: desprezo pela democracia, antissemitismo, fé na vitória do "movimento" pela persistência no "combate" e inabalável convicção de seu próprio gênio inspirado.

As cartas muito mais sóbrias dos primeiros anos de casamento são compostas sobretudo por uma espécie de ata das atividades cotidianas, que não vai muito além da enumeração de fatos e nomes, vazia de sentido. Mas se percebe que Marga sofria pela ausência frequente do marido. Himmler raramente tinha tempo de cuidar do empreendimento agrícola dos dois. Nas cartas que escrevia de todos os recantos da Alemanha, é verdade que lastimava a situação da mulher, que devia cuidar sozinha de todo o trabalho difícil, grávida e depois com um filho pequeno. Mas, ao mesmo tempo, o caráter indispensável dessas ausências constantes tornou-se cada vez mais incontestável — tanto mais na medida em que, a partir de 1930, como deputado no Reichstag, não só ele devia estar em Berlim com frequência como, considerando-se que seu mandato lhe assegurava transporte gratuito de trem, o partido recorria cada vez mais a ele como orador.

Do período 1933-1940 foram conservadas apenas algumas cartas de Marga, e nenhuma de Heinrich Himmler. Nesse período, ele fez carreira como chefe da polícia alemã, da SS e da Gestapo, sua família comprou a "casa de Lindenfycht" em Gmund e fez uso de um apartamento funcional em Berlim. A partir de 1937, houve transferência para a mansão funcional "Dohnenstieg", em Berlim-Dahlem. No que diz respeito a essa época, os únicos elementos privados de que dispomos são o "diário da infância" mantido por Marga a respeito da filha, Gudrun, e do "filho adotivo", Gerhard, além de lembranças transmitidas depois da guerra por Lydia Boden, uma das irmãs de Marga, que viveu com eles em Gmund a partir de 1934 e cuidava das crianças quando os dois pais estavam em Berlim. Embora o "diário da infância" chegue ao fim em 1936, um diário pessoal mantido por Marga fornece a partir de 1937 informações sobre a nova vida social que ela devia à ascensão do marido e que aproveitava plenamente ao organizar tardes de chá ou de bridge para as senhoras da alta sociedade, ou quando ela própria era convidada para jantares. Quase sempre, somos informados apenas dos fatos em estado puro: que pessoas estavam presentes em determinado acontecimento ou, no máximo, que foi "muito agradável". Mas, além de todos esses detalhes banais e do espírito limitado de pequeno-burguesa que caracterizava Marga, podemos ver outro aspecto nesses diários: o orgulho pela proximidade do poder — "Foi muito agradável conversar calmamente com o Führer, para variar" —, a convicção do direito de pertencer a essa nova elite — "Estou firmemente convencida de que conquistei meu lugar ao sol" —, e a aprovação da impiedosa perseguição daqueles que eram considerados "inimigos da Alemanha", por exemplo, quando declara, a propósito dos empregados domésticos "preguiçosos": "Por que essa gente toda não é trancada e forçada a trabalhar até morrer?"; ou, quando escreve com impaciência, depois do pogrom de 9 de novembro de 1938: "Essa história com os judeus! Quando é que esse bando vai nos deixar em paz para podermos aproveitar a vida?"

*

Durante a Segunda Guerra Mundial, Himmler praticamente não ficava mais em Berlim ou Munique, mas — como outros membros da direção nacional-socialista — essencialmente em trens especiais circulando perto dos teatros de operações que constantemente mudavam, fazendo as vezes de quartéis-generais. Durante a campanha do Ocidente, na primavera de 1940, ele passou dois meses viajando em seu trem especial; no restante do ano, ainda estava em Berlim; entretanto, com a guerra de extermínio lançada contra a União Soviética, o comando móvel de campanha tornou-se definitivamente o local de trabalho de Himmler. Dias depois do ataque de junho de 1941, ele instalou no "trem especial" seu quartel-general perto de Angerburg, na Prússia Oriental, onde se encontrava o "Wolfsschanze", o "covil do lobo" de Hitler. Em meados de 1942, quando o Führer instalou seu quartel-general em Vinnytsia, na Ucrânia, foi criado outro centro de comando de campanha perto de Jytomyr, com o codinome "Hegewald". Nos anos seguintes, Himmler constantemente voltou a Berlim ou Munique por breves períodos, mas era incontestavelmente a leste que permanecia agora.

Desde o início da Segunda Guerra Mundial, Marga passou a trabalhar novamente como enfermeira; em seguida, atuou muitas semanas em Berlim, convencida de que, "se cada um der sua contribuição, a guerra logo terminará". De modo algum limitou-se a uma atividade feminina e "apolítica" de enfermeira, encarregando-se como *Oberführerin* da Cruz Vermelha Alemã (DRK) e da supervisão de muitos hospitais de campanha. Com outros funcionários da DRK, fez viagens aos países europeus ocupados, como vimos, para ter uma ideia do aprovisionamento dos soldados alemães, mas também da transferência dos compatriotas do exterior, então organizada por seu marido.

A partir de 1941, muitas cartas entre os dois cônjuges foram conservadas; mas de 1942 em diante chegaram até nós apenas as de Heinrich Himmler, nas quais, contudo, com frequência ele menciona as da esposa. Nos anos de guerra, além disso, Himmler telefonava de dois em dois ou de três em três dias para sua "Bonequinha" em Gmund, e quase diariamente a Marga quando ela estava em Berlim.

Ao contrário do que afirmaram certos pesquisadores, segundo os quais o casal Heinrich Himmler muito cedo se desentendeu, ele de modo algum se limitou, como vemos, ao contato com Gudrun em Gmund. As cartas e os documentos complementares também mostram que os Himmler compartilhavam racismo e antissemitismo ("os polacos", "a indescritível imundície"), a fé cega em Hitler e o entusiasmo pela guerra — "A guerra avança esplendidamente. Tudo isso devemos ao Führer". Himmler preocupava-se além disso com a saúde de Marga, considerando importante que ela lesse seus discursos e enviando-lhe confeitos, enquanto ela, por sua vez, mandava para os locais onde ele estava mobilizado, a leste, bolos preparados por ela mesma. A atividade de Marga na Cruz Vermelha de fato era permanente motivo de disputa com o marido, que preferia sabê-la junto à filha em Gmund; mas ela impôs sua vontade: "Eu não posso passar a guerra sem trabalho fora de casa."

As relações familiares entre os dois tampouco mudaram quando Himmler, no Natal de 1938, começou uma relação secreta com sua secretária pessoal, Hedwig Potthast, doze anos mais nova que ele — Hedwig lhe daria dois filhos durante a guerra. É verdade que, já a partir de 1940, Marga se queixava do fato de o marido não estar "mais em casa à noite"; e também que a partir de 1942 as cartas dele muitas vezes já não passavam de bilhetes redigidos às pressas e confiados ao ajudante de campo incumbido de abastecer Marga de presentes. Mas ele gastou tempo e dinheiro consideráveis para fornecer não só à filha como à esposa guloseimas, buquês de flores e coisas úteis, como todos os tipos de papel, a essa altura de difícil obtenção. Continuava a se sentir estreitamente ligado à primeira família, por exemplo, quando lamentou em 1944 não ter condições de passar o Natal em sua companhia pela primeira vez, ou quando combinou com a filha e a esposa que acenderiam a lâmpada do solstício exatamente à mesma hora no posto de comando, em Berlim e Gmund, para poderem "pensar uns nos outros" e reforçarem o vínculo mútuo.

As muitas visitas rápidas por ele feitas a Gmund e Berlim, mencionadas em sua agenda de trabalho e na de bolso, mostram que durante a guerra ele não esteve menos com Gudrun e Marga que com Hedwig Potthast e os filhos comuns, que em uma primeira etapa viveram perto da clínica SS de Hohenlychen, em Brandeburgo, e posteriormente em Schönau, próximo de Berchtesgaden. Himmler tomara já em 1939-1940 a decisão de ter outros filhos com Hedwig Potthast — na época em que ele também defendia publicamente, com suas "Ordens sobre a procriação dos filhos", a geração de filhos ilegítimos ou a existência de casamentos secundários, por ele chamados de "casamentos de paz", que no entanto não privariam a primeira esposa de seus direitos. Himmler aplicava plenamente, na medida em que o permitiam suas funções e a guerra, o conceito da dupla família que preconizava para suas SS. O caráter formal de suas declarações de amor e a pobreza dos sentimentos de Himmler, que se tornaram evidentes já nas primeiras cartas a Marga, são encontrados em uma carta por ele enviada a Hedwig Potthast, e que chegou até nós. Não só o conteúdo e o estilo são comparáveis aos de suas primeiras missivas a Marga, como as palavras de conclusão são idênticas às que escrevia dezesseis anos antes à esposa: "Beijo tuas caras e boas mãos e tua doce boca."

Ao contrário de outras esposas do meio nacional-socialista, por exemplo, Gerda Bormann, Marga teve dificuldade de se adaptar à existência dessa "segunda esposa". Mas se limitou a uma simples alusão ao seu mau humor a este respeito — "Não posso mencionar tudo que vem acontecendo além da guerra." Como estava tão impregnada quanto Heinrich da ideologia nacional-socialista — e, portanto, da ideia de que era urgente gerar filhos "pela Alemanha" —, dificilmente ela poderia contestar sua decisão. Por outro lado, a situação indiscutivelmente era uma humilhação para ela — não só por considerar a infidelidade uma traição ao seu casamento como também porque ela própria, depois do difícil nascimento de Gudrun, não podia mais ter filhos.

O cotidiano assassino de Himmler durante os anos de guerra só é mencionado por alusões nas cartas à mulher — "Os combates são muito duros, inclusive e sobretudo para a SS." Como já fazia em outros tempos, ele gostava de frisar sua gigantesca carga de trabalho — "Há *muitíssimo* trabalho" — e mandava fotos sem importância de suas viagens-relâmpago à frente oriental — "Mando [...] algumas pequenas fotos da minha última viagem a Lublin-Lemberg-Dubno-Rowno-Luck." Só o contexto histórico permite constatar que as viagens por ele mencionadas nas cartas não estavam ligadas apenas à sua missão de comissário para a colonização e aos projetos de expulsão e deslocamento nela compreendidos — "A viagem aos países bálticos era de altíssimo interesse; são missões *gigantescas*" —, mas também o levavam regularmente aos lugares onde estavam estacionadas as unidades SS que, imediatamente depois do ataque à União Soviética, se envolveram nas execuções em massa de homens, mulheres e crianças judeus — "Minha viagem conduz-me no momento a Kowno[5]-Riga-Vilnius-Mitau-Dünaburg-Minsk" —,

---

[5] Kaunas [*Nota da tradução francesa*].

ou aos locais de onde se encontravam, a partir de 1941-1942, os campos de extermínio — "Nos próximos dias, estarei em Lublin, Zamosch, Auschwitz, Lemberg."

No último ano de guerra, quando Himmler não era apenas ministro do Interior, mas também comandante do Exército de Reserva e chefe de um exército, ele se queixava com a mulher de sua responsabilidade, que não parava de aumentar e pesava "muito" em seus ombros. Até o fim, contudo, ele se apresentou a Marga um homem alegre, otimista, sedento de ação e que, apesar de seu mau estado de saúde — ele sofria de problemas gástricos crônicos —, assumia "com abnegação" encargos cada vez mais pesados, considerando-os como um necessário "serviço ao povo alemão". O orgulho que as crescentes responsabilidades de Heinrich Himmler inspiravam a sua mulher refletiu-se em seu diário: "É magnífico que ele seja convocado a missões tão importantes e esteja em condições de cumpri-las."

À medida que Gudrun crescia, as menções ao seu "incansável ardor" e ao "peso" de suas missões tornam-se cada vez mais numerosas no diário da mocinha: "O povo todo olha para ele. Ele se mantém sempre retirado, nunca procura se destacar." A "grande responsabilidade" do pai não só foi com toda evidência tema de conversa entre mãe e filha, como também uma questão abordada nas conversas telefônicas entre o pai e a filha. Progressivamente, a tristeza de Gudrun pela ausência paterna o transformou para ela em um herói distante — ela se orgulhava dele e de ser "filha desse homem tão importante", cujas atividades na realidade lhe eram praticamente desconhecidas.

Mas por trás da fachada pequeno-burguesa percebemos uma violência e uma dureza cujas origens estão por um lado na "pedagogia negra" e no gosto pelos princípios rígidos que, tanto quanto a Heinrich e Marga, haviam marcado toda a sua geração; mas também, por outro lado, na ideologia nacional-socialista, que faz da violência, da dureza e da ausência de compaixão, em todos os terrenos da vida, a virtude suprema. A dureza em relação a si mesmo "justificava" uma atitude igualmente implacável em relação aos outros, inclusive e precisamente com os próprios filhos.

No que diz respeito a Gudrun, isso se manifesta com singular clareza nos cadernos de anotações de Marga sobre os primeiros anos de vida da filha: a educação rígida no que dizia respeito à limpeza, os castigos físicos dados pelos pais em caso de desobediência, a severidade de Heinrich com a filha ainda muito pequena — "Ela obedece bem mais ao Papaizinho que a mim." Quando o "filho adotivo" Gerhard vem para a casa da família aos 4 anos, Marga esperou que isso exercesse uma boa influência sobre a filha, então com 3 anos: "O menino é muito obediente, espero que a Bonequinha logo aprenda a sê-lo também."

O entusiasmo inicialmente causado pela suposta gentileza do menino não demoraria a ceder: suas travessuras regularmente lhe valiam a hostilidade dos tutores, dos professores e outras autoridades. Em compensação, Gudrun, que nos primeiros anos ainda implorava à mãe que nada dissesse ao pai quando ela tinha "cometido" algo, com toda evidência justificava de maneira cada vez mais perfeita as esperanças que nela haviam sido depositadas. É bem verdade que com frequência ela estava doente e apresentava notas baixas na escola; mas, por outro lado, seus pais se orgulhavam de que sua Bonequinha passasse horas ajudando a preparar conservas, oferecesse presentes aos soldados da frente de batalha e lesse textos ideologicamente corretos que o pai enviava regularmente nos pacotes postais endereçados à esposa e à filha.

O comportamento do casal em relação ao "filho adotivo", Gerhard, era muito menos amável e se tornou cada vez mais duro à medida que ele crescia — a preocupação, aparentemente, era transformá-lo em um futuro soldado. Nos documentos complementares, os diários e lembranças de Gerhard, vemos claramente que, durante anos, ele temia as visitas de Himmler a Gmund, pois este o submetia a brutais corretivos como forma de punição — o que não o impedia às vezes de ir pescar tranquilamente com o menino, como recorda: "Ele também podia ser um pai normal." Marga, por sua vez, não reconhecia nele nenhuma qualidade — "Ele mente de uma maneira indescritível" — e atribuía ao menino de 10 anos uma "natureza de criminoso". Por fim, Himmler recomendou à esposa que não assinasse mais "Mamãe" nas cartas que enviava ao "filho adotivo". "Se ele viesse a melhorar", ela poderia então voltar a fazê-lo. Pouco antes do fim da guerra, ele enviou Gerhard, então com 16 anos, para seguir a formação de SS em uma divisão blindada, o que finalmente lhe valeu pela primeira vez o reconhecimento de Marga — "Ele é muito corajoso e está muito bem na SS."

Em suas cartas privadas, Himmler apresenta-se, portanto, não só como marido e pai atencioso, mas também como educador nacional-socialista implacável, ponto no qual até o fim se sentiria de acordo com a esposa. Eram grandes as expectativas alimentadas em relação às duas crianças, e ainda muito mais fortemente em relação ao menino, na qualidade de futuro combatente. A obediência era a regra; um comportamento errado acarretava punições que podiam chegar à recusa de amor — uma forma de violência que certamente gerava na capacidade de empatia efeitos tão destrutivos quanto golpes e pancadas.

*

Nessas cartas privadas, vemos transparecer um Heinrich Himmler criminoso por convicção. Ele não precisava cindir nem desdobrar sua personalidade. Não fazia qualquer distinção, por um lado, entre sua atividade como chefe da SS e executor da política de extermínio, e, por outro, sua vida privada. Muito menos tentava dissimular o genocídio. Tampouco se vangloriava dele com a esposa: encarava esse massacre como uma missão indispensável que lhe havia sido confiada e que ele devia cumprir conscienciosamente.

Ele não deixa transparecer em suas cartas a menor sombra de dúvida, de um remorso que acaso desejasse confessar à mulher. Pelo contrário, sabia que ela compartilhava seu ponto de vista sobre a "justeza" e a "necessidade" dos atos que cometia. Desde o início, Marga não só abraçara também seu antissemitismo e seu racismo como aprovara, depois da tomada do poder pelos nazistas, a rejeição dos comunistas, dos judeus, dos "associais" estranhos à "comunidade étnica" nacional-socialista. A crescente radicalização da perseguição dos judeus, que passou da expulsão ao assassinato sistemático, não pode ter escapado ao conhecimento de Marga, considerando-se sua proximidade do poder — e ainda que seu marido não falasse francamente a respeito com ela. Em suas cartas e anotações privadas, tampouco encontramos a menor dúvida quanto ao fundamento de tais atos.

O que transparece nesses escritos não é a "banalidade do mal". Himmler de modo algum era o que Hannah Arendt julgou equivocadamente encontrar na pessoa de Adolf Eichmann: uma engrenagem em um mecanismo totalitário funcionando com base no princípio da divisão do trabalho, um homem incapaz de imaginar as consequências de sua ação. Himmler queria o que fazia, e queria fazê-lo de maneira meticulosa, confiável e "correta".

"A maioria de vocês sabe o que significa quando cem cadáveres são alinhados uns ao lado dos outros, quando chegam a quinhentos ou quando chegam a mil. Ter aguentado diante disso — abstração feita de fraquezas humanas excepcionais — e ter permanecido correto durante esse tempo é algo que nos torna duros. É uma página gloriosa de nossa história, uma página que nunca foi escrita e que nunca deverá ser escrita." Era esse o cerne do famoso discurso pronunciado por Himmler em Poznań, no dia 4 de outubro de 1943. Ele cometeu o genocídio com uma moral e uma convicção idênticas às que manifestara já na juventude ao manter sob vigilância o modo como seus irmãos e seus amigos viviam, ao educar os próprios filhos e ao afirmar, em suas cartas, que sabia que sua mulher estava de acordo com ele. Não foi a deformação psíquica, mas a convicção e a "correção", como acertadamente frisaram Raphael Gross e Werner Konitzer, que tornaram o genocídio possível aos olhos do próprio Himmler, a partir do momento em que o considerou necessário.

Essa deformação da normalidade, a violência que se dissimula no cotidiano sem importância, a frieza glacial que vai de par com a benevolência de pura fachada e a imperturbável certeza de agir moralmente, ao passo que se está cometendo um genocídio: eis o que revelam essas cartas. "Correção" e cumprimento do dever — mesmo se tratando de cometer os crimes mais monstruosos possíveis — eram as máximas da ação de Himmler. Ele se pretendia um modelo em seu papel de marido e na SS, no papel de pai de família e no de executor da "Solução Final". O que podemos ler nessas trocas epistolares é a imperturbabilidade de um casal alemão convencido de estar participando de uma "grande época" e que não tem condições de entender que se tratava de grandes crimes. Embora às vezes as cartas possam hoje dar motivo a risos, devemos no fundo temer sua aparente normalidade pequeno-burguesa.

*

O cerne deste livro é portanto a correspondência do casal Himmler, de 1927 a 1945. As cartas manuscritas de Heinrich, constantes dos documentos encontrados em Israel, assim como as de Marga, provenientes do Arquivo Federal de Koblenz, foram integralmente transcritas. As cartas de Marga estão cheias de erros de ortografia e gramática, que só em raros casos reproduzimos. Mas reproduzimos aqui apenas uma seleção delas. No que diz respeito ao ano de 1928, em particular, limitamo-nos a extratos, pois as cartas do período em que eles se conhecem contêm muitas repetições. As correspondências cada vez mais concisas dos anos que antecedem a tomada do poder pelos nazistas e as escritas durante os anos de guerra, em compensação, são reproduzidas em sua quase totalidade.

Complementarmente, exploramos outros documentos das coleções de Tel Aviv, em especial trechos do diário de Gudrun, assim como o diário de infância que Marga Himmler manteve sobre a filha, e depois sobre Gerhard. Por outro lado, também aproveitamos, no "Fundo Himmler" do Arquivo Federal de Koblenz, extratos das agendas de bolso de Himmler, das cartas de Gudrun ao pai, assim como de documentos e cartas de Hedwig Potthast. Além das vastas biografias de Himmler por Peter Longerich e Klaus Mües-Baron, as edições da agenda de serviço e da agenda de bolso de Himmler nos anos de 1937, 1940 e 1941-1942 nos serviram de valiosa ajuda.

Entre as cartas transcritas foram inseridos comentários temáticos, de tal maneira que os contextos e ambientações dos personagens, acontecimentos e lugares principais vão aparecendo ao longo da leitura. É possível encontrar informações mais detalhadas sobre as pessoas no índice ao fim da edição. Voluntariamente efetuamos aqui uma escolha das personalidades importantes para a compreensão das cartas. Abrimos mão de oferecer notas sobre os personagens apresentados na maioria dos léxicos biográficos do Terceiro Reich.

Para os comentários e as notas biográficas, utilizamos sobretudo o abundante fundo NS 19 (Estado-Maior pessoal do *Reichsführer-SS*), assim como numerosos outros fundos do Arquivo Federal de Berlim-Lichterfelde: arquivos dos dirigentes da SS, dos membros do Partido Nazista e arquivos pessoais do Rasse- und Siedlungshauptamt.

Para maior legibilidade, limitamo-nos a um pequeno número de notas de rodapé, renunciando totalmente a indicar fontes nelas. O leitor encontrará nos anexos um abundante repertório de fontes e bibliografia. Nos comentários, os nomes de lugares alemães em uso na época são seguidos, quando necessário, dos nomes atuais entre colchetes.

"Do nosso lar, do nosso castelo forte,
afastaremos tudo que é sujo."

Heinrich Himmler, 15 de fevereiro de 1928

1

Cartas

1927-1928

No verão de 1924, Heinrich Himmler finalmente encontrou, depois de longas buscas, um emprego no Partido Nazista — o partido nazista, então proibido. Em maio, Gregor Strasser, um funcionário e dirigente do partido, dono de uma farmácia em Landshut, fora eleito para o *Landtag** da Baviera pelo *Völkischer Block*,** organização que servia de fachada aos nacional--socialistas; em dezembro, ele fora inclusive eleito para o Reichstag.*** Como já não dispunha de tempo suficiente para cuidar da organização do partido na Baixa Baviera, coube ao jovem Heinrich Himmler a direção desse braço do partido.

Em agosto de 1924, ele escreveu a um conhecido a respeito de sua nova atividade: "Tenho uma carga de trabalho pavorosa, pois preciso dirigir a organização de toda a Baixa Baviera, construí-la, e isso em todas as direções. Nem adianta pensar em trabalhar para mim mesmo, ou imaginar que consiga um dia responder a uma carta em tempo hábil. O trabalho de organização, que dirijo de maneira perfeitamente autônoma, me vai bem, e toda essa história seria perfeita se pudéssemos preparar a vitória próxima ou a luta próxima pela liberdade, mas nessas condições é para nós, nacional--populistas, um trabalho de renúncia, um trabalho que jamais dará frutos

---
* O parlamento regional. [*N. do T.*]
** Bloco Nacional-Populista. [*N. do T.*]
*** O parlamento nacional. [*N. do T.*]

visíveis em um curto prazo, que realizamos sempre com a consciência de que o fruto desse trabalho brotará em anos vindouros, e hoje nossa atividade serve talvez, por enquanto, para a defesa de uma causa perdida."[1]

A causa não estava tão perdida assim. No mês de maio, o Völkischer Block obtivera 17,4% dos votos na Baviera — tanto quanto os social-democratas —, e nas eleições para o Reichstag os extremistas de direita tinham conseguido percentuais superiores à média. Em dezembro de 1924, Adolf Hitler saiu da prisão; em fevereiro de 1925, promoveu a refundação do Partido Nazista, embora tivesse de respeitar a proibição de se expressar em público que ainda durou vários meses — na Baviera, ela foi aplicada até março de 1927 e, na Prússia, até novembro de 1928.

Himmler, por sua vez, estava agora incumbido de transferir o milhar de membros do partido na Baixa Baviera, organizados em 25 grupos, para o Partido Nazista recém-refundado, o que não era pouca coisa, com a modificação das cadernetas do partido, as contribuições dos membros etc.

Isso também significava que ele viajava muito pela Baixa Baviera, visitando grupos locais, promovendo conferências e resolvendo in loco problemas de organização. Só no período de novembro de 1925 a maio de 1926, ele falou em 27 reuniões na Baviera e vinte outras manifestações na Vestfália, em Hamburgo, Mecklemburgo, Schleswig-Holstein e outros lugares. Nesses incessantes deslocamentos, ele não se distinguia dos outros funcionários do partido. Joseph Goebbels também viajou sem descanso no período de 1925-1926, fazendo conferências em muitas cidades do Reich e montando grupos nacional-socialistas locais. Goebbels também foi à Baviera, entre outros motivos, para uma turnê de conferências em abril de 1926. "À tarde, em Landshut em companhia de Himmler", anotou Goebbels em seu diário. "Himmler: um bom sujeito, de grande inteligência. Eu o aprecio."

---

[1] Himmler a Robert Kistler, 22 de agosto de 1924, citado com base em P. Longerich, *Himmler*, tradução do alemão de Raymond Clarinard, Paris, Éditions Héloïse d'Ormesson, 2012, p. 89. [Trecho retraduzido na edição francesa (*Nota da tradução francesa*).]

No congresso do Partido Nazista em Weimar, em julho de 1926, Gregor Strasser foi nomeado Reichspropagandaleiter, diretor de propaganda do Reich, e Himmler o seguiu mais uma vez: foi nomeado vice-diretor de propaganda, instalou-se na sede central do partido em Munique e se tornou igualmente vice-Gauleiter[2] da Baixa Baviera. Ao passo que até então fora responsável sobretudo pela Baviera, seu campo de ação se estendia agora a toda a Alemanha. Como Gregor Strasser, deputado no Reichstag e personagem importante do partido, já estava ocupado em tempo integral, coube a Heinrich Himmler o trabalho diário de propaganda. Ele devia cuidar do envio dos documentos de propaganda, manter contato com os grupos e sobretudo coordenar em todo o Reich a intervenção dos oradores, acima de tudo nas Hitlerversammlungen, as reuniões nas quais Hitler falava. Assim foi que lhe coube um papel absolutamente especial no aparelho do partido: por um lado, cabia a ele decidir qual grupo local teria o privilégio de assistir a uma apresentação do Führer, e, por outro, ele se mantinha em estreito contato com Hitler para determinar o calendário de seus discursos. Ao contrário da imagem de personagem permanentemente apagado que se chegou a atribuir-lhe posteriormente, Himmler estava na realidade no centro do aparelho de poder do Partido Nazista e tinha excelentes relações com o "chefe", como o chamava.

Em suas viagens, Himmler leu, entre outros, o *Mein Kampf*, de Hitler, que na época ainda era publicado em dois volumes: o primeiro, uma autobiografia estilizada em diapasão político, saiu em 1925; o segundo, esboçando o programa político dos nacional-socialistas, em 1927. Himmler comprara o primeiro volume já no momento da publicação, em julho de 1925, e, como indicam notas manuscritas nas margens, imediatamente começou a lê-lo. Mas visivelmente tinha de novo interrompido a leitura, concluindo o livro apenas em fevereiro de 1927, como mostra uma menção em sua lista de leituras. "Encontramos nele uma quantidade impressionante de verdades",

---

[2] Nessa época, vice-chefe regional do Partido Nazista. [*Nota da tradução francesa.*]

anotou. "Os primeiros capítulos, dedicados à sua própria juventude, apresentam algumas fraquezas." Teria sido esse talvez o motivo da interrupção da leitura.

Himmler comprou o segundo volume imediatamente depois da publicação. Em 17 de dezembro, concluíra a leitura do terceiro capítulo, e no dia 19 de dezembro, quando já estava há um dia na casa de Marga, em Berlim, já havia chegado ao fim do oitavo — o que leva a crer que Marga talvez também tenha lido trechos de *Mein Kampf* nesses dias.

O que interessava sobretudo a Himmler — a darmos crédito a suas anotações e sublinhados — eram as declarações de Hitler sobre a "saúde do povo" e o racismo. Ele sublinhou a frase: "Impedir as pessoas malformadas de trazer ao mundo outras pessoas malformadas é uma exigência decorrente da razão mais clara e constitui, em sua aplicação planejada, o ato mais humano que a humanidade possa conhecer." Himmler anotou à margem: "lex Zwickau", alusão à iniciativa do médico Gustav Emil Boeters, de Zwickau, que na década de 1920 propusera — então em vão — uma lei radical de esterilização forçada. Essa lei seria promulgada em julho de 1933 pelo governo hitlerista. A propósito da veemente advertência deste sobre o "cruzamento de raças" e o risco que os "produtos emaranhados" fazem as pessoas de "raça pura" correr, Himmler escrevia: "A possibilidade de desemaranhar existe." Quanto à exigência de Hitler de "reconhecimento sanguíneo" — isto é, a reivindicação de um "fundamento racial em geral", inclusive "para os indivíduos no seio da comunidade étnica"[3] que tivessem de ser avaliados de maneira diferente em função de sua "vinculação racial" —, ele a comentava com esta pergunta: "Será que se chegará a tirar daí semelhantes consequências?"

Himmler sublinhou também o programa de Hitler visando a regulamentação de toda a educação e toda a formação, de tal maneira que forneçam a cada jovem alemão "a convicção de ser absolutamente superior aos outros.

---

[3] A "*Volksgemeinschaft*", comunidade de membros do povo alemão. [*Nota da tradução francesa.*]

Ele deve, por sua energia e sua habilidade físicas, reconquistar a fé na invencibilidade do seu povo". Himmler anotou logo depois dessa afirmação: "Educação da SS e SA."

Ele continuou viajando muito, pela Baviera e por toda a Alemanha. Em janeiro de 1927, fez conferências na Turíngia, ao se aproximar uma eleição para o Landtag, em fevereiro, na Vestfália, em abril, no Ruhr. Em maio, estava em Mecklemburgo e no Saxe; em junho, no norte da Alemanha; em julho, em Viena. Durante uma dessas viagens, em setembro de 1927, conheceu Marga Siegroth,[4] no trem que o levava de Berchtesgaden a Munique.

Marga Siegroth, nascida Boden, passara uma semana de férias em Berchtesgaden e ficou mais uma semana em Munique antes de voltar a Berlim. Tivera um primeiro casamento infeliz de 1920 a 1923, aproximadamente, mas nada sabemos sobre seu primeiro marido, senão o nome de família, Siegroth. O pai de Marga, Hans Boden, antigo proprietário de terras em Goncerzewo, perto de Bromberg, comprara para ela no outono de 1923, por mil dólares em obrigações indexadas ao ouro, uma participação em uma "clínica ginecológica privada" em Berlim. A clínica estava instalada em um prédio residencial, no número 49 da Münchner Strasse, no bairro burguês de Schöneberg, onde Marga trabalhava desde então como enfermeira-chefe e onde estava morando.

Não resta a menor dúvida de que, se atraiu a atenção de Heinrich Himmler, não foi apenas por seus cabelos loiros e seus olhos azuis, mas também em virtude de sua profissão — assumira durante a Primeira Guerra Mundial uma missão que Himmler considerava exemplar para

---

[4] O fato de Heinrich e Marga terem se conhecido em 18 de setembro de 1927 no trem entre Berchtesgaden e Munique só se depreende de suas cartas posteriores (especialmente a de 26 de dezembro de 1927: "... na época, no trem, eu logo o considerei uma criatura muito enérgica", e a de 10 de janeiro de 1928, na qual Heinrich Himmler defende o "movimento" [nacional-socialista (*Nota da tradução francesa*)] dos ataques de Marga, pois, se ele não existisse, escreve, "eu jamais teria ido a Berchtesgaden em um dia 18 de setembro". Quanto ao fato de o encontro no trem não ter ocorrido na viagem para Berchtesgaden, mas na volta, fica positivado pelo cartão-postal enviado a 19 de setembro de 1928 por Marga, com selo dos correios de Munique, e no qual ela informa que se hospedou no hotel Stadt Wien (em Munique).

uma mulher, a de enfermeira da Cruz Vermelha. Em suas cartas posteriores, ambos trocaram várias vezes comentários sobre a guerra, às vezes fazendo referência ao assunto; por exemplo, quando Marga escrevia: "Desde o campo de batalha estou acostumada a escrever sem mesa" (22 de dezembro de 1927).

Como enfermeira-chefe nessa clínica particular, ela levava uma vida de grande autonomia, com poucas horas diárias de trabalho. Tinha sua camareira pessoal, e suas refeições eram fornecidas pela cozinheira da clínica. Dispunha das tardes e das noites para fazer suas compras na cidade e assistir, com os amigos, a entretenimentos culturais. Mas, aparentemente, sua vida não a deixava feliz. Embora seu contrato de trabalho vigorasse até abril de 1929, periodicamente ela contemplava a possibilidade de abandonar sua atividade antes do prazo ou de mudar de clínica. Um dos motivos evidentes era seu mau relacionamento com os médicos do estabelecimento: "Se pelo menos não houvesse esses médicos impossíveis", queixou-se em várias oportunidades. Também é possível que ela tenha considerado seu trabalho uma espécie de escapatória depois do fracasso do casamento, tanto mais que na época a condição da mulher divorciada não era das mais gloriosas. É verdade que a clínica garantia sua independência financeira — mas em breve ela haveria de abandonar voluntariamente seu trabalho para entrar no segundo casamento.

Marga Siegroth não temia apenas o convívio com os seres humanos: ficava "apavorada" com qualquer coisa que perturbasse sua rotina e sua calma cotidiana. Como não se cansaria de deixar claro posteriormente, lidar com os outros era quase sempre para ela motivo de "aborrecimentos" e "decepção". Sua misantropia — "Ainda existem indivíduos muito diferentes", carta de 4 de novembro de 1927 —, associada a um nível de exigência extremamente elevado em relação aos semelhantes, mas também a sua própria rigidez e sua atitude pouco amável no relacionamento humano, haveriam mais tarde de esfriar muito rapidamente as relações com a família de Himmler. Embora a princípio esta a recebesse calorosamente, os contatos logo viriam a se limitar a raras visitas de cortesia.

Seu ceticismo em relação aos seres humanos em geral e aos homens em particular é um tema que reaparece sobretudo em suas primeiras cartas, em um momento em que Heinrich Himmler pede que deixe de se mostrar desconfiada com ele. Mas isso é difícil para ela, que, no seu próprio dizer, "perdeu a fé, em especial na honestidade e na sinceridade de um homem em relação a uma mulher" (carta de 26 de novembro de 1927).

Nas três horas que durou aproximadamente sua viagem de trem, os dois certamente tiveram oportunidade de constatar o que os separava: uma mentalidade prussiana, por um lado, e, por outro, bávara, uma confissão protestante no caso dela, e católica no dele, o fato de Marga não só ser divorciada como ter sete anos a mais que Heinrich. Mas por outro lado eles não só tinham a mesma aversão à República de Weimar e aos judeus ("esse bando") como também tinham interesses comuns. Conforme nos mostra seu diário, Heinrich, quando estudante de agronomia, sonhava um dia poder explorar uma propriedade com "uma jovem amada". Ao lado de Marga, esse velho sonho subitamente ganhava vida novamente, pois, embora nessa época fosse uma citadina convicta, ela conhecia muito mais que ele a vida no campo — e mais que qualquer moça de boa família poderia conhecer. Crescera em uma fazenda e tinha experiência prática do cultivo de frutas e legumes e da criação de animais; sabia não só conservar víveres para o inverno como abrir canteiros, revolver o adubo e até sangrar porcos. Na formação como enfermeira-chefe, além do mais, aprendera contabilidade, e Himmler nutria em especial a esperança de que ela pudesse cuidar de sua frágil saúde. Marga também logo se entusiasmou com a ideia de voltar para o campo e lá construir uma nova vida com o segundo marido.

Manifestamente os dois se entenderam bem logo de cara, de tal maneira que, já no dia seguinte ao encontro no trem, por cartão-postal (com foto de Berchtesgaden), Marga lhe indicava o lugar onde se instalara em Munique — o hotel Stadt Wien, bem em frente à estação ferroviária central — para se encontrar com ele. As primeiras divergências surgiram durante um longo passeio às margens do Isar — "O caminho em que quase chegamos às vias de fato na época", 25 de dezembro de 1927. Posteriormente, ambos haveriam de se referir com frequência às brigas dos primeiros tempos. Assim é que Himmler escreve certa vez: "Sabe, nós dois brigamos nos primeiros dias, e agora não precisamos mais fazê-lo pelo resto da vida" (13 de fevereiro de 1928). O que é confirmado por ela: "Também acho que você tem razão, já brigamos nos primeiros tempos o suficiente pelo resto das nossas vidas. Cada frase era uma disputa e uma dúvida" (14 de fevereiro de 1928).

19 de setembro de 1927[5]

Senhor
Heinrich Himmler
Agrônomo diplomado
Munique
Barerstr. 44/ II

Estou no hotel Stadt Wien.
Com meus cordiais cumprimentos

M. Siegroth

As primeiras cartas de Himmler se perderam; em seu primeiro caderno de correspondências, contudo, ele observa que em 26 de setembro de 1927 escreveu pela primeira vez a Marga Siegroth ("M. S."). Depois da data das cartas de Marga, quase sempre ele anotava à mão, como fazia no resto de sua correspondência, a data de chegada. Esta foi indicada pelos editores entre parênteses. Todos os outros parênteses nas cartas são de Heinrich e Marga Himmler; as notas do editor, por sua vez, vêm entre colchetes e em itálicos.

---

[5] Este cartão-postal traz o selo de Munique, como vimos na nota anterior.

Berlim O.[este] 30. 29 de setembro de 1927 (Mu[nique]. 4 de outubro de 1927, 9 horas)

Caro senhor Himmler,

Obrigada por suas prezadas linhas. Elas me apanharam em um péssimo estado de ânimo, pois me deparei aqui com mais aborrecimentos do que imaginava possível. Quero e devo pôr fim a essa questão. Mas é difícil recomeçar do zero; e é no entanto o motivo pelo qual se costuma fazê-lo.
 Como vai o senhor? Sua saúde? Que dizer da mostarda, do vinagre, das cebolas?
 Algum dia por acaso voltou ao "bom" café? Se [sim] então me mande um cartão-postal, por favor.
 Lembranças ao meu cinema no pátio. (Sempre zombarias!!) Fico aguardando a prometida carta. Exigente como sempre, não é mesmo?
 O tempo anda mesmo esplêndido. E tem chovido com tanta frequência em M.[unique].
 Muito cordialmente, sua

Sra. M. Siegroth

Berlim O.[este] 30. 16 de outubro de 1927

Münchnerstrasse 49

Caro senhor Himmler,

Hoje, primeiro dia de calma, e eu aproveitei bem. Quanto ao resto, apenas trabalho e problemas. Como vai o senhor? Muitas coisas a fazer, com certeza, e a saúde? Mas aquilo que podemos, queremos, e o que queremos, podemos.

É o que me tenho dito tantas vezes nos últimos tempos, quando pensava que não podia mais continuar assim.

O tempo certamente ainda está esplêndido aí. Tem viajado muito? Quando virá a Berlim?

Fora isso, vou bem.

Muito cordialmente, sua,

M. Siegroth

Berlim, 2 de novembro de 1927 (Mu., 4 de novembro de 1927, 24 horas)

Caro senhor Himmler,

Finalmente consegui fechar as contas de fim de mês, e agora quero agradecer-lhe mais uma vez suas linhas e os jornais. Quanto a estes, também é possível comprá-los em B.[erlim], e foi o que eu fiz, e assim lhe peço que me envie alguns de Munique. Também li os de Weimar.

Sobre sua carta, quero calar-me, certamente não achei graça. "Na realidade, não devemos ser convenientes e gentis." É incrível a quantidade de coisas que o senhor faz. Só que o seu estômago se vinga da injustiça que lhe estão constantemente fazendo. É compreensível, pois o direito está do lado dele.

A gente trabalha para poder pagar os impostos, eis aí pelo menos uma alegria, os impostos!

Li o livro de Ludendorf [sic] sobre os maçons.

O livro fala mal dos judeus, acho que os fatos já são suficientemente eloquentes, para que mais essas observações? A vida realmente oferece alegrias demais.

Muitas saudações, sua

Sra. M. Siegroth

Marga certamente leu a brochura que acabava de ser publicada pelo antigo general imperial e chefe militar da Primeira Guerra Mundial, mas também político "deutschvölkisch"* e antissemita, Erich von Ludendorff, *Vernichtung der Freimaurerei durch Enthüllung ihrer Geheimnisse* [A destruição da franco-maçonaria pela revelação de seus segredos], Munique, 1927, texto carregado de ódio aos judeus. O objetivo dos maçons, segundo Ludendorff, era "a judeização dos povos e o estabelecimento do reinado dos judeus e de Jeová" (p. 10). Segundo indicações fornecidas pelo próprio Ludendorff, esse texto publicado por conta do autor rapidamente encontrou seu público, embora mal fosse mencionado na imprensa burguesa e sofresse em uma primeira etapa boicote das livrarias. Segundo o autor, mais de 100 mil exemplares tinham sido vendidos no fim de 1927.

Berlim, 4 de novembro de 1927 (Mu. 9 de novembro de 1927, 11 horas)

Caro Senhor Himmler,

E então mais uma vez nos escrevemos no mesmo dia. Mas desta vez não deve acontecer de novo, por isso é que escrevo já hoje.
  Quer dizer então que o senhor de certa forma está com a consciência pesada, e assim parece, "apesar de tudo", que as coisas não foram tão longe assim com sua nova conquista. Que o senhor não quisesse ser gentil, posso entender, mas conveniente, de modo algum posso aceitar. Espere pelo menos até chegar à minha adorada Berlim. O que é demais é demais, mesmo quando é bom.
  Como pode ver, quando bem-tratado, o estômago melhora.
  Se estiver cercado de pessoas moralmente pouco convenientes, comemore. Ainda existem indivíduos muito diferentes, para não falar dos seres humanos. Eu já me sentiria grata ao destino se me mostrasse

---

* "Nacional-populista alemão", corrente de extrema direita nacionalista e populista que antecedeu e preparou o nazismo. [N. do T.]

até mesmo algumas poucas pessoas cuja vida fizesse sentido. Graças às quais nós mesmos tomássemos consciência de que a existência, não importando o que possa proporcionar, também tem uma missão, um objetivo.

Aguardo o dia em que possa assistir a uma reunião (até hoje nunca assisti a uma reu. política), para ver a impressão que vai me causar! Será que não vou sair com a impressão de que são apenas frases vazias? Não é apesar de tudo romântico querer ajudar pessoas que em absoluto não querem ser ajudadas?! E no entanto é preciso fazê-lo, por nós mesmos. Não é porque o mundo está cheio de trapos que devemos ser um deles. Meu sangue começa até a ferver diante de tal ideia. Não consigo voltar a abrir o livro de Ludendorf [sic], tudo em mim se rebela ante a ideia de que tenha havido e haja ainda homens alemães livres que não considerem que por si só essa atitude era indigna deles.

Permita-me o quanto possível calar-me sobre minhas próprias preocupações. Meu contrato vai até abril de 1929, e quero continuar até lá. E acho que vou conseguir. Afinal de contas, o que queremos, podemos! É verdade que já tenho pensado às vezes que não seria possível, mas é preciso. Por que é "preciso", nem eu mesma sei. No fim das contas eu certamente sou covarde demais. Vai melhorar se começarmos algo de novo! Tenho minhas dúvidas.

Agora preciso reescrever a segunda parte da carta. Na primeira versão, ela refletia demais meu próprio "eu". O senhor também é prudente assim com as cartas que me manda?

Dentro de um mês, portanto, o senhor estará aqui. Será que vai digerir essa longa estada em Berlim? Naturalmente, poderíamos ser mais pacíficos um com o outro, mas, se de fato seremos, só o futuro dirá. Aguardo com prazer o combate e a zombaria. [...]

Muitas saudações. Sempre sua,

M. Siegroth

O. 30. 13 de dezembro de 1927 (Bützow, 17 de dezembro de 1927)

Caro Senhor Himmler, felizmente agora o senhor já superou as duas "Pequenas-Paris", e quando estiver em B[erlim] poderei ver o quanto![6] *Ou não!!*

Quando li no V.[ölkischer] B.[eobachter] que o senhor vai falar no sábado em Stolp [sic] hoje, também entendi seu telegrama, que, naturalmente, pareceu-me de início extremamente boêmio [sic]. Muito obrigada por ele, e também pela carta.

Que será que chegou a "pensar", certamente algo de muito ruim, se não o escreveu, ou então resolveu deixar de lado até a próxima vinda? Sua proposta é extremamente correta. Não me faça esperar muito tempo, por favor. De outra forma, também será tarde demais em Potsdam, mas o senhor não terá como estar lá às 11h30, pois afinal vai chegar à estação de Stettin. E esqueceu que é uma cidade grande, não é como em Munique. Pode rir o quanto quiser, o senhor sabe fazê-lo tão bem quanto eu. Um elogio?!

Receberá minha carta no sábado, já era muito tarde para Parchim. Ontem voltei muito tarde do aniversário do meu pai.

Todos os aborrecimentos que houve [sic] de novo esses últimos dias. Natal, todas essas compras, em geral eu gosto tanto de fazer compras, mas às vezes não é nada de divertido. Teatro, fiquei agradavelmente decepcionada.

---

[6] Em meados de dezembro, Heinrich Himmler viajara para uma turnê de vários dias por Mecklemburgo-Pomerânia Anterior. Parece evidente que comunicara a Marga a maioria das etapas de sua viagem, pois recebeu esta carta a 17 de dezembro na posta restante de Bützow (perto de Rostock) — véspera do dia em que retomaria caminho, dessa vez em direção a Berlim, onde ficaria com ela por três dias. Bützow e Stolpe (perto de Parchim) encontravam-se, como outras aldeias visitadas por Himmler para discursar, em regiões onde os nacional-socialistas já tinham uma proporção relativamente grande de votos. "Pequena-Paris" refere-se entre outras a Güstrow, situada perto de Bützow. Marga a essa altura lia regularmente o diário nacional-socialista *Völkischer Beobachter* (V.B.) — provavelmente também para acompanhar nele o dia a dia dos deslocamentos de Heinrich Himmler em suas turnês de discursos.

Voltaremos a falar de janeiro — Munique.

Por que a minha Stolp-Pom.[merânia] lhe agrada, e não a minha Berlim, ou então o senhor não se permite, ó "Cabeça de Mula", reconhecer que Berlim é afinal de contas mais agradável do que imaginava. Eu lhe peço, não transforme isso em uma questão de Estado. Talvez agora já me conheça um pouco, afinal de contas, hein?! Vou parar por aqui, caso contrário, a coisa vai prosseguir nesse mesmo tom!

Esta semana terei mais uma vez convidados aqui em casa, acho que vai ser muito agradável. E não deixa de ser realmente uma pena que o senhor me entenda tão pouco, eu gostaria tanto de continuar "zombando". Mas é possível que na leitura a coisa seja diferente do que realmente pretendia dizer. Vou recuperar tudo aquilo que perdi.

Meu Deus, como o dr. Goebbels tem um ar "judeu", quanto mais não seja pelos cabelos penteados para trás, o que me lembrou todos os meus pecados. O seu lápis ficou aqui em casa. E o que será que andou fazendo na "Pequena-Paris"?! Estou curiosa, meu Deus!

Até mais ver, sua

M. Siegroth

Heinrich visitou Marga de 18 a 21 de dezembro em Berlim. Como sempre, tinha previsto uma programação intensa; assim foi que, no exato dia de sua chegada, eles partiram para Potsdam, para visitar o castelo de Sans-Souci. A carta de Marga que se segue a essa visita indica uma evidente transformação no relacionamento. Não só agora eles se tratam com intimidade, como o tom também mudou repentinamente, deixando de lado o caráter amistoso e zombeteiro de uma relação superficial para passar ao tom familiar e preocupado de dois amantes.

Nem as fórmulas reservadas de Marga nem as da carta seguinte de Himmler permitem saber a que ponto eles de fato tinham se aproximado, se apenas haviam declarado mutuamente seu amor ou se já tinham tido relações íntimas.

Para Heinrich Himmler, o celibato antes do casamento sempre fora um princípio importante. É possível que ele tenha sido menos fiel com uma mulher divorciada. Dito isso, a constante idealização que alimenta a respeito de Marga, "mulher elevada e pura" (muito embora, no sentido antigo da palavra, ela já não fosse "pura", já que não se tratava de seu primeiro marido), pode ser um indício do fato de que, para ele, a abstinência antes do casamento continuava a ter um significado. Podemos imaginar, assim, que eles tenham declarado mutuamente seu amor em Berlim e que o tenham selado simplesmente trocando alguns beijos e começado a se tratar mais intimamente. Seja como for, tinham combinado de voltar a se encontrar em Munique em janeiro.

1. O. 30. 21 de dezembro de 1927 (Mu. 23 de dezembro de 1927, 7h30)

A hora acabou afinal passando antes que eu conseguisse te escrever, meu caro Cabeça de Mula. Sinto teu rosto decepcionado e gostaria tanto de ter escrito antes, mas era impossível. Amanhã, porém, é o nosso Natal, e depois, calma. Hoje, uma gentil enfermeira veio me visitar, e eu não podia simplesmente botá-la da porta para fora sem mais nem menos. Você agora de fato chegou à "sua" Munique, e está com todo o seu trabalho. Seja gentil, por favor, cuide bem de si e se alimente para o Natal, para repousar um pouco. Seja gentil e não esqueça que existe uma distância infinita entre a temeridade e a covardia. Ontem ainda estávamos conversando sem parar, hoje não estamos mais no mesmo lugar. A gente não tem respostas para as nossas perguntas. Amanhã receberei uma carta sua, meu bom, e eu [sic]. Vou me melhorar, ou seja, eu o quero. E o que podemos, queremos, e o que queremos, podemos, não é mesmo?! Como fez frio esta noite, você deve ter congelado. Também foi à casa do "tio doutor"? Em janeiro, sim!

Meu caro, meu bom.

Tua Marga

Nessa época, Heinrich Himmler alugava um quarto na casa dos Pracher, em Munique, no número 2 da Gabelsbergerstrasse, bairro de Maxvorstadt. Nessa rua encontravam-se a Alte Pinakothek e a Universidade Técnica, por ele frequentada de 1919 a 1922. Ferdinand von Pracher era pai adotivo do melhor amigo de Heinrich, Falk Zipperer, que conhecia desde os estudos escolares em Landshut. Embora tivessem certa intimidade, ele chamava os pais de Falk pelo título de "Excelência". Embora para lá "voltasse" todo dia, vindo do escritório, ele evidentemente considerava que seu verdadeiro "domicílio" era na casa dos próprios pais. Estes moraram de 1922 a 1930 em um apartamento funcional no andar superior do Liceu Wittelsbach, onde seu pai foi diretor até se aposentar. De vez em quando, Heinrich dava um pulo na casa dos pais para almoçar; ali a família se reunia regularmente aos domingos. Heinrich Himmler também passava o Natal na casa dos pais com o irmão menor Ernst ("Ernstl") e o mais velho, Gebhard, a esposa deste, Hilde, e a filha pequena de ambos, "Mausi". O estabelecimento ficava algumas ruas a oeste do quarto que ele alugava na Marsplatz — uma vasta praça inóspita perto da linha ferroviária, com vista para o quartel e a tenda do "circo Krone", onde Hitler fizera seus primeiros discursos em comícios de massa.

Maxvorstadt, situado ao norte do centro da cidade, e Schwabing, bairro vizinho, eram conhecidos antes da Primeira Guerra Mundial como os bairros da boemia e dos artistas; a partir de 1921, também havia em Schwabing uma seção do Partido Nazista, a qual, com os quinhentos ou seiscentos membros com os quais já contava em 1925, era quatro vezes mais numerosa que outras seções do partido em Munique. No pátio interno do número 50 da Schellingtrasse, o fotógrafo de Hitler, Heinrich Hoffmann, montou inicialmente seu laboratório fotográfico; em 1925, ele cedeu alguns compartimentos ao Partido Nazista, que se estabeleceu nesse endereço até o fim de 1930. A sede do partido abrigava colaboradores próximos de Hitler: Philipp Bouhler, que tinha o título de gerente, Franz Xaver Schwarz, tesoureiro, e Max Amann, diretor da editora Eher, que pertencia ao partido.

Em uma rua adjacente à sede, no número 41 da Schellingstrasse, encontravam-se a redação e a gráfica do Völkischer Beobachter. Também ficava na Schellingstrasse o restaurante habitual de Hitler, a Osteria Bavaria. O escritor Oskar Maria Graf, que viveu de 1919 a 1931 no bairro e era frequentador habitual desse estabelecimento boêmio de estilo italiano, escreve a este respeito: "Hitler era ali o centro de seus futuros 'paladinos', e pude vê-lo na companhia entre outros de Heinrich Hoffmann, Rudolf Hess e Hermann Göring." "Gregor Strasser, com seu pescoço de touro e sua enorme cabeça, assim como Himmler, de olhinhos apertados, com seu rosto aplicado de chefe de escritório, também apareciam de vez em quando."

Poucas casas adiante, na esquina do número 25 da Amalienstrasse com a Theresienstrasse, encontrava-se a partir de setembro de 1927 a "Casa de Foto Hoffmann", onde se supõe que Hitler tenha encontrado Eva Braun pela primeira vez, em outubro de 1929. A loja ficava bem acima do famoso Café Stefanie, que, até a Primeira Guerra Mundial, fora o ponto de encontro da boemia de Schwabing, mas também era frequentado desde então por altos dirigentes do Partido Nazista. Tendo vivido na Amalienstrasse até os 13 anos com a família, Heinrich Himmler conhecia muito bem essa parte da cidade. Várias vezes lhe acontecera de observar pela janela do Café Stefanie, com seu irmão, os artistas miseráveis que lá jogavam xadrez "diante de um copo d'água e um palito", como recordaria Gebhard. Seis anos depois, em 1919, tendo concluído a escolarização em Landshut e um breve interlúdio como aspirante a oficial, ele retornaria ao bairro para terminar seus estudos. Lá, do seu quarto mobilado, ele podia ir a pé a cada um dos lugares que frequentava: a universidade, a mesa onde almoçava e jantava entre amigos na casa da Sra. Loritz e as reuniões da União dos Estudantes.

Só no dia 1º de janeiro de 1931 é que a sede central do Partido Nazista foi transferida do prédio de pátio interno no número 50 da Schellingstrasse para um cenário de grande classe que passara por ampla reforma, o palácio Barlow, no número 45 da Brienner Strasse — mais conhecido pelo nome de

"Casa Marrom" —, comprado pelo partido em julho de 1930. Em meados de janeiro de 1931, a entrada do prédio passou a ser vigiada dia e noite por homens da SS.

Após a tomada do poder pelos nazistas em 1933, Munique foi proclamada "capital do movimento", e passou a ter como missão principal glorificar a história do partido e de sua ascensão. Para isso, foi construído um novo centro do poder, em torno da Königsplatz e da Karolinenplatz, onde anualmente se realizava, para lembrar o golpe de Estado fracassado de 9 de novembro de 1923, uma comemoração com juramento em massa para os aspirantes da SS.

No dia de Natal de 1927, um dia quente de sol, Himmler voltou a fazer o passeio que fizera em setembro com Marga: "Caminhamos pela Maximilianstrasse, nas margens do Isar (o caminho onde na época quase tínhamos chegado às vias de fato), até o Anjo da Paz, a Prinzregentenstrasse, o Jardim Inglês, o Monóptero, a Ludwigsstrasse, tantos caminhos que você conhece tão bem. Bem pode imaginar que em momento algum pensei em você" (25 de dezembro de 1927).

A carta seguinte (à qual ele atribuiu o número 3; ver a este respeito sua explicação na carta número 4) é cronologicamente a primeira carta de Himmler que foi conservada em rolos de microfilmes israelenses.

3) Carta expressa de Munique, 23 de dezembro de 1927, 14 horas

Minha cara, minha boa Marga!

Sua carta rápida chegou esta manhã. Como fiquei feliz, e como me deixou alegre ante a perspectiva de partir. Fiz algumas compras, depois fui ao escritório e agora correndo para casa, onde encontro seu adorável embrulhinho. Que quer que eu diga, gastadora querida que você é!

Mas quero agora desejar-lhe um Feliz Natal [sic]. Aproveite a festa e não fique mais triste de jeito nenhum, nem nunca duvide; pois é preciso que saiba, você deve considerar seu um homem que lhe é pro-

fundamente grato por seu amor e por cada pensamento livre que lhe é permitido pelo combate, que está junto de você, que a ama e venera como a coisa mais querida e mais pura que possui.

Tem de acreditar nisto, e portanto deve ficar feliz por festejarmos o Natal juntos — ainda que à distância. Estou mandando minhas duas fotos, para que possa de vez em quando contemplar sua "Cabeça de mula" de perto.[7]

Ainda esta manhã, comprei para você um livro de que acho que vai gostar, você, querida mulher de belos cabelos loiros e bons olhos azuis. Amanhã à tarde, voltarei para casa, e também estarei em casa domingo e segunda-feira, para descansar um pouco e me sentir bem.

— Mas que festa não seria se minha mulherzinha estivesse junto de mim e fôssemos gentis um com o outro, nem consigo imaginar.

E agora, para variar, não se preocupe comigo; até o dia 6 de janeiro não acontecerá absolutamente nada, até nós faremos uma pausa. Pretendo ir amanhã de manhã à casa do tio médico, mas realmente não era possível antes [sic]. Fico espantado comigo mesmo ao ver como sou gentil na realidade. Em casa, terei de me controlar bem para que não fiquem todos surpresos com minha "docilidade". Veja só!

Espero que todo mundo esteja sendo amável com você, que nada lhe cause aborrecimento e que você não precise franzir as sobrancelhas. Acaricio seu querido rosto e beijo sua querida boca.

seu Heini

---

[7] Em meados de dezembro, Heinrich Himmler viajara para uma turnê de vários dias por Mecklemburgo-Pomerânia Anterior. Parece evidente que comunicara a Marga a maioria das etapas de sua viagem, pois recebeu esta carta a 17 de dezembro na posta restante de Bützow (perto de Rostock) — véspera do dia em que retomaria caminho, dessa vez em direção a Berlim, onde ficaria com ela por três dias. Bützow e Stolpe (perto de Parchim) encontravam-se, como outras aldeias visitadas por Himmler para discursar, em regiões onde os nacional-socialistas já tinham uma proporção relativamente grande de votos. "Pequena-Paris" refere-se entre outras a Güstrow, situada perto de Bützow. Marga a essa altura lia regularmente o diário nacional-socialista *Völkischer Beobachter* (*V.B.*) — provavelmente também para acompanhar nele o dia a dia dos deslocamentos de Heinrich Himmler em suas turnês de discursos.

4) Munique, no escritório, 23 de dezembro de 1927, 21 horas

Minha quer., querida Marga!

Diga-me uma coisa, acho que não lhe agradeci em absoluto hoje seu gentil presente. [...] E agora usarei cuidadosamente a toalha nas minhas viagens, para que a mulherzinha sempre tenha notícias.
  Dei um número a esta carta, pois me parece perfeitamente prático. A numeração parte do nosso *18 de dezembro.*
  Um beijo, minha querida mulherzinha!

seu Heini

3. O. 30. 22 de dezembro de 1927 (Mu. 13 horas, 25 de dezembro de 1927)

Ella, a vizinha da frente, acaba de me trazer sua querida carta, e você pode imaginar o alívio com que respirei. Pois afinal de contas terei de festejar o Natal esta noite e estar mais ou menos em "forma" para isso. Ó meu bom Cabeça de Mula, como achei graça dessa expressão![8] *Você realmente foi gentil, amado, realmente gentil, e dormiu. Será que realmente é capaz de ser "gentil"!? É o que saberei em janeiro. [...]*
  Sua carta é tão gentil, se também eu pudesse escrever tudo assim, mas não tenho esse dom, e contudo você conhece meus pensamentos e meu amor por você. Sabe o que eu penso e como tudo está calmo e tranquilo em mim. Tenho tanto horror do Natal, é uma festa da tranquilidade, e, no entanto, que ano pavoroso foi este! E apesar de tudo mais uma vez foi tudo bem, esplêndido, deu-me ainda assim confiança no ser humano. Posso acreditar de novo, ter fé. Você não sabe o que isso significa. Ricamente coberta de presentes por você e seu amor.

---

[8] Marga acha graça, aqui, do fato de Himmler ter escrito "*Dickkopp*", expressão dialetal do baixo-alemão para "*Dickkopf*". [Nota da tradução francesa.]

Meu bom Cabeça de Mula, meu amado, você só deve ter alegrias comigo, tanta alegria e tanto amor e tanto bem quanto eu possa dar. Bem sabe como nós, mulheres, somos um sexo frágil.

Agora preciso ir à casa da vizinha para a festa. Se pelo menos tudo isso tivesse acabado, pois não gosto nada de bancar a "chefe".[9] Meu sócio, que já está viajando, mandou-me uma bela almofada grande. Também tenho de suportar tudo isso. Inspiremos profundamente e agora entremos nos festejos.

Onze horas, coberta de presentes como uma princesa, beijada como uma amada, felizmente voltei para casa. Uma vez resolvida a parte oficial, vi apenas rostos felizes e quase todo mundo pulou no meu pescoço. Minha vida apesar de tudo recobrou sentido. O que me deixou francamente feliz. Quatro das minhas subordinadas já estavam aqui no ano passado. [...]

Agora gostaria de lhe desejar, meu caro Cabeça de Mula, excelentes festas. Dias muito alegres e bons, com muita alegria e calma. Desta última, você também precisa. Continua aborrecido a respeito de Berlim? Isso me deixa triste. Mas não posso fazer nada. Quanto a mim, [a cidade] não me causa problema, não me incomoda. Minha casa é meu universo. [...]

Meu bom, meu caro, meu bem-amado Cabeça de Mula, saudações de todo o meu coração,

Sua Marga

7) Munique, 26 de dezembro de 1927, 23 horas

No meu quarto, Gabelsbergerstrasse

Minha cara, querida mulherzinha!

São mais ou menos 11 horas, acabei de voltar de bonde da casa dos meus pais e cheguei aqui, no belo quarto que atualmente é meu verdadeiro lar. Vesti meu velho sobretudo de pele, aquele que ganhei há dez anos

---

[9] A enfermeira-chefe. [*Nota da tradução francesa.*]

quando, jovem soldado, entrei para o exército alemão. Estou sozinho no apartamento. Acabo de juntar o que me era necessário nesta cozinha que não conheço, preparei um chá, e aqui estou sentado, e espero lançar um pouco minhas reflexões no papel; quantos desvios! Como eu estava bem, há oito dias, quando, depois do meu serviço, sabia que ainda iria passar algumas horas magníficas na casa da minha mulherzinha, que seria gentil comigo, e que poderíamos conversar e dizer um ao outro tudo aquilo que de outra forma jamais nos contaríamos, pois os outros não nos entendem e somos orgulhosos demais para mostrar alguma parte de nossa alma a pessoas que poderiam rir. No que diz respeito aos outros, as coisas certamente não mudarão. E nós dois temos de nos contentar com o papel e dizer-lhe em palavras o que nossas almas apenas sussurram e sentir indistintamente, com a vibração do sentimento e sem nenhuma matéria, para além de todas as distâncias.

Mas preciso contar-lhe um pouco tudo que tenho feito, caso contrário a mulherzinha "malvada" não acreditará que eu também possa ser "gentil". Pois então, sábado de manhã levantei-me apenas às 9h30, e conversei até por volta de 11 horas com meu amigo Falk, que foi para Schliersee com seus amigos. Às 11 horas, estava no escritório. Lá encontrei apenas alguns dos senhores, os empregados puderam ficar em casa. Às 14 horas, almoço. Às 14h30, na casa do médico. Já lhe contei por carta o bom resultado. E agora diga de novo que eu sou um "Cabeça de Mula" (é assim que se fala em plattdeutsch),[10] *o que certamente não é verdade. Mas algumas compras, depois mais uma vez no escritório. Trabalhei mais um pouco, depois, de volta correndo para casa, apanhei meus negócios e pé na estrada. De repente, lembrei que ainda não tinha nada para "Mausi", minha sobrinha pequena, e fui buscar para esta pequena criatura uma bola de cores vivas que fica presa na cobertura do berço. Agora tinha tudo de que precisava e fui de carro para a casa*

---

[10] Marga acha graça, aqui, do fato de Himmler ter escrito *"Dickkopp"*, expressão dialetal do baixo-alemão para *"Dickkopf"*. [*Nota da tradução francesa.*]

dos meus pais, aonde cheguei com uma pontualidade militar (estou ouvindo alguém dizer "excepcionalmente"). Muita alegria, naturalmente, de rever o filho perdido. Como todo ano, uma bela festa diante do alto (4 metros) pinheiro de Natal e o velho presépio iluminado. Por volta de 20 horas fomos para a casa do meu irmão casado, que mora a dez minutos da casa dos meus pais, e passamos a noite na casa dele e de sua mulher, realmente querida e gentil. Por volta de 12 horas [meia-noite], meu irmão Ernest e eu fomos à missa de Natal, como todo ano. Não é com frequência que vou piedosamente à igreja, mas sempre vou à missa de Natal, especialmente na majestosa catedral gótica. Andem os tempos bons ou ruins, tampouco fico importunando muito Deus com meus problemas e questões, mas por você, querida mulher, e pelo nosso amor, orei.

Depois da missa de meia-noite, voltei para meu quarto e encontrei sua preciosa carta, e só então tive minha alegria de Natal. Em seguida, escrevi-lhe a carta expressa, levei-a ao trem e assim caminhei com meu fiel irmãozinho até 3 horas, quando voltei (Marsplatz, pais). (Preciso esclarecer sempre, caso contrário você não se acharia mais em meio a todos esses diferentes "em casa" do lansquenê[11] que eu sou.) Li sua boa carta mais uma vez, depois dormi esplendidamente até a hora do almoço. À tarde, de 14 horas a 17 horas, o passeio com Ernest que ontem mencionei, depois meu irmão Gebhard veio tomar chá com sua mulher, e ficou até o jantar. Conversamos muito. Depois do jantar, e até a noite, os parentes e nós jogamos dois jogos de mesa, ingênuos e alegres, como se ainda fôssemos crianças. Por volta da meia-noite, então, ainda lhe escrevi algumas linhas; na verdade, era pura preguiça da minha parte, mas eu sabia de qualquer jeito que mulherzinha encantadora você é, e que não ficaria aborrecida se uma carta, para variar, fosse um pouco mais curta. Voltei a dormir

---

[11] Os *lansquenês* eram mercenários alemães; esses fuzileiros serviram na França nos séculos XV e XVI. [*Nota da tradução francesa*.]

divinamente. Esta manhã, fui à cidade com Ernest e lhe escrevi mais algumas linhas. Às 12 horas fomos à missa, e depois mais uma vez à casa dos nossos pais. Está fazendo mau tempo, e assim não pudemos passear. Das 14h às 16h30 — prepare-se para uma surpresa — fomos ao cinema (não no seu cinema favorito de Munique, mas em um outro) e vimos o filme sobre o Cristo, König der Könige.[12] *O filme me agradou muito. À parte algumas deformações e alguns elementos kitsch, é muito bom. Depois, de volta a casa, conversamos, e então Ernest e eu voltamos a fazer uma pequena visita a Gebhard, sua mulher e sua filhinha. Depois do jantar, jogamos mais um pouco, e esses dois dias de descanso e inocência na casa dos meus pais chegaram ao fim. A noite estava tão linda, por volta das 22 horas tive de sair de casa, queria estar sozinho para poder estar com você.*

Como me alegra que o seu pessoal tenha sido bom com você, Deus sabe que você o mereceu, boa criatura que é. Imagine só, ocorre-me uma frase que vai lhe agradar e que eu me dizia e me digo com frequência quando acontece de duvidar dos seres humanos: "Até mesmo o pior dos homens também está ligado à humanidade por algum pequeno fio." Com frequência constatamos apesar de tudo, em uma festa como esta, que mesmo os sujeitos da maior grosseria se tornam, talvez por um instante apenas, bons e agradecidos.

Você me escreve a respeito do "mulherzinha". Oh, posso perfeitamente imaginá-la, na sua clínica e em outros lugares também, você bem sabe que na época, no trem, eu imediatamente a considerei uma criatura muito enérgica, e no entanto você é para mim minha querida "pequena" mulher, que eu gostaria de ter sempre aninhada nos meus braços, para que ninguém possa fazer-lhe mal. E além do mais, ó querida marota, não preciso realmente explicar-lhe que isso de modo

---

[12] O filme de Cecil B. DeMille, *The King of Kings* (O rei dos reis), foi lançado em 1927. [*Nota da tradução francesa..*]

algum tem o objetivo de diminuí-la, você sabe muito bem o que eu quero dizer. É o destino dos "gigantes interrompidos", de modo que vou ficar com o "querida mulherzinha".

E você também escreve a respeito de "Berlim". Berlim me é cara hoje porque você mora aí, exatamente como me seria cara a mais pobre das menores aldeias se fosse aquela onde você vivesse. É o sistema de Berlim, que não pode afetá-la, a você, mulher boa e pura, é esse sistema que eu odeio e sempre odiarei. Mas isso não deve entristecê-la, nunca me ocorre a menor ideia que pudesse deixá-la triste. De modo que não fique triste por minha causa, querida mulherzinha.

E para terminar: esteja certa de uma coisa: que eu serei sempre idêntico [sic]. *Faça-me o favor de nunca mais ter ideias como essas que percebo na última página da sua carta!*

Você poderá <u>sempre, sempre</u>, se sentir exatamente como estava há oito dias ao meu lado, sentindo-se protegida. Já lhe disse uma vez, não quero nem jamais vou decepcioná-la, e você pode fiar-se nisso, exatamente como eu me fio no seu amor. Em compensação, não posso mesmo responder pelo meu destino. Minha preocupação é sempre a mesma: será que tenho o direito, amando tão infinitamente um ser humano, de talvez um dia criar para ele muitas amargas preocupações? Não posso jamais abstrair o meu dever — e talvez um dia venha a arrastá-la para o fundo, em um turbilhão de apreensões, sofrimento e destino. Nós, lansquenês da luta pela liberdade alemã, deveríamos na verdade permanecer solitários e proscritos. Cara, cara menina, pense um dia em tudo isso, não o escrevo irrefletidamente, mas porque desde logo posso imaginar certas coisas horríveis do futuro, porque realmente a amo. Seja como for, <u>você</u>, de sua parte, jamais será um peso para mim, nunca mais repita uma coisa assim, mas o fato de eu poder um dia ser para você motivo de preocupações e sofrimento me pesa muito. Pretendo conversar com você a respeito pessoalmente.

Amanhã receberei de novo uma querida carta de você e à noite voltarei a escrever-lhe. Mas agora preciso parar, já é 1h30. Vou levar a carta aos correios, que fica a algumas quadras daqui.

Estreito-a nos meus braços e a beijo, minha querida mulher,

seu Heini

Para o bávaro Heinrich Himmler, Berlim representava um antimundo, o símbolo do "odiado sistema" da democracia de Weimar. Berlim era motivo de disputa desde que a cidade passara por um fulgurante desenvolvimento, depois de se tornar capital do Reich alemão fundado em 1871. Para uns, era o lugar da cultura urbana e da vanguarda artística, do progresso científico e da força industrial. Para outros, a Berlim era a quintessência da modernidade detestada, o antro do vício, da decadência e de um capitalismo ávido. Para a direita nacional-populista, a metrópole era um alvo perfeito, mas também uma espécie de tela na qual se projetavam todos os traços considerados negativos de uma sociedade moderna. Por outro lado, Berlim era a cidadela do movimento operário; a contrarrevolução queria aniquilar a hegemonia dos social-democratas e dos comunistas; era preciso promover a definitiva queda de "Berlim, a Vermelha".

Acontece que era lá que Marga vivia, e ela não queria que seu Heinrich de Munique caluniasse sua cidade. "Espere pelo menos até estar na minha adorada Berlim", escrevia ela para acalmá-lo a 4 de novembro de 1927. E o provocava: "Por que a minha Stolp-Pom.[erânia] lhe agrada, e não a minha Berlim, ou será que você não se permite, ó 'Cabeça de Mula', reconhecer que Berlim apesar de tudo é mais agradável do que imaginava" (13 de dezembro de 1927). Ou então recorria a sua empatia: "Continua aborrecido a respeito de Berlim? Isso me deixa triste. Mas não posso fazer nada. Quanto a mim, [a cidade] não me causa problema, não me incomoda. Minha casa é meu universo" (22 de dezembro de 1927). Tema ao qual ele tenta retornar na carta anterior: "Berlim me é cara hoje porque você mora aí, exatamente como me seria cara a mais pobre das menores aldeias se fosse aquela onde você vivesse. É o sistema de Berlim, que não pode afetá-la, a você, mulher boa e pura, é esse sistema que eu odeio e sempre odiarei" (26 de dezembro de 1927).

Mas aos poucos Marga também muda de orientação e se adapta aos ressentimentos do noivo. No início do novo ano, ainda se diverte um pouco com ele, antes de sua iminente viagem a Berlim: "Não precisa ter medo da 'cidade grande', farei todo o possível para 'protegê-lo'" (4 de janeiro de 1928), ou então: "Imagine que Berlim é uma cidade grande (já estou ouvindo a pergunta: e que tipo de cidade grande?), mas as pessoas sabem dirigir automóvel, a malvada marota não corre perigo tão facilmente assim. Na cidade pequena, é preciso antes de mais nada aprender, quero dizer: aprender a dirigir. Mas, se ainda está com medo de Berlim, então escreva a tempo, eu lhe peço, eu irei buscar o assustado lansquenê e o protegerei bem, e também serei gentil com ele" (2 de fevereiro de 1928). Mas, quando fica claro que vai deixar Berlim, ela dá as costas à cidade e escreve: "... É bom que eu não precise viver eternamente nessa imundície" (13 de fevereiro de 1928). Ou então: "Berlim está contaminada demais, só se fala de dinheiro" (29 de abril de 1928). Uma coisa, contudo, é certa para ela: é em Berlim que ocorrerá o casamento!

6. O. 30. 28 de dezembro de 1927 (Mu. 30 de dezembro de 1927, 10h30)

Meu caro, meu amado, esta manhã sua querida carta como sempre chegou prontamente. Eu tinha pedido chá e o correio para as nove horas, e Hanna apareceu com as palavras "Eis a carta", tinha deixado tudo mais de lado. Comecei por lê-la, cheia de amor e bondade. Como você foi gentil, escreveu uma longa carta. Pois bem, meu caro Cabeça de Mula, gentil você sempre é, e fica satisfeito com isso, não é mesmo, por mais <u>gentil</u> que "seja". Pois eu sei que não existe <u>será</u>. Suas queridas linhas ainda assim me fizeram rir com gosto várias vezes.

Ouça. A respeito do sobretudo de pele, quer dizer que não havia aquecimento? E você comprou uma bola, gostaria de tê-lo visto, e também a querida e gentil mulher do seu irmão, desse jeito soa monstruosamente gentil, dei uma boa gargalhada.

Tenho me comportado bem durante esse tempo, voltamos a ter um pouco de atividade. Coisas para escrever, compras e à noite uma visita aos meus pais, mas ontem, hoje Helmut, e amanhã, espero, ninguém. Sexta-feira à noite teatro, sábado o réveillon. Meus pais,[13] *Ella e eu nos encontramos, esperamos dar um passeio por Berlim. Nunca fiz isso, coisas, todas elas, que certamente experimentaremos nessa oportunidade!*

Em qual seção dos "gigantes" você se inclui então? Vou carregar orgulhosamente o meu destino. Você me ajuda, meu caro Cabeça de Mula, pois os gigantes "interrompidos" não conseguem se sair sozinhos.

Meu "cinema habitual" é o Hofkino, *no fim das contas.*

Você escreve que um dia talvez eu devesse deixar-me arrastar para o fundo *com você, em um turbilhão de apreensões e sofrimentos. Mas isso quer dizer necessariamente* arrastar-me para o interior. *Você não [pode] me arrastar para o fundo, exatamente como não pode se arrastar. Onde quer que estejamos, seremos sempre os mesmos. "Nós, lansquenês, deveríamos na verdade permanecer solitários e proscritos", certamente está faltando logo depois uma frase começando com "mas". Pois, caso contrário, eu teria de concluir que você o lamenta, mas sempre poderá permanecer* solitário, *proscrito certamente não seria possível no momento. A última página da carta que escrevi e que você menciona seria então totalmente injustificada?! Não pense portanto em tantas coisas terríveis ligadas ao futuro, sob esse aspecto, deixe* o futuro *em paz.* Ele ainda deve nos reservar horas alegres e magníficas. E todo o sofrimento que o amor ainda me trouxer, vou suportá-lo, pois sei que amar significa sofrer e sacrificar. *Se não fosse*

---

[13] O pai de Marga partira pouco antes, com sua segunda mulher, Grete, de Berlim para Röntgental, perto da capital.

capaz, jamais o teria amado. E, então, saberei ainda que você me ajudará. Que poderia me faltar, a partir do momento em que você me ama <u>verdadeiramente</u>?

    Estão me chamando para a refeição. Helmut também está aqui.
    Seja amável e bom, e não se preocupe.
    Como gostaria de tê-lo aqui.

Minha Cabeça de Mula Sua Marga

10) Carta expressa

Munique, 30 de dezembro de 1927, 15 horas

Minha boa mulherzinha!

Que você seja, exceto o seu "[?]", uma criatura infinitamente amável e boa, eu sempre soube. Mas sua carta expressa mostrou-me mais uma vez. Como gostaria de beijá-la por essa carta.
    Enquanto isso, você terá visto que não sou de modo algum uma cabeça de mula tão "malvada" assim. Ouça, fui apenas honesto ao lhe escrever um pensamento que me vinha em um recanto da minha alma "negra". Certamente não agi em função disso, e no entanto lhe escrevi, exceto no dia de Natal (25 de dezembro), uma vez por dia, e até duas vezes de vez em quando. E, acredite, sou obrigado a conversar todo dia com minha mulherzinha, não consigo fazer de outro jeito e não quero afinal que você se preocupe sem motivo, nem mesmo um só instante. Cara, "malvada", gentil mulher, de modo algum me sinto culpado, mas de bom grado aproveitaria diariamente a punição se me fosse possível. Pelo menos esperamos ambos nos vingar em janeiro.
    Quanto ao último parágrafo da sua carta, eu gostaria de ser particularmente gentil com você.

Fico profundamente triste por você ter se magoado com a minha carta. Cara, cara tolinha, acredite-me, nas minhas cartas e nas minhas palavras, você jamais encontrará algo que possa magoá-la; a concisão e a pressa podem às vezes levar-me a me expressar mal, mas certamente não há motivo algum para se magoar. Como poderia eu fazer-lhe algum mal? Minha querida tolinha vai entendê-lo e nunca mais se magoar com esse tipo de coisas [?]; é no que eu acredito, pois a mulherzinha sabe afinal de contas o quanto tenho afeto por ela.

Agora mais algumas palavras sobre sua carta nº 6. Encontrei-a ao chegar de Passau esta manhã, às 10h30. Às 10h45 chegou então a carta expressa. A sua Hanna realmente me fez rir. É mesmo uma figura.

Quanto ao sobretudo de pele. Claro que havia aquecimento, e até excessivo, a maior parte do tempo (aquecimento central). Muitas vezes acontece de eu desligá-lo e abrir as janelas. Não, meu velho sobretudo de pele também me acompanhava no quartel quando eu era soldado, é uma espécie de roupão, e um velho hábito de lansquenê; além do mais, gosto muito da maciez da pele.

Seja um pouco prudente em seu passeio na sua adorada Berlim. Certas pessoas começam o ano novo abusando do álcool, com as brigas que se seguem, nas quais clientes que nada têm a ver com a história muitas vezes são atingidos.

Você escreve que a frase "Nós, lansquenês, deveríamos na verdade permanecer solitários e proscritos" deveria na verdade ter uma continuação começando com "mas", e tem razão. Vou escrevê-la, para que desta vez você me entenda perfeitamente: "Mas eu não o permaneci e hoje sei, por ser capaz de refletir sobre o que o futuro tem de terrível, que mais cedo ou mais tarde causarei preocupações e sofrimento ao que tenho de mais caro no mundo. Acredite-me, bem sei que de bom grado você aceita, [em] nome do amor, qualquer preocupação e qualquer sacrifício. Mas o amor de bom grado contém preocupação pelo outro, e o pior pensamento, para o amor, é saber que o outro sofre e se preocupa em nome do amor." É o que você pensa e o que eu penso, e nesse sentido eu me expressava.

E no entanto você está certa, como verdadeiramente nos amamos um ao outro, resistiremos a qualquer futuro, na medida em que estiver nos limites das forças humanas, ó você, minha mulher.

Quanto ao resto, que lhe falta nas minhas cartas? Você precisa escrever a respeito, eu não sei.

Mande assim que puder suas queridas fotos. É bom que a carta sobre o "malvado" lansquenê só tenha chegado depois. (É sempre o mesmo velho...)

Preciso agora contar-lhe mais duas ou três coisas. Ontem de manhã, portanto, percorri na companhia de Strasser o caminho de Landshut a Passau; tivemos uma excelente conversa no trem, é verdade que somos companheiros de combate e amigos há longos anos. [...]

E agora volto ao escritório. Esta noite parto para Schleissheim (12 km de Munique) e visito os homens da minha primeira seção de assalto de 1922. Retorno à noite.

Mas estou sendo chamado de novo ao telefone; alguém me espera.

Os votos de ano-novo serão breves. Tudo que se possa pensar e desejar de bom e caro, eu lhe desejo. Você, minha cara, cara mulher!

Eu a beijo

seu Heini

12) Carta expressa Mu., 31 de dezembro de 1927, 19 horas

Minha querida e boa mulherzinha!

Antes de ir comemorar o réveillon na casa dos meus pais e passar a noite fora, preciso escrever-lhe uma carta expressa para que tenha alguma coisa amanhã. A última coisa que escreverei este ano deve ser endereçada a você, assim como a primeira, esta noite à 1 hora, será uma carta para a mulherzinha.

Hoje eu devia na verdade estar furioso, ó mulherzinha "impossível". Não recebi nenhuma carta hoje, embora gostasse tanto de receber uma. Como velho otimista que sou, e por conhecer minha boa Marga, quero crer que foi o correio que não se comportou bem, e não a mulherzinha.

Um pequeno relatório rápido antes de sair. Ontem à tarde encontrei no escritório, às 16 horas, um conhecido muito querido, e fui com ele ao seu laboratório, tinha muitas coisas a conversar com ele, e depois de fato cheguei às 20 horas à casa dos meus velhos amigos em Schleissheim, onde realmente fui muito bem-recebido. Às 23 horas estava de volta [a Munique]. Esta manhã no escritório. Muito trabalho. Reuniões das 11 horas às 16 horas. (Três reuniões.) Enquanto isso, passei meia hora na casa dos meus pais, rapidamente expliquei ao meu bom pai a necessidade do combate de rua, e novamente desapareci. Às 18h30 voltei para casa depois de trabalhar mais duas horas no escritório.

E agora espero que amanhã haja correio. Mais uma vez! Um bom ano-novo e um amor infinito para você, minha boa e querida mulher.

Minha querida, querida criança, eu a beijo!

Heini

Não esqueça, mulherzinha, que você não tem direito de franzir as sobrancelhas.

10. O. 30. 31 de dezembro de 1927, de manhã (Mu. 2 de janeiro de 1928, 19 horas)

Meu querido, querido Cabeça de Mula, meu bom, meu excelente, esta manhã por volta de 11 horas chegou sua carta expressa. Meu querido Cabeça de Mula se engana, era apenas a número 10. Você está sempre pronto para ver em mim "antes de mais nada" uma mulher ingrata! Não deve atacar sempre com tanta crueldade minha Berlim adorada. Não deixa de ser a minha, meu bom Cabeça de Mula. Não posso realmente compartilhar sua ideia de que o pior dos pensamentos, para o amor, é que o outro sofre e se preocupa em nome do amor. Pois, se eu apenas sofro em nome do amor, não deixo de ser eu que sofro, é algo meu e é uma parte do meu amor. Que é o "amor", senão isso? Gosto, por exemplo, da frase "a morte não sai muito cara por um momento vivido no paraíso". [...]

Pois não posso imaginar, justamente, um amor sem sofrimento nem preocupações. Tenho a sensação, provavelmente, de que não é um <u>amor</u>. Pois o amor nada mais é, afinal, que a firme convicção de ser capaz de sacrificar tudo, sem mesmo que uma das duas partes possa senti-lo como um "<u>sacrifício</u>". É de fato o amor que exige apenas que lhe respondamos justamente <u>assim</u>. Mas voltaremos a falar disso pessoalmente. [...]

E agora, está nevando aí? Estou com vontade de andar de trenó. Você precisa cuidar disso. Que outra coisa poderei fazer lá em baixo, irei apenas para andar de patins, e também quero descer no tobogã. Hoje estou com vontade de luta e zombaria. Você certamente não é contra isso, mas, ainda assim, mais favorável à paz [...].

Mas meu bom, meu caro Heini, eu sempre lhe disse que não posso fazer nada quanto às minhas sobrancelhas franzidas, pois não sei que o estão. Hoje certamente é o caso.

Se já sabe quais são seus projetos para as próximas semanas, seja gentil e escreva quais são. Minha nova empregada me espera. Um beijo.

Sempre, sua Marga

O dia 20 de maio de 1928 não foi apenas a data das eleições para o Reichstag. No mesmo dia, eram eleitos novos parlamentos regionais no maior e mais poderoso Land, a Prússia, assim como no Anhalt e na Baviera, mas igualmente em Oldemburgo, Wurtemberg, Mecklemburgo-Strelitz em 29 de janeiro, em Hamburgo em 19 de fevereiro, e em Schaumbourg-Lippe em 29 de abril. O "ano terrível" tão temido por Heinrich Himmler (mas ele ainda não tinha como saber nada das vindouras eleições para o Reichstag, que só seria dissolvido em fevereiro) foi, pelo menos no início, marcado por muitas campanhas eleitorais, o que, para um funcionário do Partido Nazista como ele, implicava em viagens ininterruptas, inúmeras conferências e reuniões do partido e a fundação de novos grupos. Na noite de 25 de janeiro, por exemplo, ele escreveu a propósito de sua visita a Freising, perto de Munique: "Foi uma excelente noite, criei uma SA de estudantes e voltarei de quinze em quinze dias para formar a juventude."

Para preparar as eleições, Hitler anunciou no dia 2 de janeiro de 1928, no Völkischer Beobachter, a nomeação de Gregor Strasser para o cargo de diretor da organização para o Reich, e acrescentou: "A partir de hoje, assumo a direção provisória da seção de propaganda. O membro do partido Himmler assina em meu nome e por ordem."

"Há muito trabalho, mas fora isso tudo mais aqui é bem agradável. No domingo 8 de janeiro estarei na Suíça, só volto na segunda. Na próxima semana você receberá um mapa a respeito da geografia", escreve Himmler à noiva no dia 5 de janeiro. E também nas cartas seguintes os lugares onde ele se hospeda ou para onde se encaminha são constantemente mencionados. Com frequência ele acompanhava o "chefe", ou seja, Hitler, às reuniões eleitorais — o que às vezes deixava Marga melancólica: "Se pelo menos você não tivesse de viajar com o chefe. Toma tanto tempo!" (3 de fevereiro de 1928).

Era também Himmler que organizava as "assembleias de Hitler". Para isso, enviava aos grupos do partido um questionário exigindo informações detalhadas sobre as dimensões da sala ("O sr. Hitler só fala em uma sala, mas tanto mais tempo por isso mesmo"), a composição social do público, o pessoal de segurança necessário, a hospedagem de Hitler, a garagem mais próxima etc. Cada grupo do partido devia transferir 50% da apuração líquida da manifestação para a central do Partido Nazista, em Munique. Entretanto, como Hitler atraía um público grande quando era anunciado um de seus discursos, uma reunião em sua presença também representava um ganho financeiro para os grupos locais do partido, e as solicitações junto à direção em Munique rapidamente aumentaram. Himmler teve de responder com recusas a muitos grupos — era ele agora quem tinha o poder de conceder ou recusar essas "reuniões Hitler" tão cobiçadas.

15) Mu., 2 de janeiro de 1928. 21 horas

Minha cara e boa mulherzinha!

Esta manhã chegou sua carta (9) e para mim já era um belo dia. Que o seu Cabeça de Mula lhe escrevesse de Landshut você realmente não esperava, hein. Já sei até o que você pretendia escrever. Mas veja bem, diante de você, não se trata mais de um Cabeça de Mula. Eu não teria como escrever a alguém mais, mas, a você, tinha de escrever antes de acabar aquela noite. Mas jamais desejo ser duro e brutal com você e jamais serei, serão talvez as maneiras e a linguagem de um lansquenê calejado ao longo dos seus dez anos de combate que dão essa impressão; mas é apenas uma impressão, o coração é sempre amável e bom em relação a você. [...]

Ainda assim vou ter de te pegar[14] *um pouco por causa das sobrancelhas franzidas. De repente vem a mulherzinha dizer que não sabe de nada, e, na frase seguinte, "hoje certamente estão", e que significa isso? Que o "malvado" Heini lhe dá enxaqueca? Então pelo menos seja "gentil", você, reflita e trate de não franzir as sobrancelhas. — Quando receber uma carta de mim, eu gostaria que lhe cause sempre uma tal alegria que possa ficar com um lindo rostinho alegre.*

---

[14] *Zanken* — a palavra tem dois significados próximos: pegar alguém no sentido de recriminá-lo ou então discutir, entrar em disputa. [*Nota da tradução francesa.*]

Escrevi algo a respeito dos aniversários. Sou partidário de que os festejemos juntos, se puder funcionar assim, e é preciso que possa.

Tenho um trabalho monstruoso, mas nada disso importa.

Cara, boa Marga, minha mulher, beijo suas queridas e boas mãos e sua doce boca.

<u>Seu</u> Heini

A frase sobre o "paraíso" muito me agrada. A partir de agora poderia quase sempre escrever-lhe à noite, o correio é recolhido de manhã às 3h30, 4h30 [?], de modo que você receberá esta carta na quarta-feira pela manhã. Ouça, querida, sexta-feira aqui é feriado, dia de Reis, e portanto não há distribuição de correspondência.

Há exatamente dez anos eu entrava para o Exército Alemão.

A constituição física de Heinrich Himmler não lhe conferia qualquer das qualidades características de um militar. Na infância, ele adoecia com frequência, era franzino e não tinha um corpo de desportista. Já na juventude começou a se queixar de problemas digestivos que haveriam de acompanhá-lo pelo resto da vida. E, no entanto — ou talvez exatamente por esse motivo —, tentou com todas as forças ser admitido como voluntário no exército durante a Primeira Guerra Mundial. É provável que só as relações do pai tenham permitido que recebesse em 1917 a notícia que esperava: sua admissão como aspirante a oficial no 11º regimento de infantaria. Mas o "miles[15] Heinrich", como orgulhosamente se apresentava, não teve a experiência da guerra. A revolução estourou antes que sua unidade fosse transferida para a frente de combates.

Depois do armistício, paralelamente a seus estudos, Heinrich militou em grupos paramilitares de extrema direita — entre outros, o "Freikorps Epp" e o "Bund Oberland" — que contribuíram para a sangrenta repressão

---

[15] "Soldado", em latim. [*Nota da tradução francesa.*]

das insurreições operárias e das efêmeras repúblicas dos Conselhos, como a de Munique em 1919. Em novembro de 1923, membro do Freikorps* "Reichskriegsflagge",[16] ele estava na rua sob a direção de Röhm, para tentar um golpe contra a República ao lado de Hitler e Ludendorff.

Mas chama a atenção o fato de, em suas cartas, Himmler assumir muito mais o título de "lansquenê" que o de "soldado". Embora uma obediência e uma fidelidade absolutas sem dúvida estivessem entre as virtudes que prescrevia para a SS, a imagem que ele tinha de si mesmo não era tanto de um soldado do partido, elemento de um exército dotado de organização burocrática, mas de um combatente lutando pela "liberdade de seu povo".

É verdade que as reminiscências nostálgicas de seu período militar constantemente ressurgem nas cartas, por exemplo, quando ele se lembra do sobretudo de pele que os pais lhe haviam presenteado em 1918 porque ele sentia frio na sala sem aquecimento do seu quartel em Regensburg, e que ele continuava usando dez anos depois (26 de dezembro de 1927). Ou então, quando escreve: "Em Nuremberg, vou para o hotel e me esgoto mais uma vez com as tarefas (faço a barba, passo o uniforme, 21 horas chamada e mais uma vez um pedacinho de vida de soldado") (10 de fevereiro de 1928). E, naturalmente, a vida inteira ele ostentou o ideal do "homem duro", continuou treinando, mesmo mais tarde, durante a guerra, para se fortalecer, e se apresentava como um "lansquenê endurecido ao longo de seus dez anos de combate" (2 de janeiro de 1928). Inclusive em sua relação com Marga: "Não posso jamais abstrair o meu dever — e talvez um dia venha a arrastá-la para o fundo, em um turbilhão de apreensões, sofrimento e destino. Nós, lansquenês da luta pela liberdade alemã, deveríamos na verdade permanecer solitários e proscritos" (26 de dezembro de 1927). Enquanto a SA se colocava como um "exército do povo" empenhado em tomar o lugar do exército regular, Himmler escolheu para a SS o modelo de uma ordem religiosa, de uma comunidade de combatentes conjurados em torno de uma ideologia e que não precisavam de ordens para agir.

---

* Grupos paramilitares formados na Alemanha em dezembro de 1918, logo após a derrota na Primeira Guerra Mundial, por veteranos inconformados com o retorno à vida civil. [*N. do T.*]
[16] Literalmente, "Bandeira de guerra do Reich". [*Nota da tradução francesa.*]

17) Munique, no escritório, 3 de janeiro de 1928. 22 horas

Minha boa, minha querida mulher!

É noite, já é bem tarde, mas ainda preciso escrever algumas queridas linhas e levá-las ao trem para que você possa recebê-las amanhã. Enquanto isso, certamente também terá recebido minha carta de domingo, que certamente nada tinha de dura e grosseira. Hoje, como tinha algum tempo, mais uma vez refleti sobre a sua carta. Mas que pessoinhas inábeis, têm uma pela outra um afeto tão formidável e sempre voltam a nos deixar o coração pesado. Mas ouça, querida menina, não se magoe mais com nada, seria para mim uma ideia horrível, exatamente como se você de fato pudesse ter o sentimento de que eu seja capaz de grosseria e dureza com você. Seria tão terrível para mim quanto na época em que eu acreditava que você, justamente você, me achava inconveniente. Mas não, eu sei, minha mulherzinha agora já me conhece e não ficará mais triste por minha causa.

De uma coisa você pode estar certa, que o seu lansquenê sempre sente o seu amor e nele está feliz.

Gostaria no momento de poder estar de novo junto de você, uma vez concluída esta jornada de trabalho e problemas, para repousar ao seu lado e no seu amor e poder oferecer-lhe sempre e sempre o sentimento de que você, querida mulher"zinha", está segura junto ao seu lansquenê, para o qual é uma grande dama, uma mulher muito amada, uma fiel companheira e uma criança muito querida.

Um beijo para você, minha querida,

seu Heini

Percebe-se claramente desde o início, nas cartas, o fato de Himmler estar convencido de dever situar seu amor por uma mulher depois do "combate" (23 de dezembro de 1927) pela pátria: "Que eu a amo em cada um dos meus pensamentos, desde que me pertençam, e não à pátria" (1º de janeiro de 1928) — embora Marga, com seus cabelos loiros e seus olhos azuis, correspondesse perfeitamente à imagem da mulher alemã ideal.

Ele já descrevera em seu diário íntimo de estudante sua "imagem ideal da mulher": "Oponho-me a que a vaidade feminina também procure dominar nos terrenos onde não tem competência. Uma mulher é amada de três maneiras por um homem reto. — Como uma criança querida que é preciso repreender e talvez mesmo punir quando não se mostra razoável, que se protege e da qual se cuida, precisamente porque ela é terna e fraca, e porque, justamente, é tão amada. — Depois, como esposa e companheira fiel, compreensiva, que avança combatendo conosco na vida, em todo lugar se mantém fielmente ao nosso lado, sem entravar o homem em seu espírito nem acorrentá-lo. E como deusa cujos pés devem ser beijados, que nos dá força por sua sabedoria feminina e sua santidade de uma pureza infantil, que não pode ser contida nos combates mais duros e que, nas horas ideais, nos proporciona o que a alma tem de mais divino."

Para Himmler, essa imagem ideal da mulher resume-se no conceito de "alta dama", que, naturalmente, devia ter "sangue ariano"; já em 1920 ele escrevia a respeito do livro *Der Rosendoktor*, de Ludwig Finckh: "Um hino, um hino justificado à mulher." E, em 1924, depois de ler *Das Buch Liebe*. Sobre *Gudrun*, de Werner Jansen, ele escrevia, exaltado: "O cântico da mulher nórdica. É a imagem ideal com que nós, alemães, sonhamos em nossa juventude e pela qual estamos dispostos a morrer uma vez transformados em homens, e na qual sempre acreditamos, com tanta frequência que acabamos por nos deixar levar pela ilusão."

Também nas cartas a Marga ele utiliza várias vezes a expressão "você pura, querida, alta dama"; igualmente acontece de referir-se a ela como "boa lourinha" (11 de novembro de 1929). O que não fica claro é o significado da palavra "pureza" nesse contexto, quando, por exemplo, ele escreve: "Sempre a vejo ao meu lado em sua pureza, sua elevação e seu amor infinito por mim" (11 de fevereiro de 1928). Já foi dito que, na sociedade conservadora da época, Marga, mulher divorciada, de modo algum era considerada "pura".

Parece assim que ele tinha em mente na verdade uma pureza no sentido da inocência pueril que constantemente queria enxergar em Marga, embora correspondesse muito pouco a essa imagem ideal.

A inexperiência de Heinrich Himmler em relação às mulheres se evidencia sobretudo nas primeiras cartas, e a incerteza por ele demonstrada em relação a ela no início logo diminui, a partir do momento em que ele, por seu sexo e sua formação, se sente superior à "mulherzinha" — à qual também se refere como "tolinha" e "boa menina".

Marga, por sua vez, está basicamente convencida da legitimidade dessa repartição de papéis: "Você bem sabe como nós, mulheres, somos um sexo fraco", escrevia ela em 22 de dezembro de 1927. Dito isso, o fato de ter levado durante anos uma vida independente dificulta para ela a aceitação dessa nova condição. Nos meses subsequentes, assim, ela fica dividida entre a alegria pelo fato de afinal ter encontrado um marido na sua idade e o temor das mudanças e restrições que terá de aceitar em contrapartida: "Sabe, queridinho, às vezes eu tenho medo de tudo, no fim das contas. Tantas coisas novas! Pessoas e coisas, tudo aquilo que me cerca. Querido, então eu tenho apenas a você. Ontem à noite pensei tanto nisso que acabei ansiosa" e "Precisamos ser felizes" (13 de março de 1928).

É evidente que Himmler não leva a sério o conflito íntimo de Marga, ou então não o entende, quando escreve, tentando tranquilizá-la: "Sei perfeitamente que quando minha querida mulherzinha está meio 'azeda' não é por capricho, mas por se preocupar com seu malvado marido" (3 de março de 1928). Ou, ainda, em uma outra carta: "A mulherzinha xingou como um carroceiro" (7 de maio de 1928). Em regra geral, ele parece ter tentado evitar conflitos nessa relação. Assim é que, a 13 de fevereiro de 1928, informa, categórico: "Nada a fazer, querida marotinha, o bravo sujeito não entra em brigas."

Desde as primeiras cartas, ficou claro que Marga Siegroth e Heinrich Himmler não se interessavam muito pela vida cotidiana do outro nem por seu meio social: o outro lhes servia sobretudo como superfície de projeção para a concepção que tinham do parceiro ideal.

15. O. 30. 4 de janeiro de 1928 (Mu. 6 de janeiro de 1928. 23 horas Ex.)

Meu querido lansquenê bem-amado, você, meu bom Cabeça de Mula, é o que sempre me vem à cabeça, embora tenha entendido que na realidade você não o é. Mas que é <u>meu</u>. E que gosta um pouco de sê-lo, bem o sei.

Ontem à noite chegou sua querida 3ª carta, e portanto preciso agora escrever mais uma vez. Devo dizer-lhe mais uma vez o quanto estou feliz e alegre. Você, meu bom Crânio de Mula. ("Crânio" só para mudar um pouco.) Hoje, na verdade, eu queria ser gentil e ler o seu bom livro, mas, no fim das contas, preferimos escrever. Se eu ler depois suas cartas antigas (um dia eu leio as antigas, outro dia, as novas) e o meu diário, então, preguiçosa como sou, acabo adormecendo. E nunca chega afinal a vez do livro. Tampouco levarei a carta para a caixa de correio hoje, por causa da chuva e da minha dor de garganta, que já melhorou muito. Eu certamente voltei a pegar frio na casa dos meus pais, onde não há aquecimento central, e o quarto está excessivamente aquecido.

Meu caro, meu amado, não esqueça as fotos, sem o que nos entediaremos,[17] e pense na "vingança". Minha alma negra já imagina o mais impossível. —

Ó pobre homem, [você] certamente está agora passeando pela história do mundo enquanto eu, mulher preguiçosa, posso aproveitar alegremente a vida entre minhas quatro paredes. Mas de manhã, atualmente, preciso sempre me levantar às 7h30. Um horror!

Você, meu impossível, meu horrível lansquenê, não escreve de modo nenhum se vem 3 semanas a Berlim. Não precisa ter medo da "<u>cidade grande</u>", farei todo o possível para "protegê-lo". [...]

E como vai o estômago? A ideia me ocorre porque a palavra inconveniente está de novo na sua querida carta. Você nem pode imaginar, quando releio suas cartas antigas, a que ponto fiquei dilacerada, na época, quando li que você não queria ser gentil nem conveniente.

---

[17] Em 21 de fevereiro de 1928, antes de receber sua visita em Berlim, Marga já lhe escrevia: "Você vai juntar pequenas imagens. Da última vez, não o fez e ficamos tão entediados."

Achava apesar de tudo que você tinha estabelecido esse objetivo porque alguma coisa em sua vida o havia decepcionado monstruosamente. E que queria tentar ver se não conseguiria chegar lá dessa maneira. Eu ainda não sabia que também podia ser o estômago. É que ainda preciso aprender certas coisas em medicina!

Parece que você ainda não recebeu minha segunda carta expressa. Meu lansquenê é grosseiro e duro, mas também é, comigo, amável e bom. Que possa então continuar assim, é assim que o prefiro, pois é verdadeiro.

[...]

Sexta-feira à noite os Reifschneider[18] querem vir à minha casa, ele nunca veio aqui, quero dizer, nunca foi convidado. Quando fiquei muito doente, há quase 2 anos, ele muitas vezes a acompanhava. Ele é muito zombeteiro, mas na casa dele não me sinto bem. Às 9h30 e, quanto a mim, pretendo, menininha preguiçosa, meter-me na cama e ler.

Prefiro <u>dizer</u>-lhe todo o resto; meu caro, meu bom, estou ao seu lado e o beijo

Sua mulherzinha

21) Carta expressa, Munique, no escritório, 7 de janeiro de 1928. 21h30

Minha querida mulherzinha!

Lá se foi mais um dia com muito trabalho, e aqui estou de novo sentado em espírito junto a minha mulherzinha e sou gentil com ela e lhe conto um pouco do que o lansquenê fez. Digo-lhe para começar que ela é muito amável e gentil por me ter escrito cartas tão boas. (A 15ª e

---

[18] Elfriede Reifschneider era a melhor amiga de Marga, dez anos mais velha, e também enfermeira em Berlim.

a 16ª.) Recebi a primeira ontem à noite, às 23 horas, quando voltava para casa de Landshut, e a outra, esta manhã. — Como fico feliz de saber que minha querida menina não está mais triste. E você também nunca mais voltará a ficar triste, pois, veja bem, não podemos jamais nos entender de viés.

Como vai a dor de garganta? É mesmo como eu digo, onde é que se pode pegar esse tipo de coisa, em B.[erlim]. — E apesar de tudo eu iria se fosse possível. Mas por enquanto não é o que parece. Minha menina, como seria lindo ver todo dia seus olhos fiéis e sentir suas boas mãos e beijar todo dia sua qu.[erida] boca e mostrar à mulherzinha quanto, quanto o <u>seu</u> lansquenê tem de afeto por ela.

Por enquanto, minha pequena Marga, são sonhos. Mas teremos de imaginar alguma coisa em Tölz: pois não nos vermos durante meses é realmente impossível. A menos que a "pequena" marota pense diferente?

Sim, a "marota" é apesar de tudo uma criaturinha insolente. Estou absolutamente de acordo em que, em Tölz, cuidemos apenas de pequenas fotos. Mas sempre há enquanto isso um pouco de "vingança". Pequena marota, eu "receio" que as pequenas fotos tenham de esperar.

Minha querida menina, como você dorme! Fico feliz por você, mas não abuse do que é bom, e, faça-o por mim, vá passear com energia — e também faça ginástica diariamente; eu também acabo de recomeçar. É uma boa educação, tanto para a vontade quanto para o corpo. [...]

Como você é "estrangeira", naturalmente não entendeu bem a palavra "pegar".[19] Entre nós, ela tem quase o mesmo sentido que brigar. — Nenhum de nós dois jamais o fará.

A reconciliação é uma bela coisa, mas ser sempre bom um em relação ao outro é ainda mais belo. É exatamente o que você quer dizer, mas é verdade que você é uma marota. Em Tölz terei de puxar suas orelhinhas.

---

[19] Ver nota 14.

Querida, quase sempre a calma dos domingos não existe mesmo, passam-se meses inteiros sem que eu possa aproveitar. — E, no entanto, calma é algo que sinto quando penso em você. Minha querida mulher, nem posso lhe dizer o que você é para mim.

Ouça, passe a mão no rosto com mais frequência, não deve haver rugas. — Imagine só, esse pivete! Pois bem, ele é assim mesmo, e a querida mulherzinha, com o tempo, não vai mais franzir as sobrancelhas. Ouça, sem isso, não lhe restará mais nada no dia em que se irritar de verdade. [...]

Minha querida mulher, beijo sua querida boca e suas mãos boas e ternas.

Seu Heini

23) No trem Simbach a. I. [am Inn]/Munique, 9 de janeiro de 1928. 4h30 (da man.[hã])

Minha cara, minha boa mulherzinha!

Sua pasta de documentos fez sua primeira viagem, e a primeira carta que nela será escrita destina-se, naturalmente, à mulherzinha. Acabo de me levantar às 4h45, tendo deitado à 1 hora. Semelhante "ressurreição" nada tem de louvável, mas queremos fazer alguma coisa. — Ontem viajei entre 9 e 12 horas de Munique a Simbach a. I. via Mühldorf. O percurso é belíssimo, o clima estava bom, dava para enxergar ao longe nas montanhas. Eu pensei, dormi e sonhei (com quem terá sido?) e li *A Revolução franc.* de Carlyle.[20] Almocei rapidamente em Simbach, perto da ferroviária, e aproveitei a oportunidade para conversar com o Orts-

---

[20] Himmler tomara emprestado a Gregor Strasser o livro de Thomas Carlyle, *História da Revolução Francesa*, e o lia nas viagens. "Um livro extraordinariamente bom e edificante", comentou. Do mesmo autor, seu amigo Falk já lhe emprestara em 1924 um livro sobre Schiller, que ele lera com entusiasmo. (Menções na lista de leituras, N1126/8, n°s 215 e 294.)

gruppenführer. Às 12h40 retomei o caminho para Neumarkt-Kallham passando por Braunau (posto fronteiriço com a Áustria). Os membros do partido local (Pg.[21] em forma abreviada) são excelentes pessoas, muito gentis. Havia um bom público na reunião (mais de oitenta pessoas), o que era muito para essa pequena aldeia. E uma dezena de camaradas vermelhos compareciam pela primeira vez; ao cabo de duas horas, cantavam *Deutschland über alles* conosco. Depois da reunião pública, passei em revista os homens das seções de assalto (S.A.) e manobrei um pouco com eles. Jantar. Parti para Braunau às 21 horas. Os Pg. vieram me buscar às 23 horas. Debatemos ainda durante 1 boa hora sobre as diferentes questões e eu não estava nada insatisfeito ao ir-me deitar.

    Estarei por volta de 9 horas no meu quarto em Munique (e já me rejubilo aqui, no trem, pela carta da minha querida mulher). Por volta de 10 horas, tendo me trocado e barbeado, estarei no escritório, onde me espera muito trabalho. Ao meio-dia, correndo para a casa dos meus pais, onde tenho hora marcada com o alfaiate. À tarde, de novo, muito, muito trabalho. Às 20 horas, revista dos meus homens. Espero ter terminado em uma hora. Antes ou depois, a querida menina terá mais algumas linhas. — É provável que amanhã eu tenha de ir para Memmingen. — Estou louco para que passe a quinta-feira, daqui até lá tenho seis reuniões em três dias — até eu mesmo sinto calafrios. Mas vai dar tudo certo, especialmente quando penso o quanto poderei ser gentil com minha mulherzinha dentro de 8 dias e o quanto a boa mulherzinha será gentil e terna com seu lansquenê.

    Olhe, você pode talvez pegar o livro sobre as raças, de bom grado vou-lhe explicar ainda duas ou três coisas em particular.

    Por enquanto, não parece de modo algum que deva nevar, hoje está chovendo. Já encomendei gelo artificial para minha querida "preussiana". — Se o tempo estiver pelo menos mais ou menos bom, faremos alguns belíssimos e grandes passeios. Conheço muito bem toda a região, lá. — Na

---

[21] De *Parteigenossen* — a abreviação era habitual. [*Nota da tradução francesa*.]

verdade, escolha bons sapatos, as ruas não são pavimentadas. (Será que isso provocará de novo uma vingança?) — Na verdade, nossa "vingança" — ela será boa. No fim das contas, nada me agrada mais que a "vingança".

Agora vou dormir mais um pouquinho, e sonhar com "Berlim", e com nada mais, é claro.

Minha cara mulher-Marga, eu a beijo e a amo infinitamente,

Seu lansquenê

A letra está horrível. Mas a culpa é do trem.

A propósito do livro sobre as raças, Marga escreveu-lhe a 5 de janeiro de 1928: "Eu estava lendo, quando sua carta chegou, o seu livro sobre a raça dinárica." Trata-se muito provavelmente do famoso livro de Hans F. K. Günther, conhecido como "Günther Raça". Na lista de leituras de Himmler, não encontramos o *Kleine Rassekunde des deutschen Volkes* ("Pequeno manual de ciência racial do povo alemão") desse autor, que era uma referência da extrema direita nacional-populista, publicado em 1922. Nos anos anteriores ao seu encontro com Marga, ele leu várias vezes, segundo essa lista, livros dedicados à "raça" (embora os livros militares e historizantes, ou os livros de aventuras, fossem amplamente majoritários), mas se tratava de romances sobre o assunto (*Rasse*, de Erich Kühn, 1924) ou apenas de breves ensaios — por exemplo, em 1922, *Raça e nação*, de H. St. Chamberlain, cuja obra principal, *Os fundamentos do século XIX*, Himmler com toda evidência não havia lido.

32) Munique, 25 de janeiro de 1928. 18 horas

Minha querida, doce mulherzinha!

[...] Esta manhã só acordei às 7h45, depois de sonhar mais um bom quarto de hora com a brava mulher. [...]

À tarde, fui visitar meus pais. Minha boa mãe falou-me de uma conhecida que fora visitá-la e que perguntou, entre outras coisas, se

Heini um dia não se casará, ao que minha mãe garantiu que de modo algum ele estava pensando nisso. Eu me saí com uma zombaria (mas certamente não fiquei embaraçado, querida marota). — Eles têm uma intuição. — *Amada, nós dois sabemos qual é a realidade.*

Continuação esta noite. — Querida menina, beijo sua querida, querida boca e suas boas mãos

Seu marido

Preciso pegar o trem.

Marga fez uma visita a Munique de 15 a 21 de janeiro de 1928. Nessa altura, ambos evidentemente já tinham feito projetos de casamento; a partir de agora, assinavam as cartas com frequência cada vez maior "Seu marido" e "Sua mulher". Imediatamente depois da visita, Heinrich Himmler falou de Marga a seu irmão Ernst e a seu amigo de Falk: "Também para ele, como para Ernstl, foi uma grande alegria" (28 de janeiro de 1928).

33. O. 30. 29 de janeiro de 1928 (chegada, Mu. 31 de janeiro de 1928. 21 horas)

Meu caro queridinho, acabo de voltar do teatro e alguma coisa me levou a lhe escrever de novo. Todos aqueles muitos receios e dúvidas voltam a me assediar. Meu caro queridinho, você sabe como o amo com ternura, e que você é a alegria e a felicidade da minha vida. Seu amor por mim, [que] me pertence e é a minha vida. Caro queridinho, essa impossibilidade é impossível, você vai me amar eternamente como eu o amo, não pode ser de outra forma. Era apenas um desses medos momentâneos, o seu amor me pertence e sempre me pertencerá. Não se aborreça, meu único marido amado, agora que lhe escrevi, a clareza e a luz voltam em mim. Pobre tolinha, lhe é exigido em demasia. Meu caro e bom marido será gentil com ela, muito embora ela não o mereça.

Queridinho, quando voltar cansado e exausto para casa e ficar feliz por ter uma carta para ler, aí está a malvada escrevendo malvadezas. Mas não posso fazer nada!

Será que deveria ir deitar-me com essas dúvidas e não poder dormir? Sei que posso dizer tudo a meu querido marido, ele conhece sua malvada mulherzinha. Sua grande bondade e seu grande amor podem tudo compreender.

Meu bom queridinho, não deve nunca ficar triste. Quando eu estiver constantemente ao seu lado, então então [sic] tudo vai acabar. Então haverá apenas <u>felicidade</u>. Nossa felicidade. Ó meu querido lansquenê mal-humorado, meu caro marido,

Eu o beijo de todo o coração

Sua mulher malvada

Em fevereiro e março, os dois produziram montanhas de cartas desse tipo, quase idênticas e bem vazias. Para ambos, havia algo bem mais importante que o que era veiculado nas cartas: o simples fato de diariamente receber uma delas do outro, contendo um número mínimo de linhas. Em virtude de suas longas jornadas de trabalho e suas frequentes viagens, Heinrich Himmler sofria crescente pressão, pois Marga não admitia esse tipo de "pretexto" e considerava suas cartas breves simples "sinais de vida" que já agora se recusava a numerar — numeração que entre eles era constante motivo de competição.

39. O. 30. 2 de fevereiro de 1928. 8 horas (Chegada Mu. 4 de fevereiro de 1928. 8 horas)

Meu bom marido ardentemente amado, se me visse agora sentada escrevendo no meu quarto, em uma felicidade e em uma satisfação sem sombras (e além do mais bebemos de vez em quando um pequeno gole de Bordeaux branco), certamente se convenceria de que realmente estou feliz por ter um marido tão bom e tão malvado que ama sua malvada mulher tanto quanto ela o ama.

Querido, será que a tolinha é igualmente gentil na sua casa? Ela não deve aborrecer meu bom, meu caro marido. Você sabe, não queremos mais, nenhum de nós, ter a tolinha. Simplesmente mande-a embora. Não precisamos de ninguém. Nós nos bastamos. [...]

As pessoas são realmente más, como devemos ser felizes por poder nos entender e nos pertencer.

No início, eu certamente não acreditei que o seu grande amor, seu amor puro, fosse de fato possível, mas agora sei com toda certeza a que ponto o seu amor é grande e o quanto é verdadeiro, e que será sempre assim. Você nunca terá de ficar imaginando coisas de modo algum, os últimos momentos que passamos juntos eliminaram totalmente até mesmo a menor dúvida. Só posso repetir sem descanso que estou feliz, alegre e satisfeita, e isso pela primeira vez na vida. Pois encontrei uma pátria, junto do meu querido, amado e rude lansquenê. Junto do meu Cabeça de Mula. Embora esta última afirmação não seja verdadeira, mas ainda assim continuo com o direito de dizê-lo? As duas cabeças de mula bem que se aborreceram, hein! —

Imagine que Berlim é uma <u>cidade grande</u> (já estou ouvindo a pergunta: e que tipo de cidade grande?), mas as pessoas sabem dirigir automóvel, a malvada marota não corre perigo tão facilmente assim. Na cidade pequena, é preciso antes de mais nada aprender — quero dizer: aprender a dirigir. Mas, se ainda está com medo de Berlim, então escreva a tempo, eu lhe peço, e irei buscar o assustado lansquenê e o protegerei bem, e também serei gentil com ele.

Muitas vezes não consigo deixar de pensar em Tutzing, tudo é tão belo, tão bom. Mas ainda assim me escreva mais ou menos quando chegar!

Pretendo ir domingo à casa dos meus pais, e depois ficarei o tempo todo em casa, só sairei se tiver de partir pela manhã. [...]

Meu querido, meu bom, meu malvado marido amado, você me dá uma felicidade sem nome.

Sua malvada mulherzinha te beija

Eles tinham se reencontrado em Tutzing, à beira do lago de Starnberg, no mês de janeiro, e talvez mesmo já em setembro de 1927. A 26 de março de 1928, Himmler volta mais uma vez a se referir a esse episódio, ao escrever que "passou diante [do seu] Tutzing" e que sonha ao mesmo tempo que ela: "Especialmente se tivéssemos um dia um pedacinho de terra à beira do lago!" Semelhante projeto naturalmente teria ultrapassado de longe suas possibilidades financeiras, o que eles sabiam perfeitamente.

48) Munique/Plauen, no vagão-leito, 7 de fevereiro de 1928

Minha caríssima mulherzinha de ouro!

Sinto-me como um príncipe, parto aos poucos ao encontro da minha doce mulherzinha no alto norte, estou sentado no vagão-leito e bebo um frasco de vinho do porto (à saúde da brava mulher), avanço confortavelmente pelo campo (através da minha Gau) e tenho certeza de que ninguém pode me importunar, nem por telefone, nem de qualquer outra maneira. Além do mais, ontem, fui deitar-me já às 11h, de tal maneira que dormi magnificamente e toda a minha embriaguez, e depois vou ler, trabalhar, dormir e pensar (maus pensamentos, naturalmente). E para que, querida marota?

De resto, não sou um homem gentil, tudo que eu como e [palavra ilegível] literalmente incrível! Tudo isso porque a brava mulher o quer. Você já sabe, tão dócil [resto da frase ilegível].

Vou almoçar aqui. Chego às 15h21 a Plauen, onde imediatamente terei uma reunião.[22]

Não o diga a ninguém, nem especialmente à marota, mas acho que, se nada se opuser, o malvado irá amanhã ver sua mulherzinha. Querida, como será bom.

Eu a beijo e a amo

seu Heini

---

[22] A sede saxã da *Gau* do NSDAP ficava em Plauen até 1933, e só nesse ano foi transferida para Dresden.

44. O. 30. 6 de fevereiro de 1928. 4 horas (Mu. 11 de fevereiro de 1928. 13 horas)

Meu caro, caro malvado marido! de quem não recebi correspondência ontem. Hoje já 2. Mas o nº não serve, o sinal de vida não conta como carta. Você chegou apenas ao nº 45.

Mas você é realmente um homem mau. Eu, não poder ir passear! E no entanto eu lhe disse que ia e você sabe (mas na verdade nem preciso mais mencioná-lo) que, quando eu digo que vou, é que realmente vou. [...]

A partir de amanhã, as cartas não passarão de um "sinal de vida", em primeiro lugar o homem mau chega na quarta-feira e em segundo o homem mau também precisa saber em que estado de espírito [nos encontramos] quando a carta é <u>tão longa</u>.

[...] Meu queridinho, meu bom, mais dois dias inteiros e terei de minha parte, pobre criatura, de suportar continuar sendo chamada de marota, briguenta, pivete, gigante quebrada, tolinha, moleca e dorminhoca (e no entanto eu sou uma mulher inteligente, hein!).

Meu querido, meu bom, quanto tempo poderá ficar? Seu rosto, você esquece o seu rosto. Será que esta carta chegará a tempo? Meu todo bom, todo malvado homem.

Mil beijos da sua Marga

52) Munique, 12 de fevereiro de 1928. 20 horas

Minha boa, cara mulherzinha!

Que dia não foi mais este também! Das 9 horas às 14h15 sem interrupção, reunião com cerca de 40 pessoas. Depois partida com o chefe para Freising, onde foi belíssima reunião [sic]; ela transcorreu muito bem, na maior calma. Às 16 horas finalmente pude comer um pouquinho. Às 18h45 voltamos. Aqui estou na pousada, desfrutando da refeição.

[...] Mulherzinha de ouro, beijo sua querida boca e suas boas mãozinhas

seu Heini

53) Mu., 13 de fevereiro de 1928. 20 horas

Minha adorável mulherzinha!

[...] Mas se console, querida marota, capturar um ao outro, puxar um pouco as orelhas (e vou lhe revelar uma outra coisa boa: o exercício, a ginástica), o homem mau participa de bom grado, você bem sabe, o lansquenê pode de repente ser um mau menino muito alegre. [...]

Seu marido

Os dois aparentemente gostavam das brincadeiras aqui aludidas; assim é que Marga escrevia a 11 de fevereiro de 1928: "A pobre marota [...] quer brigar. [...] Puxar as orelhas, lutar, correr ao redor da mesa." Desse mesmo jeito travesso, o "divertimento", podia ser recusado da vez seguinte: "Ninguém vai puxar o cabelo, nem tampouco as orelhas" (20 de fevereiro de 1928), ninguém vai fazer "enigmas tampouco" (30 de março de 1928). A 1º de março de 1928, contudo, ela voltava a se rejubilar: "apenas mais 5 meses, a brava mulher estará ao lado do seu malvado marido, e vão puxar cabelos, orelhas, acusar, 'praguejar'". Ele também constantemente se rejubila ante a ideia da punição que será merecida por suas provocações — "E, se houver de novo uma vingança, será ótimo", 9 de janeiro de 1928 — ou suas cartas demasiado raras: "O homem mau merece uma vingança" (27 de junho de 1928).

53. O. 30. 15 de fevereiro de 1928. 11 horas (Mu. 17 de fevereiro de 1928. 8 horas)

Meu caro queridinho! Preciso contar-lhe imediatamente. Meus pais já chegaram, radiantes, armados de rosas vermelhas. Nada de ataques, portanto, só harmonia. Como fico feliz. Eu lhes disse como é que vemos as coisas. De modo que falamos a respeito. Inclusive o fato de você vir para a Páscoa se for possível, e que nesse momento irá visitá-lo [a seu pai]. Ele então perguntou quando eu pretendia ir a M[unique], e como eu dissesse, de maneira geral, não antes de me estabelecer para sempre em M., ele se irritou muito e considerou que era impossível, e que, se os seus pais estiverem de acordo, eu deveria antes de mais nada me apresentar a eles. Que acha, meu queridinho? Seus pais forçosamente me seriam hostis logo de cara se eu não soubesse o que é conveniente. A coisa parece-me perfeitamente clara. Mas vamos ainda assim começar por esperar o que os seus pais dizem a respeito, e você logo verá também, com o tempo, se eles compartilham desse ponto de vista. Meu pai afirma além do mais que tudo deve desenrolar-se mais ou menos ao mesmo tempo, ou seja, com um intervalo breve. Meu bom queridinho, escreva portanto mais detalhadamente a este respeito quando dispuser de calma e tempo. [...]
   Eu o beijo

                                                                Marga

60) Munique, 19 de fevereiro de 1928. 19 horas

Minha adorável mulherzinha!

[...] Esta tarde fui comer na casa dos meus pais, e depois da refeição fui com Ernst visitar Gebhard e Hilde. Contei aos dois esta tarde. Vamos ao fato: os dois ficaram muito contentes e saúdam de todo

coração a querida "cunhada". Uma coisa que eu sei é que, qualquer que seja o comportamento dos pais, esses dois certamente serão muito amáveis.

[...] Amada não se preocupe com seus 60 quilos, a mulherzinha tal como é convém exatamente ao malvado marido [...].[23]

Amada, eu a beijo

Seu marido

60. O. 30. 20 de fevereiro de 1928. 6 horas (Mu. 23 de fevereiro de 1928. 23 horas)

Meu caro queridinho!

[...] Hauschild começou a dizer hoje que podemos ampliar a clínica acrescentando um novo alojamento. Não tive outra escolha senão dizer que não me interessava mais, fazendo algumas alusões à guisa de explicação, ele ficou muito feliz e quer imediatamente me dar meu dinheiro. Mas apesar de tudo talvez eu consiga me sair bem com ele. [...]

Você meu caro, meu amado, eu o beijo, sua

mulherzinha

Não encontramos muitas informações sobre o dr. Bernhard Hauschild, um dos médicos com os quais Marga trabalhava na clínica particular. Segundo os catálogos de Berlim, ele era "cirurgião e ginecologista" e morava na época no nº 45 da Münchner Strasse. A partir de 1933, Bernhard Hauschild só aparece no catálogo pela menção "ginecologista", e veio a desaparecer totalmente a partir de 1935 — o que permite supor que emigrou, partindo

---

[23] Dois dias antes, em carta de 17 de fevereiro de 1928, Himmler mencionava pesar também 60 quilos. De modo algum correspondia, portanto, à imagem de rude lansquenê e guerreiro calejado pelo treinamento militar que costumava cultivar.

talvez para os Estados Unidos, como seu irmão. Em 1928, pouco antes do casamento de Marga, ele comprou sua parte na clínica (ver as cartas mais tardias de 1928).

Marga raramente citava o médico pelo nome, preferindo "[seu] bando de judeus" (27 de fevereiro de 1928) ou "o bando" (28 de fevereiro de 1928, entre outros). Heinrich, por sua vez, absolutamente nunca o citava pelo nome, referindo-se a ele exclusivamente como "a escória" (29 de fevereiro de 1928) ou "o judeu".

64) *Malgersdorf, 26 de fevereiro de 1928. 10h30*
e 27 de fevereiro de 1928. 19 horas [completado com lápis negro]

[...] Minha mulherzinha encantadora e adorável!

Ontem fui muito rapidamente incomodado enquanto escrevia minha carta, e tive, lá (em Malgersdorf), de visitar pessoas e suportar durante horas o relato, pela dona da casa, da incrível imundície da vida dessa família; terei de trazer um desses malfeitores, ou então a irmã dele, que é a maior culpada, ou então fazer com que o irmão e a irmã desapareçam da aldeia. E realmente preciso vigiar para que nosso grupo local não seja perturbado por toda essa lama.

Às 14 horas fomos de caminhão para Reisbach; para escapar de toda essa imundície deprimente, refugiei-me junto a minha elevada dama pura e amada, e fiquei tão feliz bem lá no fundo de mim mesmo, nesse instante em que era senhor dos meus pensamentos. Os outros podem perfeitamente rolar na lama, pois de minha parte eu tenho um paraíso puro, o seu, o nosso amor, ó você meu bom anjo. [...]

Queridíssima mulher — eu a amo e a beijo tão infinitamente

seu Heini

Causa espanto constatar a importância que ainda tinha para Himmler a "moralidade", que desempenhara um grande papel na educação dada por seu pai. A estreita associação entre a higiene médica do corpo e a limpeza moral do espírito tem sua origem em concepções que se disseminaram sobretudo no século XIX. A sujeira, o caos e a imoralidade são considerados inimigos perigosos que devem ser combatidos.

Em 29 de fevereiro de 1928, Himmler formulava o sonho comum dos dois: "Será tão magnífico. O paraíso que vamos construir para nós em julho e agosto, ninguém poderá destruí-lo." Em 2 de fevereiro de 1928, ela já escrevia: "Não precisamos de ninguém. Nós nos bastamos." Os dois não se cansam de expressar a convicção absoluta de que uma felicidade comum os espera e que cada um deles tem sua pátria no outro — por exemplo, quando ele escreve: "Na alma e nos braços do rude lansquenê, eis onde se encontra sua pátria mais segura e melhor" (1º de fevereiro de 1928), ou ela: "Pois eu encontrei uma pátria, junto ao meu querido, amado e rude lansquenê" (2 de fevereiro de 1928).

Ao planejarem um futuro comum, ambos focalizam a atenção no seu "castelo seguro", em oposição ao "mundo mau", à "sujeira da cidade grande", com sua "mentalidade de milionários judeus", ou então aos desprezíveis "burgueses covardes" e "pequeno-burgueses". Já em 15 de fevereiro de 1928, Himmler utilizara esta expressão: "Do nosso lar, do nosso castelo forte, afastaremos tudo que é sujo." A "mulher elevada e pura" é para ele a quintessência da virtude e da pureza: é com ela, e só com ela, que ele poderá construir essa fortaleza e defendê-la, graças à união de suas forças, contra tudo que lhes pareça ameaçador ou carregado de alguma conotação negativa. Marga escreve a respeito de Berlim, que logo deixará: "É bom que eu não precise viver eternamente nessa imundície" (13 de fevereiro de 1928), e já imagina cheia de felicidade o "belo e puro lar" de ambos (28 de fevereiro de 1928). Essa oposição retorna constantemente nas cartas, à semelhança de uma fórmula mágica.

Quando alguém assim se isola do mundo exterior, precisa regularmente tranquilizar-se quanto à homogeneidade do casal que forma, quaisquer que sejam as divergências — o que eles fazem em uma atitude particularmente possessiva. Assim é que Marga escreve já em 1927: "Certamente temos a mesma opinião, o contrário seria realmente impensável" (31 de dezembro de 1927). Depois de alguns encontros, Himmler também tem esta convicção: "E no entanto eu a conheço até a ponta das unhas" (25 de abril de 1928) e "não há decepções" (7 de maio de 1928).

Ela assume essa atitude possessiva ao afirmar: "E no entanto na sua vida só existem agora o movimento e <u>eu</u>" (16 de fevereiro de 1928), o que imediatamente é corroborado por ele nos seguintes termos: "A brava mulher pertence a mim e só a mim" (17 de fevereiro de 1928).

O lar idílico que montam alguns meses depois em Waldtrudering só estaria aberto, em consequência, a pessoas que compartilhassem suas ideias e sua sensibilidade, e com as quais construiriam ao longo dos anos seguintes uma estreita rede de relações. Com base nos contatos de Himmler com seus companheiros, desenvolvem-se assim muitas relações comuns com nacional-socialistas de longa data e suas esposas, quando elas têm as mesmas opiniões.

72. O. 30. 2 de março de 1928. 12 horas (Mu. 3.3.28. 14 horas)

Meu caro, meu bom queridinho,

[...] há pouco fiquei tentando imaginar como você devia ser quando era menino, quero dizer, um menininho. Não tem fotos? Se lembrar, traga-as na Páscoa, e também as de sua família.

Meu queridinho, você escreve: "Não fique triste, tudo isso está fora de nós. Como nosso paraíso é belo!" Meu bom, meu querido, como devo entendê-lo?

Por que você vai a uma reunião com Hitler, já não sabe afinal o que ele diz? [...]

Meu bom, meu caro queridinho, eu o beijo

Sua mulherzinha

Marga raramente se expressava em termos amigáveis sobre a atividade de Hitler em proveito do movimento nacional-socialista, que ela evidentemente encarava com ciúme, como uma concorrência para o tempo que podiam passar juntos. A pergunta irritada na carta acima, que bem demonstra o quanto ela ainda se mantinha estranha à atividade política do marido, encaixa bem nesse quadro. Encontramos em suas cartas muitas outras observações de inconformismo ou insolência, por exemplo, em 6 de janeiro de 1928: "Esse Landshut, não o suporto, por que você vai sempre?!" E, no dia seguinte, ela se queixa: "... agora, não serve mesmo para mim. Como vê, não se pode servir a dois senhores" (7 de janeiro de 1928).

A 24 de janeiro de 1928, ela recobra provisoriamente a esperança: "Depois das eleições, pelo menos estaremos em paz com tudo isso por alguns anos." Mas já a 3 de março de 1928, começa a protestar de novo: "Seria ótimo que você não estivesse em um movimento" — visivelmente, ela gostaria que ele tivesse uma outra profissão. Em 1º de maio de 1928, escreve ela: "Deixe afinal de lado esse partido idiota", e, quatro dias depois: "Queridinho, não consigo entender que se deixe devorar pelo partido a ponto de nem mais poder escrever uma carta. [...] Os outros senhores certamente não se deixam explorar assim."

Himmler ou bem se exime de reagir a esses comentários ou então tenta defender-se com brincadeiras, por exemplo, quando observa: "Marota que você é, não ralhe comigo por causa do movimento. Se ele não existisse, [...] não teria eu ido certo dia 18 de set.[embro] a Berchtesgaden" (10 de janeiro de 1928).

70) Carta expressa, Munique, 3 de março de 1928. 19 horas

Minha querida mulherzinha de ouro!

[...] Vou levar-lhe fotos da minha família, e também de mim quando menino, talvez até as envie antes da Páscoa, afinal, é preciso que você saiba como era seu malvado marido.

Ao escrever: "Não fique triste, tudo isso está fora de nós", eu queria falar da raiva e da sujeira. Você fala em uma carta de algum motivo de raiva, e era a isso que eu me referia.

À reunião com Hitler, não posso deixar de ir, sou eu afinal quem as organiza, essas reuniões, e sou um dos responsáveis por elas. Imagine que recentemente minha mãe foi à reunião com a sogra do meu irmão, e ficou entusiasmada, sem a menor reserva. — Estou mandando esta carta por via expressa.

Minha boa, querida mulherzinha, eu a beijo de todo o coração e a amo

Seu marido

Os pais de Himmler simpatizaram cada vez mais com os nacional-socialistas. Em 1932, Heinrich Himmler emprestou *Mein Kampf* ao pai, que leu os dois volumes com a mesma minúcia que o filho, igualmente fazendo anotações. Pode-se ver pelos comentários que os dois tinham, é verdade, centros de interesse em terrenos diferentes — o filho interessava-se antes de mais nada pela ideia do Führer, pela raça e a "saúde étnica", e o pai, mais pela educação da juventude, a Igreja e a fé. Mas compartilhavam a mesma admiração fundamental por Hitler. Assim é que o pai anotou à guisa de conclusão, no segundo volume: "Lido até o fim com um ardente interesse e uma sincera admiração por este homem. 2 de junho de 1932."

78) Carta expressa de Munique, 10 de março de 1928. 21 horas

Caríssima mulherzinha de ouro!

[...] Querida marota, você me faz rir, imagine que eu fosse um funcionário,[24] eu, de costas vergadas pela docilidade, sempre da mesma opinião que o cretino do chefe do meu movimento, levemente apatetado aos trinta anos, e você, amada, minha esposa, frequentando o chá das senhoras toda semana etc. — ... Não, seria realmente cretino demais para nós.

---

[24] Na véspera, Marga escrevera: "Imagine que você fosse um funcionário?! E que eu recebesse pelo menos três cartas por dia."

Mas antes vale realmente que eu faça a revolução e contribua para o combate de libertação, é o ar que respiramos, minha cara, você, minha querida mulher de lansquenê. [...]

Minha queridíssima, excelente mulherzinha, eu a beijo e a amo de todo o coração.

seu Heini

83) *O. 30. 11 de março de 1928. 4 horas (Mu. 12 de março de 1928. 23 horas)*

Meu bom queridinho, hoje sua boa e longa carta chegou apenas às 12h30. Eu já estava portanto na clínica. [...]

Que marido malvado você está me saindo, meu caro queridinho. Fala tanto de ginástica que chego a ficar com angústia. Mas em seguida vem o truque de prestidigitação e o malvado, malvado marido <u>se deixa apanhar</u>. <u>Deixa-se apanhar</u> para valer. Meu queridinho, a mulher <u>esperta</u>. [...]

85) *Carta expressa Munique, 17 de março de 1928. 19 horas*

Caríssima, encantadora mulherzinha!

Esta manhã bem cedo comecei minhas aulas de direção. Levantei-me às 6 horas. O frio anda brutal; mas a coisa foi muito bem. Não voltei em casa o dia inteiro; a atividade é pavorosa. O patrão está aqui de novo, reuniões o dia inteiro. [...]

Cara, tola amadinha, você sabe muito bem que a marota e boa e malvada mulher e o lansquenê e malvado e bravo homem, todos os seis não passam de um só, basta que um deles esteja feliz e todos os demais estão também, e que um esteja triste, e será o mesmo para cada um dos outros. [...]

Queridíssima mulherzinha, eu a amo e a beijo

seu Heini

99) *Munique, 1º de abril de 1928. 12 horas*

Minha boa, querida mulherzinha de ouro!

[...] finalmente o chefe e eu partimos amanhã de trem para Chemnitz. [...]

Às pressas, muitas caras saudações e beijos do seu

Heini

110) *O. 30. 10 de abril de 1928. (Mu. 11/12? abril de 1928. 15h30)*

Meu caro queridinho!

Seu telegrama acaba de chegar e portanto eu pelo menos sei que você vai bem. Mas as coisas voltaram <u>completamente</u> ao normal no seu estômago?[25] Espero no momento receber uma carta amanhã. De minha parte, vou bem. Com este tempo esplêndido, passeio muito.

Queridinho, mais 6 semanas inteiras e sem nenhum encontro?

Continuo a esperar um.

Amanhã pretendo ir à casa dos meus pais.

Fico com a respiração cada vez mais curta quando penso nos seus pais.[26]

---

[25] Heinrich passara as festas de Páscoa com Marga em Berlim, como previsto, conhecendo seus pais.
[26] Os pais de Heinrich nada sabem ainda sobre Marga. Várias cartas indicam que Heinrich e ela temiam que desaprovassem a escolha de sua futura esposa.

Meu bom queridinho, nossa felicidade e nosso amor, como haveremos de protegê-los. Você meu bom, meu chefe, meu malvado marido. Meu lansquenê selvagem, penso em você.

Eu o beijo, sua

mulherzinha

102) Munique, 13 de abril de 1928. 14 horas

Minha excelente mulherzinha, amada acima de tudo!

Ouça, seu mui malvado homem não conseguiu escrever na noite passada. Só chegou do escritório por volta da meia-noite.

Meu estômago voltou a funcionar impecavelmente. Como sofri com o fato de, na manhã passada, a dor me ter impedido de ser tão amável quanto gostaria e que não pudéssemos mais continuar conversando realmente. — Boa amada, mas não vá pensar tampouco que terá um marido aconchegante. Mas de fato era algo grave. — Dito isso, agora a coisa vai bem de novo; só um pouco estressado. [...]

Querida, ó minha felicidade! Eu a beijo

seu marido

104) Munique, 15 de abril de 1928. 21 horas

Minha cara, boa, "muito malvada" mulherzinha de ouro!

Imagine que ontem e hoje o "pobre" marido não recebeu carta da brava mulher. Diga lá, não é mesmo uma mulherzinha "muito malvada"? Sexta-feira, ela levou a carta à caixa tão tarde que o correio não teve mais tempo de trazê-la no sábado, e no sábado a brava mulher esque-

ceu que é preciso enviá-la por via expressa. — A menos que a brava mulher tenha algum problema, espero receber uma, e mesmo duas cartas amanhã de manhã. Amada, cuidado com os carros; — afinal de contas, você pertence ao malvado lansquenê. [...]

Ontem fui bisbilhotar em uma livraria. Mando-lhe uma lista de livros. Os que estão marcados em azul, recomendo que compre. O que está marcado em vermelho é a maior obra existente sobre criação de aves; creio que poderemos comprá-lo mais tarde, quando nos tivermos iniciado um pouco em todo esse terreno mediante outros textos. Mando--lhe também a brochura sobre a castração. Nesta questão, recomendo que compre as ferramentas de castração com antecedência para que possamos praticar no domingo depois de Pentecostes, quando eu estiver em Berlim, na casa dos seus pais, do lado de fora, com um pequeno galo <u>morto</u> (em uma primeira etapa). [...]

Ó minha querida mulher, como a amo. Eu a beijo eternamente

Seu Heini

116 a) [acréscimo de Marga: para que o mesmo dia tenha sempre o mesmo número.]
O. 30. 16 de abril de 1928. 9 horas (Mu. 18 de abril de 1928)

Meu caro queridinho!

[...] Queridinho, vou amanhã de manhã mesmo encomendar os livros marcados em azul, assim como as ferramentas. Já podemos fazer experiência com o frango morto. Agora vou ler o livro.[27]

Bom queridinho, sua boa, querida cunhada, não mereço tanta bondade, tenho tanta dificuldade para me acostumar com as novas

---

[27] Em 23 de abril de 1928, Marga escrevia: "[...] Meu bom queridinho, leio com dedicação nossos livros sobre as galinhas e sou favorável a que nos limitemos aos ovos, à engorda e aos capões. Nem pensar em criação."

figuras. E não posso me <u>adaptar</u> a todos ao mesmo tempo. Mande novas saudações, por favor, e todos os meus agradecimentos.

Queridinho, que mulher "malvada" você vai receber. Mas como fico feliz de saber que todos se mostram gentis e bons com você. Só quero afinal de contas a <u>você</u>.

Certamente que é muito, mas é assim. E, depois, só terei a <u>você</u>. Ó meu querido, como seremos felizes! Seus pais, meu queridinho, vai dar tudo certo. Todos eles querem ser gentis comigo, muito embora eu o esteja roubando deles. É o cúmulo da bondade. [...]

Meu querido lansquenê selvagem, eu o beijo, sua

mulherzinha

Parece evidente que ela só sentia essa dificuldade de se adaptar a novas pessoas com a família de Heinrich: em Waldtrudering, e mais tarde também em Munique, rapidamente faria novas amizades. Ao afirmar que só quer a ele, ela já evidencia aqui o quanto seu interesse pela família de Himmler é limitado. E nos anos seguintes, com efeito, ele quase sempre visita sua família sem levar Marga, ao passo que, de sua parte, se entendia bem com os parentes dela. Também na lembrança de Gebhard Himmler nenhuma relação calorosa jamais se estabeleceu entre Marga e os Himmler, sendo ela aos olhos da família uma "mulher fria, dura, sem nenhum encanto, extremamente nervosa e se lamentando com excessiva frequência".

108) Munique, 20 de abril de 1928. 14 horas

Caríssima mulherzinha amada!

Tudo vai bem. Minha boa mãe tampouco está contra nós. É verdade que ficou um pouco triste por causa dessa questão de religião, mas quanto ao resto se rejubila e creio que será muito amável com você, assim como meu pai. Amada, você então virá de qualquer maneira a

Munique para Pentecostes. O que aconteceu até agora foi bem, e tudo vai-se passar igualmente bem no que diz respeito à casa e todo o resto. Hilde e Gebhard foram de uma amabilidade literalmente tocante. Passei uma hora na casa deles ontem à noite, e <u>eles</u> disseram que [nós iríamos?/eles iriam?] escrever-lhe uma carta.

Se pelo menos eu tivesse um pouco mais de tempo e de calma. É terrível, acabo de levantar da mesa, às 14 horas. Às 15h30, de novo no escritório. Às 16 horas, partida de carro para Traunstein, de noite em Berchtesgaden, amanhã de manhã faço um discurso em Passau, domingo de manhã e à tarde em Vilsbiburg. À noite retorno a Munique. Amada, escreva-me apesar de tudo para domingo, desse modo terei uma carta do sábado e uma carta do domingo quando voltar, durante a noite, da minha viagem. Querida mulher, ó meu bom anjo!

Agora quero ainda responder às cartas (de 115 a 118). "Casar em Berlim", teremos de conversar detalhadamente sobre isso em Pentecostes, ou seja, só poderemos nos entender de fato pessoalmente. Eu também preciso ver o que pensam meus pais a respeito, assim como os seus? [...]

Ouça, já fico pensando que vamos casar no início de julho, amada, por que então prolongar mais ainda essa terrível espera de duas semanas. Minha querida, agora preciso terminar. Minha cara, cara mulher, eu a amo de maneira indizível e a beijo muito selvagemente e à maneira dos lansquenês.

Seu marido

A reação dos pais aos projetos de casamento, de tão espantosa amabilidade, refuta a suposição até aqui sustentada de que os pais de Heinrich, por motivos na época evidentes (ela era mais velha que ele, divorciada, protestante), teriam recusado esse casamento desde o início. Só tínhamos conhecimento até agora de uma carta enviada a Heinrich por sua mãe a 22 de abril de 1928, na qual ela escreve, entre outras coisas: "Que, ao lado da alegria, um profundo sofrimento enche meu coração de mãe, você o sabe e também o sente." As relações mais tarde tão distantes entre Marga e os sogros de modo algum se deviam, portanto, a uma rejeição a priori da nora, tendo se instalado ao longo do tempo.

120) O. 30. 21 de abril de 1928. 4 horas (Mu. 22 de abril de 1928. 21 horas)

Meu caro queridinho!

Ontem a mulher malvada simplesmente não conseguiu escrever. Na clínica, de maneira geral, temos no momento muito que fazer. De tarde, costureira em casa, muitas compras, à noite meus pais.

Meu queridinho, vamos agora falar dos seus queridos pais. Como é bom e amável da parte deles, fico muito feliz por você. E esta manhã o bom cartão da sua cunhada e do seu irmão. Meu queridinho, fiquei sem voz. Meu queridinho, transmita-lhes meus agradecimentos. Mas, meu bom queridinho, não posso escrever eu mesma. Meu bem, quanta mágoa você ainda enfrentará em sua relação comigo; francamente eu tenho medo das pessoas que não conheço. Quando são desconhecidos que nada me dizem interiormente, é diferente. Mas agora. Pentecostes. Queridinho, lembre-se, por favor, de que não moro na casa dos seus pais. Em suma, queridinho, agradecer [sic] e muitas saudações pelo cartão.

Bem-amado, agora vamos tratar da sua querida e longa carta 108. Você vai para Berchtesgaden. Meu bom queridinho. Esta carta certamente chegará amanhã por via expressa. Eu mesma vou levá-la ao correio.

"'Casar em Berlim', teremos de conversar detalhadamente sobre isso em Pentecostes, ou seja, só poderemos nos entender de fato pessoalmente. Eu também preciso ver o que <u>pensam</u> meus <u>pais</u> a respeito, assim como os seus?" Pode imaginar que fiquei <u>muito</u> assustada ao ler essas linhas. Mas diga-me agora que você <u>certamente</u> não quis dizer isso. Precisamos conversar detalhadamente sobre isso em Pentecostes, é <u>o que convém</u>. Nossos pais, sejam os seus ou os meus, não têm afinal grande coisa, ou mesmo nada em absoluto a dizer a respeito, é o <u>meu</u> ponto de vista. Meu

bom queridinho, <u>nós</u> fizemos até agora o que queríamos, e espero muito que continuemos assim. Você bem sabe como sou independente, você que eu amo e que me pertence, a você eu sei que poderia fazer a pergunta, mas a uma outra pessoa?! Meu queridinho, até agora sempre soubemos afinal de contas o que queríamos. Queridinho, mesmo mais tarde eu não poderia imaginar que você deixasse alguém se intrometer mais uma vez nas nossas questões. Eu, não. Só para lhe dar um ponto de referência. [...]
Eu o beijo, sua

mulherzinha

112) Munique, 25 de abril de 1928. 14 horas

Caríssima mulherzinha de ouro!

[...] Ontem estive na casa dos meus pais. Minha boa mãe só está muito triste por causa da religião, não por sua causa, mas porque eu lhe disse que já não sou católico há três, quatro anos. Isso a fez chorar muito, a pobre e boa mãezinha; mas não quero mentir; espero que ela venha a superar isso e esquecê-lo. Meus pais, contudo, lhe mandam o saudações <u>de todo o coração</u>.
Caríssima e encantadora mulher, você logo será minha. Eu a amo e a beijo

seu marido

124) O. 30. 25 de abril de 1928. 4 horas (Mu. 26 de abril de 1928. 13 horas)

Meu caro queridinho amado,

Hoje chegou sua cara e longa carta, além da linda foto. Queridinho, fiquei feliz e ri com gosto. Queridinho, você é afinal de contas um homem, e manda a foto assim, simplesmente, no envelope! Havia incontáveis cacos de vidro, mas não chegaram a estragar a foto.

Meu queridinho, meu bem, você agora já ouviu a opinião dos seus pais. Não queremos magoar nem contrariar ninguém. Afinal de contas, é um costume nacional que as bodas sempre ocorram onde a noiva mora. E neste caso, além do mais, cairia bem, pois não temos onde ficar em M.[unique] [...]

Quanto à religião na qual viveremos, cabe a <u>você</u> saber.

Talvez também possamos comprar uma casa velha.[28] *[...] Sim, queridinho, vamos ficar com o início de julho, ou seja, dia 3 ou 4. Conversei sobre isso hoje com Hauschild, o contrato será concluído antes do fim desta semana.*[29] *Está tudo correndo ainda tranquilamente, não posso estar constantemente brigando com as pessoas. Mais dez semanas apenas queridinho. Depois irei para a casa dos meus pais, eles vão gostar tanto.*

Meu bom, caro amado, meu lansquenê selvagem. Você, bom queridinho, eu o beijo

sua mulherzinha

134) O. 30. 5 de maio de 1928. 4 horas (Ex Mu. 6 de maio de 1928. 11 horas)

Meu caro queridinho!

Hoje mais uma vez uma dessas coisas, com essas pessoas impossíveis e sua insolência estúpida, uma tal aflição que ainda estou com a cabeça tonta. Como fiquei feliz com sua carta, um raio de sol, e no entanto mal passava de um sinal de vida. Queridinho, não consigo entender que se deixe devorar pelo partido a ponto de nem mais poder escrever uma

---

[28] Enquanto Himmler propunha que se instalassem primeiro em um imóvel alugado para investir o dinheiro antes de mais nada na criação de aves, Marga preferia passar a viver logo em sua própria casa (carta de 19 de abril de 1928).
[29] No dia seguinte, Marga escreveu que entrara em acordo com o Dr. Hauschild pelo valor de 12.500 marcos líquidos.

carta. Ainda se fosse o normal! Os outros senhores certamente não se deixam explorar assim. E tenho certeza de que você também já não está mais dormindo. No fim das contas, vai cair doente e ficar em um estado lamentável. Só gostaria de saber a quem você poderia ser útil depois disso.

Você escreve: Estou aqui pelos próximos dias, isso significa que não pode escrever?

Minha desgraça é não ser capaz de entender que só existem decepções. Talvez ainda possa aprendê-lo.

Meu queridinho, não consigo me acostumar.

Mais três semanas ainda quinze dias até as eleições. Vou verificar se meu nome sequer está na lista.

Agora só faltaria que lhe acontecesse alguma coisa.

Vou dar um passeio, talvez também ir visitar meus pais.

Ah, meu caro amado, que mulher má eu sou; mas preciso dizer-lhe tudo, se não for a você, a quem será? Mas, ainda assim, é tão triste.

Bom, caro amado, agora você também está triste.

Em 3 semanas tudo irá melhor.

Meu caro, caro amadozinho. Será que não quer afinal de contas pensar em você mesmo? Que homem mau, malvado você me está saindo, afinal. Já me sinto um pouco mais leve, agora que lhe disse toda a minha mágoa.

Meu bom lansquenê selvagem, ó você, homem realmente malvado, malvado, eu o beijo, sua

mulherzinha

120) Munique, 7 de maio de 1928. 13 horas

Minha encantadora mulherzinha amada!

Esta manhã recebi sua querida carta (133). Você, boa, amável criatura, à qual o malvado marido não escreveu. — Nem é preciso dizer afinal que escrevo diariamente, assim que possível, nem que seja um pouco, e mais ainda depois das eleições; é realmente para mim a hora do dia em que posso conversar com você, caríssima mulher. À noite, antes de dormir, sempre separo um tempo para conversar com sua querida foto e vejo seus bons olhos fiéis e sinto seu caro e belo corpo e sei o quanto seremos felizes. — Então você estará diariamente junto de mim, e quantas vezes estiver sentada ao meu lado haveremos de nos falar e a mulherzinha contará todas as suas mágoas e depois o lansquenê selvagem será muito, muito gentil com ela.

Amada, você não precisa temer nada quanto a Pentecostes. Acho inclusive que será belíssimo. Pais, irmãos e irmãs à parte, certamente não haverá ninguém.

Brava, brava mulher, quando recebi domingo sua carta expressa, não fiquei nem um pouquinho triste — marido mau —, mas imagine só, ri sozinho, de tão alegre fiquei. (Eu sabia perfeitamente que você receberia minha carta expressa.) Sabe, a mulherzinha "gorjeou como um pintarroxo", e ao ler isso eu visualizava tão claramente seu rostinho e sua boquinha zangada — que gostaria tanto de beijar e amar. — Vamos lá, malvada amada, não há decepções. — E no entanto você sabe muito bem, sem dúvida, que marido "malvado" terá, que a ama "só um pouquinho de nada" assim.

Minha boa amada, sobretudo continue contando seus motivos de preocupação para seu marido malvado, assim como ele será sempre gentil, depois, com você, e como ele está alegre e feliz que a brava mulher lhe conte tudo, exatamente como ele também faz com ela.

Amada, logo nós nos pertenceremos; é tão esplêndido que me acontece de nem sempre ser capaz de acreditar.

Ó cara esposa, eu a beijo com muito amor e sem fim

seu lansquenê

126) Mu., 18 de maio de 1928. 14 horas

Caríssima mulherzinha amada!

Ontem seu malvado marido não conseguiu escrever. Dormiu até 10 horas e depois recebeu sua querida carta expressa. Amada, ó boa, brava mulher! — e depois para o escritório. À tarde na casa dos meus pais. Era o aniversário do meu pai, todo mundo estava lá. — E todo mundo lhe manda saudações muito amáveis. — De volta em casa, passei meu uniforme. Partida para Augsburgo às 16 horas e estava de novo em casa às 2 horas da manhã.

    Dormi hoje até 9h30, depois escritório. Agora, às 16 horas, vou de carro para Pfaffenberg (Baixa Bav.), onde faço um discurso à noite e volto esta noite. [...]

    Não deixei de fazer a viagem no domingo e acabei encharcado até os ossos. Das 8 às 17 horas. O que os homens fazem eu também faço.[30] *— Ouça, amada, vá votar. (Lista 10) e leve o maior número possível de pessoas para votar por nós. [...]*

    Ó caríssima mulher, amada mais que tudo, como a amo! Eu a beijo

Seu marido

Marga jamais respondia diretamente às saudações reiteradas e às cartas dos futuros sogros; a 17 de junho de 1928, em compensação, ela responde bruscamente: "Queridinho, cumprimente de uma vez por todas os membros de sua família da minha parte." E, dez dias antes do casamento, escreve: "Queridinho, cuide para não precisarmos visitar os seus nos quinze primeiros dias" (23 de junho de 1928).

---

[30] No dia 12 de maio, na campanha eleitoral, Himmler fizera um "cortejo de propaganda de carro" por Munique com mil SS (carta de 13 de maio de 1928).

146) O. 30. 17 de maio de 1928. 3 horas (Mu. 19 de maio de 1928. 15 horas)

Meu bom, caro queridinho!

Até agora não chegou nenhuma carta, talvez seja para esta noite. É verdade que recebi uma ontem, quando é que vou tornar-me modesta? Provavelmente nunca. Mulher malvada, a vingança não para de aumentar. Daqui a oito dias provavelmente não escreverei mais.

Amanhã à noite, às 22h50, estarei em M. por oito dias. O trem sai às 12 horas. Queridinho, bom queridinho amado!

Meu bom lansquenê selvagem, desde que você esteja bem.

Agora vou para a casa dos meus pais.

Vinte e duas cartas em quatro dias, é impossível. Resta portanto a grande montanha, e todas as outras "vinganças" virão somar-se. Mão na mão! Durante três meses.

Queridinho, ainda assim sobre o lugar de nascimento do seu pai.

Imagine que ainda não recebi nenhum documento oficial sobre meu falecido sogro, que no entanto morreu em 1920. E não sei onde ele faleceu. Acabo de escrever a mais 2 departamentos oficiais. Precisamos estar com os papéis reunidos depois de Pentecostes. Você poderá estar aqui no dia 6 de junho? Malvado queridinho, 22 cartas.

Eu o beijo, meu queridinho

Sua mulherzinha

Esta carta é a única que nos permite saber que Marga casou com o primeiro marido em 1920. Como ela assinou contrato com a clínica no fim de 1923, seu casamento, portanto, só durou provavelmente até 1922 ou o início de 1923.

148) O. 30. 19 de maio de 1928. 4 horas (Chegada Car.[ta] Ex.[pressa] Mu. 21 de maio de 1928. 13 horas)

[...] *Queridinho, todo mundo aqui vota nacional-alemão. Sachse*[31] *afirma que seria um erro votar em vocês, nenhum será eleito aqui e assim são tirados votos da direita. Entendo tão pouco de política. Eu voto 10.* [...]

As eleições de 20 de maio de 1928 para o Reichstag certamente foram uma decepção para o Partido Nazista, que obteve apenas 2,6% dos votos, com 810 mil boletins. Com pouco menos de 30% dos votos, o SPD (Partido Social-Democrata) tornou-se o partido mais poderoso da Alemanha e alcançou seu melhor resultado eleitoral desde 1919; quanto ao KPD (Partido Comunista), superou a casa dos 10%. Em compensação, o Partido Popular Nacional-Alemão perdeu cerca de um terço dos eleitores, mas ainda assim se manteve, com 14% dos votos, como segundo grupo parlamentar do Reichstag e a força dominante da direita. O Partido Nazista conseguiu enviar doze deputados ao Reichstag, entre eles Joseph Goebbels.

Nas eleições regionais realizadas paralelamente em Anhalt, os nacional-socialistas obtiveram 2,1%, e 1,7% em Wurtemberg. Mas seu resultado na Baviera — 6,1% — foi nitidamente superior, e no Land rural de Oldenburgo, no norte da Alemanha, o Partido Nazista chegou inclusive a 7,5%. Embora o apoio que alcançavam nas cidades ainda fosse relativamente reduzido, os nacional-socialistas desfrutavam de um número bem maior de seguidores nas zonas rurais.

No fim de 1928, o *C.V.-Zeitung*, semanário da Central Verein deutscher Staatsbürger jüdischen Glaubens ("União Central dos Cidadãos Alemães de Confissão Judaica"), publicava, sob o título "Terror nacional-socialista! O partido concentra sua ação no campo e nas pequenas cidades", um artigo com levantamento em várias páginas das operações violentas conduzidas no Reich alemão; além da Baviera, falava-se especialmente da Renânia, do Baixo

---

[31] O dr. Sachse era obviamente outro médico da clínica (também é citado em uma carta de Himmler datada de 24 de junho de 1928).

Saxe, da Frísia Oriental e da Prússia Oriental. Na verdade, após seus êxitos eleitorais na zona rural, o Partido Nazista tendeu a mostrar mais fortemente sua presença nas pequenas e médias localidades, nelas organizando reuniões e fazendo demonstrações de força. Para isso, com frequência eram reunidas unidades SA provenientes de toda a região, que em seguida desfilavam em fileiras cerradas pelas aldeias.

127) Munique, no escritório, 21 de maio de 1928. 19 horas.

Cara, doce mulherzinha!

Hoje de novo o malvado marido não pode escrever muito. Hoje dormi até 14 horas. À noite, com meus homens corajosos, 34 horas de serviço sem interrupção. — Eu me comporto de maneira notável e estou tão feliz. Amada, mais alguns dias e você estará aqui. — Sua querida carta expressa me esperava ao chegar, esta noite.

Amanhã conseguirei mais escrever [sic]. Caríssima, caríssima mulher, não fique aborrecida. Como a amo, ó você boa criatura.

Eu a beijo

seu Heini

150) O. 30. 21 de maio de 1928. 4 horas (Mu. 22 de maio de 1928. 17 horas)

Meu caro queridinho!

Por acaso lhe aconteceu alguma coisa, ou será que você me esqueceu? Não recebi carta ontem, esta manhã apenas o telegrama. Foi na sexta-feira que você escreveu pela última vez. Queridinho, diga-me o que está acontecendo, quero ter clareza. Agora as eleições afinal já ficaram para trás, e o resultado é tão ruim.

Esse Hauschild! Um judeu é sempre um judeu! e os outros não valem mais. Ah, meu caro queridinho, volte então a me escrever. Malvado, homem malvado. Vingança, vingança!

Meu caro amado, eu o beijo, sua

mulherzinha

152) *O. 30. 23 de maio de 1928. 3h30 (Mu. 24 de maio de 1928. 13.30 [?])*

Meu queridinho!

Até o momento, de novo, nenhuma carta sua! Eu ainda esperava receber talvez uma carta sua por volta de 17 horas e amanhã. Pensava com meus botões que você sempre escrevera, e que depois das eleições teria mais tempo. Então qual é o motivo, agora? [...]

Queridinho, você tampouco escreveu se tinha <u>tempo</u> para mim. Não permanecerei por tanto tempo em M.[unique] se <u>você</u> não tiver tempo. [...]

Depois de amanhã à mesma hora estarei quase lá. [...]

Desgraça se amanhã não receber uma carta. Vingança.

Sua mulherzinha, que tanto ama o velho tratante

132) *Marktredwitz, 1º de junho de 1928. 17 horas*

Minha mulherzinha de ouro, minha amada!

Imagine que hoje o homem "malvado"[32] dormiu muito e você, boa mulherzinha, certamente teve muito nervosismo e trabalho, mas não aborrecimentos, espero. Fiquei na cama até cerca de 9h30 e pensei mais

---

[32] A partir dessa carta, Heinrich e Marga muitas vezes deformam a palavra *böse*, "malvado", como *beese*, conferindo-lhe uma nuance um pouco "gaiata"; nesses casos, a palavra "malvado" aparecerá sempre entre aspas. [*Nota da tradução francesa.*]

uma vez, pensei muito solidamente e muito lindamente. — Depois escrevi uma carta a Schiedermeyer, enumerando catorze pontos com base nos quais o orçamento deve ser feito e disse-lhe que preciso de uma proposta prévia até a próxima sexta-feira, 8 de junho. — Redigi um extenso lembrete de tudo que será preciso comprar e resolver no mês de julho, além de uma lista do que ainda precisamos discutir. — Às 12 horas fui para Nuremberg, depois para Marktredwitz, aqui terei uma hora de espera e depois sigo para Wiesau. Terei lá uma grande noite de debates,[33] *amanhã partida para Chemnitz.*

Você provavelmente receberá esta carta quando ainda está [sic] na sua caminha. Ó doce mulher amada, como seremos felizes. Será de uma beleza tão inconcebível; poder viver juntos cada dia e ler tudo nos olhos do outro e nos oferecer mutuamente a maior alegria do amor e apenas do amor.

Ó caríssima, caríssima mulher, mais alguns dias apenas e a terei de novo e depois mais três breves semanas e meia que estarão cheias de trabalho, e depois você estará ao meu lado e mais nada ruim poderá aproximar-se de você, ó você querida, querida, nobre criatura.

Minha mulherzinha encantadora,
Eu a beijo

seu Heini

Dois dias antes, durante a visita de Marga a Munique, eles tinham comprado uma casinha com um grande jardim em Waldtrudering; Schiedermeyer era o arquiteto ao qual tinham encomendado a reforma da casa. Nas semanas que antecederam o dia do casamento, a 3 de julho, Himmler deu início às obras, e as despesas seriam detalhadamente comentadas por ambos em numerosas cartas. Um dos principais itens desse orçamento era a pretendida aquisição de um automóvel; no total, o dinheiro de Marga mal deu para todas essas compras. Himmler aparentemente não tinha economias.

---

[33] As *Sprechabende* eram reuniões promovidas com grupos locais para animar a vida interna do Partido Nacional-Socialista. [*Nota da tradução francesa*.]

Uma semana depois de Marga ter sido apresentada aos futuros sogros em Munique, em Pentecostes, Himmler foi para Berlim providenciar a papelada burocrática.

133) Munique, 8 de junho de 1928. 19 horas

Minha querida mulherzinha encantadora!

Mais um dia se passou, e se foi a toda velocidade. Hoje, durante toda a noite, dormi sentado no trem, agasalhado na sua boa coberta, e sonhei e "pensei", mas pensei bem, vale dizer, sempre e unicamente na mulherzinha, como já faz este malvado lansquenê desde 11 [sic] de dezembro. — Cheguei aqui (10 horas) desfiz a mala, tomei uma ducha fria para que o sujeito inteiro ficasse fresco, "lindamente" barbeado, depois 12 horas no escritório, e trabalho até agora; agora vou para o trem ponho a carta no correio, vou visitar meus pais, depois até 20h45 Kaulbachstrasse, onde mais uma vez terei assistência para um discurso. — Falei com Schiedermeyer pelo telefone. Partimos amanhã de manhã, o bombeiro (para o aquecimento, o banheiro e os lavatórios) ficou acertado, e também um pintor, um marceneiro e um pedreiro, que no entanto são todos três de Trudering. Amanhã receberei o orçamento e na segunda-feira já poderemos dar início a duas ou três coisas. Amanhã à noite vou lhe enviar o orçamento por carta expressa. — Também conversei com o conselheiro ministerial dos correios (um conhecido), ele vai acelerar muito o nosso telefone. — Amanhã tenho uma enorme quantidade de coisas a resolver; amanhã também envio o dinheiro.

E você, brava, brava mulher, não se irrite mais com seus judeus e as pessoas, pense toda vez que muito em breve estará ao lado do "malvado" marido, que tem por você um amor tão infinito.

Meu estômago ainda não vai perfeitamente bem, é verdade, mas está melhor. — Ouça, amanhã, a boa amada receberá um relatório muito longo; e de resto é possível que ele só chegue na noite de domingo (21h30).

Ó minha caríssima mulher amada, receba os beijos do

seu marido

137) Carta expressa Munique, 11 de junho de 1928. 23 horas

Minha pequena esposa amada acima de tudo!

[...] Caríssima, excelente amada, nós afinal de contas assumimos tão facilmente as preocupações do outro, e nada pode [ser] pior que não poder assumi-lo um pelo outro, mas me dê simplesmente esse prazer por amor a mim, eu lhe peço, escreva e diga sempre o que lhe pesa. — Por acaso é o judeu que cria dificuldades com o dinheiro — ou então, amada, a tolinha voltou para atormentar minha boa mulherzinha? [...]

Estive na Hanomag-Auto. Eles agora custam 2.300 [marcos], ao passo que um Dixi, que é nitidamente melhor, custa 2.500.[34] — De maneira geral, acho que não precisaremos de mil marcos, mas de 2 mil marcos de hipoteca adicional; escreva-me, por favor, o que pensa a respeito.

Entrei hoje com o pedido do telefone. [...]

Esta noite às 20 horas eu ainda estava na casa da Sra. Dr. von Scheubner-Richter; ela ficou muito feliz quando lhe disse que vou me casar em julho.

Amada, você, mulherzinha amada de ouro, como a amo e como fico feliz quando posso ler tudo nos seus olhos amados. Eu a beijo, ó cara mulher,

Seu marido

---

[34] Marga escrevia a 8 de junho de 1928: "Ainda não recebi o dinheiro de H[*auschild*], devo receber amanhã de manhã. Que bando!"

Mathilde von Scheubner-Richter era viúva do diplomata germano-báltico Max Scheubner-Richter, que foi um dos principais mecenas de Hitler nos primeiros tempos, em Munique, tendo merecido deste a dedicatória da primeira parte de *Mein Kampf* em 1923. A sra. Scheubner-Richter e Himmler se conheciam bem, como se depreende da introdução ao repertório do arquivo central do Partido Nazista (BA, NS 26): "Mathilde von Scheubner-Richter recebera de Hitler, em 1926, a missão de formar em colaboração com Heinrich Himmler um arquivo no qual ficassem documentadas tanto a imprensa nacional-socialista quanto a dos adversários do movimento nacional-socialista. Pretendia-se também reunir documentos sobre pessoas hostis ao 'movimento'. A integração do vice--diretor de propaganda do Reich Himmler a esse projeto sugere que esse arquivo tinha desde logo como objetivo atender a fins documentais e de propaganda. Por volta de 1928, o arquivo foi transferido de Mathilde von Scheubner-Richter para a Direção de Propaganda do Reich, que lhe deu continuidade." Himmler pôde assim reunir já a partir desses anos um abundante material sobre os "inimigos do movimento", ao qual recorreria posteriormente em suas funções de Reichsführer-SS. No início, a concepção perfeccionista que tinha desse arquivo de dados ia completamente além da capacidade dos membros locais do partido, mas também preparou um sistema de vigilância dos opositores que foi utilizado com grande eficácia, anos depois, pela Gestapo de Himmler.

145) Munique, 21 de junho de 1928. 21h30

Ó cara, doce mulherzinha!

[...] Amada, nem Ernst nem Gebhard podem vir. O exame de Ernst foi antecipado em oito dias e Gebhard tem provas justamente nesses dias, conversei com ele, caso contrário ele realmente viria de bom grado.[35] *[...]*

Eu a beijo muito muito forte seu marido

---

[35] Ernst, o irmão mais jovem, concluía na época estudos de engenharia elétrica, ao passo que o mais velho dava cursos práticos em uma escola de engenheiros.

147) Munique, 23 de junho de 1928. 18h40

Caríssima mulherzinha amada!

Hoje comprei um pastor-alemão, uma cadela, 2 anos, bom pedigree, por 100 marcos — comprei-a do policial de Strasstrudering. Acho que é uma boa coisa, pois em primeiro lugar temos um cão e depois o policial é nosso amigo, ao passo que os da repartição municipal são uns grosseiros. [...]
    Amada, o marido "malvado" precisa terminar. Caríssima mulher receba os beijos do seu malvado lansquenê selvagem

que tem por você um amor tão infinito

150) Munique, 27 de junho de 1928. 22 horas

Encantadora mulherzinha de ouro!

Seu malvado homem merece uma vingança, ele não lhe escreveu hoje, em compensação passou na prova da carteira de habilitação e a obteve apesar do seu conhecimento "fabuloso". Amanhã receberei a carteira, e assim poderemos sair no nosso carro. Amada, sem que nada façamos, tudo avança. [...]
    Eu a beijo, minha querida mulher

Seu "malvado" marido

170) Röntgental, 27 de junho de 1928 (Mu. 29 de junho de 1928. 8 horas)

Meu caro, bom queridinho!

Eu acabava de voltar da casa do padre, e sua querida carta estava aqui.
    Seus documentos ainda não chegaram à paróquia de Zepernick.[36]
Veja o que está acontecendo.

---

[36] Zepernick fazia parte de Röntgental, a cidade onde moravam os pais de Marga; nela se encontrava a paróquia onde Heinrich e Marga pretendiam casar-se em 3 de julho.

Queridinho, lhe escrevo, ainda assim, para perguntar se os papéis pintados estão dentro do preço. (340 marcos.) Por outro lado, você não escreve nada sobre a hipoteca, quer dizer que é não? A suspensão custa mais 150 marcos adicionais. Você não escreveu nada a respeito, e portanto já sei que tudo deu errado. Nem sei mais como poderemos pagar tudo isso.

E olha que eu havia lhe pedido que não comprasse mais <u>nada</u>
[falta a continuação]

152) Munique, 29 de junho de 1928. 22 horas

Ó encantadora mulherzinha amada!

Esta manhã recebi sua querida carta. Como gostaria de apertá-la nos meus braços e beijá-la por essa carta, ó minha brava mulher. — Você achava que eu não fizera o que tinha de ser feito e não escreve nem uma palavra de recriminação, você é sempre infinitamente amável, ó minha amada, mas o homem malvado também sabe muito, muito exatamente que mulherzinha amável ele vai ter. [...]

Amanhã tenho ainda uma quantidade extraordinária de trabalho. Como fico feliz com a ideia de que depois de amanhã estarei no trem, pensarei em você, minha querida, e irei ao encontro da minha mulherzinha encantadora.

Amada, como eu a amo, sua querida alma, pura e levada, e seu querido corpo, belo e magnífico. — Amada, receba os beijos do

seu marido

Saudações, por favor, aos seus.
Parto portanto domingo às 7h35 e estarei em Berlim às 18h14.

Cartão-postal[37] encontrado na correspondência de Marga:

Heinrich Himmler
Agrônomo diplomado

Marga Himmler
nascida Boden

casaram-se

Munique — Berlim, 3 de julho de 1928

O casamento foi celebrado na prefeitura de Berlin-Schöneberg. As testemunhas foram o pai de Marga, Hans Boden, e seu irmão Helmut. O casamento religioso ocorreu em seguida perto da residência dos pais, em Röntgental-Zepernick, perto da capital. Nenhum membro da família de Heinrich se deslocara para a boda.

Himmler recebeu muitas cartas de felicitações enviadas por parentes, amigos e membros do partido. O ex-presidente do grupo parlamentar do Partido Nazista no Reichstag, Wilhelm Frick, apresentou-lhe assim seus cumprimentos "por seu casamento" a 10 de julho de 1928, acrescentando: "Espero que continue a trabalhar pelo movimento." Wilhelm Kube, na época membro do Landtag da Prússia, também o cumprimentou, assim como Karl Vielweib e sua esposa, de Landshut, "com o 'Heil' alemão". A família de seu amigo Falk obviamente fora totalmente tomada de surpresa pelo casamento, como se depreende de uma carta da sra. Von Pracher. O próprio Falk escreveu a 29 de julho a Heinrich: "Caríssimo amigo! Não — não o esqueci! Embora meus cumprimentos pela posse no cargo cheguem um pouco tarde, nem preciso reiterar que são por isso mesmo ainda mais cordiais. Pensei em você todo esse tempo — mas você tinha desaparecido e estava mudo como

---
[37] N 1126/14.

uma tumba. — Que este pequeno presente de casamento seja para nós um adiantamento. Daqui a aproximadamente três anos, quando eu estiver na primeira categoria de rendimentos, você tem minha palavra de que, meu primeiro, mais velho + melhor amigo, você terá uma doação mais substancial para o seu lar que será ainda jovem, um presente mais próximo dos valores sem equivalente da nossa relação eterna. [...] Como fico feliz com a ideia de conhecer sua querida esposa!"

"A reunião transcorreu muito bem, depois eu inaugurei uma seção SS, e então fomos para o café."

Heinrich Himmler, 4 de abril de 1930

2

Cartas

1928-1933

Agenda de bolso:¹
Pouco depois do casamento, Himmler teve de viajar de novo. Começou por inspecionar sua SS em Starnberg e Holzkirchen, em 26 de julho. No dia 1º de agosto, teve uma noite de debates em Munique-Haidhausen, e de 1º a 4 de agosto de 1928 realizou-se o congresso do Partido Nazista, em Nuremberg, no qual ele certamente devia estar presente — estranhamente, contudo, encontramos em sua agenda a menção "1-4 agosto Bayreuth". O festival Wagner é sempre promovido na cidade nessa época.

Nos meses de agosto e setembro, ele teve apenas encontros na Baviera; tirou férias de 9 a 12 de setembro, ou seja, para o aniversário de Marga. Mas, já a 13 de setembro, tinha novamente uma noite de discursos em Schleissheim, e nos dias 15 e 16 do mesmo mês foi a Bruck an der Mur, na Áustria. Mal voltou para casa, teve de viajar de novo longamente, período no qual Marga escreveu-lhe a seguinte carta:

Waldtrudering 19 setembro 28.

Caro queridinho!

A tarde já vai bem avançada e preciso me apressar.
Sua querida carta chegou hoje, e também o diário com os enigmas.
Pelo telefone, eu também tinha esquecido de pedir a Ernst que trou-

---
¹ Quando não dispomos de cartas relativas a um período longo, os principais acontecimentos foram reconstituídos com base em menções contidas na agenda de bolso de Himmler.

xesse um. Ele chega amanhã. Imagine que não tenho notícias de Miens e Frida.² Teremos de nos conformar com isso.

Como sabe que Grete³ quer partir no dia 1º de outubro? Adivinhou. Estou muito feliz. Agora pretendo escrever a outras.

Desta vez, vou contratar uma bem jovem. Nada digno de nota na correspondência. O sargento vem buscar hoje Mein Kampf, de Hitler. Parece que você lhe prometeu. Eventualmente, mande-me o endereço de Ulm, mas será tarde demais.⁴

Queridinho amado ontem! Durmo o mais que posso. Agora ainda pretendo ir um pouco ao jardim.

Comporte-se bem, bem-amado, e sonhe e <u>reflita</u>.

Bravo homem.

Sua mulherzinha.

Agenda de bolso:

No dia 2 de outubro de 1928 encontra-se na agenda de Himmler a famosa menção da cervejaria Platzl, de Munique; tratava-se provavelmente de uma visita, com Marga, para ouvir o cantor e chansonnier Weiss Ferdl. Eles tinham ido juntos pela primeira vez ao estabelecimento em janeiro de 1928 (cartas dele de 25 de janeiro de 1928, dela de 18 de fevereiro de 1928).

Em 9 de outubro, ele organizou a primeira noite de debates em Waldtrudering, onde acabava de fundar um novo grupo do Partido Nazista e onde, na qualidade de Ortsgruppenleiter (chefe de grupo local), também providenciara para Marga uma carteira de novo membro do partido, imediatamente depois do casamento. Podemos supor que ela também estava presente nessas noites de debates, que ocorriam a intervalos regulares (em função das viagens de Himmler), aproximadamente de quinze em quinze dias.

---

[2] Miens e Frida Menke; Miens era uma amiga de Marga (ver também as cartas de 21 de setembro de 1929 sq.). [Nota da tradução francesa.]

[3] Uma empregada doméstica. [Nota da tradução francesa.]

[4] Segundo sua agenda, Himmler esteve em Frankfurt de 18 a 20 de setembro, em Pirmasens a 21 de setembro e em Ulm nos dias 22 e 23 de setembro.

No dia 9 de novembro foi promovida em Munique a cerimônia comemorativa do golpe de Hitler. Em seguida, ainda houve alguns encontros em Munique e nas proximidades. A 27 de novembro, Himmler iniciou uma turnê de dez dias no Saxe, de onde escreveu as seguintes cartas a Marga:

Lehnitz, 1º de dezembro de 1928

Cara, brava mulherzinha de ouro!

Cheguei muito cedo esta manhã a Berlim. Ontem infelizmente não pude escrever-lhe. Ontem à tarde deixei Dresden e cheguei a Halle. Na noite da véspera estive com o Kptlnt. von Killinger até 2 horas, é um sujeito encantador.[5] *— De 2 a 4 horas, entrevista com o Gauleiter,*[6] *em seguida visita à casa do irmão do sr. Hallermann, conselheiro agrícola em Halle. Sua mulher também se chama Marga e foi enfermeira na frente. São pessoas muito gentis. De 5 a 6 horas, reunião com os Artamans.*[7] *Em seguida, viagem de trem para Sandersleben. Depois de carro até Hettstedt. Lá, discurso em uma excelente reunião, e, no fim, pavorosamente coberto [ilegível] um franco-maçom. Às 12 horas de carro para G[?]den. Uma hora e meia na cama. De pé às 16h30. Cinco horas de carro para [ilegível], aonde cheguei às 20h30. Dormi durante as três horas, [ilegível] ferroviária. Que tenho então para você, queridinha [ilegível] na editora Kampf. [?] Lá, conversas sobre as mais variadas coisas. Almoço. Com a sra. Reifschneider [2 palavras ilegíveis], ela tinha [falta o canto da carta] ela lhe manda cordiais saudações. Amanhã à tarde [falta o canto da carta, provavelmente: também estarei na casa dos Reifschneider]. 18 horas*

---

[5] Manfred von Killinger (1886-1944), ex-oficial da Marinha, entrou em 1927 para o NSDAP e dirigiu a SA em Dresden até 1933. A partir dessa data, foi ministro-presidente do Saxe.
[6] De 1927 a 1930, o *Gauleiter* da *Gau* de Halle-Merseburg era Paul Hinkler.
[7] Sobre os Artamans, ver o comentário sobre a carta de 18 de novembro de 1929.

entramos na cidade, jantamos no Aschinger e agora encontramos um político. — *Ainda estarei aqui amanhã e depois de amanhã, e em seguida viajamos para a Turíngia.*[8]

Queridinha, como serei feliz, em casa, quando a tiver de novo.

Você, brava mulher, meu anjo, eu a amo e a beijo

seu Heini

Queridinha, não se canse tanto, dormir bem, comer, sonhar bem, não se irritar. — *Amada, seja, para variar, uma mulher gentil.*

Agenda de bolso:

Na verdade, o Gauleiter recém-nomeado para a Prússia Oriental, Erich Koch (1896-1986), amigo de Himmler desde 1925, conseguiu convencê-lo a fazer alguns discursos sobre a situação da agricultura, discursos pronunciados em Königsberg e imediações. As cartas dessa viagem se perderam.

A 20 de janeiro de 1929, Himmler iniciou uma viagem muito longa. Passou por Weimar e Berlim e seguiu até a Prússia Oriental. Lá permaneceu de 22 a 28 de janeiro, em Königsberg, Allenstein, Osterode, Tilsit e Neidenburgo.

Waldtrudering, 21 de janeiro [de 1929] *(Tilsit)*

Meu caro queridinho!

Os combates prosseguem na Pr.[ússia] Oriental e se você está aí,[9] *se pelo menos eu pudesse tê-lo de novo aqui em boa saúde. Eu estou muito bem, durmo, faço nada e como bem.*

---

[8] Quando precisa ir a Berlim (ver agenda de 1º a 3 de dezembro), ele quase sempre se hospeda na casa de Elfriede Reifschneider e seu marido.

[9] Encontramos um vestígio dessa viagem na lista de leituras de Heinrich Himmler, na qual ele anotou que, durante as viagens feitas em janeiro de 1929, leu as *Notícias asiáticas* do conde Arthur von Gobineau e as *Gedanken eines Soldaten* ("Reflexões de um soldado") de Hans von Seeckt.

A srta. Ida[10] continua a trabalhar bem. Imagine que no dia 15 de fev. terei um aprendiz. Vou quinta-feira [a Munique], ao departamento do emprego, para uma reunião.

Não se preocupe comigo, pense apenas em você, para não lhe acontecer nada. O dinheiro, 30 marcos, chegou hoje. Está tudo em ordem. Muito frio lá fora, as galinhas não põem. O cachorro geme o dia inteiro. O porco come.

Bom queridinho, eu o beijo

Sua "malandrinha"

Acreditava-se até agora que Heinrich Himmler tivera em Waldtrudering apenas, e sem sucesso, uma criação de galinhas da qual sua mulher cuidava a maior parte do tempo. Na realidade, o empreendimento que imaginava era mais estruturado e diversificado. As galinhas de modo algum eram sua única fonte de renda (com o salário pago pelo partido): eles também tinham perus, um porco e coelhos, cultivavam frutas, legumes e cogumelos. Apesar do agravamento da crise econômica, ainda podiam permitir-se remunerar trabalhadores, pessoal de serviço e pagar por um automóvel.

Enquanto isso, Himmler fora nomeado Reichsführer-SS por Hitler.

A SS havia sido fundada em 1925. O "Schutzstaffel" ("esquadrão de proteção") devia formar, na expressão do seu primeiro Führer, Julius Schreck, "uma pequena legião de homens nos quais [seu] movimento e [seu] Führer possam confiar". Sua missão não se resumia à proteção das reuniões locais do Partido Nazista "contra os desmancha-prazeres" e do "movimento" contra os "caluniadores profissionais", mas também contemplava o "reforço da escolta pessoal de Hitler". Em abril de 1926, este transferiu a seu velho companheiro de combate Joseph Berchtold a direção da SS, mas já agora sob o comando do Oberster SA-Führer ("chefe supremo da SA", Osaf).

---

[10] Provavelmente uma doméstica, era frequente a sua troca; às vezes, eram chamadas apenas de "empregadas" ou "moças".

Heinrich Himmler entrou para a SS no início de maio de 1926 como membro número 168. O Völkischer Beobachter o menciona já em abril de 1926 como "Führer da SS da Baixa Baviera". E com efeito o secretário de distrito da direção da Gau da Baixa Baviera Heinrich Himmler reassumiu em maio de 1926 não só a direção da SA e da SS de Landshut, mas também a de toda a Baixa Baviera.

Himmler foi designado em 1927 adjunto do novo chefe da SS, Erhard Heiden, e a 6 de janeiro de 1929 Hitler o nomeou Reichsführer-SS (RFSS), chefe da SS para todo o Reich.

É difícil estabelecer qual era de fato o efetivo da SS quando ele assumiu o cargo, mas provavelmente ela contava com pouco mais de mil homens. Desde o início, Himmler fez questão de impor a mais estrita disciplina. Em uma de suas primeiras ordens como Reichsführer-SS, ele exigia dos SS "a mais extrema dedicação ao serviço e o maior senso viril da honra", além do "cumprimento extremamente minucioso e preciso de cada instrução".

Ao longo de 1928, ele instalara muitas seções SS em pequenas localidades que visitava regularmente, como vimos. Congratulava-se então ao constatar que esses "bons sujeitos ainda não corrompidos" tornavam-se "já absolutamente fiéis e obedientes" (carta de 15 de fevereiro de 1928). Apesar de sua relativa juventude, ele se considerava uma espécie de oficial paternal em busca de uma relação de companheirismo com os subalternos, mas também esperando deles absoluta obediência associada a admiração. Suas relações com seus SS consistiam assim, por um lado, em torná-los dóceis por meio do treinamento militar ("esfolei um pouco os irmãos" [carta de 15 de fevereiro de 1928], "desfile com a SS, e treinamento em uma colina [...] entrevistas individuais (punições)" [carta de 30 de maio de 1930]), e, por outro, em doutriná-los em suas conferências ideológicas.

Agenda de bolso:

No início de fevereiro de 1929, ele estava perto de Heidelberg, e a partir do dia 15 de fevereiro passou alguns dias em Halle para tratar da Bundschuh, uma revista da liga dos Artamans, e em Berlim. Em março e abril, teve apenas encontros em Munique e no resto da Baviera. Em 9 de abril, finalmente encontrou tempo para seu amigo Falk. No dia 1º de maio, foi para o Saxe para dez dias de turnê eleitoral, durante os quais ocorreu a troca de cartas que se segue.

1º de maio de 1929, 6 horas

Meu caro queridinho!

Depois que você se foi voltei a deitar e dormi até 8 horas. Fui acordada por um barulho lá fora, Petermann estava consertando a cerca (três novas estacas) e esbravejava contra você. E mais uma coisa muito agradável: passou o correio e me deixou 43 marcos de restituição de impostos, mas não dos que Hauschild terá de pagar. Não podemos trabalhar muito no jardim hoje, chove sem parar. Foi muito fácil cortar a metade da mata, guardei a outra para amanhã. Não podemos guardar o adubo porque está encharcado. Agora vamos falar do dinheiro. Paguei imediatamente 1) as batatas 2) o fundo de previdência social 3) o seguro de incêndio. Por enquanto não preciso de dinheiro, mas, caso já o tenha enviado, vou usá-lo para Orion e Koch. O sr. Koch tirou-me hoje do sono, de tal maneira que esta noite vamos deitar no máximo às 9 horas. Estive em Haar. A sra. Kraut me fez perguntas, pois a esta altura já se vê perfeitamente,[11] mas ela foi tão gentil que na realidade eu gostei. Estou bem, apenas muito cansada. Comprei e semeei cenouras e beterrabas.

E você, meu bom queridinho, como vai? Meu bom malvado, coma bem e escreva todo dia para a malandrinha, ainda que uma simples saudação, para eu saber que você está bem. Nenhuma outra novidade. Nenhuma notícia de Sepp.[12] Mais dez dias. Chegou uma correspon-

---

[11] Marga neste momento já estava grávida de cinco meses.
[12] Josef ("Sepp") Dietrich (1892-1966), sargento de polícia.

dência dos Artamans para você, vai querer? Mas apenas um cartão dizendo que será enviada uma empregada. Mando junto um cartão da Donauboten.[13] Mais amanhã.

2.5. Meu amado, a carta tem de seguir hoje.

Para mim, já está muito difícil debruçar, não consigo muito, embora tenha tantas coisas a fazer.

Havia no correio um cartão do dr. Höfle [sic],[14] você deve estar domingo às 10 horas da manhã na garagem Opel, vou telefonar e dizer que você está viajando. O bom doutor também parece ter esquecido que você é casado. Além disso, houve a visita de um sujeito dos impostos. Você precisa absolutamente pagar 3,45 marcos. Referentes a uma velha multa. Eu o mandei esperar até o dia 15. Ele também veio para falar do meu imposto religioso de Berlim,[15] mas já foi pago. Os Schönbohm[16] vieram fazer uma visita. Virão tomar café no sábado. Se pelo menos não houvesse as noites, dormi apenas entre 21 e 2 horas, depois perto do amanhecer, mas aí fui acordada pelas empregadas porque estava chegando o Zeppelin. Falta de sorte.

Meu caro e bom, seja muito cuidadoso. Escreva logo. Já pensou na previdência social para as empregadas?

Mil saudações e beijos

de sua Marga

---

[13] A revista dos Artamans. [*Nota da tradução francesa.*]
[14] Hugo Höfl (*1886), médico em Apfeldorf bei Weilheim, e Frida Höfl (*1886) eram parentes distantes de Himmler. Ambos aderiram ao NSDAP em 1930.
[15] Na Alemanha, as Igrejas são financiadas pelo Estado, e os fiéis pagam ao fisco sua contribuição para o funcionamento da sua Igreja. [*Nota da tradução francesa.*]
[16] Heinrich Schönbohm (1869-1941), livreiro aposentado, membro do NSDAP desde 1925, e sua mulher Margarete.

Zittau, 3 de maio de 1929

Caríssima, encantadora, boa mulherzinha!

Só agora, às 17 horas, depois de chegar a Zittau, consigo escrever-lhe. Esta manhã dormi admiravelmente até 9h30 e, quando acordei, imediatamente pensei na minha malandrinha adorada, no que ela pode estar fazendo e como está passando.

Depois, tomei banho e me barbeei cuidadosamente, fiz as bagagens e almocei. Em seguida, comprei um charuto e fui ao terraço de Brühl, no restaurante Belvedere, onde encontrei Reinhardt-Herrsching.[17] *— Amada, como pensei em você nesse momento; fazia um tempo magnífico, as árvores já estão um pouco verdes, por baixo passam os vapores do Elba, e depois a magnífica Dresden; só a brava amada não estava comigo.*

Reinhardt e eu passamos em revista toda a problemática da escola de oradores e da direção de publicação do material que lhes é destinado. A primeira [formação] começa no dia 10 de junho, a segunda, a partir de 1º de julho. Para isso, revimos as instruções e circulares que já tínhamos preparado.

Por volta de 12h30, comi às pressas; meu trem saía à 1h45; ainda precisei voltar ao hotel, carro, ferroviária e, 1 minuto antes da partida, eu estava no trem. Dormi 2 horas, e depois voltei a ler e — ó boa malandrinha — pensei. — Ontem foi igualmente agitado, durante todo o dia. Cheguei às 11h20 ao hotel, depois à sede, comi, voltei ao hotel, telefonei a diversas pessoas, escrevi cartões para grupos locais para informá-los da alteração da minha hora de chegada, depois Reinhardt e Hengler vieram me ver. Às 16 horas, partida para Klotzsche e, lá, de 17 a 18 horas, entrevista com o chefe federal da liga dos "Artamans", Max Mielsch. Depois volta a Dresden. Às 20 horas, reunião, que não atraiu muita gente; mas o sucesso foi notável. Depois, comi. E agora,

---

[17] Ver p. 127.

boa malandrinha, faça-me o favor de não ser perfeccionista, durma, não se irrite, coma com calma, tome cálcio. — Um marido tão mau! — Amada, não se esqueça de calafetar o porão para os cogumelos. Ó minha boa mulherzinha amada, eu a beijo

Seu marido

Em virtude das iminentes eleições regionais no Saxe, a 12 de maio de 1929, já em março tiveram início nesse Land numerosas manifestações com discursos de Hitler, Strasser, Goebbels e outros. Himmler, agrônomo diplomado, com frequência se incumbia das reuniões com camponeses nas pequenas aldeias. No dia 1º de maio, tinha tratado em Gaussig, perto de Bautzen, de "desapropriação" e "liberdade e pão"; também nessa noite, deveria fazer na minúscula aldeia de Hainwalde, não longe de Zittau, um discurso sobre "o sofrimento dos camponeses alemães".

Depois da nomeação de Gregor Strasser, no início de janeiro de 1928, como Reichsorganisationsleiter ("diretor de organização [do partido] para o Reich"), Adolf Hitler oficialmente reassumiu em pessoa a Reichspropagandaleitung ("direção de Propaganda"). Desde então, Himmler era seu adjunto. "O membro do partido Himmler tem minha assinatura", comunicou Hitler na época pelo Völkischer Beobachter. E nessas funções, com efeito, Himmler continuou a executar o essencial do trabalho. Mas por um lado sua nova missão como Reichsführer-SS tomava-lhe cada vez mais tempo e, por outro, Joseph Goebbels estava impaciente por se tornar ele próprio Reichspropagandaleiter.

Em novembro de 1929, estava decidido: Goebbels passaria a cuidar da propaganda. "Quarta-feira de manhã partida para Munique. Com Himmler", anotou Goebbels em seu diário, depois de um encontro. "Vou lançar com ele as bases da nossa futura colaboração no terreno da propaganda. É um bravo homenzinho. Bom coração, mas provavelmente inconstante. Um produto de Strasser. Mas acabará por se submeter."[18]

---

[18] Diário de 22 de novembro de 1929.

Em abril de 1930, Goebbels foi oficialmente incumbido da Reichspropagandaleitung; Himmler continuou como seu adjunto e Fritz Reinhardt, Gauleiter da Alta Baviera, que havia construído com o maior sucesso a escola de oradores do partido em Herrsching am Ammersee, na Baviera, tornou-se chefe de departamento. A escola de oradores formou até 1933 cerca de 6 mil membros do partido, para mobilizar oradores nas regiões rurais da maior parte possível do país.

Munique Land. 5 de maio de 1929

Meu caro queridinho!

Amadozinho, hoje a mulherzinha mostrou-se aplicada, ao passo que ontem estava festejando. É que os Schönbom [sic] vieram aqui à tarde. Nenhuma notícia dos Pracher. Acontece que eu tinha realmente esquecido de juntar o cartão, e chegou uma carta de Otto Strasser.[19] *Sábado, o dinheiro que você tinha enviado e hoje uma querida carta e o cartão de Reinhardt. Ó meu bom!, minha bela Dresden. Como gostaria de ter ido com você. Agora deixe-me contar o que eu fiz hoje. Li à noite até 1 hora. Terminei Rulaman.*[20] *Depois, dormi até 8 horas. Deus seja louvado, mais que sete noites. É apesar de tudo o pior. Enquanto ontem fazia frio, hoje o sol mais radioso brilha novamente. Cortei lenha pela manhã. Depois mandei buscar a correspondência. Li. Depois fui inspecionar as árvores, entender por que ainda não estão completamente verdes,* [meia linha ilegível por estar encoberta]. *Retirei onze árvores, completamente mortas. Oito pereiras e três macieiras. Quase todas podiam ser arrancadas à mão; as raízes estavam mortas. Vamos plantar groselheiras no seu lugar, certamente obteremos mais. Depois*

---

[19] Otto Strasser (1897-1974), político nacional-socialista, era irmão de Gregor Strasser.
[20] *Rulaman* é um romance juvenil de David Friedrich Weinland que se desenrola na idade da pedra e, tendo sido publicado em 1878, foi durante décadas um clássico muito lido. Himmler gostava de presenteá-lo na década de 1930.

almocei, dormi, e das 15h30 às 17h30 cuidei dos cogumelos, depois os reguei, mas a mangueira é muito curta e sou favorável a decidirmos comprar cerca de 15 metros. Agora reina a calma e estou escrevendo. 19 horas. Sábado eu também tinha escrito a uma moça que botou anúncio no V.B. Ida ainda não tem um lugar, mas ela é razoável.

[...] O pacote cheio de jornais de Dresden chegou. Agora estamos jantando, fazemos trabalhos manuais e depois lemos o máximo possível. É melhor que não dormir. Pois bem, adeus, meu caro amado.

Sua mulherzinha o beija

Dresden, 7 de maio de 1929

Boa mulherzinha-malandrinha amada do fundo do coração!

Mais uma vez você recebe uma carta proveniente da bela Dresden.

Esta manhã levantei às 9 horas, fiz a barba, tomei o desjejum. No hotel, conversa com um membro do partido em Dresden.

Às 10 horas, na casa do primeiro-tenente von Killinger. Que belo cavaleiro honesto e simpático. Reunião de trabalho a propósito da SS. Às 11h30, em Dresden-Neustadt, reunião com um membro do partido a respeito das possibilidades financeiras. Depois nos correios, transferência de dinheiro, anexos os dois cupons.

Fomos comer no "Pequena Aldeia Italiana" (perto do Zwinger). Das 14 às 15 horas visitei a galeria de pintura no Zwinger. Deus, como tudo isso é magnífico. Malandrinha, você realmente deveria estar comigo. Volta ao hotel passando pelos terraços de Brühl. Escrevi, preparei um pacotinho para lhe mandar com roupa branca usada.

Ontem à noite, às 21 horas, eu ainda estava em um cinema; na cama, às 22h30, dormi. Como vê, o malvado marido vai muito, muito bem, ele come, dorme, lê — e pensa sempre em sua doce mulherzinha que vai se tornar a mãezinha do nosso doce malandrinho. Malandrinha, você minha caríssima menina, cuide muito bem de si, sol, cortar lenha, não se inclinar. Cálcio, dormir, comer devagar, não se irritar nunca! —

Espero que os Schönbohm e os Pracher a tenham visitado. — Vá visitar Sepp. — Vou lhe escrever de novo na sexta-feira; é preciso apenas que você vá mandar uma carta na quinta-feira à tarde. A carta sexta-feira talvez já tenha chegado então. — Amada-boa, eu a beijo muitas, muitas vezes e suavemente.

Seu marido

Freiberg no Sa.[xe], 8 de maio de 1929

Minha boa, boa malandrinha!

Ontem à noite tive tempo de ir de Colmnitz a Freiberg e passei a noite aqui no hotel "O Veado Vermelho". Em Colmnitz me esperava uma correspondência de trabalho bem considerável. Esta manhã telefonei a Munique. — É realmente difícil trabalhar com o Osaf.[21] Domingo de manhã tenho uma entrevista em Nuremberg com o chefe e só no domingo à noite chegarei a Munique. — Pobre, pobre amadinha, não fique tão triste nem queira mal ao seu malvado marido; ele não pôde fazer nada.

A reunião de ontem em Colmnitz foi muito bem. Hoje tive uma longa manhã pesada. Cartas de trabalho. Cumprimentei os Stegmann pela sua filhinha; mas escreva-lhes você também. Também escrevi depois a Richard, em Deggendorf, pelo seu casamento.

Não pude mandar o dinheiro hoje, pois tive de telefonar por 14 marcos, e só serei reembolsado em Munique.

---

[21] O Osaf (*Oberster SA-Führer*, chefe supremo da SA) era Franz Pfeffer von Salomon (1888-1968), Heinrich Himmler era seu secretário na central do partido em Munique.

Mando-lhe duas cartas de que não preciso aqui, mas para serem guardadas! Liebi está verificando de quanto é exatamente a minha multa. Junto uma bela foto da catedral de Freiberg, para que a malandrinha também participe do que seu malvado marido vê.

Amada, como tem se comportado? Nosso malandrinho está muito agitado, chutando sem parar sua mãezinha? Não se canse demais!

Agora vou para Langenau, volto para cá de noite de carro. Ó doce, doce mulher, como a amo e como penso sempre em você.

Eu a beijo suavemente, com ternura e selvageria, você, minha querida mulher,

Seu marido

Os social-democratas saíram vencedores das eleições no Saxe, em 12 de maio de 1929. Obtiveram 34,2% dos votos, os comunistas, 12,8%. O Partido Nazista alcançou uma alta considerável do seu resultado. Enquanto nas eleições para o Landtag, em 1926, permanecera em uma taxa marginal de 1,6%, atingiu dessa vez pouco menos de 5% e entrou para o Landtag com cinco deputados.

Agenda de bolso:

Nos meses subsequentes, Heinrich Himmler de novo teve basicamente encontros em Munique ou em outras regiões da Baviera — à parte uma viagem a Wels nach Linz, na Áustria, no fim de junho de 1929.

Pouco antes da data prevista para o nascimento de sua filha Gudrun, ele teve de comparecer de 31 de julho a 5 de agosto ao congresso do partido em Nuremberg. Himmler há muito participava da organização dos congressos, e fizera questão de que sua SS causasse nele uma impressão exemplar. Dois dias depois da sua volta, Marga deu entrada na clínica e, em 8 de agosto, Gudrun nasceu por cesariana. Marga permaneceu três semanas na clínica com o bebê; nesse período, a darmos crédito a sua agenda, Himmler teve apenas um deslocamento, para Berchtesgaden, em Obersalzberg (23-24 de agosto). A partir de 29 de agosto, quando Marga e Gudrun voltaram para casa, ele teve duas semanas de férias.

A partir de 20 de setembro, fez então uma viagem de dez dias pela Silésia, durante a qual foi trocada a correspondência que se segue:

Obersiegersdorf, 21 setembro de 1929

Minha boa mulherzinha amada!

Cheguei ontem às 19 horas a Sagan, ainda tive tempo de ir ao rio no escuro. Depois jantei. Às 21 horas, de trem para Freystadt, aonde cheguei às 22 horas e onde consegui um lindo quarto no hotel "Den Kronen". Fui deitar logo em seguida e dormi magnificamente até 8 horas da manhã. Fiz a barba, tomei o café da manhã e para a cidade; cortei os cabelos no cabeleireiro e depois tomei banho no quarto, peguei roupa de cama limpa e me sentia um príncipe.

Escrevi algumas cartas de trabalho, visitei o Ortsgruppenführer, fui aos correios. — Em seguida na fábrica de couro de Schröder. Na entrada, encontrei a srta. Elisabeth Schröder, que me mostrou o caminho para encontrar os Menke,[22] que já estavam à minha espera e pretendiam ir buscar-me na ferroviária. Fui recebido com uma gentileza espantosa, almocei lá ao meio-dia, vi o adorável jardim, a fábrica de tijolos etc. — Agora vou para a cidade, pois hoje pernoito aqui. — Esta noite tenho uma reunião em Niedersiegersdorf.

E como vai você, minha malandrinha querida? Amada, nem sei dizer-lhe a que ponto fico feliz quando penso em você, e ainda mais quando sei que estarei de novo ao seu lado e que a terei dentro de 8 dias. Amada, nós temos apesar de tudo uma bela vida, e o bom Deus nos quer bem.

Basta que a malandrinha chore de vez em quando para que sua mãe se dê conta de que não está sozinha e uma parte do Papai se mexe ao lado dela.

Grande e pequena malandrinhas, eu beijo ambas, mas especialmente a grande.

O malvado "Papai" (como diz a malandrinha)

---

[22] Ver a carta de 19 de setembro de 1928.

Minha querida Marga,

Foi realmente uma linda surpresa ver seu marido aparecer de repente em nossa casa, fico muito feliz de tê-lo aqui e finalmente tive notícias detalhadas de você. Você deve ter passado por tantas coisas, eu não tinha a menor ideia, espero que logo recupere uma saúde resplandecente, que pena que não possa estar aqui também. Já estou esperando a pequena com tanta impaciência.

Mieze[23] e eu lhe enviamos, a você e à pequena, muitas saudações cordiais.

Sua Miens

Sagan, 22 de setembro de 1929

Malandrinha, minha bem-amada malandrinha!

Estou no trajeto Freystadt/Sagan-Breslau-Strehlen. Vou falar lá esta noite. Mins [sic] e sua irmã me receberam de uma maneira literalmente comovente; não tive escolha senão me hospedar e comer na casa delas; e fiquei agradavelmente surpreso. A reunião era em Niedersiegersdorf, a sala estava lotada, acho que a noite foi um grande sucesso.

Dormi esta manhã até 11h30 e tomei o café da manhã. Mins acompanhou-me apesar da chuva até a cidade, diante do automóvel. Escolhi sementes de flores. — Amada, o vinho de sabugueiro não é realmente vinho, mas um "espumante de sabugo", como se diz, preparado com umbela de flores. Amada, é melhor preparar o sabugueiro em compota; minha querida, não esqueça os cornisolos. [...]

---

[23] Frieda Menke. [*Nota da edição francesa*].

Ó minha amadinha, jamais permita que venha a tolinha, e, se ela quiser vir, olhe então nossa criancinha de ouro nos olhinhos azuis, é o papai que a olha através deles e que diz à mamãe que a ama tão infinitamente e que estará de volta dentro de alguns dias; já estou feliz por estar chegando a Schweidnitz, estarei lá depois de amanhã e uma carta muito amável da minha muito muito querida mulherzinha amada estará à minha espera. — Cumprimente por mim nosso malandrinho e lhe dê um beijinho da minha parte.

Amada, eu a beijo eternamente
e a amo

seu marido

Saudações a Berta.
Muitas, muitas saudações de Mins e irmã [sic].

Waldtrudering, 24 de setembro de 1929

Última carta

Meu bom, meu caro amado!

Recebi na segunda-feira a primeira correspondência do marido malvado. O pacote grande com jornais estava aberto, de modo que todo mundo pode ter lido sua carta. E sua carta escrita com Miens, na segunda-feira, também. Hoje chegou sua querida carta de Sagan. Fico feliz que você tenha sido tão bem-tratado na casa de Miens. Agora vou cozinhar as bagas de sabugueiro para fazer geleia. E depois descascar os cornisolos. Não falta o que fazer, as ameixas chegaram hoje, também preciso cozinhá-las. — Huber está cuidando das janelas. — Seu *pai telefonou e perguntou como estávamos. Chegou um cartão de um certo padre Langenfass. Ele ouviu dizer que você teve uma filha e quer chamar a atenção do padre Högner a respeito. Foi seu pai quem lhe disse. Högner é o nosso pastor evangélico? Mas os seus pais sabem que a criança recebeu um batismo evangélico, não é verdade?*[24]

[...] Hoje você tem duas cartas minhas em Schweidnitz. Ó, estou tão curiosa de tudo que você vai contar. Às vezes fico apesar de tudo triste por ter de ficar em casa sempre. Hoje fiquei imaginando como vamos comemorar seu aniversário.

Amado e se algum dia fôssemos ver alguma exposição? Nunca fomos. De manhã, e depois tomaríamos nosso desjejum [na cidade]. Estaremos em casa de tarde, dormiremos e tomaremos chá, iremos passear e voltaremos a dormir. Que acha o marido malvado? [...]

Estou de novo terrivelmente cansada. São apenas 8h30. Ontem escrevi a Elfriede, hoje espero mandar uma carta a Else. Que mais posso dizer-lhe, bom, caro amado, você sabe o quanto espero a chegada do marido malvado. Escreva a tempo para que eu possa ir buscá-lo em M.[unique]. Domingo em Diessen, precisamos voltar a falar a respeito. Hoje chegou uma carta do Ortsgruppenführer de D. Você precisa confirmar que poderá. E eu também, não quero ficar plantada na casa dos barões.[25] *Por mais que seja agradável lá, mas você afinal disse inicialmente que eu devia ir, e ainda não se falava dos barões, não entendo realmente. Mas voltaremos a falar disso pessoalmente. Ó bom, caro, malvado amado, eu o saúdo e o beijo,*

sua mulher

---

[24] O batismo de Gudrun Margarete Elfriede Emma Anna ocorreu a 28 de dezembro de 1929. Sua madrinha foi Elfriede Reifschneider. Nessa oportunidade, os Schönbohm presentearam Gudrun com o diário de infância no qual Elfriede oferecia à afilhada, "para acompanhá-la no caminho da vida", a seguinte máxima: "Seja fiel até a morte. Assim lhe darei a coroa da vida!"

[25] Provavelmente o barão Friedemann von Reitzenstein e sua mulher, ver a carta de 28 de setembro de 1929.

Schweidnitz, 27 de setembro de 1929

Mulherzinha mais amada que tudo!

Hoje, mais uma vez, não recebi nada da malandrinha. Apenas um cartão dos meus pais, e nele papai escrevia que falou com você no telefone segunda-feira e que você ainda não recebera notícias do malvado marido. Você, pobre amada, quando na verdade tinha e tem um bom marido que escreve todo dia para sua mulherzinha amada.

A reunião de ontem em Freiburg foi muito boa, cheguei à 1 hora a Schweidnitz, ainda conversei até 3 horas com dois oradores. Na cama. Levantei-me às 9 horas, fiz barba, desjejum. Depois longa entrevista com o chefe da SA para a Gau da Silésia.[26] *Almoço. Depois visita à filha dos Schönbohm, que não estava em casa. Encontrei-a de um jeito literalmente rocambolesco em uma rua da cidade, com um carrinho de bebê. Tomamos chá juntos em um café. Seu marido veio ao nosso encontro. Estou levando uma carta para os Schönbohm. No momento, às 17h30, eu [pedaço em falta: tomo o] trem para Liegnitz — <u>Neumarkt</u>, há [mais uma] reunião hoje, a coisa é mesmo pavorosamente cansativa, ainda tenho duas outras depois.*

Boa amada, como é que você vai, e o que anda fazendo a malandrinha? — Amadinha, não permita o retorno da sua tolinha, sempre olhar a malandrinha bem nos olhos.

Espero que esteja em perfeita saúde.

Amadinha, você minha bela mulher amada, eu a beijo e a amo

Seu marido

À malandrinha um beijo do seu Papaizinho.
Cumprimentos aos Schönbohm. Saudação a Berta.

---

[26] Franz-Werner Jaenke (1905-1943) era desde 1928 *Führer* da SA para os *Gaue* da Silésia e de Mecklemburgo.

Breslau, 28 de setembro de 1929

Minha cara, cara malandrinha!

Como fiquei feliz com sua carta. Deus seja louvado, pois você está bem.
 Portanto, boa amada, o marido malvado chega terça-feira às 9h44 da manhã (Mu[nique], estação cent.[ral]) e você, minha boa, quer ir me buscar, mas, amada, tome muito cuidado para não ser esmagada. — É possível que eu chegue a Munique já às 7 horas da manhã, mas neste caso você não deve ir buscar-me, pois teria de se levantar às 5 horas, nesse caso deixarei rapidamente a ferroviária, vou despertar a malandrinha e ainda dormiremos um pouco. Se eu chegar às 7 horas, direi por telefone na segunda-feira, de Dresden.
 Na segunda-feira (7/10) nosso programa será assim: se o tempo estiver bom, poderíamos, se você quiser, ir ao zoológico, em Hellabrunn, ou então ao [jardim] botânico.
 E no domingo, ó boa, cara, tola malandrinha que você é, vamos <u>juntos</u> a Diessen [falta um canto da página; e a mulherzinha] estará sempre ao lado do malvado marido. — [Na casa dos barões?] von Reitzenstein,[27] parecia-me apenas algo bom em consideração a você, para que não tenha de ficar sentada 3 ou 4 horas em um compartimento cheio de fumaça. — Mas malandrinha, no momento todas as ideias de tolinha que você teve, e os tristes antolhos devem ter desaparecido. Afinal de contas você já sabe, ocorrem brigas.
 Eu vou muito bem. Voltarei a discursar esta noite e amanhã à noite. Depois, acabou-se.
 E, amada, logo logo estarei ao seu lado e da nossa doce filhinha.
 Eu a beijo, minha querida, você e a malandrinha, e as beijo todas as duas de todo coração.

Seu marido

---

[27] Friedemann von Reitzenstein (*1888), capitão da reserva, e sua esposa Elizabeth (*1889) tinham aderido muito cedo ao Partido Nazista.

Agenda de bolso:

Ao retornar da Silésia, Himmler teve em uma primeira etapa alguns encontros na Baviera; depois, a 11 de outubro, viajou por vários dias para Bade, de onde foi trocada a correspondência que se segue. Em Bade foi eleito a 27 de outubro de 1929 um novo parlamento; o Partido Nazista obteve 7% dos votos.

Munique, 13 de outubro de 1929

Meu caro amado!

Hoje o sr. Schönbohm trouxe-me sua querida carta.
Nós estamos bem. A malandrinha não está cuspindo muito. Dorme muito. Hoje não estava tão frio, e amanhã receberemos o aquecedor. Hoje fiquei sentada do lado de fora para debulhar a vagem. Os Sch. [önbohm] vieram aqui, foi muito agradável. Vou à casa deles na quarta-feira. Nada no correio. Escrevi a Martchen K.[olbe]. Hoje pretendo escrever a Else. Escreva-me quando chegar na sexta-feira. — Huber não veio, ele provavelmente queria receber o dinheiro antes. O galo de Rodeland era bonito e grande. Eles também têm franguinhas que já põem ovo. Quando Gertrud mandará o dinheiro? Se não o mandar logo, serei mais clara. — As galinhas realmente botam ovo muito mal. Hoje de novo eu aqueci. Sou, portanto, monstruosamente gentil. Nós comemos bem. Vivemos como príncipes. Dormi hoje até 9 horas, a marota mereceu esta graça. Esta noite leremos de novo Die Kommenden.[28] *Que Berta leve a carta terça-feira a Haar. Agora meu bom amado vou escrever a Else e ao pai. Amanhã à noite vou organizar seus papéis. Eu o saúdo e o beijo.*

---

[28] *Die Kommenden* era uma revista da *Bündische Jugend*, que tinha estreito contato com os Artamans.

Meu bom, acabamos de nos falar ao telefone. Você não escreveu, que malvadeza. O dinheiro agora já não chegará amanhã de manhã e Berta assim não poderá trazer seus sapatos. Mas nesse caso iremos buscá-los juntos na sexta-feira, está bem!?

Huber veio e consertou a porta, espera cuidar do resto amanhã. Schmidt não veio. Telefonarei para ele amanhã de manhã. Hoje fez muito calor, mas quem sabe como será amanhã? Agora vou me deitar e tomar meu banho. Esta tarde dormi esplendidamente, de manhã também, sempre, até a pequenina chorar. Não tenho coragem de embalar a diabinha, faz frio demais para mim. Ela baba um pouco, muito pouco. Hoje trabalhamos muito no jardim, mas nem parece.

Meu bom, meu malvado, agora escreva.

Estarei portanto na sexta-feira às 13h06 no trem. Comporte-se bem, eu o saúdo e o beijo

Sua mulher

Como de costume na época, o bebê em boa parte ficava entregue a si mesmo: acreditava-se que, de qualquer maneira, os recém-nascidos praticamente nada percebiam do seu ambiente. Desse modo, para ser uma "boa mãe", bastava assegurar o bem-estar físico da criança: era preciso fazê-la dormir muito, evitar excesso de contatos físicos e outros estímulos "nocivos" dos circundantes, fazer com que ganhasse peso o mais rápido possível, preservar uma limpeza meticulosa e proporcionar-lhe bastante ar fresco — mesmo que suas mãos às vezes ficassem "completamente azuis" de frio (carta de 11 de outubro de 1929). Ainda não se sabia que os bebês recém-nascidos precisam que se cuide muito deles e que se fale muito com eles, para ter um bom desenvolvimento físico e psíquico.

No "diário de infância", Marga anota as singularidades de Gudrun, a evolução de sua linguagem e suas expressões particularmente divertidas, às vezes hesitando entre o desejo de que a filha fosse o mais comportada possível e a alegria que lhe inspiravam sua vivacidade e sua alegria contagiosas. Vê-se perfeitamente que os pais amavam a filha e se enchiam de orgulho a cada um de seus progressos.

Nas décadas de 1920 e 1930, contudo, o cerne da educação das crianças na primeira infância consistia em inculcar-lhes desde muito cedo a obediência e um "bom comportamento". Todo mundo considerava que as crianças mal-educadas desmoralizavam os pais. Assim, a educação tinha como objetivo, antes de mais nada, a ordem, a limpeza e uma obediência incondicional aos adultos. Só então elas podiam comer na mesma mesa que eles e ser admitidas na sociedade.

A obediência e a necessidade de "ser boazinha" também desempenharam um grande papel na educação de "Puppi", a "Bonequinha", como evidenciam vários exemplos em seu diário de infância. Marga anotou que, com pouco menos de 3 anos, sua filha muitas vezes respondia que "não gostava quando [tinha de] fazer alguma coisa" — "de tal modo que muitas vezes acontecia de levar umas palmadas" (menção de 10 de julho de 1932). Já antes disso ela constatara: "De qualquer jeito ela obedece muito mais ao papai que a mim" (8 de agosto de 1931). Nessa data, Gudrun acabara de completar 2 anos.

Marga não dava mostra de particular severidade quando ficava sozinha com Gudrun. Assim foi que se orgulhou, já aos 5 meses de idade, de que a menina comesse "sem se sujar"; e, aos 6 meses, instalava a filha no urinol "até ter sucesso". Mas ela também relata, não sem secreta admiração, que Gudrun, quando não estava sendo observada, escapulia do urinol "com uma rapidez de macaco", ou então dava um jeito de escalar a grade do cercadinho e revirar a casa de cabeça para baixo. É verdade que Marga com frequência se queixava da "má educação" da menina — mas, por outro lado, também gostava de vê-la tão selvagem e movida por tão grande alegria de viver. "Ela ri tanto que não conseguimos deixar de rir com ela. Bota as mãos na barriga estendida e começa a balir, é muito engraçado." Em dias de sol, as duas passavam horas no jardim, e Gudrun ajudava com entusiasmo a alimentar os animais; quando chovia, as duas se divertiam dentro de casa.

Cabe notar que não só Marga, mas também Heinrich, continuava rezando com a filha na hora de dormir (nota de 7 de agosto de 1930) — muito embora ele, no seu próprio dizer, não fosse mais um cristão praticante.

Karlsruhe, 16 de outubro de 1929

Minha cara malandrinha bem-amada!

O malvado, malvado marido chega então sexta-feira, às 13h10. — Amada, minha boa, você irá buscá-lo! Como ficarei feliz de ver seu caro e doce rostinho.

Esta noite, mais uma vez, só consegui dormir das 3h30 às 8h30; encontrei o Gauführer SA do Ruhr, tinha muitas coisas importantes a conversar com ele.[29] *Depois na sede. Duas horas de trajeto até Karlsruhe. Aqui, conversa com meu SS-Staf. — Agora vamos de carro para uma reunião com camponeses em Liedolsheim, retorno às 11 horas a Karlsruhe para uma revista da SS.*

Esta viagem é extremamente cansativa, mas me permite resolver muitas, muitas coisas. Agora devo ir. Sou um marido malvado, hein, por escrever tão pouco. Não recebi sua boa carta, pois não cheguei a Weinheim. Como fiquei feliz de falar com você no telefone!

Minha encantadora malandrinha, como a amo. Eu a beijo, você e a querida diabinha

Seu marido

Agenda de bolso:
No dia 17 de outubro, segundo a agenda, ele ainda estava em Kehl-Freistett, na fronteira francesa. No domingo 20 de outubro, seus pais foram visitá-lo em Waldtrudering; no resto do mês, Himmler limitou-se

---

[29] Trata-se provavelmente de Josef Terboven (1898-1945), que era, desde a partilha da grande *Gau* do Ruhr, em 1928, *Gauleiter* de Essen e ao mesmo tempo o *Führer* local da SA.

mais uma vez a breves deslocamentos na Baviera, em Tölz, nas margens do Ammersee, e em Garching/Burghausen, na fronteira austríaca.

Em 24 de outubro de 1929 ocorreu a "quinta-feira negra", o início da derrocada da Bolsa de Nova York, que provocou uma grave crise econômica mundial que castigou a Alemanha mais que qualquer outra nação.

Já em 10 de novembro Himmler iniciava outra viagem de dez dias: Berlim, Pomerânia e Prússia Oriental. Desse período é que datam as cartas seguintes.

Landsberg a.[n] der W.[arthe], 13 de novembro de 1929

Minha malandrinha mais amada que tudo!

Não canso de imaginar seus queridos bons olhos azuis e seu querido rostinho. Como vai você? Certamente está sozinha com a pequenina: estou realmente preocupado com você, mas não se castigue demais, que as boas costinhas não a maltratem muito.

Em Dantzig fui recebido com uma gentileza infinita. Na 2ª noite tive de me hospedar na casa deles. Ontem à tarde fomos juntos para Sopot, à beira-mar. De manhã, estive em Dantzig acompanhado de membros do partido. Fiquei absolutamente impressionado com essa esplêndida cultura. O que essa gente fez! Amada, não pude me impedir de pensar constantemente em você e na sua brava mãe e nos seus antepassados, que aqui estavam em casa. Se pelo menos você estivesse comigo.

O corredor polonês é pavoroso — infecto, deprimente. Agora estou em um restaurante em Landsberg a. W. Daqui a meia hora começa a reunião e esta noite à 1h18 tomo o trem alemão de 2ª classe para Königsberg, amanhã de manhã, para Allenstein-Passenheim. — Dentro de oito dias estarei de novo ao seu lado, junto das minhas duas malandrinhas amadas.

E agora devo concluir. Ó doce amada, eu a beijo e a mimo infinitamente

Seu marido

Por favor guarde as peças que vão juntas. — *Obrigado por organizar os documentos para os discursos.* — *À malandrinha, um beijo especial do seu Papaizinho*

Muitas saudações cordiais de todos os parentes aqui.

Waldtrudering 14 de novembro [de 1929]

Meu caro bom, ó malvado marido!

Hoje não recebi carta sua. Só ontem, a breve enviada da ferroviária.
A diabinha se comporta muito bem. Dei-lhe de comer ontem e hoje. Ela engole como se fosse sufocar, mas não vomita. E, apesar de tudo, toma a mamadeira até o fim. Chegou ao correio uma carta do procurador. Como você ainda é um homem sem antecedentes judiciários, é condenado a 200 marcos de multa.[30] *E agora? Faça alguma coisa para protestar. Striessberger escreve que você pode ter de pagar um valor mais alto. Bannaker escreve que já cuidou de outras pessoas e voltará a fazê-lo com algumas no início do ano.*
Berta é insolente e preguiçosa. Entreguei o caso ao departamento de contratações e no sábado ou no domingo eles me mandarão uma outra [empregada doméstica]. Para eu não ficar sem ninguém. Berta deve ir embora assim que possível, está ficando muito insolente. Nenhuma notícia do pai.
Estou procurando uma ordem de pagamento para os 80 marcos. Mas não encontro. Estão todas com você em M.[unique].
No jardim eu fui bem cuidadosa. B.[erta] também teve de ajudar. Tudo foi revolvido, exceto o canteiro das batatas. Depois carreguei o adubo e revolvi o monte. Um trabalho de cão, pois além do mais tive de tirar as pedras. E pedra era o que não faltava!

---

[30] Impossível saber por que motivo ele foi condenado.

Está fazendo muito frio, vou tomar um banho e me deitar. Continuação amanhã de manhã, levarei a carta a Haar.

Hoje o sr. Widhopf simplesmente depositou as coisas encomendadas no jardim, pois provavelmente ninguém abriu a porta e o cão não latiu.

Ah, já ia esquecendo o principal. A casa se transformou no ponto de encontro dos nacional-socialistas de Waldtrudering. O sr. Buchmann. O sr. Schönbohm. A sra. Drinkel. Todos por causa das eleições. Os D.[rinkel] dizem que ninguém votará em você se incluirmos Keller. O sr. B.[uchmann] não quer participar da lista. O pobre Schönbohm percorre as imediações, e também esteve aqui em casa hoje. Recomendei que só dê as listas no dia 21 às 20 horas, para esperá-lo. Acho muito divertido ouvir todos esses pontos de vista. Cuidado com a sra. D.[rinkel]. Mas é tudo por via oral.

Boa noite, bom amado.

Agora com muita pressa. Vamos bem todas as duas. Berta deve ir embora hoje. Vou a Haar. Mil saudações a Elfriede e seu marido. Fale de tudo. Agora, na casa dos meus pais. Já lhes mandei meus votos, mas esqueci de agradecer as mantas de cavalos e a manta da pequenina, que vamos receber. Faça-o então você. Três correspondências suas acabam de chegar. Como fico feliz de saber que tudo lhe agradou. Não se preocupe. Amanhã já poderei receber uma outra.

Receba mil saudações e beijos

Sua Marga

O fato de sua casa ter sido o ponto de encontro de todos os nacional-socialistas do burgo certamente não era um acaso, e sim fruto de um empenho bem focado de Himmler, que fizera nesse pequeno subúrbio de Munique, antes mesmo de se mudarem, contatos com o prefeito e o policial da aldeia, vindo imediatamente depois a fundar um grupo local do Partido Nazista. Os membros desse grupo, em pequeno número, logo formaram o novo círculo de amizades dos Himmler. De resto, Marga escreve por princípio "minha casa" — e também seria esse o caso de sua casa em Gmund.

Tanto durante a gravidez quanto agora, poucos meses depois do parto, Marga quase sempre se incumbia sozinha dos trabalhos mais árduos: revolver a terra, retirar o adubo, carregar pedras. Essas tarefas aparentemente lhe davam prazer: ela estava cultivando sua própria terra, o que lhe lembrava sua infância na fazenda; por exemplo, quando subia em uma macieira para colher frutos e escrevia ao marido, entusiasmada: "[...] era lindo demais. Antigamente nenhuma árvore era alta demais para mim" (carta de 11 de outubro de 1929).

Trem Königsberg/Berlim, 17 de novembro de 1929, 20 horas

Ó mulherzinha mais amada que tudo!

Estou no vagão-restaurante. Daqui a duas horas chegarei a Berlim; irei imediatamente para a casa dos Reifschneider e lá encontrarei uma carta da minha malandrinha bem-amada. E quarta-feira à noite estarei de novo em casa ao lado da boa esposa. Queridinha, que saudade de você, ó boa e nobre criatura amada.

Durante dois dias tive violentas dores de garganta, mas já está melhor de novo; ficou apenas um catarro.

Visitarei meus pais na terça-feira.

Malandrinha bem-amada, como é que vai então, você e a menina; dê-lhe um beijo da minha parte.

Agora vou parar de escrever; é difícil demais. Eu a estreito nos meus braços, eu a mimo e a beijo, cara e doce mulher.

Seu marido

Berlim, 18 de novembro de 1929

Encantadora, boa mulherzinha!
Ontem o marido malvado não escreveu, não consegui. — Pela manhã ditei um regulamento federal para os Artamans, depois fui visitar o túmulo de Holfelder, cerimônia fúnebre no saguão do museu, dirigida pelo

dr. Hahne;[31] *foi de uma beleza e de uma solenidade emocionantes. — Em seguida, Reichsthing, onde tudo também transcorreu bem; das 13h30 às 15 horas ainda tive uma entrevista com o pr. Hahne. Durante a refeição, das 15h às 16h15, conversa com o representante de uma fábrica de aparelhos de diapositivos. Mais uma vez, o resultado foi muito satisfatório. 16h43, partida para Belém. Cheguei às 19h30, telefonei e fui para a casa dos Reifschneider, que novamente se mostraram muito gentis e amáveis. A mãe e a irmã dele estavam lá. Conversamos até 1h30 da manhã. Boa malandrinha, que pena que você não estava lá. — Hoje para começar na estação da Friedrichstrasse, mas não encontrei Strasser no Reichstag. Trabalhei um pouco no escritório do nosso grupo parlamentar, telefonei e estabeleci a ordem do dia. Ao meio-dia encontro Gregor e Otto Strasser, à tarde vou ao Landtag da Croácia. À noite pretendo ir para a casa dos meus pais.*

Agora, boa amadinha, já sabe um pouco o que o seu marido está fazendo. — Espero que esteja bem, caríssima mulherzinha. Não se aborreça nem se angustie. O frio chegou, Deus seja louvado. E agora preciso concluir, ó caríssima criatura, eu a beijo

Seu Heini

A primeira seção da liga dos Artamans fora fundada em 1924 em Halle; o objetivo era enviar seus membros, "jovens rapazes e moças alemãs" a partir de 17 anos, como trabalhadores agrícolas voluntários a propriedades agrárias na região leste, para "enrijecer seu corpo, seu espírito e sua alma e reforçar seu caráter", mas também "expulsar da terra alemã os estrangeiros, especialmente os trabalhadores migrantes poloneses". Ao mesmo tempo, eles lutavam "contra os costumes 'modernos' e não alemães, por uma moral de acordo com a espécie e pela cultura camponesa".

---

[31] O dr. Hans Hahne (1875-1935), médico e especialista em pré-história; suas pesquisas voltavam-se entre outras coisas para os corpos fossilizados em turfeiras, pelos quais Himmler se interessava particularmente. Hahne também era orador nas escolas de direção da liga dos Artamans.

A liga dos Artamans era um saco de gatos para o qual convergiam diferentes correntes nacional-populistas e nacionalistas. A direção era formada pelo "Führer da liga", Max Mielsch, de Dresden, e um "chanceler da liga", que ao mesmo tempo era diretor dessa organização, reunindo temporariamente 2 mil membros. Essa função foi desempenhada por Hans Holfelder entre 1927 e sua morte, a 1º de janeiro de 1929; ele foi sucedido em uma primeira etapa por Mielsch.

Holfelder, nascido em 1900 em Viena, membro do Partido Nazista desde julho de 1925, era correspondente do partido na liga dos Artamans. Nesse contexto, Heinrich Himmler era em 1928 o principal interlocutor de Holfelder na direção do Reich. Os dois se conheciam desde a época de seus estudos em Munique. No dia 22 de janeiro de 1922, Himmler anotara em seu diário que, na pensão Loritz, onde comia diariamente quando era estudante, cozinhara com sua amiga Käthe Loritz "para H. Holfelder e seus companheiros". Em novembro de 1928, Himmler tinha visitado "o irmão de liga Holfelder" no hospital de Halle, depois do acidente de moto no qual sofrera fratura múltipla da perna (carta de 29 de novembro de 1928). Pouco depois, ele morrera em consequência dos ferimentos.

Heinrich Himmler desde muito cedo se mobilizou em favor da liga dos Artamans. Depois da morte de Holfelder, tornou-se diretor do escritório da Gau da Baviera para a liga dos Artamans, mas só em 1929 desenvolveu o essencial de sua atividade nessa organização. Nesse mesmo ano, muitas vezes são mencionados encontros com membros da liga durante suas viagens a diferentes cidades. De acordo com sua agenda, ele voltou, assim, a passar alguns dias em Halle em meados de 1929, para tratar do Bundschuh. O "Bundschuh-Treuorden" também fora fundado em 1927, em estreita colaboração com a liga dos Artamans, e seu tema central era a ideologia "sangue e solo". No dia 21 de dezembro de 1929, Himmler participou em Freyburg an der Unstrut do "Reichsthing", nome que os Artamans davam a suas reuniões, em referência a antigos hábitos germânicos.

A revista *Der Donaubote*, patrocinada pela liga dos Artamans (ver carta de Marga de 1º de maio de 1929), era publicada em Ingolstadt. Sob sua égide também era publicado *Der Bundschuh*, um "boletim de combate pelo despertar do campesinato alemão". Ele foi publicado pela primeira vez em janeiro de 1928, sob a direção do Gauleiter Hinrich Lohse. O nome "Bundschuh" era uma referência ao calçado que serviu de símbolo aos lansquenês nas guerras camponesas. Mais tarde, Himmler assumiu a chefia de redação desse boletim, no qual Strasser também colaborou desde o início. Ainda em 1931, Marga usava o papel timbrado de Himmler com o símbolo impresso do Bundschuh (carta de 15 de junho de 1931). Durante a Segunda Guerra Mundial, Himmler deu a uma divisão da Waffen-SS o nome de Florian Geyer, um desses heroicos lansquenês.

Richard Walther Darré, futuro diretor do Rasse- und Siedlungshauptamt da SS e ministro da Alimentação do Reich, que muito influenciou Himmler no início da década de 1930 com sua ideia de "nova nobreza do sangue e da terra", fazia parte da liga dos Artamans, assim como Alfred Rosenberg, Rudolf Höss e Wolfram Sievers. Em 1930, Darré, conhecido por seus livros *Das Bauerntum als Lebensquell der nordischen Rasse* ("O campesinato como fonte de vida da raça nórdica", 1929) e *Neuadel aus Blut und Boden* ("A nova nobreza saída do sangue e da terra", 1924), foi apresentado a Hitler e por ele incumbido de reconstituir o aparelho de política agrária do Partido Nazista. Darré dirigiu o Rasse- und Siedlungshauptamt na SS a partir de 1932. Sua influência, no entanto, decaiu, e em 1938 ele teve de ceder a direção do departamento. Quanto à direção do Ministério da Alimentação do Reich, também veio na prática a ser assumida pelo secretário de Estado Herbert Backe.

Agenda de bolso:

Até o fim do ano, Himmler ainda viajou com frequência, mas a maioria das vezes em breves deslocamentos para a Baviera. Segundo sua agenda, ele não participou da vitoriosa campanha eleitoral na Turíngia, onde o Partido Nazista obteve nas eleições do Landtag, a 8 de dezembro de 1929, mais de 11% dos votos, participando pela primeira vez de um governo de Land, com Wilhelm Frick, nomeado ministro do Interior; em compensação, Himmler compareceu ao "Reichsthing" dos Artamans, nos dias 20 e 21 de dezembro, em Freyburg, no Saxe-Anhalt. A agenda de bolso do ano seguinte, 1930, não foi conservada.

Waldtrudering, 20 de março [de 1930]

Meu bom amado!

Sua querida carta escrita no trajeto chegou hoje. Enquanto isso, você chegou à casa de Elfriede em B.[erlim]. Não estou bem. Hoje já é dia 20, e ainda nada. Que será que vai acontecer?[32] *Não dá para não ficar pensando nisso o tempo todo. Agora vou a Haar enviar a carta para que você a receba amanhã. Ainda assim, não deixe de me telefonar sexta-feira à noite ou sábado pela manhã. A diabinha vai muito bem. Ela ri e dá gritinhos de alegria. [...]*
   Estamos ficando muito preocupados. Telefone. Mil saudações com muitos cumprimentos e muitos beijos do fundo do coração

Sua Marga

Meu lindinho, peça a Elfriede tudo que for possível a respeito da clínica. Não vejo nenhum problema. Não estou pensando em nada.

Berlim, 21 de março de 1930

Minha malandrinha amada!

Se pelo menos eu pudesse estar ao seu lado, pobre querida almazinha, para tranquilizá-la. — Conversei com a sra. Reifschneider; ela diz que você não deve levar isso para o lado trágico, banhos ferventes e toda noite vinho tinto cozido com muita canela. Minha amadinha, cuide bem do seu coração, contudo, para não se sentir mal no banho. Elfr.[iede] considera que sobretudo não se deve ain-

---

[32] Até o momento, esta carta só podia ser interpretada como sinal da depressão de Marga. Só a carta de 21 de março de 1930, na qual seu marido lhe responde, assim como outros indícios permitem entender que ela receia estar grávida e que, após o difícil parto de sua filha, os médicos aconselharam Marga a não ter mais filhos.

da fazer nada por enquanto, quando ainda não se tem nenhuma certeza. No terceiro mês, ainda é possível, muito fácil e sem risco.

Continuo achando que, se as suas regras não vieram, é por autossugestão, por causa do seu medo interno.

Não fique triste, não se desespere; penso sempre em você e lhe envio todo o meu amor e toda a minha força.

Amada, minha boa, não esqueça os seus comprimidinhos e vá dormir depois da refeição. [...]

Eu a beijo, ó caríssima mulher,
Com amor e preocupação,

Seu marido

Um beijo especial na nossa querida Bonequinha.

Viena, 4 de abril de 1930

Cara, encantadora malandrinha!

Acabo de chegar a Viena, onde me hospedo no hotel "Erzherzog Rainer", em um belíssimo quarto. Esta manhã dormi até 9h30, o que me fez muito bem. De Graz, para resumir, não vi nada. Quinta-feira ao meio-dia deixei Klagenfurt, via Bruck a.[n der] Mur, em direção a Graz, aonde cheguei por volta das 9h da noite. A reunião transcorreu muito bem, depois inaugurei uma seção SS, e depois de volta ao café. — 2h30 na cama. — Minha boa amadinha, como tantas vezes no trem, meus pensamentos vão buscá-la e como tantas vezes eu vejo seu bom e caro rostinho com seus olhos azuis amados. — Acabo de ter um telefonema de trabalho com Munique e disse a Aumeier que lhe telefone.[33]

---

[33] Georg Aumeier (*1895), tendo entrado em 1922 para o Partido Nazista, era desde agosto de 1929 ajudante de campo da *SS-Standarte* de Munique. Meses depois desta carta, foi nomeado ajudante de campo do *Reichsführer-SS* e diretor da SS em todo o Reich.

Tive esta manhã várias entrevistas. À tarde, às 13 horas, fui para Viena, a viagem pelo [desfiladeiro de] Semmering foi muito interessante. Amada, se pelo menos você estivesse presente.

A Áustria para mim é muito instrutiva, o povo ainda é bom, a classe superior, de maneira geral, não vale grande coisa.

Malandrinha, como você vai agora, está tomando seus comprimidinhos? Está dormindo depois das refeições? Não está se estressando? E que faz a pequenina do nosso coração, a boa Bonequinha? Dê-lhe um beijo especial do seu Papaizinho em viagem.

E o que diz dos nacional-alemães, são mesmo uns canalhas. — Amada, venha de novo apanhar-me em Munique. Vou telefonar de Salzburgo.

Agora vou jantar. Depois para a reunião. Amada, doce mulher amada, eu a amo tanto, a estreito nos meus braços e a beijo.

Seu marido

Em março de 1930, as contradições políticas internas acabaram derrubando o gabinete dirigido pelos social-democratas, que contava no Reichstag com maioria composta pelo *Sozialdemokratische Partei* (Partido Social-Democrata, SPD), o *Deutscher Demokratischer Partei* (Partido Democrático Alemão, DDP, liberal), o *Deutscher Volkspartei* (Partido do Povo Alemão, DVP, liberal de direita) e o *Zentrum* católico. O gabinete seguinte, dirigido pelo político do *Zentrum* Heinrich Brüning, não precisou mais, após o assentimento do presidente do Reich, Hindenburg, preocupar-se com maiorias parlamentares: governou por decreto, com base no artigo 48, que, segundo a Constituição, só podia ser aplicado em caso de perigo para a segurança e a ordem públicas. Brüning formou uma coalizão abrangendo, entre outros, o Deutschnationale Volkspartei (Partido Popular Nacional-Alemão, DNVP), mas contou apenas com o apoio da ala moderada desse movimento, e não com o da corrente extremista dirigida por Alfred Hugenberg; Brüning não dispunha, assim, de maioria. Já em 3 de abril de 1930, o SPD e o KPD (comunista) apresentaram no Reichstag uma moção de censura contra o governo do Reich; ela seria rechaçada, no entanto, por 252 a 187 votos. O apoio do DNVP ao governo nessa votação foi uma surpresa — e terá sido sem dúvida o motivo pelo qual Himmler os chama de "canalhas" na carta anterior. Em julho, quando a maioria no Reichstag recorreu a seu direito constitucional e rejeitou os primeiros decretos sobre questões fiscais, Brüning, dotado de plenos poderes por Hindenburg, dissolveu o Reichstag e marcou novas eleições para 14 de setembro de 1930.

Himmler começara a tecer uma rede de contatos com a Áustria pelo menos desde 1928. Já em janeiro desse ano, assim, falava em uma carta a Marga de uma viagem a Braunau e Neumarkt, na Alta Áustria. Segundo sua agenda, ele fora em setembro de 1928 à Caríntia e a Bruck an der Mur (Estíria), e, em junho de 1929, a Innviertel (Alta Áustria).

No fim de 1929, foram tomadas as primeiras providências para a criação em Viena de um esquadrão da SS — proposta saudada por Himmler. A 1º de janeiro de 1930, ele incumbira Walter Turza de organizar a SS, ordenando a formação de outros esquadrões SS em "Linz, Viena, Klagenfurt e eventualmente Graz" e anunciando que iria pessoalmente à Áustria em abril. Não tínhamos até agora nenhuma prova certa do fato de se ter efetivado essa viagem, que era considerada apenas provável, considerando-se que, entre outras coisas, ele comandou a 4 de abril de 1930 a formação de uma tropa de doze SS em Klagenfurt. Em suas viagens de trem pela Áustria, ele leu *Judentum und Weltumsturz*[34] de Léon de Poncins, que considerou "bom e interessante".

Os nacional-socialistas austríacos e, entre eles, em particular, os "renovadores" da Caríntia — o Gauleiter Hubert Klausner, Friedrich Rainer e Odilo Globocnik —, defendiam uma "política de Anschluss de acordo com

---

[34] Literalmente: "Judaísmo e derrubada do mundo", versão alemã do segundo volume de *Forces secrètes de la révolution* ["Forças secretas da revolução"]. [*Nota da tradução francesa.*]
* Anexação da Áustria à Alemanha. [*N. do T.*]

a realidade",* isto é, uma separação entre o trabalho ilegal para o partido e a atividade nacionalista legal. O Partido Nazista austríaco, conduzido com mão de ferro e proibido a partir de 1933, devia ser consolidado internamente pela formação e propaganda, tendo sido estabelecido o objetivo de intensificar as relações com o Reich alemão. Os nacional-socialistas austríacos sustentavam a cooperação com Hitler, Göring e Himmler e mantinham contatos particularmente estreitos com a SS. Ao mesmo tempo, tentavam conquistar posições de poder no Estado, por exemplo, com a designação para o conselho de Estado do advogado Arthur Seyss-Inquart, que tinha boas relações com os "renovadores" e depois da Anschluss seria nomeado governador do Reich para a Áustria.

Em Graz, capital da Estíria, onde Himmler se encontrava durante a viagem de abril de 1930, vivia na época um dos "renovadores", o jurista da Caríntia Friedrich Rainer (1903-1947). Em maio de 1938, Hitler o nomeou Gauleiter de Salzburgo e, mais tarde, governador de Salzburgo, da Caríntia e de Carníola (Eslovênia). Heinrich e Marga Himmler passaram férias em Salzburgo no fim de 1938; em 1941, Rainer continuava a convidá-los para o Festival de Salzburgo.

Odilo Globocnik (1904-1945), amigo de Rainer, também seria posteriormente um dos "carrascos voluntários" de Himmler, primeiro na Áustria, depois nos territórios ocupados na Polônia. Globocnik foi até 1934 chefe de obras em Klagenfurt; teve paralelamente uma atividade na "Kärntner Heimatschutz" ("linha de proteção da pátria na Caríntia") e foi até 1933 diretor de propaganda da Organização de Células de Empresas Nacional--Socialistas. Tendo entrado só em 1934 para a SS, organizou para ela nos anos que se seguiram um serviço de informações clandestino na Caríntia. Como Gauleiter de Viena em 1938-1939, ele fracassou completamente e foi transferido para a Waffen-SS para mostrar seu valor. Mais tarde, "Globus", como era chamado, foi nomeado por Himmler SS- und Polizeiführer ("chefe da SS e da polícia") em Lublin, tendo sido responsável pelo massacre dos judeus poloneses.

Nessa época, também vivia em Graz um homem da mesma idade que Rainer e Globocnik, originário de Ried, na região de Innviertel: o jurista Ernst Kaltenbrunner (1903-1946). Ele não só conhecia, desde o liceu de Linz, Adolf Eichmann (1906-1962), de quem seria mais tarde superior no Sicherheitsdienst, o "serviço de segurança" (SD), como certamente também conheceu Rainer na universidade, tendo os dois obtido seu diploma de direito em Graz em 1926. Kaltenbrunner há anos militava no grupo paramilitar "Österreichischer Heimatschutz" ("Defesa Austríaca da Pátria") pela anexação ao Reich alemão; em 1930 (talvez depois de ter assistido à reunião do partido acima mencionada), passou para o Partido Nazista e rapidamente fez nome defendendo membros do partido detidos. Entrou para a SS em 1931; a partir de 1935, era secretamente o chefe da seção SS de Linz, e já em 1938 Führer da seção SS Danúbio e do HSSPF Danube (Höherer SS und Polizeiführer) e deputado no Reichstag. Em 1943, sucedendo a Heydrich, assumiria a direção do Reichssicherheitshauptamt e do SD.

No momento da entrada das tropas alemãs na Áustria, a 12 de março de 1938, Himmler foi um dos primeiros dirigentes nacional-socialistas a chegar ao aeroporto de Viena, onde foi recebido, entre outros, por Kaltenbrunner, Rainer e Globocnik (ver também o comentário da correspondência do ano de 1938).

Hotel Sanssouci
Linkstrasse 37, perto da Potsdamer Bahnhof[35]
Berlim O[este] 9, 2 de maio de 1930

Ó você doce mulherzinha, mais amada que tudo!

Como fiquei triste, ontem, ao perceber que você chorou. Pobre, pobre malandrinha! Como gostaria de estar em casa ao seu lado. Certamente chegarei na segunda-feira.

---

[35] Os cabeçalhos impressos dos hotéis, do Reichstag e da revista *Der Bundschuh* aparecem em itálico para assinalar que se trata de um texto manuscrito. [*Nota da tradução francesa.*]

Temos muitas coisas a discutir aqui, mas também perdemos muito tempo. Amanhã vamos para Potsdam e Werder, depois seguimos em direção a Leipzig, Altenburgo, onde passamos a noite. Domingo à tarde, estaremos em Bayreuth, onde haverá um desfile. Segunda-feira, finalmente, em casa. Amada, sinto tanta saudade de você; mas, malandrinha, faça-me o favor de não ficar mais triste, pense sempre no quanto a amo. — Estive com papai sozinho; minha visita deu-lhe uma infinita alegria e ele por assim dizer abriu o coração comigo. Este verão ele provavelmente virá sozinho.

Amada, minha boa, dê na Bonequinha um beijo do seu Papaizinho.

E você, doce mulher amada, eu a beijo e a mimo, sua alma pura e seu belo e querido corpo.

Seu marido

Hotel Deutsches Haus — Coburgo

Coburgo, 30 de maio de 1930

Boa mulherzinha amada mais que tudo!

Agora são 17 horas da td. Às 15 horas cheguei de Pressig — deixe então que eu lhe conte.

Cheguei quarta-feira à noite a Kronach. Logo caí no sono. De pé às 7 horas. 8-9h30 reunião desagradável (Stunk). 9h30-12 horas, desfile com a SS e adestramento em uma colina — em seguida, fui visitar brevemente o magnífico castelo de Kronach. Comi em 5 minutos depois proc.[issão] pela aldeia. 16h30-17 horas, conversa com o Führer. 16h30-18h30, entrevistas individuais (punições). 18h30, para Coburgo de carro, e lá, até 21 horas, tratativas muito difíceis. Muita irritação. Às 21 horas, volta de carro de Kronach para Pressig. Frieda abriu a *porta, e eu fui obrigado a ficar.*[36] *O que lhes deu uma alegria gigantesca. Dormi maravilhosamente. As crianças sentiram uma alegria indescritível. Frieda e os dois pequenos voltarão por oito dias antes de Pentecostes, Franz, talvez por dois dias.*

Juntei uma proposta para compra de manteiga. Frieda está comprando meio quilo por 1,49-1,60 marco. São enviadas quatro, cinco, seis embalagens de meio quilo. — Parece bom, portanto.

À tarde voltei para Coburgo.

Esta noite farei um discurso aqui.

E você, boa amada, como é que vai? Vai receber a carta na segunda-feira, de modo que receberá algo do marido malvado pela manhã.

Para você e a Bonequinha bem-amada, muitas, muitas saudações e beijos afetuosos da parte do Papaizinho-viagem que as ama tão infinitamente, a vocês, as duas pequenas.

Seu marido

Desde a "Jornada alemã"[37] de outubro de 1922, a cidade de Coburgo, no norte da Baviera, era uma cidadela dos nacional-socialistas; na época, Hitler deslocou-se para lá em trem especial com sua escolta, a SA desfilou na cidade distribuindo pancadas e assinalou um enorme sucesso da propaganda. Desde junho de 1929, o Partido Nazista era majoritário na câmara de vereadores de Coburgo — foi a primeira cidade alemã onde isso aconteceu.

O Partido Nazista era então sacudido por conflitos políticos internos. No fim de maio, ocorrera um violento confronto entre Hitler e Otto Strasser, e este então deixou o partido, no início de julho, lançando o slogan: "Os socialistas abandonam o Partido Nazista."

---

[36] Frieda Hofmann era parenta de Marga, provavelmente prima.
[37] Comemorações nacionalistas promovidas em particular em Coburgo, mas também em muitas outras cidades. A "Jornada Alemã" de 1922 em Coburgo assinalou a primeira manifestação pública da SA. [*Nota da tradução francesa*.]

Por outro lado, o partido estava em campanha eleitoral. A escola de oradores permitiu elevar a cerca de mil o número de oradores do Partido Nazista. Um memorando do Ministério do Interior da Prússia constatava em maio de 1930 que praticamente não transcorria um dia sem várias reuniões nacional-socialistas, mesmo em circunscrições distantes. Os oradores haviam sido bem formados, sabiam apresentar com habilidade seus temas e, segundo as observações da polícia, enchiam salas inteiras, sendo aplaudidos pelo público.

Além do Reichstag, também era necessário renovar o parlamento regional do Saxe. Como evidenciam as cartas, Himmler manteve-se durante essas semanas em permanente viagem para a campanha eleitoral. Os primeiros sinais do futuro sucesso do Partido Nazista aparecem a 22 de junho de 1930, data das eleições no Landtag do Saxe. É verdade que o SPD, com 33,4%, continuou sendo o maior partido, e os comunistas tiveram ligeiro crescimento. Mas os vencedores da eleição foram os nacional-socialistas, que aumentaram seu percentual de sufrágios de 5 para 14,4%, essencialmente em detrimento dos partidos burgueses.

Meissen, 19 de junho de 1930

Cara, doce mulherzinha encantadora!

Não me canso de ver seu bom e querido rostinho e seus olhos tão bons e marcantes, amada, como gostaria novamente, hoje, que estivesse ao meu lado! Nem sempre é o que eu desejo, pois esta viagem é terrível. Segunda-feira à tarde fui de Plauen a Chemnitz, de onde lhe escrevi uma carta às pressas. Depois voltamos para a estrada em um trajeto de 4 horas, e em seguida Chemnitz até Neuhausen, no maciço de Erz, tudo isso serpenteando, em um calor de fornalha e com rinite alérgica. Fiz um discurso terça-feira à noite em Deutsch Neudorf, diante de um público pequeno, mas de boa qualidade, a aldeia se encontra no maciço de Erz, 1 minuto antes da fronteira.

Ontem à tarde de Neuhausen a Dresden, aonde cheguei às 13 horas. Almoço, depois visitei durante 3 horas uma exposição sobre higiene, interessante, mas com forte influência judaica; não tive tempo de escrever; a partir de Dresden, novamente serpenteando em direção a Gaussig bei Bautzen. Reuniãozinha camponesa. Esta manhã bem cedo fui à ferroviária; o calor está insuportável, a rinite melhora.

Cheguei a Meissen na hora do almoço. Fiz a barba, troquei-me, comi. Depois visitei a esplêndida catedral e o Albrechtsburg, magnífico. — À noite fiz um discurso não longe dali em uma aldeia de camponeses, amanhã de manhã pretendo visitar a fábrica, à tarde vou para Leipzig onde farei um pronunciamento pela manhã, não longe da cidade. Amanhã de manhã volto ao correio, mas hoje ainda não recebi nada da malvada mulher amada. Mandei um pequeno pacote de roupa suja e revistas.

E você, pobre amada, como é que vai? A boa cabecinha ainda dói? Repouse bem com esse calor e não se canse demais (é preciso descansar especialmente estes dias).

E o que anda fazendo nossa doce menininha, anda bem comportada ou está sujando a caminha?, ó, como [fico] feliz por voltar a vê-las, minhas amadas.

Como será que está o jardim; a seca é terrível. Querida malandrinha, não se esqueça de mandar passar a foice, e não esqueça os comprimidozinhos!

Bem, meu querido anjinho, agora preciso parar, jantar e ir para a reunião. Espero que a boa Trude[38] se sinta bem em nossa casa, e lhe mando uma saudação especial; fico realmente triste por não poder estar presente durante sua visita.

Eu a beijo, ó minha caríssima, a você e à menininha

Seu marido

---

[38] Esta visitante não pôde ser identificada.

Bad Salzungen, 19 de julho de 1930

Boa mulherzinha amada!

Saímos na hora, de madrugada, via Augsburgo—Donauwörth—Nördlingen. Em Nördlingen fomos ver a magnífica catedral gótica, depois retomamos caminho até Schillingsfürst, onde fomos muito bem-recebidos, e foi lá que ficamos sabendo, pelo rádio, da dissolução do Reichstag, não deixa de ser um sucesso; alguns dias de férias provavelmente terão de ser esquecidos em agosto, e depois o [ilegível].[39] Amada, não ficar triste.

De Schillingsfürst continuação do projeto para Wurtzbourg, Kissingen, Meiningen até Bad Salzungen, onde fomos bem alojados à noite. Dormi maravilhosamente. O tempo está ruim de novo. Agora recomeçou.

Minha boa, minha cara amada, minha malandrinha,
Eu a beijo e a mimo,

Seu marido

Saudações à Bonequinha da minha parte

Lehsan,[40] 21 de julho de [de 19]30

Encantadora mulherzinha amada!

Ontem não tive tempo de escrever, uma viagem de carro como essa é realmente muito cansativa.

Antes de mais nada, malandrinha, como é que vão as duas, estou sempre vendo seus dois rostinhos queridos, penso em você, e nos momentos agradáveis sempre gostaria que pudesse estar comigo.

---

[39] Provavelmente no mês de setembro (ver a carta de Marga de 23 de julho de 1930).
[40] O nome correto é Lensahn; o castelo e a aldeia homônima ficam perto de Oldenburgo, na região de Holstein. A cidade vizinha de Eutin tornou-se desde muito cedo um bastião dos nacional-socialistas, e Hitler já a visitara uma vez em 1926.

De Bad Salzungen fomos na manhã de sábado, por Eisenach, à floresta da Turíngia e Göttingen até Hanôver. Breve parada para almoço em Einbeck. Às 14h30 chegada a Hanôver, depois até tarde da noite reuniões dos Führer e revista da SS. Domingo de manhã, 8 horas, saída de Hanôver via Uelzen, Lüneburgo, Hamburgo, em direção a Itzehoe — campo de Lockstedt. Também nesse trajeto, a paisagem era magnífica, mas o tempo frio e chuvoso. Deus, como a Alemanha é bela.

No campo de Lockstedt, reunião dos Führer e revista SS.

Na SS, um esplêndido material humano.

Às 18 horas com Waldeck,[41] *de carro para Neumünster, de lá trem para Eutin, onde passaram de novo para nos pegar de carro.*

Grande atividade no castelo e na aldeia de Lehsan [sic]*, onde foi promovido um gigantesco torneio equestre. — Encantadora recepção. Levantei-me hoje às 9 horas, tomei um banho. Depois desjejum. São quatro filhos do duque e dois filhos dos Schaumburgeois (que você conhece), e pode imaginar então toda a atividade.*[42]

Já falamos muito de política. — Quarta-feira encontrarei o Osaf em Münster n.[a] *V.*[estfália]*. Amanhã voltarei a escrever. Com certeza voltarei mais cedo para casa. Aí está, minha boa, e agora fico feliz de saber que a brava mulher certamente já está escrevendo uma carta que receberei em Heidelberg.*

Cara amada querida, eu a beijo, você e a Bonequinha.

Seu marido

Cumprimentos aos Schönbohm

---

[41] Josias, príncipe herdeiro de Waldeck und Pyrmont (1896-1967), agricultor e Führer SS, designado em 1930 ajudante de campo de Heinrich Himmler.
[42] O grão-duque Nikolaus von Oldenburg (1897-1970) era irmão da mulher de Waldeck e marido de Helena von Waldeck und Pyrmont (1899-1948), irmã de Waldeck. Ao se referir aos "Schaumburgeois", Himmler tem em mente o príncipe Stephan zu Schaumburg-Lippe (1891-1965) e sua mulher, Ingeborg Alix (1901-1996), irmã de Nikolaus. Já em 1928 o casal assistira com o príncipe Waldeck a reuniões do Partido Nazista em Munique.

O terreno de manobras batizado de "campo de Lockstedt", ao norte de Hamburgo, foi durante a República de Weimar um ponto de encontro dos extremistas de direita; era considerado o berço da SA de Schleswig-Holstein. Muitos funcionários permanentes do Partido Nazista nessa região fizeram estágios paramilitares nesse campo.

Waldtr.[udering] 23 de julho de [de 1930]

Meu bom amado!

E agora não temos mais nenhuma notícia sua. Ainda esperava uma carta hoje mas envão [sic]. A única carta que chegou é a de Salzungen. Eu estava em Munique e li [no jornal o anúncio sobre] a dissolução [do Reichstag]. Fico feliz pelo movimento. O Gau[leiter] Loeper[43] *já perguntou quando e onde você quer fazer um pronunciamento. Guardei a carta aqui.*

Quanto ao resto, só chegaram faturas.

Quando você chega? Sexta-feira, espero. Já que não vai mais conosco para Hallermann. Precisamos de você aqui, e depois você terá de viajar de novo. —

Estamos trabalhando ativamente no caminho. Aqui nada de novo.

Mas o mês de setembro será magnífico.

Ninguém veio procurá-lo.

Eu o saúdo e o beijo 1000x

Sua Marga

---

[43] Wilhelm Loeper (1883-1935), oficial de carreira, era desde 1928 *Gauleiter* do Partido Nazista para a região de Magdeburgo-Anhalt. Em 1930, foi também chefe do departamento de pessoal do Partido Nazista.

HEINRICH HIMMLER

Hamburgo, 23 de julho de 1930, 16 horas da t[arde]

Excelente mulherzinha querida!

Ontem esse malvado marido e Papaizinho não escreveu. Estava caçando até 21 horas, abateu uma garça cinzenta e perdeu um cabrito-montês. Anteontem tomei banho no lago, ontem fiquei na preguiça até 22 horas. Toda vez falando de política até 2 horas da manhã com todos os chefes possíveis de Stahlhelm, Landvolk etc., acho que foi muito eficaz. Hoje à tarde saí de Eutin e chego esta noite às 20 horas a Münster na V.[estfália] (via Lübeck, Hamburgo, Minden); em Münster encontro o Osaf.

Minha cara, minha boa, não fique desesperada e triste, o marido malvado logo chegará. Como fico feliz por vê-la, você e a Bonequinha.

Estamos passando justamente diante do porto de Hamburgo, existem nas proximidades bairros inteiros formados por novos conjuntos de prédios, verdadeiros quartéis judeus.

Boa amada, como no fim das contas provavelmente não poderei mesmo tirar férias muito longas em agosto, eu [posso] de qualquer maneira tirar 1 dia de vez em quando para acabarmos o trabalho no nosso jardim. Logo, não ficar triste.

Beije e faça carinho na nossa malandrinha da minha parte.

Eu a imagino, tomo-a nos braços e a beijo

Seu marido

Leipzig Hptbahnf. [Hauptbahnhof, estação central], 20 de agosto de 1930, 9 horas

Doce, cara mulherzinha amada!

Venho de Weimar e estou em trânsito para Berlim, tenho 1 hora de parada aqui e acabo de comer umas empadinhas. — Querida, querida malandrinha, se pelo menos você estivesse sentada ao meu lado! — Como vai?; bem, espero. Não se sobrecarregue e sempre durma depois de comer. — E, malandrinha, tome regularmente seus comprimidos. — E o que anda fazendo nossa Bonequinha, o doce diabinha? Como eu as amo, a vocês, minhas duas meninas!

Agora preciso falar um pouco de mim. Cheguei a Dresden na terça-feira às 20h20 e logo fui para o hotel "Angermann", onde como sempre estou muito bem-acomodado. À noite até meia-noite conversas muito satisfatórias.

Quarta-feira de manhã, de novo no Landtag; partida para Weimar às 10h30, trabalhei, li. Weimar às 14h29. Schirach veio me pegar, fomos à casa dele.[44] *Recepção infinitamente amável. 16-19 horas conversas, igualmente satisfatórias. Jantar na casa dos Schirach. 22 horas — encontro com [?] e os deputados no "Schwan" (o bistrô habitual de Goethe). 1 hora, em casa.*

Hoje, infelizmente, de pé às 6 horas. Meu trem Leipzig-Berlim saiu às 7h20, as correspondências são pavorosas aqui.

Chegarei a Berlim à 1h30, irão me buscar. O enterro é às 16 horas, ficarei na sede e depois irei visitar os Reifschneider.

Ó minha boa, como me preocupo com você, tudo vai se passar bem, mas, se não acontecer, não se desesperar! Você, minha boa, minha boa malandrinha!

Domingo de manhã, parto em viagem de coleta. Voltarei a lhe escrever de Berlim, e lá certamente receberei algo da brava mulher.

Querida, amada, eu a beijo, a você e à malandrinha

Seu marido

---

[44] Baldur von Schirach (1907-1974) era desde 1928 *Führer* da União dos Estudantes Nacional-Socialistas; foi designado em 1931 *Reichsjugendführer* (*Führer* da juventude para todo o Reich) do Partido Nazista. Hitler já se hospedara em 1925 em sua casa de família em Weimar, onde Himmler foi recebido com grande amabilidade.

O resultado das eleições para o Reichstag, a 14 de setembro de 1930, foi um choque e uma surpresa para a imprensa alemã e estrangeira. *Paris-Midi* escreveu: "A Alemanha foi politicamente envenenada." Enquanto o SPD de fato perdia votos, com 24,5% dos sufrágios, permanecendo no entanto como o grupo parlamentar mais poderoso do Reichstag, e o KPD melhorava seu resultado, chegando a 13,1%, o campo burguês sofreu perdas dramáticas. Em compensação, o sucesso do Partido Nazista superou suas próprias expectativas. O número de votos recebidos aumentou de pouco mais de 800 mil, chegando a mais de 6,4 milhões, o que correspondia a 18,3% do total. O Partido Nazista também se tornou de uma só tacada o segundo maior partido do país e entrou para o Reichstag com 107 deputados — um terremoto político sem precedente na história das eleições parlamentares na Alemanha.

Um dos novos deputados no Reichstag era Heinrich Himmler. No anuário do Reichstag em 1930, ele é apresentado como "agrônomo diplomado" e "dono de uma pequena empresa avícola". Como todos os nacional-socialistas, Himmler só sentia desprezo, como vimos, pela democracia e suas instituições, especialmente a "caixa de tagarelas", o Parlamento; em seu papel de deputado, ele se limitava sempre ao estritamente necessário. As horas nas quais era forçado a estar presente no Reichstag eram basicamente, para ele, uma "terrível" perda de tempo: "o tempo nos dá pena" (carta de 15 de outubro de 1930). Por outro lado, ele se aproveitou sem escrúpulos das vantagens proporcionadas pela vida de deputado: um bom ordenado, imunidade parlamentar e um passe de transportes gratuitos que aliviava a caixa do partido, considerando-se seus numerosos deslocamentos. Pouco depois de sua entrada para o Reichstag, Himmler publicou um texto com o título programático de Der Reichstag 1930: das sterbende System und der National-sozialismus, "O Reichstag 1930: o sistema agonizante e o nacional-socialismo" (Munique, 1931).

Reichstag   *Berlim NO* [noroeste], *14 de outubro de 1930*
Deputado

Meu caro anjo!

Ontem o malvado marido tampouco teve tempo de enviar o que quer que fosse. Escrevi o cartão durante a reunião do grupo parlamentar; mas ela foi terrivelmente prolongada. À noite, na casa dos Reifschneider; não posso hospedar-me sempre com eles; ele tem medo por causa dos judeus. Mas apesar de tudo eles são infinitamente amáveis e bons. [...]

    Minha querida, minha boa, agora vou ao correio. Eu a beijo e a amo, você minha cara mulherzinha, e a boneca também

                                                      Seu marido

Melhores lembranças de Stegmann[45]

Waldtrudering, 14 de outubro de [de 1930]

Meu caro e bom!

Ontem os Sch.[önbohm] vieram aqui e contaram que hoje não haveria Reichstag, e que você provavelmente tão cedo não voltaria para casa. Posso imaginar. Por enquanto, ouça e se espante. Esta manhã tínhamos trabalhado duro no jardim, por volta de 15 horas eu ainda estava deitada e me preparava para dormir. Tocam a campainha, eu vou ver e dou com a

---

[45] Wilhelm Stegmann (1899-1944) e Himmler se conheciam desde a época de estudantes. Stegmann era *Gauleiter* da Francônia e orador para o Reich; em 1930, foi eleito deputado, como Himmler.

sra. Schwarz e a sobrinha de Hitler.⁴⁶ Fiquei sem voz. Em seguida, tomamos tranquilamente um café, e depois chegou a sra. Bäumel. E, quando estávamos visitando o gado, os Sch.[ön]b[ohm] vieram contar-me que houve desordens em Berlim. Espero que não lhe tenha acontecido nada, não é mesmo? Acaba de me ocorrer que talvez tenha sido justamente por esse motivo que a sra. Schö.[nbohm] apareceu, mas ela não fez qualquer menção. Absurdo. Foi realmente muito agradável. Assim como a noite vindoura. Espero ler muito e deitar-me cedo.

Amanhã teremos corrente de ar, pois estou de novo com essa pressão na cabeça.

No jardim estamos desenterrando as framboeseiras. É um trabalho terrível. As ervas daninhas são indescritíveis.

Escreva logo. E amanhã preciso receber correio seu. Quando esteve na casa dos seus pais? Recebeu peras? Esteve na casa de Lydia e Berta?⁴⁷ Entregou a almofada? Vou escrever a Frida antes do fim do dia. Não se esqueça das tabuinhas e da enxada. Kassler [?]?

Agora vou jantar. Bonequinha anda atrevida, cheia de energia e alegre.

Saudações cordiais a Elfriede da minha parte.

Se você não vier esta semana, irei na sexta-feira com os Schönbohm a M.[unique]. Acho que eles vão toda semana. A sra. Sch.[önbohm] e eu pretendemos fazer compras. Quanto ao resto, trabalhamos duro no jardim. Iremos talvez à floresta amanhã à tarde.

Até breve, meu bom. Dê notícias.

Saudações beijos —

Sua Marga

---

[46] A sra. Schwarz era a mulher de Franz Xaver Schwarz (1875-1947), tesoureiro nacional do Partido Nazista; logo, igualmente responsável pelo financiamento da SS, Schwarz era um dos principais funcionários do partido. Era também membro da SS desde 1931. Angelika ("Geli") Raubal (1908-1931) era sobrinha de Adolf Hitler, que também era seu tutor legal.
[47] Lydia e Berta Boden eram duas irmãs de Marga. Berta era casada. Lydia era costureira e solteira.

Berlim NO [noroeste] 7, 15 de outubro de 1930

Boa mulherzinha amada de todo o coração!

Hoje, às 9h30, voltei para cá, vindo de Frankfurt/Oder, imediatamente mandei o dinheiro pelo correio, ontem realmente não foi possível. Depois, cabeleireiro, depois na casa de Reifschneider [sic]. Fiz barba, tomei banho, me troquei, depois tomei o desjejum com a sra. Reifschneider, mais ou menos até 11h30. Depois para o Reichstag, e lá várias reuniões. — Na verdade, imagine só, há uma deputada comunista que se chama sra. Himmler (Chemnitz).[48] *Comi no Reichstag, a sessão começou às 15 horas e ainda não tinha terminado às 19. Eleição do presidium. Sinistro. O tempo nos dá pena. Às 19 horas, tomei um carro e corri para a estação Lehrter. Acabo de comer no trem. Às 20h35 chegarei a Stendal, onde terei logo em seguida uma reunião. O Reichstag infelizmente dura até sábado, e ainda não dá para dizer o que virá depois. Cara malandrinha, como fico feliz de estar voltando para junto de você. Amada, como teremos de novo uma vida bela e vamos nos amar com tanto fervor. Saúde e beije por mim a Bonequinha, a doce diabinha. E você, repouse bem para que a boa cabecinha não lhe faça mal e você se sinta bem.*

Quando eu chegar, faremos logo a cerca; como fico feliz de voltar à nossa terra.

Caríssima, doce esposa, eu a beijo e a estreito nos meus braços

Seu marido

---

[48] Johanna Himmler (1894-1972) foi deputada pelo KPD no Reichstag de 1930 a 1933; foi detida várias vezes depois de 1933.

Reichstag   Berlim NO 7, 17 de outubro de 1930
Deputado

Minha boa mulherzinha!

É exatamente meia-noite e acabo de voltar da casa dos meus pais, que mandam saudações para você de todo o coração.

Como fiquei feliz ao ver que havia uma carta sua, e tanto maior foi a minha decepção.

Amada, amada, não se pode escrever cartas assim. Quando eu viajei, minha querida menina, você fez aquela observação sobre o dinheiro gasto, que me fez tanto mal, e agora esta carta. — Amada, não entendo, que significa esta carta? Está arrependida de ter casado comigo, e as misérias que você vê hoje [?] são assim tão grandes que se sobrepõem e destroem a grande felicidade que acredito e acreditava ser a nossa? — Ou será que perdeu a fé em mim e no meu amor e na minha atenção?

Talvez o Reichstag seja adiado amanhã à noite, e assim eu voltaria no domingo no fim da tarde ou à noite.

Um beijo na Bonequinha. Mulherzinha, eu a amo tanto e estou muito, muito triste

Seu marido

A carta de Marga à qual ele se refere aqui não chegou até nós. Desde o sucesso eleitoral e o mandato de deputado obtido por Heinrich Himmler, as preocupações financeiras do casal de fato haviam diminuído, mas Marga agora ficava sozinha com frequência ainda maior que antes. Provavelmente manifestara seu descontentamento a este respeito na carta que nos falta.

Reichstag   Berlim NO 7, 22 de janeiro de 1931
Deputado

Minha doce, minha cara, minha boa!

A carta com certeza chegará ao mesmo tempo que o malvado marido, mas eu tenho uma hora livre agora, entre 22 e 23 horas da noite, e preciso conversar um pouco com minha amada. — A avaliação do chefe foi maravilhosa, e o efeito junto à direção do Landbund, igualmente.[49] *— Só hoje a comitiva do chefe chegou e os debates duraram até 1 hora.*

Amada, amanhã estarei de novo ao seu lado, ó, minha boa, minha boa, e teremos um belo domingo pela frente.

Minha cara mulher, eu a beijo e a mimo.

Seu marido

Um beijo especial para a Bonequinha

Agenda de bolso:

As menções do mês de janeiro de 1931 mostram que Heinrich e Marga Himmler empreenderam muitos projetos em comum nesse período. No início do novo ano, assistiram a um concerto e receberam a visita de amigos, depois foram à casa dos Bruger, que moravam em Harlaching, não longe de Waldtrudering. O escritor nacional-populista Ferdinand Bruger já convidara os Himmler a Plattling em 1925, para um discurso que pronunciaria durante uma reunião.

---

[49] O Reichslandbund (RLB) era o principal grupo de pressão dos agricultores na República de Weimar; apoiou em 1929 o referendo popular proposto pelo DNVP e o Partido Nazista, entre outros, contra o plano Young, que propunha um novo regulamento para pagamento das indenizações devidas pelos alemães. Posteriormente, a influência dos nacional-socialistas no RLB só viria a aumentar.

A 6 de janeiro, "o príncipe herdeiro Waldeck com sua família" foi visitá-los e, no dia 10 de janeiro, "a Sra. Dr. von Scheubner e a Srta. Wolf". Johanna Wolf era secretária da Gau da Baixa Baviera/Alto Palatinado desde 1929; trabalhou, entre outros, para Gregor Strasser e Rudolf Hess, foi empregada na chancelaria do partido em Berlim em 1933 e posteriormente na equipe dos ajudantes de campo de Hitler.

No dia 15 de janeiro, Heinrich e Marga assistiram juntos a uma conferência do especialista nacional-socialista em agricultura, Richard Walther Darré; a 19 de janeiro, foram almoçar na casa dos pais de Himmler para comemorar os 65 anos de Anna Himmler. Em seguida, Himmler teve de ir por alguns dias a Berlim, mas já no domingo 25 de janeiro eles se reencontravam: Gerda Schreiner, de Plattling, e Irmgard Höfl, de Apfeldorf, foram visitá-los juntas durante o dia; mas à noite os Himmler ainda foram convidados à casa do Dr. Ebner e sua esposa em Kirchseeon. Gregor Ebner, clínico-geral, que também foi durante algum tempo médico da família Himmler, era igualmente Ortsgruppenleiter em Kirchseeon desde 1930 e às vezes proferia no cantão de Ebersberg conferências sobre a diminuição dos índices de natalidade. Em 1936, foi nomeado diretor médico do primeiro *Lebensbornheim*[50] da SS, em Steinhöring, perto de Kirchseeon.

No dia 30 de janeiro, pouco antes de um novo período prolongado de Heinrich Himmler em Berlim, ele e Marga assistiram a outra conferência, do arquiteto nacional-socialista Paul Schultze-Naumburg, na Technische Hochschule de Munique.

---

[50] Os *Lebensbornheime* foram criados inicialmente para permitir que mães solteiras — exclusivamente as "arianas" — dessem à luz anonimamente. Mais tarde passaram a receber também crianças "arianas" roubadas pelos SS em outros países. Para Heinrich Himmler, os *Lebensbornheime* destinavam-se a "selecionar e coletar sangue ariano" (Dorothee Schmitz--Köster, *Deutsche Mutter, bist du bereit. Der Lebensborn und seine Kinder*, Berlim, 2010). [*Nota da tradução francesa.*]

Reichstag   [Berlim riscado] *Waldtrudering, 12 de fevereiro de 1931*
Deputado

Minha doce mulherzinha amada!

Agora são 23 horas; acabo de sair de uma reunião na casa de Wagner sobre o referendo[51] *e agora estou sozinho no nosso salão.*[52] *Ah, queridinha, como uma casa pequena se torna grande quando nela estamos sozinhos e a mulherzinha amada não se encontra. Malandrinha, como seu marido tão rude sente saudade de você.*

Amanhã não poderei caçar. Imagine você, que coisa horrível, o dr. Schreiner-Plattling, o pai de Beppi, morreu de repente anteontem, será enterrado sábado à tarde no Waldfriedhof e eu quero ir ao enterro.[53] *Pobre família!*

Mas talvez ainda assim eu vá à caça sábado à noite.

Em casa vai tudo o melhor possível. As galinhas põem muito bem, 31 ovos desde 3 de fevereiro. Mais uma vez, Rexchen [a cadela] não teve filhotes machos.

O pintor vai concluir o trabalho até segunda-feira, até agora se saiu muito bem.

Nevou muito hoje, e eu também já visitei Strasser, ele vai muito bem.

---

[51] Adolf Wagner (1890-1944) era *Gauleiter* de Munique-Alta Baviera desde o fim de 1930. Era o mais poderoso de todos *Gauleiter* (o "déspota de Munique"), tendo acesso a Hitler a qualquer momento. Não se sabe exatamente a qual referendo os dois se referem aqui, pois o referendo sobre o plano Young proposto pela direita bávara no fim de 1929 já havia fracassado em março de 1930. Em sua agenda, contudo, Himmler inscreveu um mês antes, a 11 de janeiro, a menção "referendo Trudering".

[52] Marga e Gudrun visitavam os parentes Boden em Berlim. Segundo a agenda, o próprio Heinrich esteve em Berlim entre 2 e 11 de fevereiro. No dia 10 de fevereiro, fora buscar a mulher e a filha na estação ferroviária e as levara à casa dos sogros em Röntgental.

[53] O dr. Schreiner foi a partir de 1926 aproximadamente *Ortsgruppenleiter* de Plattling, na Baixa Baviera, e pelo menos desde 1927 Führer da SS da mesma cidade; Heinrich Himmler havia participado de muitas manifestações com ele.

Como sou um marido muito, muito bom, mandei-lhe as "estrelas" em envelopes impressos. O escritório já foi consertado.

Aí está, minha cara amadinha, boa noite. Daqui a oito dias estarei ao seu lado, como fico feliz. Saudações, por favor, aos pais e Elfriede.

Eu a beijo, você, minha boa esposa, e a Bonequinha

Seu Papaizinho

Reichstag   [Berlim riscado] *Waldtrudering, 15 de fevereiro de 1931*
Deputado

Minha encantadora mulherzinha amada!

Seu malvado marido acaba de passar por dois maus dias. Fui para a cama frigorificada sexta-feira à noite, nela permaneci no sábado e me levantei esta manhã; uma história intestinal, com direito a todos os vexames que acompanham, como no nosso casamento, mas agora, Deus seja louvado, estou melhor. Infelizmente tampouco pude ir ao enterro do dr. Schreiner.

Agora ouça bem, minha boa amada, não é impossível que o Reichsbanner de fato ataque no dia 22 e eu preferiria tê-las aqui, minhas duas amadas. Acabo de traçar o seguinte plano de campanha. Quarta e quinta-feira, faço discursos no Saxe. Na noite de quinta para sexta-feira vou para Berlim, chegada às 7h35. Encontramo-nos na Stettiner Bahnhof, de onde nosso trem sai às 8h35. À tarde voltamos de Stargard. À noite vamos como combinado à "Vaterland",[54] *dor-*

---

[54] A "Haus Vaterland-Betrieb Kempinski", na Potsdamer Platz em Berlim, fora transformada em 1927-1928 em um grande restaurante-cabaré. Era um lugar famoso antes de mais nada pelos salões temáticos: varandas do Reno com espetaculares simulações climáticas, café turco, compartimento de chá japonês, bar de velho oeste e muitas outras coisas.

mimos até não poder mais na manhã de sábado e à noite seguimos para Munique, aonde chegamos domingo de manhã. Agora escreva por via expressa ou me telefone na terça-feira às 20 horas da noite estou em casa.

O pintor terminou, fez muito bem seu trabalho. — Amada, não esqueça o preparado de fígado e trate de conseguir uma garrafa térmica de borracha. — Caríssima amadinha, como o marido ficará feliz de estar de novo ao seu lado.

Não deixe de cumprimentar todo mundo da minha parte, com um beijo especial na Bonequinha.

Eu a mimo e a beijo eternamente, seu marido

O *Reichsbanner* era uma organização de defesa que se colocava acima dos partidos mas era de orientação social-democrata, considerando-se uma frente de combate dedicada à defesa da República e ao enfrentamento dos inimigos da democracia, fossem de esquerda ou direita. Desde o sucesso eleitoral do Partido Nazista em setembro de 1930, essa organização tentava opor-se mais fortemente ao terror que a SA espalhava pelas ruas. O dia 22 de fevereiro de 1931, quando Himmler temia que o "*Reichsbanner* ataque", assinalava o sétimo aniversário de sua fundação; e de fato nesse dia os grupos paramilitares de defesa organizaram um desfile pela primeira vez.

Berlim, 27 de março de 1931, 19 horas

Minha boa esposa mais amada que tudo!

Estou morto de cansaço; a última "conversa" começa às 20 horas. Gotha foi um sucesso estrondoso. Na casa de Schulze-Naumburg, foi maravilhoso. Da próxima vez você precisa estar aqui. Parto esta noite para Dantzig, como fico feliz de poder dormir.

E sobretudo como ficarei feliz quando estiver de novo junto de vocês. Quantas vezes não tenho a sua imagem na cabeça, a sua e a da Bonequinha. — Entreguei o embrulho às empregadas. Agora preciso encerrar.

Muitas, muitas saudações e beijos e cheios de amor, para você, ó minha caríssima, e para a menininha

Seu Papaizinho

Hamburgo, 6 de maio de 1931

Minha cara, cara malandrinha!

Chegamos bem aqui. Pude ter uma boa conversa com o chefe. Mas a noite foi curta. O carro já estava à nossa espera. — Comi, fui cortar o cabelo, tomei um banho, fiz a barba, alguns telefonemas, cartas de trabalho, e agora algumas linhas para você, minha boa, ainda bebi um chá e depois fui de carro para a reunião de Eutin. Viajo então amanhã, por minha conta, para Hanôver, e amanhã à noite para Berlim.

Muitos, muitos beijos queridos para você, boa amada, e nossa "pequena" menininha

Seu marido

Reichstag   *Delmenhorst, 9 de maio de 1931*
Deputado

Boa, doce mulherzinha amada!

Ontem então tudo transcorreu bem; a coisa durou o dia inteiro, foi muito cansativo, mas, Deus seja louvado, não aconteceu rigorosamente nada.

> *De Eutin fui de carro para Hamburgo na quinta-feira 7 pela manhã, depois tomei o trem para Hanôver. Lá, à noite, reunião e revista da SS. Às 3h10 da manhã fui para Berlim, aonde cheguei às 7. A noite no compartimento de 1ª classe foi um pouco curta. Em Berlim foram me buscar, e eu imediatamente verifiquei os seguranças. Depois, às 8h30 no elegante hotel "Kaiserhof", na Wilhelms-pl.[atz], havia uma multidão. Tomei um banho, um desjejum, esperei, esperei mais até o processo. Às 20 horas, finalmente, fui jantar com Röhm e Aug.[ust] Melh.[?]. Esta manhã, 8h40, fui daqui para Delmenhorst, perto de Bremen. O chefe chega esta noite com o carro. Tudo acertado. Troquei-me. Jantar. Depois para a reunião. Escreverei de novo amanhã. Ó, minha boa, eu a beijo e a mimo infinitamente.*
>
> *Seu marido*

Himmler foi passar uma noite em Berlim, onde transcorria, a 8 de maio de 1931, o que ficou conhecido como o "processo *Weltbühne*", nome de uma revista; nele, o diretor da publicação, Carl von Ossietzky, foi condenado a 18 meses de prisão por espionagem, por ter publicado em sua revista um artigo no qual se chamava a atenção para o rearmamento secreto da Reichswehr. Os "seguranças" controlados por Himmler aparentemente eram SS postados por ele nas proximidades do tribunal para enfrentar eventuais "perturbadores". Ossietzky foi detido em 1933 e tão maltratado em diferentes campos de concentração que morreu prematuramente, em 1938.

O hotel Kaiserhof de Berlim, cujo gerente simpatizava com os nazistas desde a década de 1920, ficava em frente à chancelaria do Reich, na Wilhelmplatz. Era onde Hitler quase sempre se hospedava quando estava em Berlim. A partir de 1932, todo o andar superior foi transformado em central do Partido Nazista.

Oldenburgo, 12 de maio de 1931

Minha amadinha, minha cara e doce mulherzinha! — você deve estar pensando que tem um mau marido, pois ele não escreve[?][55] há três dias. Mas não é um mau marido, apenas um excelente marido com pressa que pensa tanto na sua amada que ficou em casa e não para de pensar, ah, se essa amada pudesse estar em toda parte com ele. — Mas como é que você vai, se pelo menos eu soubesse, marido idiota que sou. Tenho, na [duas linhas ilegíveis] recebido sua bela carta.

De minha parte vou [?] bem, contudo.

Sábado à noite houve a reunião com Hitler em Delmenhorst, que transcorreu muito bem. À noite fomos para Oldenburgo, onde assentamos praça.

Domingo houve um grande desfile da SA em Oldenburgo (Rott [Rottenführer?]). Amada, era mesmo de se entusiasmar; que esplêndido povo nórdico; é mais uma fonte de sangue para a alemanha [sic]. À noite, estive com meu Standartenführer SS [?] Bruns [?]. Ontem, segunda-feira, dormi até mais não poder. Às 11h30, tomei, com o dr. Frank,[56] o trem para Wilhelmshaven, onde esperamos até 15 horas o carro de Hitler. Depois visitamos durante três horas o navio de linha "Hannover", foi muito interessante. Fui de carro às 19 horas para Oldenburgo; segui imediatamente para Wildeshausen, onde ontem fiz um discurso ao lado do general Litzmann, em uma reunião notável. Volta de noite de carro; dormi hoje até 9 horas. Comecei por escrever uma carta à amadinha, já era peso demais para o malvado marido. Ontem mandei a roupa suja. — Hoje vamos para Jever, reunião com Hitler. Esta noite volto para cá. Amanhã durante o dia aqui também, à noite faço um discurso em Lohne. Quinta-feira à tarde, reunião com Hitler em Cloppenburgo. Às 16 horas vamos com o carro, e

---

[55] A carta foi escrita a lápis preto, sendo assim ilegível em certos pontos.
[56] Hans Frank (1900-1946), jurista, era desde 1929 diretor nacional do departamento jurídico do Partido Nazista, e, como Himmler, deputado no Reichstag desde 1930. Os dois provavelmente se conheciam desde a época do *Freikorps* Epp.

esperamos estar sexta-feira à noite em Munique. Minha cara boa, telefone para a SS, que eles providenciem para que meu carro esteja pronto sexta-feira à noite na Casa Marrom, minha cara malandrinha, ó minha [?], bela esposa, como fico feliz com a ideia de [H?] voltar a vê-la, e de [?] revê-la [?] você e a menininha, e de mimar.

Para você e a Bonequinha, milhares de beijos, seu marido

Agenda de bolso:
    Sua volta a Munique durou apenas alguns dias: ele tinha mais uma vez anotado na agenda uma reunião com Hitler em Berlim no dia 19 de maio. No resto do mês, esteve no Saxe, na Turíngia, na Francônia, no Hesse e no Ruhr, mas não existem cartas enviadas dessas regiões. O fato de ter voltado a Viena no início de junho só se depreende de uma menção em sua lista de leituras.
    Nos dias 5 e 6 de agosto, ele viajou para Hamburgo-Altona e Kiel via Berlim, provavelmente para preparar a campanha eleitoral em Hamburgo, onde se realizaram a 27 de setembro de 1931 eleições para o Landtag. De Hamburgo, Himmler seguiu para Berlim, onde permaneceu apenas um breve período e de onde voltou a sair no dia 8 ou 9 de agosto para uma "reunião de Führer" em Düsseldorf, o que significa que também estava viajando no segundo aniversário de sua filha. Em compensação, ficou em casa praticamente todo o mês de setembro e na primeira semana de outubro, até viajar novamente para um longo percurso pelo norte da Alemanha, durante o qual foram trocadas as cartas que se seguem:

Schwerin, 10 de outubro de 1931

Meu [sic] brava, brava mulher amada!

Chegamos ontem a Schwerin às 21 horas depois de uma viagem longa mas divertida. Até Halle, o Hptm. [Hauptmann, capitão] Von Loeper fez a viagem conosco, e tivemos uma excelente conversa.

Em Schwerin foram buscar-nos de carro. Tivemos tempo de jantar, a grã-duquesa[57] é uma senhora amável e muito culta. — 23 horas na cama, dormi maravilhosamente até 8h30. De manhã fui passear um pouco à beira do lago de Schwerin. A casa de campo está esplendidamente situada. Agora à mesa. Às 14 horas viajamos para Rostock. Depois, à noite, parto para Harzburg.

Agora receba mil beijos, você e a menininha

Com amor, seu Papaizinho

Convocada pelo partido conservador de direita, o Partido Popular Nacional Alemão, "a oposição nacional" reuniu-se a 11 de outubro de 1931 em Bad Harzburg para uma grande manifestação destinada a demonstrar sua coesão no combate à República de Weimar. Participaram, além do Partido Nazista, o Stahlhelm, o Alldeutscher Verband, o Reichslandbund várias personalidades de direita. Mas Hitler marcou ostensivamente sua distância em relação aos outros participantes e não mostrou muita vontade de cooperar. Com um desdém provocador, lembrou sua pretensão absoluta de ocupar o papel do líder no campo da direita. Algumas semanas depois, ele demonstrou em Brunswick a independência do movimento nacional-socialista, organizando, com 104 mil SA e SS, aquele que foi o maior desfile até então organizado pelos nacional-socialistas.

"Der Bundschuh"
Boletim de Combate para o Despertar do Campesinato Alemão
Diretor de redação: Heinrich Himmler, Waldtrudering, Munique-
-Land VIII
Impressão e edição: "Der Donaubote", Ingolstadt.

---

[57] A grã-duquesa Elisabeth von Oldenburg, nascida Mecklenburg-Schwerin.

Waldtrudering, 11 de outubro de 1931

Meu caro e bom!

Estamos as duas com boa saúde e cheias de ânimo. Bonequinha anda atrevida e amável. Com este tempo esplêndido, muito ao ar livre. —

Ontem à tarde Klussmann telefonou, e foi por ele que fiquei sabendo da formação de um novo gabinete. Quando não se é Reichstag [sic], a carta volta. — [...]

Quinta-feira vou matar os gansos, não tenho mais o que lhes dar para comer. — Como será que se passaram as coisas em Harzburg?! E o que será que vai [acontecer] além disso? Como é agradável para mim que Kl.[ussmann] tenha desejado falar com você, pelo menos agora se [sabe] apesar de tudo alguma coisa. Espero que você escreva logo. [Eu] costuro muito, pois afinal preciso ter concluído até quinta-feira. Pense no dinheiro. — Como gostaria um dia de assistir a todos esses grandes acontecimentos. Continuo esperando que logo aconteça. Anunciaram [no] rádio que Hitler foi à residência de Hindenburg acompanhado de [?]ng. Tinha alguma utilidade? —

No fim das contas eu estava enganada no trabalho do meu pulôver e precisei desfazê-lo. — Penso em você e na sua saúde, você agora precisará dela. E prudência em Brunswick. Todo mundo sabe [que] <u>todos</u> vocês estarão lá.

Meu bom amado, escreva-me, e receba as saudações e os beijos do fundo do coração das suas

Duas "Grandes"

Reichstag   *Berlim, 13 de outubro de 1931*
Deputado

Minha cara, cara queridinha!

Acabo de chegar aqui, às 13 horas, ao Reichstag, vindo de Schwerin. Já almocei no trem. Acabo de receber sua boa carta. Como fico feliz que estejam tão bem, vocês, minhas duas "Pequenas". — Pobre amada, você precisou desfazer o pulôver, que trabalho! Esta noite certamente viajarei para Brunswick, para amanhã e depois de amanhã. Sexta-feira ocorrerão as votações decisivas. A visita de H.[itler] a Hind.[enburgo] foi um grande sucesso, mando-lhe junto o cupom de pagamento — para que minha boa não fique preocupada.

Também mando hoje o dinheiro. — Envio um maço de textos que eu li. A autora do livrinho amarelo é a grã-duquesa. Não deixe de lê-lo.

Acabo de ser informado de que também se deve precisar [sic] ficar aqui amanhã e depois de amanhã. O que seria devastador por causa de Brunswick.

Agora saudações e beijos cheios de amor para você e minha filhinha "ainda menorzinha"

                                            Seu marido

Reichstag   *Berlim, 15 de outubro de 1931*
Deputado

Minha doce mulherzinha amada!

Que vontade de revê-la. — Aqui, é a velha Berlim execrável; a coisa se torna cada vez mais repugnante. Ontem de manhã telefonei a Edit [sic]. Ela pretende vir na próxima semana. De manhã fui à casa de Elfriede; ela ficou muito feliz, de fato pretende vir algum dia, mas sua cunhada ainda não retornou. A clínica vai sobrevivendo. Pelo menos, vai indo. À tarde, foi o Reichstag, uma infinidade de discursos, não estamos na sala de reuniões plenárias, mas temos de estar presentes no prédio. Um monte de negociações. À noite fui à casa de Ernstl para a refeição, Paula também estava lá, foi muito simpática.[58] *À noite, volta para o meu pedaço, o hotel Minerva, na estação de Anhalter. Esta manhã Berta telefonou. De manhã fiz uma visita, depois fui ver as moças;*[59] *papai também telefonou. Comemos juntos. As moças sempre têm trabalho, mas os preços são baixos, é assim neste momento, mas vai indo. Depois com papai e Berta no Reichstag. Em seguida fomos tomar um café juntos. Agora estou no meu quarto. [...]*

Desde as 12 horas, aqui, é o Reichstag, tédio mortal. Pretendo voltar ao Kaiserhof às 18 horas. Ainda não sei o que acontecerá à noite. Talvez volte a encontrar com Ernstl e Paula.

E agora dê na diabinha um beijo especial do Papaizinho

E você, querida, eu a saúdo, eu a beijo e mimo

Seu marido

Reichstag   Mariensee, (5) 6 de novembro de 1931
Deputado

Minha cara, boa mulherzinha!

Eu vou bem, muito bem. Fui para Munique na noite de terça-feira. Às 6h30 fomos despertados no vagão-leito por causa de um incêndio. Não havia perigo, mas tivemos de sair ainda assim. Cheguei um pouco atrasado a Berlim

---

[58] Paula Melters (1905-1985), chapeleira, era há cerca de um ano noiva de Ernst Himmler. Heinrich Himmler foi testemunha do casamento dos dois, no dia 8 de julho de 1933.
[59] As "moças" provavelmente eram as irmãs solteiras de Marga — Lydia e Martha.

e logo retomei a estrada (vieram me buscar de carro) para Tilsit. Lorenz foi para Marienbourg e em Insterbourg Litzmann[60] (Gruppenf[ührer]) veio nos apanhar de carro e nos levou a Tilsit. Após a visita de carro, partida para Didlaken, aonde chegamos às 3 horas e nos hospedamos na casa dele. Foi muito simpático. Quinta-feira de manhã com Litzm. [mann] e Lorenz caçando abati um faisão. À tarde de carro para Königsberg. Visita, depois de novo trem para Marienbourg, e lá nova visita.[61] Em seguida, no carro de Lorenz, ida para Mariensee, aonde chegamos às 4h15.[62] Hoje dormi até 12h30, foi ótimo. Passeio de carro. À tarde o conde Graving veio com a esposa. Tive uma excelente conversa com ele. No momento, depois do jantar, revista da SS de Mariensee. Amanhã terei outra manhã de preguiça. Vou telefonar ainda esta noite para lhe dar notícias do seu malvado marido. Amanhã à tarde vamos para Dantzig. À noite farei um discurso.

Por hoje é isso, até breve, minha boa, eu a beijo muito, muitas saudações e beijos amorosos

Seu marido

Muitas saudações à tia Elfriede, um beijo especial na Bonequinha do Papaizinho

Lauenburgo, 9 de novembro de 1931

Minha boa mulherzinha amada!

O malvado marido finalmente encontra de novo tempo para escrever. Eu vou muito bem. Sexta-feira à noite, fui inspecionar a SS de Ma-

---

[60] Karl-Siegmund Litzmann (1893-1945), oficial de carreira e agricultor, filho do general Litzmann. Desde 1931 *Führer SA* para Ostland (Prússia Oriental e Dantzig).
[61] Sobre o castelo de Marienbourg e o que representava para Himmler, ver o comentário da carta de 7 de julho de 1939.
[62] Himmler fora convidado pelo agricultor e *SS Führer* Werner Lorenz (1891-1974) a sua propriedade de Mariensee, perto de Dantzig.

riensee; fiquei muito satisfeito durante toda a viagem. Sábado fomos para Dantzig e nos hospedamos na admirável casa da mãe da sra. Lorenz. À noite, fiz um discurso em uma reunião camponesa. Domingo de manhã, foi a grande revista da SS e da SA, 1.500 homens, o Gruppenführer Litzmann também estava presente. Nós nos entendemos maravilhosamente. A flâmula conferida a Brunswick foi entregue à SA. Depois esplêndido desfile conduzido pelo Saf [Führer SA] *da cidade Martin Loetz.*

Agora muitas, muitas boas coisas, eu a beijo, você e a Bonequinha

Seu marido

Saudações a Elfriede

Em 1931, Himmler continuou a desenvolver a SS. Uma das diretivas essenciais foi o que veio a ser chamado de "ordem a respeito do casamento", com data de 31 de dezembro de 1931, e segundo a qual os membros da SS que quisessem casar deviam pedir autorização, que só seria "concedida ou recusada em função de considerações ligadas à raça e à saúde hereditária". Os membros da SS que casassem contrariando uma negativa podiam ser expulsos. Para cuidar dos pedidos de casamento, Himmler criou, simultaneamente a esse decreto, um "Escritório Racial" (*Rassenamt*) da SS, sob a direção de Richard Walther Darré, mas se reservou o direito de tomar decisões pessoalmente.

Himmler queria aumentar muito a taxa de natalidade da SS e esperava que os seus SS gerassem pelo menos quatro filhos "geneticamente sadios".

A questão do "recuo dos índices de natalidade" já preocupava Himmler há algum tempo. Assim é que, em uma carta de 29 de novembro de 1928, ele contava a Marga que acabara de ler algo a respeito, e que considerava a questão "chocante". Já em 1924, lera em dois dias o livro *Mehr*

Sonne. Das Buch der Liebe und der Ehe ("Mais sol. O livro do amor e do casal"), de Anton Fendrich, anotando, elogioso, que o livro era "ideal" porque defendia "a procriação natural e sem entraves".

Em 1931, Reinhard Heydrich (1904-1942) também entrou para a SS. Antigo oficial de Marinha, membro desde o verão de 1931 do Partido Nazista e da SS, ele tivera de deixar a Marinha em virtude de uma promessa de casamento rompida, e estava em busca de emprego. Em agosto de 1931, por meio do Oberführer-SA Karl von Eberstein, que exercia suas atividades em Munique e cuja mãe era madrinha de Heydrich, ele teve a oportunidade de apresentar sua candidatura a Himmler. Este, como viria a contar posteriormente em tom de anedota, interpretou erroneamente a formação de Heydrich como oficial de transmissões[63] para o rádio da Marinha, deduziu que por trás do oficial de rádio havia na realidade um especialista em inteligência e contratou Heydrich para o Sicherheitsdienst da SS, ainda por ser criado. Na época, o único funcionário desse departamento era Heydrich, que dispunha de um escritório acanhado sem máquina de escrever. Mas Heydrich foi capaz de criar rapidamente o SD e, com ele, ganhar influência. Ele próprio era um dos colaboradores mais próximos de Himmler.

Agenda de bolso:

No resto do ano de 1931, Himmler praticamente não registrou mais nenhum compromisso. Segundo sua agenda, pouco depois do retorno, ele viajou de novo, para uma estada de um dia na Suábia, e mais duas vezes para Berlim, nos dias 28 de novembro e 6 de dezembro. De lá, voltou já a 8 de dezembro para Munique. É o que se constata em uma anotação feita por Goebbels em seu diário a 9 de dezembro de 1931: "Viagem de grupo para Munique. Todo o vagão-leito cheio de nazistas. Conversei até tarde da noite com o chefe e Himmler."

Nenhuma agenda de bolso relativa aos anos 1932-1934 foi conservada

---

[63] Em alemão, *Nachrichtenoffizier*, que também pode significar "oficial de informação". [*Nota da tradução francesa.*]

Hotel Deutsches Haus
Berchtesgaden, 26 de janeiro de 1932

Cara, boa mulherzinha!

Devo ainda escrever-lhe algumas linhas às pressas de nosso Berchtesgaden. Agora são 9h30. Acordei às 7h15 e não consegui voltar a dormir, mas fiquei na cama. Tomei meu banho, fiz a barba, vesti-me. Os quartos de hotel são aquecidos — excelente! Vou daqui a pouco tomar o desjejum com os outros (Röhm, Seidl, Reiner, Eberstein, Hühnlein e Waldeck).[64] Ontem, no caminho, encontramos Hitler e bebemos um café com ele à beira do Chiemsee. O tempo, durante a viagem no carro semiaberto, estava frio e úmido. Hoje também, já começa a chover de novo. Mas nós não deixamos tudo isso estragar nosso humor; nem tampouco o perca você, mas mande instalar o aquecedor no quarto.

Às 11 horas vamos para a casa de H.[itler] no Obersalzberg (Röhm e eu) e provavelmente ficaríamos toda a tarde lá.

Aí está, minha boa, agora você sabe o que seu marido anda fazendo. Dê um beijo na Bonequinha com seus patinhos.

Muitas, muitas saudações e beijos de amor, ó minha boa

Seu marido

---

[64] Ernst Röhm (1887-1934) fora o mentor de Himmler até o início de 1924, na condição de *Führer* do movimento *Reichskriegsflagge*. Desde janeiro de 1931, era chefe de Estado-Maior supremo da SA. Siegfried Seidl (1911-1947) foi a partir de 1930 membro do Partido Nazista na Áustria. Rolf Reiner provavelmente conhecia Himmler desde 1923, por tê-lo encontrado no *Reichskriegsflagge* de Röhm. A partir de 1931, foi ajudante de campo pessoal de Röhm e chefe do seu Estado-Maior. O barão Karl von Eberstein (1894-1979) dedicou desde 1930 o essencial de sua atividade ao cargo de Führer SS na Turíngia. Adolf Hühnlein (1881-1942) era oficial de Estado-Maior e *Reichsleiter*. Em 1925, foi "suboficial" do Partido Nazista e *Obergruppenführer* da SA; em 1927, diretor de transportes da SA; fundou em 1931 o NSKK (corpo de transportes nacional-socialistas).

Em 1926, Hitler já havia morado com sua comitiva no hotel "Deutsches Haus" de Berchtesgaden, com vista para o monte conhecido como "Watzmann"; ali havia ditado a conclusão do segundo volume de *Mein Kampf*. Posteriormente, era também nesse hotel que seus colaboradores imediatos se hospedavam enquanto Hitler morava na "Casa Wachenfeld", que alugava desde 1928, na Obersalzberg, antes de vir a comprá-la em 1933, transformando-a no imenso complexo que ficou conhecido pelo nome de "Berghof".

Reichstag   Berlim, 24 de fevereiro de 1932
Deputado

Doce mulherzinha amada!

Boa malandrinha, como é que vai? Espero não tenha muitos motivos de aborrecimento. — Segunda-feira tive tempo de chegar corretamente à estação e fui para Berlim com Reinhardt, Frank II e Rosenberg.[65] *Dormimos esplendidamente. Chegamos terça-feira de manhã, ao Kaiserhof, fiz barba, desfiz a mala, conversei com Dietrich.*[66] *Às 11 horas, reunião do grupo parlamentar no Reichstag, meio-dia de novo no Kaiserhof com o Führer, almoço, e volta ao Reichstag. Às 15 horas, a reunião começou. Excelente discurso do Dr. Goebbels. Confronto espetacular com os socialistas. 18h30 volta ao Kaiserhof. Debates. Às 20 horas, apresentei vinte homens ao Führer. Debates até 21h30. — Voltei a telefonar a Elfriede e consegui chegar por volta de 22 horas à casa dos Reifsch.[neider]. M. R. também estava lá, e*

---

[65] Fritz Reinhardt, Hans Frank e Alfred Rosenberg também eram deputados no Reichstag. Rosenberg (1893-1946), desde 1923 redator-chefe do *Völkischer Beobachter*, escreveu *O mito do século XX*.

[66] Josef ("Sepp") Dietrich (1892-1966), sargento de polícia, e Himmler se conheciam desde o início da SS. Dietrich fundara em 1928 a primeira seção SS de Munique. Também era deputado no Reichstag desde 1930.

não menos encantador. Tivemos tempo de jantar. E.[lfriede] ainda está rouca, mas quanto ao resto está bem de novo, inclusive creio eu na clínica. As caixas de grão de milho são sementes inofensivas. A srta. Else Lehmann tem excelentes diplomas; a lhes dar crédito e a dar crédito aos relatos de Elfr.[iede], parece que ela é mesmo uma pérola. Fiquei até 1 hora, bebemos à sua saúde — você notou? — e voltei para casa. —

Hoje levantei às 8h45; dormi maravilhosamente. Esta manhã, o chefe de Estado-Maior de du Moulin chegou.[67] *Tomamos o café da manhã juntos, excelente conversa.*

Às 11h30, Hedemannstr.[asse], onde todo o Prop. Abt. [Propagandaabteilung, departamento de propaganda] *de Munique tem sua sede na qualidade de direção eleita*

[Falta a continuação]

O ano de 1932 foi extremamente movimentado no terreno eleitoral. No início de 1932, no momento de eleger novamente o presidente do Reich, o Partido Nazista não aderiu à união formada para garantir a reeleição de Hindenburg, apoiando seu próprio candidato, na pessoa de Hitler. Apresentando-o como o "Führer da Alemanha jovem", o partido conferiu-lhe um perfil de adversário desse "sistema agonizante" que era a República de Weimar e do velho Hindenburg. No primeiro turno, em 13 de março de 1932, Hindenburg ainda conseguiu ter nítida vantagem sobre Hitler, que obteve 30,1% dos votos, mas não chegou a alcançar a maioria absoluta, o que tornava necessário um segundo turno. A 10 de abril, Hindenburg alcançou 53%, mas Hitler melhorou ainda mais o desempenho (com 36,8%), assim dobrando o resultado dos nacional-socialistas em relação às eleições de 1930 para o Reichstag.

---

[67] Karl Leon du Moulin-Eckart (1900-1991), administrador de bens, político e chefe SA, era amigo de Himmler. Em 1930-1932, foi diretor do serviço de informações da SA na Casa Marrom e ajudante de campo de Röhm.

Após as eleições para o Landtag realizadas nos meses subsequentes em Mecklemburgo-Strelitz, na Baviera, em Hamburgo, Oldenburgo, Mecklemburgo-Schwerin, Hesse e Turíngia, o Partido Nazista tornou-se o maior partido de cada uma dessas regiões, à exceção da Baviera. Na Prússia, região onde havia desde 1919 um governo de orientação social-democrata, o número de mandatos nacional-socialistas passou de 9 para 162, enquanto os social-democratas perdiam um a cada três de seus assentos. Resignado, Otto Braun, que fora durante longos anos o ministro-presidente da região, demitiu-se.

A persistente crise econômica desgastou a confiança na competência de Brüning, e as intrigas contra ele aumentaram cada vez mais entre os que cercavam o presidente do Reich. No início de junho de 1932, o nacional-alemão Franz von Papen foi nomeado novo chanceler do Reich; imediatamente decretou a dissolução do Reichstag e marcou novas eleições para 31 de julho. Essas eleições, explicaria Hitler aos Gauleiter do Partido Nazista, deviam ser um "acerto de contas geral do povo alemão com a política dos últimos quatorze anos". O adversário principal, segundo a direção de Propaganda no nível do Reich, sob a direção de Goebbels, era o SPD. O slogan central da campanha eleitoral era: "Alemanha, desperte! Dê o poder a Adolf Hitler!"

A campanha caracterizou-se por uma violência sem limites. Só nos dez dias anteriores à eleição, 24 pessoas foram mortas na Prússia, sendo mais de 280 feridas. A 17 de julho, em Altona, perto de Hamburgo, um cortejo nacional-socialista atravessou o bairro operário; durante essa provocação, foram disparados tiros de armas de fogo que provocaram uma verdadeira fuzilaria entre a polícia, os manifestantes e os moradores; dezoito pessoas foram mortas, em sua maioria habitantes locais e transeuntes que nada tinham a ver com tudo aquilo. O "domingo sangrento de Altona" foi o pretexto usado por Papen para baixar um decreto de urgência, a 20 de julho, demitindo o governo prussiano e se proclamando ministro-presidente provisório — o que representava um golpe de Estado. Em vão se esperou a resistência dos social-democratas e dos sindicatos.

No dia 31 de julho de 1932, ao se encerrar a votação, chegou ao fim uma das campanhas eleitorais mais encarniçadas dos anos de Weimar. O centro burguês, liberal e conservador foi o principal derrotado. O número de seus eleitores desmoronou e os nacional-alemães também sofreram perdas; os social-democratas obtiveram apenas 21,6% dos votos, o Partido Comunista da Alemanha alcançou 14,3%. O vencedor incontestável era o Partido Nazista: com 37,3% dos votos e 230 deputados no Reichstag, ele se tornava, de longe, o maior partido da Alemanha.

"Der Bundschuh"
Waldtrudering, 5 de março de 1932

Meu caro e bom!

Afinal de contas você não vai me telefonar de M.[unique]!?
Aterrissei bem aqui, encontrei a Bonequinha em boa forma e muito animada. Ainda não recebi o dinheiro do correio; telefonei para lá e eles dizem que você disse que iria pegar pessoalmente. — Lydia vem amanhã de manhã, Bas.[tians] virá me pegar, também levaremos Bonequinha. À tarde devíamos ir à casa dos Klussmann, mas eu desmarquei; seria demais para L.[ydia]. — Terça-feira, Bast.[ians] deve ir buscar minhas tripas e a carne.[68] Depois, você estará aqui e poderá dizer-lhe. Nesse caso só nos veremos na noite de terça-feira, pois não vou [a Munique] na terça. — Aqui, tudo como de hábito. Esta noite cobrimos toda a nossa cerca com nossos cartazes. E assim muitas pessoas estão parando para ler. — Escrevi à [?] e também encomendei coelhos.
Sua mala está pronta, espero ter posto tudo nela.
Em suma, terça-feira, "reencontro"
Mil saudações e beijos

Sua Marga

---

[68] A própria Marga abatia seus porcos.

Unterwössen, 31 de julho de [de 1932]

Meu caro Papaizinho!

Bonequinha nunca está em casa, há menininhas na casa ao lado e B.[onequinha] começa a fazer amizades. Ela é adorável demais. Além de nós, a sra. Berkelmann também mora aqui.[69] *Dormimos maravilhosamente. Estou sentada em uma varanda. Aqui também há na casa uma avó que vem de vez em quando ver o que ela está fazendo.*

À nossa frente temos Unterwössen. Quando não chove, pois aqui tudo é indescritivelmente primitivo. Só teremos de suportá-lo até o fim da semana. Como vai você? Eu disse a Bast.[ians] que vou esperar seu telefonema amanhã de manhã por volta de 9-10 horas. Espero. No almoço, esperamos ir ao Blösl, mas cozinhar nós mesmos para o jantar. Caso contrário seria caro demais. A cama custa 80 [pfennig] *por dia. E mais todo o resto. Mas vamos dar conta com 8 marcos por dia.*

Que será que poderá acontecer esta noite e todos os outros dias?

Até logo, meu caro bom amado. Eu o beijo mil vezes.

Com minhas saudações do fundo do coração

Sua Marga

---

[69] Gabriele Berkelmann era mulher de Theodor Berkelmann (1894-1943), *Staffelführer SA* e professor na escola nacional dos *Führer* da SA em Munique. Desde março de 1932, ele estava na SS, sendo ajudante de campo de Himmler. Na residência dos Berkelmann é que Gudrun e Lydia se hospedaram em uma primeira etapa no mês de julho, após um atentado a tiros contra a casa dos Himmler em Waldtrudering (diário de infância de 14 de agosto de 1932). Mais adiante, acompanhadas de Marga e mais tarde também de Heinrich, elas viriam a se hospedar durante certo tempo em Chiemgau, entre outros, no hotel Daxenberg, mantido por um velho membro do partido, Hans Blösl, estabelecimento onde os Himmler muitas vezes passariam as férias posteriormente.

Waldtrudering, 1º de setembro do 1932

Minha cara e boa!

Esta carta deve ser enviada antes do fim do dia para chegar a você em Dantzig. No fim das contas, você certamente ficará aí até segunda-feira, e depois vai descansar um pouco em Mariensee.

Pois muitas preocupações certamente ainda nos esperam, muitas coisas ainda vão acontecer apesar de tudo em política.

Meu estômago também está melhorando aos poucos. Se a sra. princesa de Weikertsheim estiver em casa, vou telefonar e dizer-lhe que não ficaremos com o terreno. Depois, essa questão estará encerrada. Caso contrário, teremos de continuar esperando. — Escreva então para dizer se vem logo para casa ou se ainda ficará em B.[erlim]. Nada de ideias negativas, quando você chegar poderemos mudar certas coisas, e de fato o faremos.

[Falta a continuação]

Após sua vitória eleitoral em junho, Hitler alimentara legítimas esperanças de ser nomeado chanceler do Reich por Hindenburg. Mas, nessa altura, o presidente do Reich não o quis e ofereceu a Hitler o cargo de vice-chanceler em um gabinete Papen, solução por ele rejeitada. A recusa de Hitler à ideia de se contentar com uma participação no poder mergulhou o Partido Nazista, partido já seguro de sua vitória, ávido de poder e cansado da oposição, em uma grave crise no inverno de 1932-1933.

Tornavam-se inevitáveis, assim, novas eleições; a decepção da população ante a incapacidade dos partidos de encontrar uma solução para a crise política traduziu-se em particular no aumento do abstencionismo, que passou de 7 milhões em julho a 8,6 milhões nas eleições para o Reichstag realizadas a 6 de novembro. O Partido Nazista perdeu 2 milhões de votos em relação às eleições de julho e passou de 37,3 para 33,1%, mas continuou sendo, de longe, o maior do país.

O resultado das eleições não transformou uma situação política congelada. O "gabinete dos barões", sob a direção de Franz von Papen, continuou a se escorar nos 10% dos sufrágios, ao passo que nove em dez eleitores tinham votado em partidos que se opunham ao governo no poder. Enquanto Papen, que ostensivamente dava preferência a uma solução ditatorial — implicando o total afastamento do Parlamento —, se chocava em particular com a direção militar, acabando por se demitir em meados de novembro, seu sucessor, o general Kurt von Schleicher, ministro da Reichswehr e político influente na camarilha no poder em torno do presidente Hindenburg, fez uma tentativa de formar uma "frente transversal" com os sindicatos e uma parte do Partido Nazista, sob a égide do diretor de organização do partido nazista, Gregor Strasser. Em encontro secreto no dia 3 de dezembro, Schleicher ofereceu a Strasser as funções de vice--chanceler e primeiro-ministro da Prússia. Este, contudo, não ousou lançar a rebelião contra Hitler. Quando o comando do partido se alinhou com este, dias depois, Strasser demitiu-se de todas as suas funções e saiu de Berlim. Os dois, Gregor Strasser e Kurt von Schleicher, foram assassinados dezoito meses depois durante a operação contra o comando da SA, em junho de 1934.

A crise do partido no fim de 1932 também transparece nas leituras de Himmler: em setembro, ele lia *Platon als Hüter des Lebens* ("Platão, o guardião da vida"), de Hans F. K. Günther, comentando: "Espero que tenhamos tempo de chegar lá, que não cheguemos tarde demais, assim como Platão chegou tarde demais para seu povo." E em outubro escrevia a propósito da obra de Heinrich Bauer *Oliver Cromwell, Ein Kampf um Freiheit und Diktatur* ("Oliver Cromwell, um combate pela liberdade e a ditadura"): "Temos muitas lições a extrair daí."

Grevenburg, 5 de janeiro de 1933

Minha cara, boa mulherzinha!

Estamos magnificamente hospedados em um castelo com fosso na Vestfália, um velho castelo (1540) carregado de cultura, com anfitriões encantadores, o bar[ão] von Oeynhausen, eles têm três meninos.

O dia de ontem foi interessante, mas cansativo. Tendo partido de Colônia, chegamos a Lipperland depois de 6 horas de carro, estávamos no bairro às 13 horas e [?] meia na cama. Hoje dormi maravilhosamente até 12 horas. Às 13 horas, comi. Conv[ersas, falta a continuação]

Apoiado por Goebbels, Hitler continuou apostando na capacidade de mobilização do movimento nacional-socialista e na construção de um poder ilimitado. As eleições para o Landtag na cidadezinha de Lippe-Detmold, a 15 de janeiro de 1933, foram escolhidas a dedo para serem apresentadas como uma prova da força intacta do nacional-socialismo. Depois de uma gigantesca campanha eleitoral, o Partido Nazista conseguiu elevar seu resultado para 39,5% dos sufrágios. É verdade que, mais uma vez, o partido obtivera menos votos que em julho de 1932, mas a encenação do sucesso foi um êxito, e Hitler saiu dessas eleições fortalecido aos olhos do público.

Nos bastidores, novos acordos secretos haviam sido concluídos desde o início de janeiro de 1933 entre Hitler e Papen, julgando este controlar aquele, que no entanto se tornara chanceler do Reich. Enquanto isso, a camarilha que cercava Hindenburg fora conquistada para a ideia de uma nomeação de Hitler. Após o recuo de Schleicher, a 28 de janeiro, Hindenburg também se inclinou pela aprovação de um gabinete chefiado por Hitler, tanto mais que Papen obtivera a adesão dos nacional-alemães, inclusive seu chefe de partido, Hugenberg, à causa do novo gabinete. No dia 30 de janeiro ao meio-dia, Hitler era nomeado novo chanceler do Reich.

No dia seguinte à chegada ao poder, Himmler recebeu muitas cartas de felicitações, uma das quais dos pais. Seu pai, Gebhard Himmler, escrevia: "Caro Heinrich! A você também — acabamos de escrever ao chanceler — temos de enviar nossos cumprimentos mais calorosos e mais sinceros pelo sucesso e a vitória do movimento, sucesso no qual você teve parte tão importante. Finalmente ei-los portanto com um pé na fortaleza. [...]" E sua mãe: "[...] Seu cartão enviado de Lippe, com essa assinatura de Hitler que há tanto tempo desejávamos, deu-nos uma alegria enorme. [...]" Os pais de Himmler tornaram-se membros do partido em novembro de 1933. Ernst Himmler entrara para o Partido Nazista em novembro de 1931: em maio de 1932, foi a vez de Hilde Himmler, mulher de Gebhard, que se tornara membro como dependente de seu marido funcionário. Em 1933, os dois irmãos entraram para a SS.

No início de fevereiro de 1933, Heinrich Himmler instalou-se com a família em um magnífico apartamento da Prinzregentenstrasse, em Munique; a casa de Waldtrudering foi vendida.

"Foi tudo muito agradável. O Führer veio. Bonequinha ficou muito animada. Foi maravilhoso sentar à mesa com ele para variar, em um pequeno grupo."

Diário de Marga Himmler, 3 de maio de 1938

3

CARTAS

1933-1939

Chegou até nós apenas uma carta (completa) de Heinrich Himmler dos primeiros anos após a tomada do poder pelos nacional-socialistas e algumas cartas de Marga Himmler remontando aos anos de 1937 e 1939; assim é que recorremos, a título de complementação, a seu diário a partir de 1937, ao Diário de Infância redigido para Gudrun e proveniente dos documentos de Tel Aviv e ao *Livro de lembranças* de Lydia Boden a partir de 1934. As memórias de Lydia Boden, *Um und mit Gerhard 1933-1945*, escritas em 1955 para Gerhard von der Ahé, foram amavelmente postas à nossa disposição por Horst von der Ahé, que as encontrou entre os documentos de seu pai.

Após a chegada ao poder dos nacional-socialistas em janeiro de 1933, a carreira de Heinrich Himmler começou algo laboriosamente. Passadas as eleições de 5 de março de 1933 para o Reichstag, ele teve de se contentar inicialmente com o cargo de chefe de polícia de Munique. Já em abril, contudo, após a demissão do governo bávaro, foi promovido a comandante da polícia política da Baviera, construindo um campo de concentração em Dachau, perto de Munique. A ligação entre a SS, a polícia política e os campos de concentração revelou-se um grande êxito no sistema nacional-socialista, pois Hitler não tinha a menor intenção de confiar exclusivamente aos órgãos tradicionais do Estado, a polícia e a justiça, a repressão da oposição política. A polícia política, que logo adotaria de maneira generalizada, segundo o modelo prussiano, o nome de "Geheime Staatspolizei"[1], tornara-se — com o decreto estabelecendo o estado de exceção, a 28 de fevereiro de 1933, após o incêndio do Reichstag — o principal órgão policial da repressão. Com os campos de concentração, nos quais os detentos eram internados sem qualquer procedimento judiciário nem assistência de um advogado, ela constituiu um sistema de terror que em pouco tempo estrangulou a oposição política.

Hotel Bristol-Britannia, 14 de junho de 1933

Minha boa, cara amada!

É lindo demais aqui; estou morando perto do Canale Grande[2] e tenho uma vista magnífica. Durmo bem e parece que estou vivendo no paraíso. — Mamãezinha, comprei coisas, você nem tem ideia.

Ontem tomamos banho em frente ao Lido. À noite, andamos de gôndola. Mamãezinha, você precisa ver isso um dia e participar você também.

Hoje visitamos a igreja de São Marcos e o Campanile. Amanhã o palácio dos Doges.

Hoje (à tarde) chegou a chover aqui, e está fresco.

Espero que estejam bem, minhas amadas.

Saudações e beijos a vocês, minhas caras Mamãezinha, Bonequinha e Bubi

Seu Papaizinho

"Bubi", "garotinho" em bávaro, era o menino entregue à guarda dos Himmler, Gerhard von der Ahé (1928-2010), que vivia com eles desde março de 1933. Seu pai, um SS, morrera em fevereiro de 1933 em combates de rua

---

[1] Literalmente: polícia secreta de Estado; em forma abreviada: Gestapo. [*Nota da tradução francesa.*]
[2] Não sabemos por que motivo nem com quem Himmler estava em Veneza em junho de 1933.

em Berlim. Como Heinrich Himmler sempre quisera ter um filho e Marga não pudesse mais procriar, esse lourinho devia ter-lhes dado a impressão de ser o filho adotivo ideal. Assim é que Marga escreve no diário de infância, comentando os primeiros tempos com Gerhard: "É um lindo menininho esperto. Bonequinha já estava muito alegre. E sempre o consolava quando ele queria voltar para casa e chorava. [...] Espero tantas coisas, para a educação de Bonequinha, da relação com uma outra criança. O menininho é muito obediente, espero que Bonequinha logo aprenda a sê-lo também" (10 de março de 1933).

Nos meses que se seguiram à conquista do poder, em 1933, Himmler conseguiu, de Munique, assumir a direção da polícia política dos diferentes Länder do Reich. Em abril de 1934, por fim, também foi nomeado inspetor da Gestapo no maior Land, a Prússia. Se Hermann Göring, que, como primeiro-ministro prussiano, pusera a Gestapo sob sua autoridade direta, aprovara a nomeação de Himmler, isso se devia às lutas pelo poder no interior da direção nacional-socialista, combates que desembocaram na operação assassina contra o comando da SA em junho de 1934. Os assassinos vinham das fileiras da SS, e suas vítimas não foram apenas numerosos Führer da SA, mas também políticos conservadores e generais, como o último chanceler do Reich, Kurt von Schleicher, e indivíduos caídos em desgraça, como Gregor Strasser. Saindo fortalecida, a SS separou-se definitivamente da SA e foi elevada por Hitler à condição de organização independente, devendo uma muito especial "fidelidade ao Führer". Himmler orgulhava-se do terror inspirado pela SS. Em novembro de 1935, ele constatava em um discurso: "Existem na Alemanha certas pessoas que se sentem mal quando veem esse sobretudo negro; podemos entendê-lo e não esperamos ser amados por um número muito grande de indivíduos."

De todos os anos do pré-guerra, 1936 foi aquele em que os poderes de Himmler mais se ampliaram. Em junho, Hitler o promoveu a chefe de toda a polícia alemã, vale dizer, da Geheime Staatspolizei, mas também da polícia criminal, da polícia de proteção com emblema verde[3] e da polícia rural. Com suas funções de Reichsführer-SS e senhor dos campos de concentração, que foram centralizados e fortalecidos em 1937, Himmler era a essa altura um dos homens mais poderosos do sistema nacional-socialista. A direção da *Sicherheitspolizei*,[4] reunindo a Gestapo e a Kripo,[5] foi entregue a Reinhard Heydrich, que também era chefe do serviço de segurança da SS.[6] Kurt Daluege foi nomeado chefe da *Ordnungspolizei*,[7] que reunia todas as outras unidades de polícia.

A designação de Himmler para o cargo de chefe da Gestapo prussiana em 1934 significava que ele agora devia estar presente em Berlim. Os Himmler tinham vivido apenas um ano em seu apartamento de Munique: já em 1934, o famoso cantor de ópera Alois Burgstaller vendeu-lhes por 65 mil marcos-ouro, com ajuda financeira do Partido Nazista, a "casa Lindenfycht" em Gmund, às margens do Tegernsee — significando que, no fim das contas, eles conseguiram realizar seu sonho comum de uma residência à beira de um lago. No mesmo ano, instalaram-se em uma residência funcional na Hagenstrasse, em Grunewald, o bairro dos notáveis em Berlim. Nos anos subsequentes, fizeram regularmente a viagem de ida e volta entre Gmund e Berlim. Marga queixou-se a respeito em várias ocasiões em seu diário: "Todo esse fazer e desfazer de malas. Quantos dias por ano não estamos nos deslocando..." (8 de janeiro de 1938) ou então: "Gmund, sobre o Tegernsee. Aqui estamos nós de novo, e como eu gostaria de não ter mudado de casa. Mudança oito vezes por ano. Mas H. acha bom" (4 de abril de 1939). Em cada uma das residências, eles empregavam muitos domésticos, entre eles camareiros, uma cozinheira e um jardineiro. Mas estes com frequência eram trocados, pois Marga considerava que só lhe criavam "problemas" e que eram "insolentes e preguiçosos".

---

[3] Ou seja, a polícia cuja competência se estendia a todo o Reich. [*Nota da tradução francesa.*]
[4] "Polícia de Segurança", também conhecida como Sipo. [*Nota da tradução francesa.*]
[5] A polícia criminal. [*Nota da tradução francesa.*]
[6] O *Sicherheitsdienst* ou SD, como já esclarecemos. [*Nota da tradução francesa.*]
[7] "Polícia de Manutenção da Ordem". [*Nota da tradução francesa.*]

Certificado de autenticação da coleção privada dos documentos de Tel Aviv

BUNDESARCHIV

Gesch.-Z.: III 2 - 4211/Himmler (Antwort-) Schreiben bitte
(bitte bei Antwort angeben) unter Angabe unseres
Bundesarchiv · Postfach 320 · 5400 Koblenz Aktenzeichens

5400 Koblenz 1

Am Wöllershof 12
Fernsprecher
Durchwahl 02 61/3 99- 219
Zentrale 02 61/3 99-1
Fernschreiber 0862 619

M.P.S. Communication Ltd.
Attn. Mr. Riki Shelach
15 Zeitlin St.
Tel Aviv 64955

ISRAEL

Zahlungsverkehr
über Bundeskasse Koblenz
Postscheckkonto Ludwigshafen
5888 - 672 (BLZ 545 100 67)
oder Landeszentralbank Koblenz
Konto 570 010 01 (BLZ 570 000 00)

Tag 12. März 1984

Luftpost

Sehr geehrter Mr. Shelach!

Anbei übersende ich den Vermerk über die philologisch-historische Überprüfung der bei Ihnen lagernden Unterlagen aus dem Familienarchiv Himmler.

Die Ergebnisse der Materialprüfung durch die Bundesanstalt für Materialprüfung (BAM) in Berlin, Unter den Eichen 87, D-1000 Berlin 45 stehen noch aus.

Für Rückfragen stehe ich jederzeit gern zur Verfügung.

Mit freundlichen Grüßen
Im Auftrag

(Dr. Josef Henke)

Bundesarchiv
III 2 - 4211/Himmler

Koblenz, den 12. März 1984

Philologisch-historische Untersuchung von Materialien aus dem "Familienarchiv" Himmler

1. Vorbemerkung

Auf Bitte der A.P.S. Communication Ltd., 15 Zeitlin Street, Tel Aviv 64955, Israel, und mit Genehmigung des Präsidenten des Bundesarchivs habe ich vom 20. bis 24. Februar 1984 die im Besitz dieser Gesellschaft befindlichen Überlieferungsteile, die aus dem Familienarchiv Himmler stammen sollen, zum Zwecke der Echtheitsprüfung ungehindert und zeitlich nicht gebunden sichten können. Der Auftrag war einem Beamten des Bundesarchivs in Koblenz erteilt worden, weil im Bundesarchiv Vergleichsmaterialien derselben Provenienz in ausreichendem Umfang vorhanden sind. Eine Stellungnahme zur Echtheit war in Tel Aviv aus grundsätzlichen methodischen Erwägungen heraus zu vermeiden. Ich habe mir ebenfalls ungehindert Reproduktionen nach meiner Auswahl als Grundlage für eine Überprüfung in Koblenz herstellen lassen können. Für philologisch-historische Untersuchungen, zu denen das Bundesarchiv imstande ist, reichen Reproduktionen aus.

Materialproben von Originalen liegen der Bundesanstalt für Materialprüfung (BAM) in Berlin inzwischen vor.

2. Bestandsbeschreibung

Die in Tel Aviv lagernden Materialien (Mikrofilme, Schriftgut, Photographien) sind in der als Anlage in Kopie beigefügten Übersicht beschrieben. Diese wurde dem Bundesarchiv von dritter Seite bereits vor meiner Reise nach Tel Aviv überlassen und gibt Umfang und Inhalt des Materials korrekt wieder. Die dort als Positionen 21 und 22 aufgeführten überformatigen Karten wurden nach An-
sind nicht

Die Materialien sind unter dem Begriff "Familienarchiv Himmler" zusammenzufassen, da als Provenienzen neben Heinrich Himmler vor allem dessen Ehefrau Marga(rete), die gemeinsame Tochter Gudrun sowie der Pflegesohn Gerhard von der Ahé vertreten sind. Unabhängig vom historischen Wert des Tel Aviver Teilbestandes ist festzuhalten, daß im Bestand NL 126 des Bundesarchivs (Nachlaß Himmler) ebenfalls verschiedene Provenienzen innerhalb der Familie Himmler anzutreffen sind, daß insgesamt die Tel Aviver Unterlagen in manchen Bereichen Lücken im Koblenzer Bestand verblüffend exakt decken, während sie in anderen Bereichen als "organische" Ergänzung des Bundesarchiv-Bestandes anzusehen wären.

3. Untersuchungsgegenstand

Der Untersuchung liegen folgende Reproduktionen zugrunde:

a) Himmlers Briefe an seine Frau Marga (1927 - 1945) (Mikrofilmvorlagen, 12 von insgesamt 15 Mikrofilmrollen mit insgesamt ca. 700 handschriftlichen Briefen)

b) Marga Himmlers Tagebuch (1909 - 1916) (Originalvorlage, handschriftlich)

c) Marga Himmlers Tagebuch über ihre Tochter Gudrun (1929 - 1936) (Originalvorlage, handschriftlich)

d) Marga Himmlers Tagebuch (1937 - 1944) (Mikrofilmvorlage, 3 Mikrofilmrollen, handschriftlich)

e) Gudrun Himmlers Tagebuch (1941 - 1945) (Originalvorlage, handschriftlich)

f) Gudrun Himmlers Brief an ihre Mutter vom 20. September 1943 (Originalvorlage, handschriftlich)

g) Brief der Eltern Heinrich Himmlers an ihren Sohn vom 01. Oktober 1935 (Originalvorlage, handschriftlich)

h) 56 Photographien aus Himmlers privatem und dienstlichem Bereich (Positiv-Vorlagen)

i) 4 Photographien und 2 Postkarten mit handschriftlichen Zusätzen, insbesondere Widmungen (u.a. an Gudrun) von der Hand Himmlers

4. Methodenbeschreibung

Archivare sind keine professionellen Schriftvergleichsexperten. Daher habe ich meinen Auftrag ausschließlich unter Anwendung philologisch-historischer Methoden ausgeführt, bei denen jedoch auch das Gesamtbild der Handschriften im Vergleich zu den vorliegenden authentischen Handschriften Berücksichtigung findet. Solche Methoden sind in erster Linie:

a) formal-aktenkundlicher Vergleich
b) inhaltliche Überprüfung
c) Aussagen über innere Glaubwürdigkeit
d) Aussagen über mögliche Fälschungsmotive

Die verschiedenen Methoden bilden kein in sich geschlossenes System. Insoweit können sie bei der Untersuchung welchen Gegenstandes auch immer keinen mit 100%iger Sicherheit unangreifbaren Echtheitsbeweis für jedes einzelne Stück oder den Gesamtbestand liefern, sondern nur eine gutachtliche Aussage, ob die Echtheit des Materials als möglich, wahrscheinlich, oder mit an Sicherheit grenzender Wahrscheinlichkeit angenommen werden kann oder muß.

Eine Fälschung dagegen ist - wie das Beispiel der "Hitler-Tagebücher" (Mai 1983) zeigt - ebenso aufgrund der genannten philologisch-historischen Methoden in vielen Fällen nachzuweisen.

5. Befund

Die Tel Aviver Unterlagen passen körperlich, formal und inhaltlich in den Überlieferungszusammenhang der im Bundesarchiv vorhandenen Teile des Familienarchivs Himmlers und füllen in vielen Bereichen in Koblenz vorhandene Lücken verblüffend exakt. Diese Feststellung hat angesichts der Pedanterie, mit der Himmler den Schriftwechsel sogar mit seiner eigenen Familie registrierte, z.T. sogar Stück für Stück numerierte, eine vergleichsweise sehr hohe Aussagekraft.

Stichproben ergaben, daß Himmlers Briefe an seine Frau mit der im Bundesarchiv vorhandenen Überlieferung der Briefe Marga Himmlers an Himmler nach Form und Inhalt exakt korrespondieren und auch mit dem im Bundesarchiv vorliegenden, von   ister über den gesamten Schriftwechsel mit seiner Frau voll übereinstimmen. Beide Überlieferungen sind geschäftstechnische Serien des Empfängers und bilden im Verhältnis zueinander die Gegenüberlieferung zu der jeweils anderen Serie. Zu dem Einzelstück des Briefes der Eltern vom 01.10.1935 konnte im Bundesarchiv das Bezugsschreiben Himmlers vom 27.09.1935 im Entwurf ermittelt werden. Der im Brief vom 01.10.1935 für dieses Schreiben erwähnte inhaltliche Bezug konnte voll bestätigt werden.

Ein eingehender Vergleich von Gudrun Himmlers Tagebuchpassagen aus den Sommer- und Herbstmonaten 1941 mit den im Bundesarchiv für diesen Zeitraum vorliegenden Briefen Gudruns an ihren Vater ergibt eine Übereinstimmung nicht nur in zahlreichen Einzelheiten des Stils und der geschilderten Ereignisse (Termine, familiäre Ereignisse, Feiern, Reisen, Besucher, persönliche Probleme vor allem schulischer Art, Gedanken über bestimmte Freundinnen usw.), sondern auch im Gesamtbild der Persönlichkeit des damals 12jährigen Mädchens Gudrun Himmler.

Die Schriftbilder stimmen - soweit für Laien ersichtlich - mit den in den Koblenzer Beständen vorliegenden Handschriften Heinrich, Marga und Gudrun Himmlers sowie auch der Eltern Himmlers überein.

Der im Tagebuch Gudrun Himmlers für den Sommer 1943 festgestellten Wechsel der Handschrift vor der sogenannten deutschen zur lateinischen Schrift, der auch im Brief Gudruns vom 20.09.1943 an ihre Mutter sichtbar wird, konnte aus den Archivalien des Bundesarchivs nicht belegt werden, weil Vergleichsmaterial in diesem Fall nicht zu ermitteln war; er stimmt jedoch mit der allgemeinen ab 1941 angeordneten Umstellung auf die lateinische Schrift überein.

Das stark schwankende Schriftbild von Marga Himmler findet sich sowohl in den Tel Aviver Tagebüchern als auch in den in Koblenz vorliegenden Briefen.

Nach allem, was aus den Quellen und der Literatur über Persönlichkeiten, Verhaltensweisen und Ausdrucksformen der Mitglieder der Familie Himmler im privaten und familiären Bereich bekannt ist, sind auch die Himmler, seiner Frau und seiner Tochter zugeschriebenen Dokumente des Tel Aviver Materials diesen genannten Personen zuzurechnen.

Ein möglicher Einwand, ein eventueller Fälscher habe sich - z.B. als Benutzer des Bundesarchivs bzw. der in den U.S.A. käuflich erhältlichen entsprechenden Mikrofilme - so genaue Kenntnisse aneignen können, daß sich die vorgenannten Kriterien genauso gut als Anzeichen einer Fälschung zuführen ließen, geht fehl. Der materielle und intelektuelle Aufwand für eine Fälschung von zahlreichen Stücken verschiedener Hände aus weit auseinander liegenden Lebensabschnitten der jeweiligen Autoren und von stark differierenden Überlieferungsformen ist so hoch, daß eine Fälschung dieser Genialität sich mit an Sicherheit grenzender Wahrscheinlichkeit einem anderen Gegenstand politischer, historischer oder sonstigen öffentlichen Charakters zugewandt hätte, nicht aber der Pseudoidylle eines - noch dazu in seinem Kontrast zu den politischen Verbrechen des Reichsführers SS und Chefs der Deutschen Polizei längst bekannten - kleinbürgerlichen Lebens der Familie eines Massenmörders in Gmund am Tegernsee. Eine Fälschung von ausschließlich privaten Tagebüchern und Korrespondenzen der Familie Himmler, von Koch- und Haushaltsbüchern sowie Geschenklisten und Arztrechnungen der Hausfrau Marga Himmler, von HJ-Diplomen und Zeugnissen des Pflegesohnes, des Poesicalbums der 12jährigen Tochter usw. würde selbst im Falle ganz außergewöhnlicher psychischer Voraussetzungen einer auch nur halbwegs einleuchtenden Erklärung entbehren, von Fälscher-Ambitionen finanzieller Art ganz zu schweigen.

Diese zur Verfügung gestellten Reproduktionen der Photographien lassen die eindeutige Identifizierung einer ganzen Reihe von Personen sowohl aus dem Familienkreis Himmlers als auch aus der militärischen und politischen Führung des NS-Regimes sowie von verschiedenen Örtlichkeiten zu, so daß an der Authentizität nicht zu zweifeln ist. Es handelt sich weitgehend um im Bildarchiv des Bundesarchivs unbekanntes Material, dem daher auch ein entsprechender historischer Wert beizumessen ist.

Aufgrund der Summe der Feststellungen und Überlieferungen ist ein generalisierender Schluß auf die Echtheit nicht nur aller Untersuchungsgegenstände, sonder auch des genannten Tel Aviver Materialkomplexes nicht nur zulässig, sondern pflichtgemäß geboten.

6. Ergebnis

Offenkundig handelt es sich bei den unter Punkt 2 beschriebenen, z.Zt. in Tel Aviv befindlichen Unterlagen um bislang unbekannte, rein private Teile aus dem Familienarchiv Himmler, die eine ergänzende Überlieferung zu den im Bundesarchiv verwahrten Nachlaßteilen darstellen. Es besteht kein Anlaß, an der Echtheit der Unterlagen in Tel Aviv zu zweifeln.

(Dr. Josef Henke)

A casa Lindenfycht ficava em um terreno suficientemente extenso para a criação de pôneis, carneiros, porcos e cabritos; havia um tanque de peixes, uma estufa e um cais privado. Em um prédio separado ficava a Kommandantur SS de Gmund, onde se hospedavam permanentemente três ou quatro membros da SS. Em 1938, além disso, Himmler mandou construir no terreno uma casa de hóspedes de dois andares — detentos de um campo anexo[8] de Dachau foram usados nas obras.

No início de 1937, foi posta à disposição de Himmler, no número 10 da Dohnenstieg, em Berlim-Grunewald, a "mansão Dohnenstieg", palacete de quatorze compartimentos que seria sua residência funcional. Ele próprio viria mais adiante a adquirir três antigos prédios em Valepp, aldeia alpina próxima de Gmund e situada na antiga fronteira austríaca, transformando-os em pavilhão de caça. Himmler conhecia Valepp desde a infância e lá já estivera durante suas caçadas. Depois da reforma, a casa seria usada sobretudo para vilegiatura estival. Também acontecia de Himmler receber nela convidados estrangeiros. Foi o caso do chefe da polícia italiana, Arturo Bocchini, em 1939.

A irmã mais nova de Marga, Lydia Boden, costureira profissional, solteira, membro do Partido Nazista desde 1932, teve a partir de 1934 domicílio permanente na casa Lindenfycht. Nos anos seguintes, muitas vezes cuidou ali de Gudrun e Gerhard, quando as obrigações políticas e mundanas retinham os pais em Berlim ou os obrigavam a viajar.

Lydia relata em suas memórias as frequentes ausências do casal Himmler. Mas deixa clara a grande estima que a família tinha pelo cunhado quase sempre distante — por exemplo, ao descrever em termos idealizados as festas e as férias em comum: "Quando os pais vinham de férias, por algum tempo, no verão, também havia excursões. Íamos então para Valepp. Íamos de carro ao vale do Tegernsee, subíamos as montanhas. No início até

---

[8] Todos os grandes campos de concentração eram cercados de satélites, os campos "anexos" ou "externos", não raro voltados para obras ou empreendimentos específicos. [*Nota da tradução francesa.*]

os chalés de pastagem, bebíamos às vezes café, e, depois mais acima, até o pavilhão de caça. O último trecho do percurso tinha de ser feito a pé. Nas campinas da montanha, encontramos mais de uma espécie de orquídeas raras, e contemplamos os cumes distantes com binóculos. Era sempre belo."

Uma vez por ano, em novembro ou dezembro, Marga e Heinrich Himmler passavam entre três e quatro semanas de férias juntos sem os filhos. Assim é que se hospedaram durante quatro semanas em Wiesbaden em 1936; em 1937, pouco depois de uma viagem oficial à Itália, viajaram pela Sicília, dando um pulo na Líbia; em 1938, foram a Salzburgo e depois de novo a Wiesbaden.

Os Himmler tinham contatos muito estreitos com os Ribbentrop, os Von Wedel e os Johst. Joachim von Ribbentrop (1893-1946) casara em 1920 com Anna Elisabeth Henkell (1896-1973), rica herdeira do fabricante de vinho espumante Henkell, e fizera fortuna na viticultura. Em 1932, ambos tornaram-se membros do Partido Nazista. Ribbentrop foi nomeado assessor de Hitler em política externa; foi embaixador em Londres de 1936 a 1937; em fevereiro de 1938, foi nomeado ministro de Relações Exteriores do Reich. "Annelies" Ribbentrop, como a chamavam, era considerada a principal conselheira do marido e a força motriz de sua carreira. Em acontecimentos oficiais como a viagem à Itália de 1938 e os congressos do partido do Reich em Nuremberg, era em companhia de Annelies Ribbentrop que Marga Himmler preferia ficar. Na década de 1930, com frequência elas convidavam uma à outra para jantar ou tomar chá. Mas tampouco essa amizade estava isenta de rivalidades. Assim é que Marga anotou em seu diário em 1938: "Ribbentrop foi nomeado ministro de Relações Exteriores. H. está muito nervoso. Afinal, deve ter trabalhado nisso dia e noite, e ele mesmo não teve promoção."

Os Wedel também eram muito amigos. O conde Wilhelm Alfred von Wedel (1891-1939), proprietário fundiário, foi chefe de polícia de Potsdam, de 1935 até o fim da vida. Sua mulher, Ida von Wedel (1895-1971), era grande amiga de Marga, tendo entrado para o partido antes mesmo do marido. Após sua morte, ela ia às vezes à casa dos Himmler tomar chá, à tarde, ou à noite, para jogar bridge.

O escritor Hanns Johst (1890-1978) vivia perto do lago de Starnberg com a mulher, Hanne, e a filha de ambos. Na década de 1930, as duas famílias com frequência se visitavam quando os Himmler estavam em Gmund; passavam o dia juntos banhando-se no lago, pescando ou jogando badminton. Hanns Johst e Heinrich Himmler eram muito próximos, compartilhavam os mesmos sonhos imperiais de poderio pan-germânico e fizeram em 1934 uma primeira viagem juntos à Pomerânia. Johst várias vezes publicou contribuições nos manuais da SS e no jornal Schwarzes Korps; em 1942, visitou Himmler em seu quartel-general na União Soviética ocupada.

Berlim, 25 de maio [de 1937]

Meu caro e bom!

Pronto, viajo amanhã de manhã. O sr. Böhmer (o arquiteto) disse-me que ainda não recebeu do sr. Bormann o número de matrícula da casa Dohnenstieg, e que em certas partes da casa as obras terão de ser suspensas! O arquiteto de interiores me apresentou, enfim, melhor dizendo, conseguiu marcar hora na casa de uma certa sra. Von Haustein. E mais uma vez me apresentou as mesmas amostras de tecido e as mesmas pinturas que antes. Fiquei <u>fora de mim</u>. Desperdicei quase 2 horas inutilmente. Que insolência fazer uma coisa assim! Vou lhe contar com detalhes pessoalmente. O jardineiro de Dohnenstieg estava lá; a mulher causou excelente impressão. Poderia dar um jeito de alguém conversar com eles assim que possível sobre problemas de dinheiro, preços etc.?! Afinal, não podemos dar a impressão de que ninguém está cuidando deles. Por favor, pense nisso!!
    Maria estava achando que poderia ir embora tranquilamente, mas agora queria ficar porque ainda não tinha encontrado emprego etc. A questão continua de pé. Se ela não encontrar emprego, pro-

vavelmente ainda teremos de ficar com ela por um mês. Mas não creio que faça sentido prolongar por mais tempo. Continuo dizendo: "Fique até encontrar alguma coisa." E peço que você faça o mesmo.

Pois então pude de novo aliviar o coração junto de você, meu bom, e vou dormir tranquilamente. Escreva-me também e me mande o chá.

Meu bom, sua

Mamãezinha

Königsberg, 28 de maio de 1937
4, Regentenstrasse

Meu caro e bom!

Cheguei bem aqui e estou muito bem. Desde B., Martin entrou no trem e em Elbing foi a vez do sr. Von Schade,[9] de tal maneira que praticamente não fiquei sozinha. Fazia um calor indescritível. Ontem fomos ao teatro. Bom, muito bom. Como vai você? Muitas coisas a fazer? Quando deverei estar em D.[antzig]? Devo visitar as duas mulheres em D.[antzig]? Quando você irá a D.[antzig]? Ouvi dizer que não posso levar dinheiro para D.[antzig], que devo fazer? Escreva-me logo sobre isso, por favor, e encaminhe minha correspondência.
Com minhas saudações calorosas e meus beijos, sua M.

Saudações dos Schade

Telefone em Königsberg: 22025.

---

[9] Marga visitou em Königsberg amigos comuns, o barão Hermann von Schade (*1888) e sua mulher, Erna (*1891). O oficial de carreira e *Brigadeführer* SS dirigiu em 1936-1937 a seção SS de Königsberg.

[Lugar e data quase imperceptíveis, só é possível ler a palavra "Königsberg"]

Meu caro e bom!

Estamos nos preparando para uma grande refeição de siri a três. Para você ver como me tratam bem aqui. O terrível calor diminuiu um pouco. Estou sentada aqui na calma e na paz, e você certamente ainda está se matando de trabalho. Isso me aflige muito; não seria melhor, apesar de tudo, que eu volte para casa e tente cuidar de você? Você bem sabe com que prazer eu o faria. Seu telefonema hoje me deixou muito feliz, meu bom. Tive uma vez notícias de Lydia, ela vai bem. Os gansinhos, preciso pensar muito no caso. — Com o jardineiro, depois estará tudo em ordem. Mas acho afinal de contas um absurdo que você precise interferir de novo na história com o arquiteto de interiores. Não seria melhor que eu fale com Speer? Posso resolver por aqui essa história de dinheiro. Terça-feira, 8 de junho, portanto, você estará em D.[antzig] [Resto da linha oculto].
Acha que eu devo ir à casa da sra. Prützmann?[10] *Diga-me por telefone. Depois farei como você achar melhor, para mim dá no mesmo. — Depois decolamos no dia 9 de D.[antzig], não é mesmo? Nesse caso, não podemos ir na noite do dia 9 à casa dos Schmitt? Gostaria tanto de convidá-los. — A empregada para Gmund chega no dia 1º de junho a G.[mund.] E sobre Maria também tenho uma notícia. A questão está provisoriamente resolvida. Pena que eu não tenha encontrado nenhum bom livro para ler. Terei muito tempo aqui. Não pode me mandar algo por via expressa, você conhece bem meus gostos. Para Dantzig também seria uma ótima ideia. Sabe como é, as pessoas quase sempre estão lendo romances de suspense.*
Eu o saúdo de todo coração, meu amado.

Sua M.

Os Schade mandam os melhores cumprimentos.

---

[10] Christa Prützmann (*1916) era mulher do *Gruppenführer* SS e agricultor Hans-Adolf Prützmann (1901-1945), que desde março de 1937 exercia as funções de HSSPF Noroeste (Hamburgo).

Königsberg, 1º de junho de 1937

Meu amado, meu bom!

Achei que ontem à noite você diria para eu vir para casa, o que eu teria feito tão feliz. Não está certo que eu fique descansando aqui enquanto você fica para baixo e para cima[11] e nem possa fazer uma pequena refeição à noite ao voltar. Isso me entristece muito. Aqui, vou muito bem, apenas já sinto saudade de você e das crianças. Da minha casa em G.[mund], onde certamente poderia fazer muitas coisas. — Ontem fiquei muito mexida. Nosso pobre Führer. Uma mulher, fraca, nunca pode fazer nada por todas essas grandes causas. — Aqui vou muito bem, repouso diariamente. Mas sábado vou visitar tia Martha.[12]

Acabo de falar com a sra. Prützmann no telefone. Que eu saia quinta-feira à t.[arde] com a sra. Von Schade está ótimo para ela, temos uma boa hora de estrada de carro. — Você me enviou livros? Escrevo quase diariamente a Lydia. Telefone-me de novo. Sexta-feira de manhã!

Com muitas, muitas saudações e beijos do fundo do coração,

Sua M.

Na década de 1930, as viagens de Heinrich Himmler estenderam-se a outros países; ele mantinha contatos intensivos com os fascistas italianos, e mais tarde também com os fascistas espanhóis. Ao mesmo tempo, tinha em Berlim relações estreitas com diplomatas de diferentes países, especialmente os aliados da Alemanha. O que evidentemente lhe inspirou um forte interesse

---

[11] Nos dias 5 e 6 de junho, Himmler teve compromissos em diferentes cidades da Baviera; a 8 de junho, anotou em sua agenda: "Fui buscar Mamãezinha. Dantzig s.[em] Mamãezinha."
[12] Uma tia, provavelmente materna, de Marga, que morava em Dantzig; ver também a carta de 19 de julho de 1941 e o diário de Gudrun de 19 de abril de 1945.

pelo aprendizado da língua inglesa, que detectamos na agenda de bolso do ano de 1933, falando das férias em Wiesbaden, e no diário mantido por Marga Himmler durante as férias de 1937 e 1938.

Himmler já em 1929 se interessara pelo fascismo mussoliniano: nesse ano, leu *Der Schmied Roms*, de Adolf Stein ("O ferreiro de Roma"), considerando que o livro descrevia o fascismo italiano e seu chefe "com brilhantismo". Antes da viagem a Veneza em junho de 1933, já mencionada, Himmler fora a Roma pela primeira vez em dezembro de 1932. Sua admiração por Mussolini perdurou durante muitos anos. Em 1941, ele ainda recomendava à mulher e à filha uma viagem a Rimini para visitar a casa natal do Duce, e em carta de 19 de setembro de 1943 referia-se, pesaroso, ao ditador como "leão moribundo".

A 1º de abril de 1936, seis meses antes do acordo de cooperação entre os dois países, o "eixo Roma-Berlim", Himmler firmou em Berlim com seu colega italiano, o chefe de polícia Arturo Bocchini, um acordo secreto de colaboração policial germano-italiana. Em novembro e dezembro de 1937, pouco depois da visita de Mussolini a Berlim, os Himmler fizeram uma longa viagem a Roma, Nápoles, Sicília e Líbia. Marga Himmler a descreve detalhadamente em seu diário. Ela comenta a visita a Roma, em 16 de novembro de 1937:

"O dia começou às 10 horas com a visita ao Capitólio. Depois prosseguimos nos fóruns [sic]. Foi Mussolini quem mandou reformar todos esses magníficos prédios. Os conhecimentos históricos de H.[einrich] sobre o assunto são incríveis. [...] A primeira mensagem das crianças chegou hoje, elas vão bem. Esta noite iremos à casa dos Schaumburg, ele é adido na embaixada alemã junto ao império italiano. Fui recebida com flores esplêndidas, de Boccini [sic], Bergens (embaixador junto à Santa Sé), Ettel (diretor regional) etc."

De Roma, eles seguiram para o sul, de carro e sob escolta policial. Na Itália, quase tudo provocava entusiasmo em Marga: a comida, a paisagem, os monumentos antigos, a recepção reservada a eles e a multidão de crianças: "Em toda parte encontramos muitas crianças, que país abençoado" (Nápoles, 19 de novembro de 1937). Eles passaram duas semanas em Taormina, onde tomaram banho de mar, jogaram tênis e bridge, fizeram excursões de um dia a Siracusa, Palermo, Catânia, visitaram inúmeras igrejas, mosteiros, catacumbas, sítios arqueológicos gregos e romanos, além dos museus onde eram expostos os objetos neles encontrados.

Mas ela também se interessava pela etnologia em seus aspectos de teoria racial, por exemplo, em uma breve visita ao oásis líbio de Ghadamès, onde constatou que "tudo parecia ser como há 2 mil anos, mas limpo". Depois de uma outra visita, a Khoms, ela concluiu: "No bairro judeu, pavorosamente sujo, e esse fedor! Os árabes são muito mais limpos!" Durante essa viagem, eles buscaram incansavelmente traços de seus antepassados germânicos e seguiram os do Hohenstaufen Frederico II, por exemplo, ao visitar o castelo remontando a essa dinastia em Cosenza (19 de novembro de 1937), ou então, em Nápoles, ao retornarem, "o túmulo e o lugar de decapitação de Conradino, o último Hohenstaufen" (9 de dezembro de 1937).

Em janeiro de 1938, Himmler deu aos postos da Gestapo no Reich, e depois na Áustria, que lhe foi anexada em março, a ordem de prender os supostos "associais" e interná-los em Buchenwald. Essa operação, que mandou para os campos cerca de 1.500 pessoas, não passou contudo de um prelúdio a uma onda maior de detenções, em junho de 1938. Dessa vez, cada direção distrital da polícia criminal recebeu ordem categórica de deter pelo menos duzentos homens "associais" e aptos para o trabalho. A polícia triplicou o objetivo alcançado; no total, 10 mil homens foram detidos e levados para campos de concentração.

Entre os detentos estavam muitos roms e sintis. Em 1936, várias grandes cidades começaram a construir campos para membros desses dois povos e internaram centenas deles, em condições de higiene lamentáveis. Um departamento especial da secretaria de polícia criminal do Reich cuidava do "flagelo cigano". Em dezembro de 1938, Himmler ordenou o recenseamento dos "ciganos" da Alemanha em termos de biologia racial.

Em março de 1938 ocorreu a Anschluss (a anexação da Áustria), primeira etapa de uma agressiva política de expansão do regime, que ia de par com um enrijecimento da política antissemita. Em Viena e outros lugares, os austríacos deram livre curso a seu ódio: lojas judias foram saqueadas; judeus, detidos arbitrariamente, expulsos de suas residências e maltratados; o enriquecimento pessoal por espoliação era moeda corrente. O ano de 1938 também foi fatídico para os judeus alemães. Depois de serem privados de seus direitos, seu patrimônio foi sistematicamente roubado, seus estabelecimentos comerciais e suas empresas foram "arianizados" ou liquidados. Dos que conseguiram fugir para o exterior, o Estado alemão cobrou taxas e impostos de tal montante que praticamente nada mais lhes restou.

O alvo seguinte dessa política agressiva foi a Tchecoslováquia. A minoria alemã dos sudetos exigia a anexação ao Reich alemão, e a direção nacional-socialista insuflou o ódio para esmagar a Tchecoslováquia. As potências ocidentais tentaram impedir o conflito. O primeiro-ministro britânico, Chamberlain, o presidente do Conselho francês, Daladier, e Mussolini foram à Alemanha em setembro de 1938 negociar com Hitler. Após a assinatura dos "acordos de Munique", o governo tcheco foi obrigado a ceder os sudetos. Mas nem por isso a guerra pretendida por Hitler seria evitada.

Um confronto com a Polônia, que fermentava desde o início do ano, provocou uma nova operação policial maciça contra os judeus. Em reação às intenções antissemitas do governo polonês, que pretendia privar de nacionalidade os poloneses que viviam no exterior, especialmente os judeus, e impedir qualquer possibilidade de retorno ao país, carimbando esta menção nos passaportes, Himmler proibiu por decreto em 26 de outubro a estada de judeus poloneses e sua expulsão do Reich alemão em prazo de três dias. Em uma vasta operação, a Gestapo deteve a 28 de outubro cerca de 17 mil judeus poloneses, transportando-os para a fronteira polonesa. Como a Polônia impediu sua entrada, eles ficaram vagando em uma terra de ninguém e nas localidades limítrofes, sem qualquer ajuda, sem recursos financeiros nem equipamentos sanitários. Foi preciso que a Polônia e a Alemanha entrassem em acordo ao fim de alguns dias por um prolongamento do prazo de saída para que Himmler pusesse fim à operação. Foi essa medida brutal e friamente calculada que levou o jovem Herschel Grynszpan, cujos pais estavam entre os deportados, a atirar no dia 7 de novembro de 1938 no adido da embaixada alemã em Paris, Ernst vom Rath.

O que se deu em toda a Alemanha na noite de 9 de novembro de 1939, a funesta "Noite de Cristal", ultrapassou de longe em brutalidade, vandalismo e gosto pelo assassinato dos pogroms até então ocorridos. Com pleno conhecimento e à vista de todos, os grupos da SA quebraram vitrines, saquearam lojas, espancaram seus proprietários judeus, invadiram apartamentos de judeus, devastando-os, maltrataram os ocupantes e não recuaram diante do assassinato. Muitas pessoas foram literalmente espancadas até a morte nas ruas. Cerca de 35 mil homens judeus foram detidos nos dias subsequentes e levados para campos de concentração; só eram libertados se abrissem mão de todos os seus bens e emigrassem imediatamente com suas famílias.

Em 30 de janeiro de 1939, Hitler fez no Reichstag o famoso discurso convidando as potências europeias a encontrar uma "solução para a questão judaica" e concluindo em tom ameaçador: se estourasse a guerra, o resultado não seria "a bolchevização da Terra", mas a "destruição da raça judaica na Europa".

Não chegou até nós nenhuma carta dos Himmler do ano de 1938; em compensação, dispomos de longas anotações feitas por Marga em seu diário; elas refletem os principais acontecimentos políticos do ano e mostram o quanto ela própria estava ligada à vida social dos detentores do poder político.

[21 de fevereiro de 1938]

Ontem, o gigantesco discurso do Führer. À tarde, H. estava em casa e novamente já falava de um alongamento. Eu não tinha mais forças. Fui deitar-me cedo. H. ainda iria à casa de Hess para uma noitada de cerveja. Sábado, havia o convite do ministério [sic] da propaganda. Era um enorme tédio, fomos embora cedo. H. também esteve muitas vezes ausente. Pobres Wedel. Hoje ainda esperamos a visita dos Oswald. Tinchen vai para a Inglaterra e quer se despedir. Eden[13] se foi depois do discurso do Führer, ontem. H. está tomando chá lá embaixo com alguns cavalheiros. Estive na casa dos Bülow com Bonequinha. Estavam presentes muitas senhoras. Amanhã espero jogar bridge em casa com quatro senhoras, entre elas a Attolico.[14] De manhã a embaixatriz do Japão pretende me visitar.

[5 de março de 1938]

Fico sempre na cama até meia-noite e espero Heini. [...] H. está feliz e corajoso, eu também tento me mostrar alegre.

[13 de março de 1938]

Não temos mais sossego; todo dia há alguma novidade. H., que naturalmente sabia do que se tratava, estava francamente sereno e de bom humor. Mas, para mim, que só via a agitação decorrente de todas essas questões e precisei preparar o uniforme de campanha, era pressão demais. [...] A Áustria agora faz parte do Reich alemão. H. foi o primeiro a chegar a Viena. A explosão de alegria foi indescritível quando o Führer chegou sábado de manhã a Braunau. A marcha triunfal agora prossegue até Viena. Hoje H. telefonou de Viena, ele vai muito bem, está com boa saúde e envolvido até o pescoço em tudo isso. Nós, mulheres, ficamos sentadas aqui e temos de nos contentar com o rádio.

---

[13] Anthony Eden (1897-1977), ministro britânico das Relações Exteriores.
[14] Certamente a mulher do embaixador da Itália em Berlim. [*Nota da tradução francesa.*]

Marga Himmler visivelmente apreciava, contudo, sua nova vida social após os anos de isolamento no campo, em Waldtrudering. Convites recíprocos, jantares de luxo, chá com esposas de diplomatas e o estado de espírito dos mais importantes dirigentes políticos a mantinham ocupada durante todo o ano:

[3 de maio de 1938]

Foi tudo muito agradável. O Führer veio. Bonequinha ficou muito animada. Foi maravilhoso sentar à mesa com ele para variar, em um pequeno grupo. A saúde de Heini não anda muito bem. Ele tem uma carga de trabalho monstruosa [...]. Também mandei costurar alguns vestidos para mim. A política é agitada. O Führer na montanha.[15] *Göring não parece estar com muito boa saúde. Papai estaria com água no pulmão. [...]*

Durante a visita oficial de Hitler a Roma, em 1938, na qual também fora previsto um programa específico para as senhoras que participavam da numerosa comitiva do Führer, Marga escrevia, exaltada, em seu diário:

[4 e 8 de maio de 1938]

A viagem foi agradável e divertida. Fomos recebidas aqui em um clima de festa. No dia seguinte de manhã, fizemos um passeio por Roma; pude refrescar minhas lembranças e fico feliz por ainda me lembrar tão bem das coisas. [...]
Demonstrações de ginástica da juventude italiana. Eles se mostraram fabulosos. Que povo Mussolini criou!

---

[15] Ela se refere a Obersalzberg.

[3 de julho de 1938]

Eis-me então casada já há dez anos, hoje. H viajou, mas telefonou. Apesar da felicidade conjugal, tive de abrir mão de muitas coisas no casamento. Pois H. quase nunca está presente e só sabe de trabalho.

Marga estava regularmente presente nos congressos do partido em Nuremberg:

[20 de setembro de 1938]

Desta vez, em Nuremberg, foi particularmente agradável. Muitas flores, muitos presentes e cumprimentos pelo meu aniversário. Estive com frequência com a Sra. von R.[ibbentrop]. No hotel com mulheres da SS. As sras. Gravitz [sic] e Von dem Bach. Muito amáveis. Era a sexta vez em que eu comparecia, e certamente lamentaria se não pudesse estar lá também da próxima vez. Em Nuremberg, vi belos prédios. Os dias são esplêndidos. H. e eu passamos dois dias em Berchtesgaden, com os Ribbentrop, no hotel. H. acaba de viajar para Godesberg no trem do Führer [...].

[24 de setembro de 1938]

As negociações Godesberg já acabaram.[16] *[...] Que resultará disso? Está todo mundo decepcionado porque não se esmurrou a mesa. Aqui em casa o clima é horrível.*

[2 de novembro de 1938]

H. foi recebido com enormes honras na Itália. É uma sensação maravilhosa, saber que ele é reconhecido a esse ponto.

---

[16] Uma semana antes dos acordos de Munique, Hitler encontrou-se com Chamberlain no Rheinhotel Dreesen, em Bad Godesberg, para negociações a respeito da entrega dos sudetos.

[14 de novembro e 3 de dezembro de 1938]

Salzburgo "Hotel Österreichischer Hof". Chegamos aqui logo depois de 9 de novembro porque H. está de férias. Tempo magnífico. H., em compensação, tem uma atividade por dia. Sexta-feira, na cidade, domingo Gross-Glockner, domingo à tarde: em Fridolfing na casa dos Rehrl; muito agradável. Hoje, H. foi caçar (reserva Krupp). Estou costurando, leio e escrevo a primeira mensagem de Bonequinha. Tudo vai bem. Essa história com os judeus! Quando é que esse bando vai nos deixar em paz para podermos aproveitar a vida? — Estou, apesar de tudo, muito cansada. Dormi mal esta noite. Meus pés não estão muito bonitos. Consequência de todo esse trabalho que tive de fazer. Talvez em outros tempos, quando era jovem, eu tenha reclamado de todo esse trabalho, mas hoje estou firmemente convencida de que conquistei meu lugar ao sol, minha felicidade e meu amor. Dou, portanto, este conselho a todos os jovens: se quiser representar alguma coisa um dia, deve fazer tudo nesse sentido. Nada cai do céu. [...] Tivemos belos dias juntos e conversamos muito. De minha parte, voltei ao inglês. H. leu muito. Com frequência acontecia alguma coisa.

O seu balanço no fim do ano era sombrio como sempre:

[31 de dezembro de 1938]

O ano chega ao fim. Houve muitos problemas em casa, e mais ainda no trabalho. O que eu vivi este ano é simplesmente inconcebível.

A respeito do "filho adotivo", Gerhard, Marga escrevera em 1938:

[2 e 8 de abril de 1938]

Gerhard tem uma natureza de criminoso. Voltou a roubar dinheiro em algum lugar e mente de uma maneira indescritível. Precisamos colocá-lo em um centro educativo. [...] Escrevi a respeito a sua mãe. Ela ficou muito entristecida, mas eu, naturalmente, tampouco quero devolvê-lo. Ela nem sequer ficará com ele na Páscoa.

Até 1936, Marga fazia no diário de infância, a respeito das duas crianças, anotações quase sempre afáveis, embora a exigência de bom comportamento dos dois continuasse a desempenhar um papel importante. Qualquer mau comportamento era imediatamente punido. Visivelmente, Marga gostava de incumbir o marido de adotar essas punições. Assim é que anotou em 1935, a propósito de Gudrun: "Quando se comportou mal, ela implora até que lhe seja prometido não contar a seu Papaizinho."

No seu próprio diário, o tom muda cada vez mais a partir de 1937. Enquanto Gudrun é sempre apresentada como "boazinha e encantadora", lamentando Marga não ter "seis igualmente afáveis" (26 de janeiro de 1938), ela quase não menciona mais Gerhard — e, quando o faz, é exclusivamente para se queixar. Em 1938, quando o menino estava com 9 anos, os Himmler de fato o mandaram para um internato ("pensionato") em Starnberg, onde era espancado pelos colegas e onde, apesar de ter medo da água, com frequência era jogado no lago, até ser forçado a aprender a nadar. E o fato de sujar com frequência os lençóis lhe valia novos espancamentos.

Muitos anos depois, Gerhard se lembraria de que seu "pai adotivo" também lhe infligia com frequência castigos corporais, e um dia chegara inclusive a lhe dar chicotadas. Nas lembranças de Lydia Boden, as pancadas sofridas com frequência por Gerhard são consideradas uma punição necessária e banal. Ela prefere falar da vida cotidiana dos Himmler, idílica e distante da realidade da guerra, ou da modéstia que Heinrich manteve apesar do seu poder político, quando descreve, por exemplo, a simplicidade das refeições ou frisa a atenção que ele dá às crianças: "Papaizinho gostava de ver a família sentada ao seu redor nas refeições. No desjejum, havia sempre um pãozinho para Papaizinho, mas a metade era dada às crianças, em pequenos pedaços. Papaizinho separava pequenas porções, passava cuidadosamente a manteiga e as introduzia na boca dos filhos como se fossem passarinhos."

Depois da "educação" recebida por Gerhard no internato de Starnberg, seu "pai adotivo" mandou-o no início de 1939 para o NPEA,[17] em Berlim-Spandau. A este respeito, Marga escreve em 15 de março de 1939: "Gerhard passou no exame para o Nationalpolitische Erziehungsanstalt em Spandau. Estou feliz, espero que agora tudo corra bem." Mas ele teve de deixar esse estabelecimento de elite seis meses depois: "Gerhard terá de sair da Napola, ele não consegue acompanhar as aulas, mas quanto ao resto tornou-se bonzinho e amável, se pelo menos pudesse ficar assim!" (16 de outubro de 1939). Sobre as férias de Natal, no primeiro inverno de guerra, ela escreve: "Gerhard se foi no dia 7, achei que ele se tornara mais gentil. Apesar de tudo, ele gosta muito de nós" (14 de janeiro de 1940).

As lembranças de Lydia confirmam que o menino tinha uma situação difícil na família, que Gudrun era muito mais bem-tratada e que as duas crianças muitas vezes brigavam. Ela própria considerava que os maus modos de Gerhard eram normais para um garoto da sua idade, mas frisava por outro lado a sua gentileza, e parece ter tido com ele as melhores relações possíveis. Nos cadernos por ela redigidos, percebe-se perfeitamente a que ponto, por um lado, Gerhard estava em busca de reconhecimento — que às vezes encontrava mais nos funcionários SS da *Kommandantur* de Gmund que na família —, e que, por outro, constantemente descontava em mais fracos que ele a violência e a humilhação sofridas, por exemplo, torturando animais — um elo de causa e efeito que a família não entendeu, limitando-se a punir implacavelmente o rapaz.

Em 18 de fevereiro de 1939, Marga anotou em seu diário: "A vida segue seu curso habitual, muitos convites. E já estou de novo terrivelmente cansada."

---

[17] Essas escolas, "institutos de educação da política nacional", conhecidas como "Napola", destinavam-se a formar a elite nazista. [*Nota da tradução francesa*.]

26 de setembro [junho] de 1939[18]

Meu caro e bom!

Estou completamente abalada pelos Schade. Será que não se pode fazer alguma coisa, afinal de contas? Eberstein devia afinal afastar-se de vez em quando. Ou será que haveria por trás de tudo isso mais uma intriga, talvez até contra você? De minha parte, passo os meus dias com Bonequinha e só com ela, e não posso evitar de pensar nisso o tempo todo. Quero me mostrar solidária com ela e mostrar a ele minha amizade. Não tenho coragem de escrever, talvez as coisas ainda possam se arranjar. Escreverei no meu diário, e, quando eu não estiver mais aqui, você o lerá. Bonequinha está brincando com outra criança e sua mãe na praia, posso descansar um pouco. Assim que eu chegar, vou logo propor a tia Schadi[19] *de nos tratarmos por você.*

Agora ele tem de assumir a besteira que fez. Pois isso não acontece com todo mundo? Muitas coisas boas nesses três dias. Já estamos tão felizes porque você estará aqui no domingo para jantar. Eu o saúdo de todo o coração, meu amado

Sua M.

No mesmo dia, o Reichsleiter Martin Bormann informou ao "caro camarada de partido Himmler" os seguintes fatos: "O Führer encarregou-me de informá-lo: o Führer-SS barão Von Schade, na presença dos delegados italianos, dos representantes da Wehrmacht, do Estado e de outras pessoas presentes, teria prestado contas ao Führer de maneira 'tão desenvolta' que 'toda a unidade' teria sido repreendida. [...] O Führer insistiu em várias

---

[18] Marga evidentemente se enganou aqui, confundindo o "9" de setembro com o "6" do mês de junho, como indica seu diário de 26 de junho de 1939: "Estamos em Kühlungsborn, hotel Kaiserhof. Tudo aqui é agradável e correto. [...] H. espera vir no domingo por alguns dias, para podermos passar o 3 de julho juntos."
[19] Era como Gudrun chamava a sra. Von Schade.

oportunidades no fato de que sentiu vergonha por toda a SS! Cabe ao senhor, diz ele, punir o barão Von Schade. Está fora de questão que Schade assuma a sucessão do Obergruppenführer von Eberstein, ou que seja nomeado chefe de polícia em algum outro lugar, ele pode servir apenas em um escritório. [...]"

Schade assumiu em seguida a direção de uma empresa na Turíngia. Mas Himmler impôs-lhe uma punição menos rigorosa que a exigida por Hitler: ele manteve seu soldo de Führer no Estado-Maior do RFSS e de inspetor do SD de Düsseldorf, e em 1942 voltou a dirigir a seção SS Elba.

At.[ualmente] em Wewelsburg, 7 de julho [de 1939][20]

Meu caro e bom!

Aterrissamos bem aqui, e imediatamente eu vi sua nova peça (sala de jantar) e também a bela sala verde embaixo.

Quando eu quis pagar minha conta no hotel Kaiserhof, perguntaram-me: A do Reichsführer também? Eu não paguei. Você pode imaginar o terrível mal-estar que eu senti. Mas eventualmente gostaríamos apesar de tudo de voltar no próximo ano. Dei 5 marcos tanto à camareira quanto ao camareiro. Talvez você ainda possa enviar um pouco de dinheiro à srta. Wenkstein, a governanta, ela aceita dinheiro, já me informei. Bonequinha está dormindo. Amanhã de manhã você dá um telefonema. Eu o saúdo de todo o coração, sua

Mamãezinha

Já em 1931, Himmler visitara o castelo de Marienbourg, na Prússia Oriental, antiga sede dos grão-mestres da ordem Teutônica, sucessora da ordem dos Cavaleiros (ver a carta de 6 de novembro de 1931). Queria seguir um

---

[20] Esta carta de data incompleta é muito provavelmente de 1939, pois Marga escreve em seu diário, a 13 de agosto de 1939: "Ainda não escrevi nada sobre Bonequinha e minha viagem do Báltico a Düsseldorf passando por Wewelsburg."

modelo semelhante para conferir à SS a estrutura de uma "Ordem Negra", e rapidamente tratou de criar seu centro intelectual e seu coração estrutural fundando uma escola de Reichsführer da SS. Durante a campanha eleitoral de Grevenburg/Lippe, em janeiro de 1933, o barão Von Oeynhausen lhe oferecera o vizinho Wewelsburg, um castelo triangular de estilo renascentista, como eventual sede. O castelo agradara tanto a Himmler que ele imediatamente o havia comprado. Nos anos seguintes, o castelo aos poucos foi transformado em lugar de reunião bem protegido para oficiais da SS; quase ninguém tinha acesso a ele. Das paredes externas foi retirado o reboco, e se cavaram fossos para conferir à construção um aspecto de castelo-forte; as salas internas foram decoradas em estilos nórdico e germânico. Em 1938, Himmler ordenou que se realizasse um "congresso anual dos Führer" em Wewelsburg e que lá fosse promovido o juramento dos novos Gruppenführer-SS. Os brasões da família, por outro lado, deveriam ser pendurados, conservando-se os anéis de caveira dos falecidos Führer-SS.

Para Himmler, a situação do Wewelsburg tinha alto significado simbólico: encontrava-se bem perto o monumento recordando a vitória do chefe querusco Armínio sobre o general romano Varo, e os Externstein, uma solidificação de arenito que o centro de pesquisas de "Ahnenerbe",[21] da SA, tentou em vão provar que fora usado como lugar de culto germânico. Além disso, a região era considerada a região do rei de Saxe Heinrich I (Henrique, o Passarinheiro), por ele particularmente admirado em virtude de sua política expansiva a leste, e do qual se considerava a reencarnação. Himmler hospedava-se várias vezes por ano no Wewelsburg, sozinho ou com convidados.

---

[21] Na "Forschungs- und Lehrgemeinschaft das Ahnenerbe e.V.", dirigida por Walther Wüst, Himmler encarregou centenas de cientistas de realizar pesquisas sobre a pré-história e a etnologia dos germanos para provar a "dominação intelectual mundial" da "raça ariana". Durante a guerra, o "Ahnenerbe" também foi responsável por experiências homicidas com detentos, no contexto da "pesquisa em ciências de defesa".

Os planos para transformar o castelo e a aldeia que o cercava em lugar de convergência e ideologia central para a SS eram monumentais; a partir de 1939, foram usados detentos para concretizá-los, e com essa finalidade um campo de concentração foi criado no local em 1941.

Pouco antes do fim da guerra, a 30 de março de 1945, Himmler ordenou que o castelo fosse dinamitado.

Gmund am Teg, 26 de agosto de 1939

Meu caro e bom!

A fatura de Rösner e Seidl é relativa ao pavilhão de caça.

A fatura de Reiser é relativa ao mesmo tempo à nossa casa e à casa de hóspedes. No caso da nossa, são coisas encomendadas no ano passado. Devem ser descontadas na conta bancária.

Aqui continuamos a viver tranquilamente, na paz e no trabalho, e esperamos. Ligamos o rádio diariamente.

Fico tão feliz que você telefone todo dia.

Bonequinha está aprendendo suas lições.

Nós o saudamos de todo o coração e milhares de vezes. Sua

Mamãezinha

Por mais que Hitler insistisse em suas intenções pacíficas, não desviava de sua trajetória belicista. Em 14 de março de 1939, as tropas alemãs entravam em Praga. A Eslováquia tornou-se um Estado-fantoche dependente dos alemães, o território tcheco foi transformado em "protetorado da Boêmia e da Morávia". Em 11 de abril, em uma ordem secreta, Hitler determinou que a Wehrmacht preparasse a guerra contra a Polônia.

A União Soviética assumiu então um papel-chave; as potências ocidentais tentavam tanto quanto a direção nacional-socialista conseguir seu apoio. O tempo urgia; por fim, o ministro de Relações Exteriores, Ribbentrop, tomou um avião para Moscou a 22 de agosto de 1939, dotado de plenos poderes por Hitler para negociar um acordo. Nessa mesma noite, era assinado o pacto germano-soviético, que, em um apêndice secreto, previa o esmagamento da Polônia e sua ocupação pela Alemanha e pela URSS.

Enquanto Ribbentrop abria caminho em Moscou para a guerra, Hitler expunha aos comandantes da Wehrmacht, em Obersalzberg, suas concepções da guerra contra a Polônia: "Fechar o coração a toda piedade", escreveu um participante, resumindo em estilo telegráfico o discurso do Führer. "Procedimento brutal. 80 mil.[hões] de pessoas devem recuperar seus direitos. Sua existência deve ser assegurada. O mais forte tem o direito a seu lado. Maior dureza."

Ao alvorecer do dia 1º de setembro, a Wehrmacht entrou na Polônia. Dois dias depois, 3 de setembro, a Grã-Bretanha e a França declaravam guerra ao Reich alemão.

[Diário de Marga, 24 de agosto de 1939]

Ribbentrop chegou ontem a Moscou. A notícia teve o efeito de uma bomba. Heini viu com seus próprios olhos a alegria que isso dava ao Führer, em Berghof. Ele ficou profundamente feliz.

[28 de agosto de 1939]

Ainda não sabemos se a Inglaterra se decide ou não a entrar em guerra. [...] Temos cupons de racionamento, Schick (meu empregado) ficou lívido com a notícia. Eles se mostram todos tranquilos e razoáveis. Provavelmente teremos de economizar um pouco o sabão, quanto ao resto, temos de tudo em abundância. [...] H. telefona diariamente e está de bom humor. Mas de qualquer maneira tive de dizer à Bonequinha que em caso de guerra irei para a Cruz Vermelha. Ela é claro chorou terrivelmente e eu não consigo tranquilizá-la.

[4 de setembro de 1939]

Estamos então em guerra com a Inglaterra e a França. Eu estou em Berlim. [...] Aos poucos vai sendo instalado o hospital de campanha, estou feliz de poder participar. Se todo mundo realmente der sua ajuda, acabaremos com a guerra e a Inglaterra nunca mais nos esquecerá.

"Mando também [...] algumas pequenas fotos da minha última viagem a Lublin-
-Lemberg-Dubno-Rowno-Luck."

Heinrich Himmler, 25 de julho de 1941

4

Cartas

1939-1945

Nikolsburger Platz 5 13 de setembro [de 1939] (chegada a 15 de setembro de 1939, escrita a 15 de setembro de 1939)

Meu caro e bom!

Já faz tantos dias que não escrevo, mas há muita coisa a fazer e a pensar no hospital. Logo teremos terminado a arrumação, depois as coisas irão melhor.
    Fiquei tão feliz de falar com você no telefone. O pr. Gebhard [sic][1] está melhor. Bonequinha chega sexta-feira, Gerhard, hoje, e imediatamente segue para Spandau, pois a escola já começou. Eu o saúdo e o beijo muitas vezes, sua

M.

Desde o início, a guerra contra a Polônia foi conduzida com excepcional brutalidade. As bombas da Luftwaffe varreram do mapa localidades polonesas inteiras. A cidade de Varsóvia também foi tão severamente

---

[1] Karl Gebhardt (1847-1948), amigo de juventude de Himmler e "clínico supremo da SS", dirigia desde 1933 os centros de cuidado de Hohenlychen, perto do campo de concentração de Ravensbrück, onde ele havia montado uma clínica de cirurgias. No começo da guerra, seria criado ali um hospital militar da Waffen-SS.

atingida pelos ataques aéreos que o comando militar da Polônia capitulou a 27 de setembro, para evitar devastação ainda maior.

Quatro *Einsatzgruppen* da SS e da polícia avançavam na retaguarda do exército alemão; apoiados pelas milícias armadas da minoria alemã local, mataram dezenas de milhares de poloneses. A classe dirigente polonesa — médicos, padres, funcionários, jornalistas, professores — devia "tanto quanto possível ser deixada fora de condições de atrapalhar", como disse Reinhard Heydrich, vale dizer, detida, mandada para campos de concentração ou executada. Além disso, comandos SS evacuaram sistematicamente os centros de doentes mentais e assassinaram cerca de 7.700 deles, para que as instalações pudessem ser usadas pela SS. Para realizar esse massacre, um comando da SS já usava um caminhão com a traseira transformada em câmara de gás. Himmler foi pessoalmente a Poznań, a 12 de dezembro de 1939, para ver como as pessoas eram assassinadas em uma câmara de gás. O historiador polonês Bogdan Musiał considera que no fim de 1939 bem mais que 45 mil civis poloneses tinham sido mortos na zona de poder alemã, entre eles cerca de 7 mil judeus. A Wehrmacht também foi em parte envolvida nesses assassinatos.

Enquanto a Polônia central ficava sob ocupação alemã e se tornava o "Governo-Geral", os territórios do oeste polonês, abrigando cerca de 10 milhões de pessoas, em grande maioria polonesas, seriam anexados ao Reich alemão e "germanizados". Os acordos firmados com a União Soviética estipulavam entre outras condições que as minorias alemãs da União Soviética, especialmente nos países bálticos e na Ucrânia, fossem transferidas para a Alemanha. Várias centenas de milhares de pessoas deviam ser instaladas nos territórios anexados do oeste polonês. Em 7 de outubro de 1939, Hitler confiou essa missão a Heinrich Himmler, que nesse dia comemorava seu 39º aniversário.

Pelo decreto de Hitler, Himmler tornava-se responsável pela "escolta dos alemães do Reich e dos alemães étnicos do exterior suscetíveis de serem definitivamente repatriados para o Reich", mas também pela "eliminação da influência nociva exercida pelas partes da população estranhas à etnia e representando um perigo para o Reich e a comunidade étnica alemã", assim como pela "criação de novas zonas de colonização alemã por transferência de habitat". Na qualidade de "comissário do Reich para a consolidação do corpo étnico", para usar o título que ele mesmo se atribuiu, Himmler viu-se de posse de um poder novo e global que não deve ser subestimado na análise da radicalização da violência, pois ele não era responsável apenas pela "transferência" e "instalação" das minorias alemãs, mas também pelo "deslocamento" dos "membros de etnias estrangeiras" e dos "estranhos à etnia".

Só no período que antecedeu o fim do ano de 1939, cerca de 88 mil pessoas, poloneses e judeus poloneses, foram deportadas dos territórios a "germanizar" da Polônia ocidental e escoltadas em condições indescritíveis para o Governo-Geral: em vagões sem aquecimento para transporte de animais, sem alimentação, muitas vezes até sem água potável. No fim de novembro, o governador-geral, Hans Frank, expressava com brutal franqueza o ponto de vista alemão: "Aqui o inverno será duro. Que não venham se queixar se não houver pão para os poloneses. [...] Com os judeus, o problema logo será resolvido. É uma alegria poder cuidar fisicamente, para variar, da raça judia. Quantos mais morrerem, melhor será."

No início de 1940, Himmler fez várias viagens pela Polônia ocupada. Nos dias 15 e 16 de janeiro, estava em Łódz´, de 25 a 29 de janeiro, foi a Przemysl, Radymno, Cracóvia, onde esteve com Hans Frank, e visitou em Zakopane os gorales, um povo eslavo ocidental que, do ponto de vista de Himmler, era "de origem germânica" e podia ser "germanizado". A este respeito, Marga escreve em seu diário: "H. volta hoje da sua grande viagem. Recebeu o último comboio dos alemães de Volhynie na fronteira Prycemisl [sic]. Li o texto para Bonequinha e lhe expliquei o que significa: comboio e volta para a pátria. É um ato incrível. Daqui a mil anos ainda será comentado."

Ela própria teve a ganhar com a nova função do marido: jovens alemãs de Volhynie foram entregues aos dirigentes da SS como auxiliares domésticas — mais exatamente, os SS é que fizeram a encomenda. Marga, segundo escreveu o assessor pessoal de Himmler, Brandt, no verão de 1940, ao Höherer SS- und Polizeiführer (HSSPF) em Poznań, estava "satisfeita com as moças", mas "precisava de mais uma, pois uma delas logo pretendia casar-se". Por outro lado, explicava Brandt, Himmler necessitava, "para uma família conhecida, de uma segunda moça, que devia ser encaminhada o mais rápido possível".

Berlim, 9 de junho de 1940. (Chegada a 11 de junho de 1940)

Caro Papai,

Seu querido pacotinho chegou hoje. Eu abri, vi a echarpe e pretendo usá-la como lenço de cabeça.

Usarei a concha como ninho para meu carro de madeira e as quatro pastilhas serão uma delícia, mas já comi uma. Ficamos sozinhas o dia inteiro até a noite, depois chegam a srta. Görlitzer, tia Edit [sic] e tio Franz Boden, para o bridge. Aqui o tempo está bom e eu lhe agradeço de todo o coração.

Muitos queridos beijos, sua Bonequinha

Meu caro e bom!

Nós lhe mandamos tomates. Você não telefonou hoje, estamos esperando desde o início do dia. Muito obrigada pelas coisas lindas para Bonequinha. Ela ficou muito feliz. Amanhã à tarde fomos convidadas a ir à casa da sra. Jöns e pretendemos ir.

Espero que você não esteja vendo muitas coisas horríveis. Quanto a mim, não consigo evitar pensar na guerra o dia inteiro. — Quero eu mesma escrever ao sr. Koppe, a respeito da empregada. No fim do mês pretendemos ir para Gmund. Amanhã certamente ficaremos sabendo se Kalkreuth² foi alistado. Neste caso, provavelmente terei de deixar uma empregada aqui, caso contrário tudo morrerá no jardim, com este calor. Está chovendo muito aí? À noite muitas vezes eu jogo baralho, assim não fico pensando tanto.

Você se lembrou de Edit [sic]? Que mais podemos enviar-lhe? Antes de partir, ainda espero mandar muita roupa de cama. É verdade que volto daqui a quinze dias, não posso deixar Resi sozinha por mais tempo. — Mas apesar de tudo a gente sente, em um período como este, a que ponto é terrível ficar sozinho.

Muitas saudações e beijos do fundo do coração

Sua M.

Transmita por favor meus agradecimentos

Mas a prevista "germanização" dos territórios poloneses anexados não evoluía: não era possível deportar para o Governo-Geral a quantidade de poloneses e judeus pretendida por Himmler. O governador-geral, Frank, em particular, não queria um afluxo adicional suscetível de provocar outros problemas para sua administração de ocupação. Em uma entrevista com Göring a 12 de fevereiro, da qual Himmler participou, Frank acabou por se impor. Göring recusou a ideia de dar prosseguimento à "colonização selvagem", e seis semanas depois proibiu "até nova ordem qualquer evacuação" para o Governo-Geral. Com isso, a população judia foi amontoada em grandes guetos, especialmente em Łódz′ — que os alemães chamavam de Litzmannstadt — e Varsóvia, para poder deportá-los posteriormente.

Himmler, contudo, ateve-se a seus vastos projetos de expulsão; em maio de 1940, época em que o encontrava com frequência, entregou a Hitler uma "avaliação sobre o tratamento dos povos de etnias estrangeiras a leste", texto que, a darmos crédito às anotações de Himmler, Hitler considerou

---

² Kalkreuth era um de seus empregados em Gmund.

"muito bom e justo". Nele, Himmler propunha que se "desmantelem os membros de etnias estrangeiras a leste [...] em um grande número de partes e fragmentos. [...] Não pode haver agrupamento para cima: só dissolvendo todo esse caldo étnico, 15 milhões de pessoas do Governo-Geral e 8 milhões das províncias do Leste, é que conseguiremos acionar a peneira racial que deve ser a base da nossa reflexão para extrair dessa mistura os elementos dotados de valor racial e enviá-los para a Alemanha a fim de que lá sejam assimilados".

A população não alemã tinha de saber contar até quinhentos, escrever o próprio nome e saber "que Deus manda ser obediente aos alemães, honesto, trabalhador e atencioso. A leitura não me parece indispensável". O uso da "peneira racial", reconhecia Himmler, talvez fosse em certos casos "cruel e trágico", mas "quando, por convicção íntima, se considera que a erradicação física de um povo não germânico é impossível, trata-se então da solução mais suave e melhor". Himmler esperava "ver totalmente apagada" a noção de *judeu*, "graças à possibilidade de uma grande emigração de todos os judeus para a África ou uma outra colônia".

Himmler dava assim nova vida a um velho plano antissemita: a deportação dos judeus da Europa para a África. Antissemitas como Paul de Lagarde difundiam essa ideia desde o fim do século XIX. Até mesmo Estados europeus como a Polônia contemplaram na década de 1930 a "emigração" de seus cidadãos judeus para Madagascar. Tanto na *Reichssicherheitshauptamt* (a Administração Central de Segurança do Reich) como no *Auswärtiges Amt* (o Ministério de Relações Exteriores) trabalhava-se intensivamente em 1940 em projetos visando a transferir para Madagascar todos os judeus que se encontrassem em sua zona de dominação. Os planejadores não se preocupavam em saber se milhões de pessoas envolvidas tinham alguma chance de sobreviver lá. Mas o êxito desse plano dependia de uma vitória contra a Grã-Bretanha e do fim da dominação nos oceanos. A guerra aérea promovida pela Alemanha em 1940 de fato destruiu muitas cidades inglesas, infligindo graves danos à população civil, mas a Grã-Bretanha não se submeteu.

A Alemanha, no entanto, venceu a guerra contra a França, a Bélgica e a Holanda. Já no início de abril, tropas alemãs ocupavam a Dinamarca e a Noruega, e a campanha do Ocidente teve início em 10 de maio de 1940. A Holanda e a Bélgica capitularam em questão de poucos dias. Foi possível, é verdade, evacuar cerca de 338 mil membros das tropas inglesas e francesas pelo canal da Mancha, em Dunquerque, para não serem capturados pelos alemães. Mas a Wehrmacht, já agora em superioridade, obteve uma vitória decisiva sobre o exército francês e fez sua entrada em Paris a 14 de junho. Grande parte da França viu-se sob administração militar alemã; na França não ocupada instalou-se, em Vichy, um governo de colaboração sob a égide do marechal Pétain.

Como o resto da direção nacional-socialista, Himmler acompanhou o avanço das tropas alemãs a bordo de um trem especial. Em maio e junho, encontrava-se diariamente com Hitler em seus diferentes quartéis-generais; enquanto isso, inspecionava com seu Estado-Maior Anvers, Bruxelas, Roterdã, Haia, Reims e Paris. Ele redigiu pessoalmente um breve relatório sobre as primeiras etapas na Bélgica e na Holanda; nele podia-se ler, entre outras coisas: "Todas as cidades holandesas causaram uma notável impressão, a população é amável e de boa raça. [...] É um grande ganho para a Alemanha."

Em outubro, ele foi para a Espanha, visitou San Sebastian, Burgos e Madri, conversou com Franco e, na viagem de volta passando por Barcelona, fez um desvio pelo mosteiro de Montserrat, onde julgava encontrar-se o Santo Graal.

Desde o início da guerra, Marga Himmler também raramente residia em casa. Muitas vezes trabalhava durante semanas na Cruz Vermelha Alemã (DRK) em Berlim, onde cuidava entre outras funções dos hospitais militares, distribuindo posteriormente estojos de primeiros socorros às vítimas de bombardeios. Como outrora na clínica, enfrentou dificuldades com os médicos; achava-os "arrogantes", e eles com toda evidência não gostavam muito de trabalhar com ela. Na qualidade de Oberführerin da DRK, ela fez extensas viagens nos setores ocupados para se informar sobre o aprovisionamento nos hospitais militares, os alojamentos de soldados e as escolas de auxiliares de enfermagem. Em março de 1940, foi duas vezes à Polônia, anotando a respeito: "Fui portanto a Poznań, Łódz' e Varsóvia. Esse bando de judeus, os polacos, em sua maioria não têm qualquer semelhança com seres humanos, e, além do mais, essa indescritível imundície. Pôr ordem em tudo isso é uma tarefa hercúlea" (7 de março de 1940). E em 23 de março de 1940 ela escreve: "Fui ao leste mais uma vez. Poznań, Bromberg na casa dos Foedisch. Todo mundo muito gentil. Lá eles têm pão na prateleira. Esse povo polonês não morre assim tão facilmente de doenças contagiosas, eles são emunizados [sic]. Difícil entender. Bromberg no fim das contas bem sinistro. Mühlenkawel[3] e imediações terrivelmente devastados. [...] Durante todo o período polonês nada se fez em todo o país."

No fim de 1940, ela viajou pela Iugoslávia ao mesmo tempo que o "clínico--chefe da SS", o pr. Karl Gebhardt, e uma delegação da DRK: "No dia 27 de outubro de 1940, a sra. Hermann, o pr. Gebhard[t], o ajudante de campo Mens e eu vamos a Belgrado para assistir à transferência dos alemães da Bessarábia. [...] Lá, grande mobilização. Representantes do partido, dos serviços de transferência, do A.A. [o Ministério de Relações Exteriores] e do ministro iugoslavo do Interior [...]. Anteriormente: aldeia de alemães do exterior. Muito instrutivo. Excelente impressão, muita limpeza" (17 de novembro de 1940).

Em março de 1941, ela fez novamente uma viagem de duas semanas pelos países ocidentais ocupados, "para visitar os alojamentos de soldados e os centros de atendimento da DRK".[4] Dessa vez, era acompanhada pela "Srta.

---

[3] Marga vivera em Mühlenkawel de 1910 a 1912 (diário, 1909-1916).
[4] Em 1942, havia mais de seiscentos alojamentos de soldados, com cerca de 2 mil mulheres funcionárias e auxiliares da DRK, a maioria na França. Em Versalhes, havia uma escola para funcionárias e auxiliares das unidades de atendimento; em Malmaison, uma escola para diretoras e colaboradoras de alojamentos de soldados; em Neuilly, se estabelecera o Estado--Maior da DRK, que frequentemente recebia visitas de funcionários de alto nível do partido e altos funcionários de Estado.

Ilse Göring, Generalführerin da DRK", e por sua amiga Nora Hermann. Visitou muitos alojamentos de soldados na França e na Bélgica, expressou-se em termos elogiosos sobre os que eram dirigidos por alemães ("muito limpo", "particularmente agradável") e com desprezo sobre quase tudo que não fosse alemão ("população muito ruim, testa grande" e "hotel muito sujo"). Em Paris, hospedou-se no Ritz, o famoso hotel de luxo, esteve com um representante do Auswärtiges Amt e com Kurt Lischka, diretor-adjunto da Sicherheitspolizei e do SD em Paris. À noite, foi convidada à residência do embaixador Otto Abetz. Apesar de tudo isso, ainda encontrou tempo para visitar Versalhes, os castelos do Loire e a catedral de Chartres e para comprar rendas de Bruxelas. "A viagem foi muito harmoniosa. Vimos muitas coisas e pudemos ter uma boa ideia do envolvimento da DRK, estou no fim das contas muito satisfeita."

A vida conjugal de Heinrich e Marga Himmler parece ter começado a enfrentar dificuldades no máximo a partir de 1940 — ou pelo menos se percebe, pela agenda de bolso de 1940, que, embora certamente continuassem a se interessar pela vida um do outro, praticamente não se viam mais. Quando estava em Berlim, nesse ano, Heinrich Himmler passava os dias quase exclusivamente no escritório, e as noites "na casa do Führer", "no escritório", ou seja, raramente em casa. O número dessas "noites no escritório" dá a entender que muitas vezes estava com a amante, Hedwig Potthast, doze anos mais nova que ele. Ela trabalhava desde 1935 no *Reichssicherheitshauptamt*, do qual era secretária particular desde 1936. Acompanhara o chefe pela primeira vez ao posto avançado do serviço em Gmund a 7 de outubro de 1937, no aniversário de Himmler, em companhia de outros colaboradores do Estado-Maior. A "srta. Potthast" também constava da lista dos presenteados de Marga no Natal de 1937.

Como Marga, Hedwig Potthast tinha cabelos loiros e olhos azuis; quanto ao resto, contudo, com um temperamento amável, alegre e caloroso, era o seu oposto sob muitos aspectos. Os amigos, conhecidos e parentes a chamavam de "Coelhinha", apelido afetuoso que também passou a ser usado por Himmler e todo o Estado-Maior pessoal. Durante a campanha do

Ocidente, no início do verão de 1940, Hedwig Potthast acompanhou Heinrich Himmler à frente de batalha. Por sua função de secretária particular, ela estava necessariamente ciente da reflexão e das atividades políticas de Himmler, por exemplo, da sua análise sobre o "tratamento dos membros de etnias estrangeiras no leste".

O momento em que os dois se aproximaram só transparece no esboço de uma carta que Hedwig Potthast escreveu em novembro de 1941 à irmã Thilde: "No Natal de 1938 houve, entre mim e ele, uma conversa na qual confessamos que nos amávamos de maneira irremediável. Nos dois anos seguintes, diariamente nos perguntávamos se haveria um meio apropriado para nos unirmos. Que ele se divorcie sem qualquer outra formalidade por enquanto está fora de questão. Sua filha única, é verdade, será adulta dentro de alguns anos e certamente deixará a casa dos pais, de modo que eu nada lhe tiraria. Mas sua mulher nada pode fazer a respeito do fato de que não podia mais dar-lhe filhos, aos 48 anos já passou da idade na qual isso seria possível de maneira normal."

Não surpreende, assim, ler no diário de Marga em 28 de novembro de 1940: "Desde que cheguei a B.[erlim], estou quase sempre sozinha. H. não vem mais passar uma única noite aqui."

Em 1940, foram estabelecidos limites para os planos de deportação para a Europa ocidental. Mas, para onde quer que fosse possível expulsar a minoria judia, era com a maior violência. Na Alsácia-Lorena, anexada de fato, a SS e a polícia reuniram os judeus e os mandaram para o outro lado da fronteira, na França não ocupada. No fim de setembro, Hitler informou a seus dois Gauleiter[5] encarregados da Alsácia-Lorena que lhes dava dez anos para que declarassem que seus setores eram "alemães e, além do mais, puramente alemães", esclarecendo que não perguntaria "que métodos [eles tinham] usado para tornar esse território alemão". Só na Alsácia, nada menos que 105 mil pessoas tinham sido deportadas em novembro de 1940; na Lorena, cerca de 50 mil, entre elas todos os judeus.

---

[5] Dirigentes regionais do Partido Nazista. [*Nota da tradução francesa.*]

No dia 10 de dezembro de 1940, em um discurso para os Reichsleiter e Gauleiter do Partido Nazista, Himmler fez um balanço dos deslocamentos de populações. Caracterizou essas operações como "grande Grande Migração [sic] há oito anos" e afirmou que, levando-se em conta todas as imigrações e emigrações, cerca de 1,5 milhão de pessoas haviam sido afetadas. Pelo parâmetro dos seus próprios projetos, contudo, o resultado era insuficiente. Ele assinalou então uma nova possibilidade: era necessário que uma "dominação alemã sem contemplação" fosse exercida no Governo-Geral: os poloneses deviam ser usados exclusivamente como reservatório de mão de obra para os trabalhos sazonais e eventuais. Da mesma maneira, Hans Frank garantiu pouco depois a Hitler que o Governo-Geral seria o "primeiro território livre de judeus" ("*judenfrei*").

Pois, enquanto isso, constatando que a Grã-Bretanha não podia ser vencida, Hitler mudara de estratégia; agora era preciso privilegiar a guerra contra a União Soviética, que inicialmente ele pretendia conduzir somente depois da derrota da Inglaterra. Em 18 de dezembro de 1940, Hitler deu ordem de preparar a operação "Barbarossa", a guerra de agressão contra a União Soviética.

Em uma primeira etapa, em abril de 1941, as tropas alemãs atacaram a Iugoslávia e a Grécia: os exércitos italianos, que já tinham invadido esses dois países, corriam o risco de amargar uma derrota. Os alemães logo trataram então de neles instaurar um regime de terror.

No início de maio de 1941, Himmler foi para a Grécia; tomou inicialmente um avião para Sófia, de onde rumou a 7 de maio para Atenas. Deslocou-se pelo Peloponeso e em Corinto, assim como junto às tropas alemãs em Lárissa. Trinta anos antes, precisamente, seu pai fora a Atenas: filólogo, ele sempre tentara inculcar nos filhos os ideais da Antiguidade. Marga registrou a 8 de maio em seu diário: "H. está agora em Atenas e não temos mais nenhuma notícia. Em geral ele telefonava de dois em dois dias."

Sófia, 7 de maio de 1941[6]

Cara Mamãezinha! Passei a noite aqui e visitei a cidade. Agora prosseguiremos para Atenas. Vou muito bem. Muitas saudações afetuosas à Bonequinha e a você

Seu Papaizinho

A direção nazista e a da Wehrmacht empreenderam com pleno conhecimento de causa uma guerra criminosa contra a população soviética. A "ordem dos comissários" segundo a qual os dirigentes políticos do Exército Vermelho não deviam ser feitos prisioneiros, mas executados imediata e sistematicamente, violava todas as leis de guerra, assim como a instrução de não levar à corte marcial os soldados que cometessem atos de violência contra a população civil.

Como a direção do partido e a direção nazista consideravam que o exército de invasão, composto de 3 milhões de soldados alemães incumbidos de avançar muito rapidamente, não poderia ser abastecido com recurso a linhas tradicionais de retaguarda, os soldados receberam ordem de se alimentar por conta própria com o que encontrassem no país. Em maio de 1941, uma conferência de secretários de Estado realizada em Berlim constatou: "[Não resta] a menor dúvida de que dezenas de milhões de pessoas morrerão de fome se nos apropriarmos no país daquilo de que precisamos." O próprio Hitler declarou que queria arrasar Moscou e Leningrado "para impedir que haja sobreviventes [que fosse necessário] alimentar em seguida durante o inverno".

A direção da Wehrmacht não se preocupava com o aprovisionamento dos prisioneiros de guerra soviéticos. Morreram dezenas de milhares deles já durante o processo de encaminhamento para os campos; e no

---

[6] Este cartão-postal traz o carimbo "Correios dos exércitos da SS", sendo endereçado a: Marga Himmler — Alemanha — Gmund am Tegernsee.

interior destes os soldados cativos do Exército Vermelho não tinham abrigo, vivendo muitas vezes em terrenos a céu aberto onde precisavam eles próprios cavar nichos subterrâneos e onde ficaram entregues à fome e às epidemias. Cerca de 2 milhões de soldados soviéticos que haviam sido feitos prisioneiros em 1941 já estavam mortos no início de 1942, nos campos da Wehrmacht.

A política nacional-socialista centrou-se inicialmente na total sujeição e na dominação prolongada do espaço oriental. Assim é que a conquista militar da União Soviética foi acompanhada de uma "remodelagem" baseada em "considerações de sangue" e na "higiene racial", remodelagem que exigia o assassinato, a expulsão e a destruição pela fome de grupos inteiros da população. Heinrich Himmler e a SS receberam "missões especiais a pedido do Führer", ligadas ao "combate definitivo entre dois sistemas políticos opostos", como indicavam as diretrizes do comando em chefe da Wehrmacht. Além dos tristemente célebres *Einsatzgruppen* da *Sicherheitspolizei* e do SD, muitas outras unidades da *Ordnungspolizei* ("polícia de manutenção da ordem") e da Waffen-SS foram montadas. Elas estavam sob a autoridade dos Höhere SS- und Polizeiführer, que prepararam e coordenaram essas operações homicidas.

Nas primeiras semanas, os assassinatos cometidos pelos *Einsatzgruppen* da SS visaram sobretudo os homens judeus, mas as mulheres e as crianças não foram poupadas. Em Białystok, os membros de um batalhão de polícia trancaram a 27 de junho de 1941 cerca de 2 mil judeus — homens, mulheres e crianças — na sinagoga local, que então foi incendiada, sendo as vítimas queimadas vivas. Durante o verão, o extermínio estendeu-se a comunidades judias inteiras, inclusive mulheres, crianças e velhos. Em Kamenez-Podolsk, na Ucrânia, unidades do *Höherer SS- und Polizeiführer Friedrich Jeckeln* mataram mais de 26 mil judeus no fim de agosto. No fim de setembro, em apenas dois dias, a SS e a polícia executaram mais de 33 mil pessoas na ravina de Babi Yar, perto de Kiev. No mês de março de 1942, a SS e a polícia, e também a Wehrmacht, tinham abatido cerca de 600 mil pessoas nos territórios conquistados da União Soviética: tanto judeus quanto roms e sintis, comunistas e civis russos.

No dia 19 de junho de 1941, Heinrich Himmler ainda fora a Gmund e passara um dia idílico com a esposa e a filha em Valepp, com passeio e colheita de flores. Seu motorista, Franz Lucas, que também era correspondente de guerra da SS, tirou várias fotos dessa excursão. Parece evidente que nesse dia Himmler nada disse à mulher do iminente ataque: ela apenas "pressentiu" algo, como já acontecera em 1938, antes da entrada do exército alemão na Áustria. A 21 de junho de 1941, Gudrun escreve ao pai: "Estou muito triste que você tenha viajado de novo e que esteja indo para a frente. Espero que esteja bem. Apenas tome cuidado para não lhe acontecer nada. [...] Você ainda me deve 75 pfennigs pelas flores. Se ainda tiver chocolate ao leite, seja gentil e me mande alguma coisa. [...] É terrível que estejamos em guerra com a Rússia. Afinal, eram nossos aliados. A Rússia é *tããããoo* [sic] grande, se tomarmos toda a Rússia, o combate será muito difícil."

Um mês antes, durante outra breve visita a Gmund, seu pai escrevera em seu álbum de poesia: "Na vida é preciso ser sempre correto e corajoso e bom. Seu Papaizinho."

22 de junho de 1941 (Chegada a Berlin a 23 de junho de 1941)

Meu caro e bom!

A guerra voltou. Eu estava pressentindo, dormi tão mal. Tome cuidado. Não coma o negócio que recebeu de R.[?].
  No quarto frio ainda há uma lata de caviar; pegue-a.
  Você vai telefonar daqui a pouco.
  Muitas saudações e beijos do fundo do coração.

Sua M.

Gmund a.[m] Teg.[ernsee], 27 de junho de 1941 (Chegada ao quartel--general a 1º de julho de 1941, 12 horas)

Meu caro e bom!

Hoje vamos para Munique e no caminho pegamos Edit [sic].[7] *Amanhã vou para Innsbruck. Como vê, estou perfeitamente com boa saúde. O calor estava insuportável, agora temos chuva e trovoadas.*

Bonequinha vai bem, à parte ter sofrido muito também com o calor.

O dr. Fahrenkamp e sua família vieram aqui.[8] *Conversamos sobre Valepp e eu também convidei a sra. F.[ahrenkamp] e seus filhos para a outra casa. Espero que você concorde!?*

O sr. Hammerl[9] *pergunta se não deveria haver um policial alojado no térreo.*

O que você acha? Os três policiais teriam perfeitamente tempo. Ou acha que chama a atenção demais? Ontem chegou um telex anunciando que foi encontrado um lugar para Gerhard. Lisl está lá.

Sabe, meu bom, o Sr. Hammerl acaba de me explicar o que se segue. Ontem à tarde, o dr. Pelikan, um conselheiro regional de Miesbach, foi à casa de Weber para se informar sobre o que ele nos fornece. Eles só nos fornece manteiga, e continua a fazê-lo. Trouxe-a hoje. H.[ammerl] logo foi perguntar ao prefeito se fora dele a ideia. O prefeito telefonou ao conselheiro regional, que afirmou que a missão lhe havia sido confiada

---

[7] Gudrun escreve em seu diário em 23 de julho de 1941: "Edith, nossa filha das férias, 9 anos, que vem de Klagenfurt todo verão ficar conosco há quatro anos já."

[8] O dr. Karl Fahrenkamp (1889-1945), especialista em doenças internas e diretor de um instituto de métodos de tratamento bioquímico em Munique, era o médico pessoal da família de Heinrich Himmler — sendo as duas famílias ligadas também por laços de amizade. Himmler enviou para consulta com ele muitos dirigentes da SS e colaboradores civis do Estado-Maior pessoal do Reichsführer-SS (RF-SS); Fahrenkamp em seguida comunicava a Himmler os resultados de seus exames.

[9] Sebastian Hammerl (*1894), secretário de Questões Criminais na Diretoria de Polícia de Munique, Casa Marrom, em 1935. *Obersturmführer-SS* lotado no *Reichssicherheitsdienst* (RSD) da SS; a partir de junho de 1934, é nomeado diretor de departamento da Kommandantur SS de Gmund. Gudrun era amiga de sua família.

por altas esferas. A alta esfera em questão só pode ser o Reichsnährstand.[10] Agora estão tirando a centrifugadora dos camponeses para que não possam mais produzir manteiga. Assim, eles guardam os dois litros de leite que lhes são reservados, e a manteiga vai voltar. Por favor, dê ordens para que nos sejam dados quatro cartões de convidados, afinal é o que há de melhor, e assim vai-se tornar um direito adquirido para nós. Richard vai aguentar uma semana com os 400 g de carne? Todo mundo se pergunta se a Alemanha vai tão mal assim. Ao passo que eu sei perfeitamente tudo que os outros têm.

Com muitas saudações e beijos do fundo do coração,

sua M.

Mil e mil beijinhos. Não posso mais escrever, não temos mais tempo. Sua Bonequinha

Quartel-general do F.[ührer], 7 de julho de 1941

Pena que hoje, por duas vezes, a ligação estivesse tão ruim. Fiquei tão triste de ter esquecido pela primeira vez nosso aniversário de casamento; mas aconteceram muitas coisas estes dias. Os combates são muito duros, inclusive e sobretudo para a SS. — Espero que a planta de flores hoje lhe tenha agradado.

Coitadinhas então de vocês duas, que Bonequinha tenha ficado tão doente. Espero que agora tudo vá bem de novo. Estou mandando umas fotos daqui, de Berlim, da partida de tênis, e as filhinhas de Lukas [sic] em nosso belo dia em Valepp.

Para você e a querida Bonequinha, mil saudações e beijinhos

Seu Papaizinho

Saudações à tia Lydia e à pequena Edith

---

[10] "Departamento de Alimentação do Reich." [*Nota da tradução francesa.*]

8 de julho de 1941 (Chegada ao quartel-general do Führer a 11 de julho de 1941)

Meu caro e bom, tive tanta dificuldade para entender no seu segundo telefonema, ontem.

O sr. Schnitzler[11] veio depois com as suas flores, um muito muito obrigada. São de tal maneira tão belas [sic]. Bonequinha se recuperou. Mas ainda assim fiquei muito assustada. A coisa aconteceu exatamente na noite de quinta para sexta-feira.
    Tempo magnífico por aqui, passamos o dia inteiro do lado de fora. Ontem também chegou o livro de ouro de Mayr; esplêndido, em couro. Não fique triste, o boletim de Bonequinha certamente será ruim. Ela faltou demais para que seja de outra maneira. Eu o saúdo de todo o coração meu bom sua M.

A 5 de julho de 1941, Marga anotara em seu diário:
"Temos notícias de H. com muita frequência. [...] A guerra avança magnificamente. [...]"
Ao cabo de grandes batalhas de cerco, vários exércitos soviéticos foram derrotados no início de julho, e centenas de milhares de soldados do Exército Vermelho foram feitos prisioneiros. Mas a resistência do Exército soviético foi mais viva do que aquilo que os alemães esperavam, e o avanço da Wehrmacht estagnou. No Estado-Maior geral do exército de terra, elevaram-se as primeiras vozes para sugerir que o princípio da "Blitzkrieg" não funcionava contra a União Soviética, e que a guerra duraria mais tempo que o previsto.

---

[11] Erich Schnitzler (*1902), *Führer SS* lotado no Estado-Maior pessoal do RF-SS, dirigia desde 1939 a filial da Adjudantur da SS em Munique. Com frequência efetuava missões pessoais para os Himmler; também era incumbido de entregar a Marga seu pecúlio mensal de 775 marcos (ver a carta de 25 de julho de 1941). As despesas mensais reais da mulher de Himmler quase sempre ultrapassavam mil marcos, mas entravam na conta de serviço do RF-SS.

Gmund a.[m] *Teg*[ernsee], *13 de julho de 1941 (Chegada a Berlim 14 de julho de 1941, escrita a 20 de julho de 1941)*

Meu caro e bom!

Ontem à noite Anneliese Ribbentrop telefonou-me para falar da morte de Mops.[12] *Eu aproveitei para lhe contar que Beer será retirado.*[13] *Mas logo tratei de esclarecer que não o direi a Ida, pois ela certamente não o quer.*

Ida acabou de telefonar, completamente desorientada, não para de dizer que é impossível que Beer seja retirado. Ela não suportaria os dois mortos (o marido e Mops). Tive o maior trabalho para explicar que isso acontece muitas vezes (ver Hermenau) e que não há nada de especial. Ela se agarrou à ideia de que um cartão de Mops com data de 3 de julho acabava de chegar, e que o último de Beer era de 2 de julho, e não se sabia o que podia ter acontecido. Espero escrever-lhe apenas amanhã, eu mesma quero me recompor um pouco.

Estou juntando uma carta do Gauleiter Hofer,[14] *ainda não respondi nada. O Gauleiter Dr. Reiner* [sic], *em Salzburgo,*[15] *convidou-me para o festival, eu recusei até o fim da guerra.*

A sra. Von Teermann, Buenos Aires,[16] *escreveu-me que a mim mandou café para os hospitais militares da SS e a você roupa branca de algodão para as crianças da SS. Espero que as duas coisas cheguem.*

Blösl Hans escreve-me que não há a menor esperança para sua

---

[12] O filho de Ida Wedel, Wilhelm, o "Mops", *Untersturmführer-SS*, morrera em combate em Ternopil com apenas 18 anos. Marga escreve a respeito em seu diário a 13 de julho de 1941: "Mops Wedel morreu em combate. Um SS de 18 anos. Esse rapaz. Notável no plano social, inteligente e além do mais modesto e de espírito jovem. Pobre mãe, não é possível consular nem ajudar."

[13] Não sabemos quem é esse sr. Beer; aparentemente, fora retirado da frente de combates.

[14] Franz Hofer (1902-1975), *Gauleiter* de Tyrol-Vorarlberg.

[15] Friedrich Rainer (1903-1947), que Himmler conhecia desde 1930, fora nomeado *Gauleiter* do Partido Nazista e governador de Salzburgo e da Coríntia.

[16] Na realidade, Thermann.

mulher, e nos agradece toda a nossa ajuda. A sra. Kalkreuth escreve que seu marido deu entrada novamente no hospital militar de Varsóvia. Será que podemos fazer algo? O dinheiro para o aparelho de gás carbônico foi depositado na conta. Está fazendo muito calor. Hoje vamos tomar banho. Bonequinha está muito bem de novo. Ela estava toda triste e assustada por você não lhe ter escrito. As fotos estão belas e vou mandar ampliar.

Com mil saudações e beijos do fundo do coração,

Sua M.

Caro Papaizinho, mil beijinhos, sua Bonequinha

Quartel-general do Führer, 20 de julho [de 19]41

Minha boa Mamãezinha!

Às pressas, antes de viajar, mais uma cartinha. Primeiro quero agradecer suas duas cartas de 8 e 13 de julho. Mamãezinha, você precisa fazer algo pelo seu estômago, calor e a maior regularidade certamente são boas coisas. Caso contrário, um dia terá de qualquer maneira de perguntar ao médico. Estou feliz que esteja indo para Valepp, acho que lá poderá repousar bem.

Ainda preciso escrever à condessa Wedel, não consegui até agora. Trabalho aqui é o que não falta. Mas vou admiravelmente bem.

O café e a roupa do sra. Hermann ainda não chegaram.[17]

Estou mandando também o boletim de Bonequinha, que me foi enviado. Claro que poderia ser melhor e espero que nossa Bonequi-

---

[17] Ele confunde aqui a sra. Thermann com a amiga de Marga na DRK, Nora Hermann, que também lhe enviava pacotes.

nha evolua no próximo ano. Em alemão é preciso um 2, assim como em história, geografia e biologia, em cálculo, um 4 para começar, e depois um 3.[18]

Saudações então para nossa querida diabinha! Para você e para Bonequinha, mil saudações e beijos afetuosos,

Seu Papaizinho

Agora tenho de ir. Aproveite bem a visita a Dachau e mande saudações para todo mundo da minha parte.

Constatamos no diário de Gudrun que Heinrich Himmler com frequência reclamava das más notas da filha — ele próprio sempre fora bom aluno. Lydia escreveu um dia ao cunhado: "Caro Heini! [...] Estou fazendo aplicadamente os deveres escolares com Bonequinha, ela realmente está se esforçando muito. Só que fica com um medo indescritível durante os deveres à mesa, na escola, e naturalmente escreve muito mais mal do que já é capaz de fazer em casa. Como poderíamos ajudá-la deste ponto de vista?" Gudrun, contudo, foi criada com muito mais indulgência que Gerhard. Enquanto este há muito frequentava as atividades da Juventude Hitlerista, ela de fato também foi matriculada no seu correspondente feminino, a BDM, *Bund Deutscher Mädel*, em Berlim, ao completar 10 anos, mas com toda evidência só viria a participar de suas atividades a partir de fevereiro de 1942, em Reichersbeuern.

Em 20 de julho, Himmler viajou para Lublin, onde deu ordens de concluir a construção de um campo de trabalhos forçados e de construir um grande complexo da SS e da polícia para pilotar a colonização do Leste pelos alemães do exterior. Na noite da véspera, ordenara a transferência de dois regimentos de cavalaria SS para Baranovitchi, "para sistematicamente passar

---

[18] No ensino alemão, as notas vão de 1 a 6, sendo 1 a mais elevada. [*Nota da tradução francesa*.]

no pente-fino" os pântanos de Pripet. Assim foram iniciadas as execuções de judeus que essas unidades empreenderiam em grande escala, associadas a outros elementos da SS.

De Lublin, Himmler seguiu para Lemberg e visitou o comandante do setor retaguarda sul do exército de terra, Karl von Roques, e certamente também o comando de intervenção SS que se encontrava em Lemberg.

Gmund, 19 de julho de 1941 (Data de entrada faltando, escrita a 25 de julho de 1941)

Meu caro e bom!

Aqui vamos todos bem. Frida [sic] e Röschen estão aqui. Fr.[ieda] comemora seu aniversário segunda-feira e terça-feira vamos para Dachau, no "jardim encantado", como escreve o sr. Pohl. Um capitão da Waffen-SS, isso existe?

   Estou anexando a carta da sra. Thermann. Se eu tiver de responder-lhe, por favor mande-a de volta. Também mandei fazer novos óculos. Hoje vamos as duas a Teg.[ernsee]. Tia Martha e Ella já aterrissaram em Dantzig.

   Aqui vivemos em calma e solidão. Os presentes para Bonequinha chegaram ontem. Ela já está feliz pelo seu aniversário.

            Com as saudações dela e beijos do fundo do coração, sua M.

Dachau não recebeu apenas o primeiro campo de concentração, instalado em 1933 por Heinrich Himmler; no gigantesco terreno de uma antiga fábrica de pólvora e munições, desde muito cedo fora criado também um campo de formação da SS, além de muitas empresas da SS, com as quais Himmler se empenhava em trabalhar pela independência, pelo menos econômica, da organização.

O diretor desse crescente império econômico era o antigo tesoureiro-chefe da Marinha, Oswald Pohl (1892-1951), muito chegado a Himmler desde os primeiros tempos. Chefe da administração da SS desde 1935, ele foi nomeado em 1939 diretor dos escritórios centrais da SS de Orçamento/ Construção e Administração/Economia, e a partir de 1942 do *SS-Wirtschaftsverwaltungs-Hauptamt* (escritório central de administração econômica da SS); em consequência, era responsável por toda a economia dos campos de concentração.

Em Dachau, a empresa SS "Deutsche Versuchsanstalt für Ernährung und Verpflegung" (DVA, "centro de pesquisa alemão para a alimentação e o atendimento") começou a cultivar plantas medicinais e condimentos. Para isso, os detentos tiveram de secar uma gigantesca zona pantanosa situada perto do campo, em condições desumanas de trabalho; em seguida, essas plantas foram ali cultivadas e transformadas em grande escala. Viriam também estufas, salas de secagem e estocagem, um moderno moinho de especiarias, um instituto de ensino e pesquisas sobre plantas medicinais e alimentares, além de um cultivo agrícola. Embora a SS enfeitasse a realidade dando a essas instalações o nome de "jardim de ervas", os detentos temiam o trabalho na "plantação". Chegaram às vezes a ser empregados até mil prisioneiros, muitos dos quais morreram de esgotamento ou foram vítimas de execuções arbitrárias.

Como o marido, Marga Himmler se interessava havia muito tempo pelas plantas medicinais. Já em junho de 1938 ela anotara em seu diário uma visita a Dachau. Dizia então pretender voltar a visitar as empresas SS no local. Em seu diário, a 22 de julho de 1941, Gudrun descreve detalhadamente a visita a Dachau com sua mãe, a tia Frieda Hofmann, a filha desta, Röschen, e sua amiga Inge Hammerl: "Hoje fomos ao campo de concentração da SS em Dachau. Lá voltamos a ver tudo com Hanns Johst e sua família, a grande jardineira, o moinho, as abelhas, como todas as plantas são exploradas pela srta. dra. Friedrich.[19] E também os livros do século XVI, todas aquelas imagens feitas pelos detentos. Magnífico! Depois comemos, cada uma recebeu um presente. Foi muito bom. Uma grande empresa."

---

[19] A dra. Traude Friedrich, farmacêutica, dirigia o laboratório do *Lehr- und Forschungsinstitut für Heilpflanzen- und ernährungskunde*, inaugurado em 1940 em Dachau. Sob sua direção foram realizadas ali, entre outras, experiências sobre a cultura de vegetais, a alimentação e as plantas medicinais.

Quartel-general do Führer, 25 de julho de 1941

Minha boa Mamãezinha!

Muitos agradecimentos afetuosos por suas queridas linhas do dia 19 de julho. Espero que os dias no nosso Vallepp [sic] tenham sido belos e repousantes para vocês, mas muito particularmente para você; pensei tantas vezes em vocês.

Mando junto as ampliações, realmente muito belas, de Vallepp [sic] etc., e são afinal de contas fotos muito agradáveis.[20] *— Mamãezinha, Schnitzler vai enviar-lhe nos próximos dias o depósito mensal, 775 marcos. Os descontos referentes à Itália aumentaram, por exemplo, de 500 para 800 marcos. Proponho que eu contribua com metade para o resto. Vou mandá-lo (o desconto) da próxima vez.*

Certamente não existe com essa forma de capitão da Waffen-SS; é uma boa coisa que você o tenha enviado.

Sua visão piorou? (pergunto por causa dos óculos novos). Mando junto uma carta da sra. Hermann e algumas fotos da minha última viagem a Lublin-Lemberg-Dubno-Rowno-Luck. Vou muito bem apesar de muito trabalho. Cuido-me bem diariamente e durmo muito bem.

Os combates avançam bem, mas com uma <u>dureza incrível</u>. O adversário se defende de maneira muito <u>obstinada</u>.

Pohl me falou da sua visita.

Muitas saudações e beijos afetuosos

Seu Papaizinho

E por favor não se esqueça da festa da vovó no dia 26 de julho.

---

[20] Ele se refere a uma série de fotos que Franz Lucas havia tirado deles a 19 de junho em Valepp.

[Cabeçalho recortado, Valepp]
(*Chegada ao quartel-general do Führer 28 de julho de 1941, escrita a 29 de julho de 1941 durante o voo para Kowno*)

Meu caro e bom, aqui estamos em Valepp. O tempo está esplêndido e nós aproveitamos muito. Esta noite pretendemos ir ver a caça com o sr. Heiss. Aqui faltam muitas coisas, o que só notamos morando.

Frida estava, apesar de tudo, com vontade de andar de carro, e assim encontramos alguém; foi bom demais. E a modéstia!?[21]

Estamos esperando com tanta curiosidade o boletim de Bonequinha. A sra. von der Ahé mandou presentes de aniversário para Gerhard, nós os encaminhamos. Havia no embrulho uma pulseira de prata para Bonequinha. Ela ficou com ela, não podemos afinal devolvê-la. Ela escreve que Horst está na SS e se fez notar durante a formação.[22]

Muitas saudações e beijos do fundo do coração sua, M.

Meu querido Papaizinho

Estou com tanta preguiça de escrever. Aqui, tudo magnífico. Em casa vou lhe escrever muito.

Eu o amo tanto. Mil beijinhos

Sua Bonequinha

Nesse verão, de fato, Gudrun escreveu longas cartas saudosas ao pai praticamente de dois em dois dias. No cabeçalho, encontramos como de hábito

---

[21] Marga evidentemente tinha encontrado alguém para levá-la de carro a Valepp.
[22] Horst von der Ahé, quatro anos mais velho que o irmão Gerhard, que completara 13 anos em 21 de julho.

a data de chegada da carta, anotada por Himmler, e às vezes também a data em que ele respondeu, o que nitidamente era mais raro. As cartas por ele enviadas à filha não chegaram até nós.

Caro tio Heini!

Mamãe e eu lhe mandamos nossas saudações mais calorosas. Aqui é maravilhoso. Um ar tão belo, tão bom, que inicialmente todas ficamos com dor de cabeça, mas agora já nos acostumamos!

Sua Röschen

No avião para Kowno, 29 de julho de 1941

Minha boa Mamãezinha!

Muito obrigado por sua querida carta enviada de Vallepp [sic]. Acredito realmente quando você diz que certas coisas ainda precisam ser arrumadas. Mas o principal é que as coisas tenham corrido bem para vocês aí. — Naturalmente não podemos devolver a pulseira da sra. von der Ahé, mas Bonequinha tampouco deve usá-la. Um dia escreverei à sra. Ahé a respeito de Gerhard. Escrevi ontem à condessa Wedel. — Mando junto o desconto referente à Itália. Minha viagem agora me leva a Kowno-Riga-Vilnius-Mitau-Dünaburg-Minsk.

Para você e nossa querida diabinha, muitas saudações e beijos afetuosos

Seu Papaizinho

Em Riga, Himmler encontrou o comissário do Reich para a Ostland, Hinrich Lohse, e o Höherer SS- und Polizeiführer para o setor Rússia-Norte, Hans-Adolf Prützmann; falou, entre outras possibilidades, da "germanização" dos lituanos. Para Himmler, apenas cerca de 10% da população podiam ser afetados no fim das contas. Imediatamente depois da visita de Himmler, os homens de Prützmann estenderam os massacres aos judeus da Lituânia e da Letônia. Cada vez mais eram abatidos homens, mulheres e crianças indistintamente.

Nessa viagem, parece evidente que ele não foi a Vilnius e Mitau, fazendo em Riga, a 30 de julho de 1941, um desvio pela cidade letã de Sigulda (Segewold), cujos castelos pertenciam outrora à Ordem dos Cavaleiros Teutônicos. A 31 de julho, pegou de novo o avião para a cidade letã de Daugavpils (Dünaburg) e atravessou a cidade de carro. Na véspera, o diário letão de Dünaburg anunciara que, depois de uma "limpeza definitiva em grande escala dos 14 mil judeus", a 28 de julho, a cidade estava "livre de judeus". No mesmo dia, Himmler encontrou-se em Baranowitschi (Baranowice) com o Höherer SS- und Polizeiführer do setor Rússia Centro, Erich von dem Bach-Zelewski. No dia seguinte, o regimento local da cavalaria SS recebeu a seguinte mensagem de rádio: "Ordem explícita do RF-SS. Todos os judeus devem ser executados. Empurrar as mulheres judias nos pântanos."

Himmler, por sua vez, retornou a 31 de julho a sua sede habitual. A visita prevista a Minsk foi adiada para 14-16 de agosto.

Gmund a.[m] Teg.[ernsee] 29 de julho de 1941 (quartel-general do Führer, 1º de agosto de 1941, 22 horas, escrita a 2 de agosto de 1941)

Meu caro e bom!

Você acabava de telefonar, ontem, e o prof. Gebhard telefonou também. Ele queria ver meus ferimentos.[23] Como eu estava na casa de Fahrenkamp, ele foi para lá. Terei de fazer compressas, ele considerou que o ferimento também se aplacaria. Para ele é uma

---

[23] No início de junho, Marga ficara ferida com a explosão de um aparelho de ácido carbônico (diário, 11 de junho de 1941).

periosteíte, não estou anêmica. Depois olhamos as pesquisas de Fahrenkamp. Os Höfl estavam lá. Hugo [Höfl] também quer vir visitar-me.

Mas continua chovendo. Frida quer ir embora esta semana, Röschen se foi ontem. Não tivemos nenhuma notícia do sr. Deininger.[24]

O prof. estava com bom aspecto, disse que tampouco estava com estafa. Não trabalhe demais, você, pois vai precisar depois das suas forças.

Recebemos ontem à noite sua carta com as muitas fotos que nos agradam muito. Não tivemos tempo de desejar feliz aniversário a sua mãe no dia 26. Mas Bonequinha tinha escrito uma carta, a resposta chegou hoje. Ela pretende telefonar hoje.

Todos os meus agradecimentos do fundo do coração por sua querida carta.

Pois bem, esses pobres soldados agora terão de combater na África, na fornalha.

Como tive mesmo de ir ao oftalmologista, aproveitei também para examinar os olhos. Ele prescreveu lentes retas, considerando que eram perfeitamente suficientes para mim. E agora estou vendo muito bem. Muito obrigada pelos 150 marcos. Para onde devo mandar o cheque pelos 150 marcos? Devo mandá-lo na carta? Ou entregá-lo no escritório em Berlim? Pretendo ir a Berlim depois do aniversário de Bonequinha. O que talvez seja uma pena, pois ela estará de férias. Mas eu quero fazer uma massagem, e depois voltar à DRK.

Sexta-feira quero ir à exposição de arte, com a sra. Bouhler,[25] *Lydia e Bonequinha.*

---

[24] Provavelmente um velho conhecido dos Himmler, Johann Deininger, de Burtenbach, perto de Günzburg, na Suábia, membro do *Deutscher Bauernrat*, *Brigadenführer SS* em 1943.

[25] Helene Bouhler (*1912) era esposa de Philipp Bouhler (1899-1945), um dos mais antigos membros do partido. Na qualidade de *Reichsgeschäftsführer* do Partido Nazista a partir de 1925, ele conhecia Heinrich Himmler havia muitos anos. Delegado de Hitler, Bouhler foi responsável pelo assassinato de doentes e deficientes ("Aktion T4"). Marga de vez em quando tinha contato com a sra. Bouhler em recepções públicas em Berlim ou Munique, mas a considerava demasiado caprichosa e não a apreciava particularmente.

Bonequinha não entendia por que você escreveu que não podia mais rir como em 1936. Talvez seja uma boa coisa que ela ainda não possa imaginar a guerra. Afinal, ainda vai completar 12 anos. Ela fala diariamente do seu aniversário.

Com muitas saudações e beijos de todo o coração

Sua M.

Karl Fahrenkamp não era apenas médico da família e amigo de Himmler, mas também, de 1933 a 1944, médico do Estado-Maior da Waffen-SS no campo de treinamento da SS em Dachau e diretor da "Seção F" no Estado-Maior pessoal do RF-SS. No terreno da Deutsche Versuchsanstalt em Dachau, ele dispunha antes mesmo de 1939 de um jardim experimental para seu departamento de pesquisas; nele, realizou nos anos subsequentes várias experiências com glicosídeos, a eles recorrendo inicialmente, por ordem de Himmler, para aumentar as colheitas. Mais tarde, estendeu suas experiências ao prolongamento da duração de flores, frutos e legumes; pretendia inclusive misturar glicosídeos a diferentes massas comestíveis para alcançar uma melhora geral da saúde da população. Realizou estudos a este respeito ao longo de seis meses de experiências com os detentos de Dachau. Fahrenkamp viria posteriormente a assessorar Siegmund Rascher em suas experiências mortais sob baixa pressão, mais uma vez conduzidas com detentos. Em Dachau, administrava em particular uma fábrica privada de cosméticos financiada pela SS.

Quartel-general do Führer, 2 de agosto de 1941

Minha boa Mamãezinha!

Muitos agradecimentos por sua querida carta de 29 de julho. — Fico muito feliz que Fahrenkamp e Gebhard [sic] a tenham auscultado e que não haja nada grave. Gebhard telefonou-me hoje. Vai encontrar um quinesioterapeuta para você em Berlim. Acho muito bom que você realmente faça alguma coisa nesse sentido.

Mando junto uma carta muito correta da condessa Wedel[26] e uma foto muito simpática de Mops. Devolva-me as duas quando puder! Mas eu já lhe respondi. Que pena por esse rapaz e por tantos outros.

Você tem razão; é bom que nossa Bonequinha ainda não entenda <u>completamente</u> a guerra, mas ainda assim é necessário que você lhe fale a respeito com regularidade.

Amanhã, domingo, estarei à tarde e à noite na casa do Führer. A viagem pelos países bálticos foi de altíssimo interesse; são missões <u>gigantescas</u>, e, quanto à distância, é apenas o início.

Muitas saudações e beijos afetuosos,

Seu Papaizinho

Em 16 de julho, ocorreu no quartel-general de Hitler a principal reunião sobre a futura política de ocupação na União Soviética, com Göring, Lammers, Rosenberg, Bormann e Keitel — mas sem Himmler. Nela, Hitler explicou: "[Trata-se] de cortar esse gigantesco bolo em partes manejáveis, para podermos inicialmente dominá-lo, depois, administrá-lo, e por fim explorá-lo. [...] Os territórios do Leste recém-conquistados, deveremos transformá-los em um jardim do Éden; são para nós de importância vital."

Não sabemos por que motivo Himmler estava ausente; mas o fato podia estar ligado à detenção do filho de Stalin no mesmo dia. Embora Hitler tivesse decidido na reunião que depois da vitória a administração dos territórios ocupados seria confiada a serviços civis, Himmler dispunha, com a "securização policial dos territórios do Leste", de um campo de manobra suficiente para estender seu poder. Se em 1939 Hitler incumbira Himmler

---

[26] Himmler com frequência enviava a Marga cartas de viúvas ou mães de soldados mortos em combate — desde que fossem escritas em um tom "correto" e "decente", ou seja, que essas mulheres tivessem um comportamento "corajoso" e "heroico" e aceitassem a morte do ente querido como um sacrifício necessário pela pátria.

apenas, em sua qualidade de comissário do Reich, da missão de planejar a "mudança de população" da Polônia, este por sua vez considerou que essa delegação também valia para a União Soviética.

Dois dias depois do ataque à União Soviética, Himmler já incumbia um agrônomo, o *Oberführer-SS* Konrad Meyer (1901-1973), de traçar o "Plano Geral Leste". A primeira versão, por ele apresentada a 15 de julho de 1941, combinava objetivos ligados à ideologia racial a outros puramente econômicos: reestruturação étnica, colonização "germânica" duradoura e exploração econômica dos territórios ocupados a leste. Para permitir o deslocamento para leste da "fronteira étnica alemã" — garantida por um "muro do sangue germânico" que devia ir do Báltico à Crimeia —, era necessário antes de mais nada deslocar à força para a Sibéria cerca de 30 milhões de russos, poloneses, tchecos e ucranianos, e em seguida instalar camponeses alemães armados. Himmler considerava que uma condição importante da colonização alemã e da dominação duradoura em territórios do Leste previamente "evacuados" era conquistar para sua causa a totalidade dos povos germânicos: noruegueses, dinamarqueses, belgas e holandeses deviam aumentar em cerca de 30 milhões a população do Reich pangermânico. Por outro lado, considerava também que uma proporção máxima de 20% de poloneses, 35% de ucranianos e 25% de bielorrussos eram "germanizáveis". A longo prazo, o plano previa uma ampla germanização dos territórios do Leste, passando pela "reinjeção do sangue alemão". Com esta finalidade, a SS roubou e deportou milhares de crianças polonesas "de bom sangue".

Embora de modo algum tenha alcançado na Polônia os ambiciosos objetivos de seu programa de mutação populacional, Himmler decidiu lançar imediatamente a "purificação étnica" a leste, sem esperar o fim da guerra, como previsto. Para ele, a maneira mais rápida de pô-la em prática foi a sistematização no verão de 1941 dos massacres de judeus-soviéticos, que além do mais representavam, aos olhos da direção nacional-socialista, esteios do Estado bolchevista.

Além do combate de que Hitler se fizera apóstolo, e que opunha duas visões de mundo — nacional-socialismo contra "bolchevismo" e "judaísmo mundial" —, Himmler via a última batalha de um confronto secular entre a Europa e a Ásia. Seus camponeses guerreiros não deviam apenas colonizar o território conquistado e nele gerar filhos, mas também fazer "de tempos em tempos incursões guerreiras nas terras ainda não conquistadas da Ásia, nelas fazendo butins e endurecendo a seleção racial". De então a 400, 500 anos, segundo a visão de Himmler, entre 500 e 600 milhões de germânicos deveriam estar vivendo nos territórios do Leste.

Gmund a.[m] Teg[ernsee], 2 de agosto de 1941 (quartel-general do Führer, 5 de agosto de 1941, 20 horas, escrita a 9 de agosto de 1941, 20 horas)

Meu caro e bom!

Você perguntou ontem o que estávamos fazendo o dia inteiro. Trabalho é o que não falta se quisermos que tudo esteja limpo e em ordem, e que alguma coisa brote no jardim.[27]
Cedo demais! Levantamos entre 8h30 e 9h30. Antes, ainda lemos. Bonequinha também. Depois, há muito a fazer na cozinha, as conservas etc., e Anna não é propriamente autônoma. Arrumar. Percorrer o jardim, conversar sobre todo o trabalho. Trabalhos manuais. À tarde, quase sempre descansamos, exceto quando chegam frutas e legumes, ou então o dr. Fahrenkamp. Raramente vem alguém nos visitar e nós gostamos muito da calma. Depois de 8 de agosto,[28] *vou para Berlim, sem muita vontade, mas é preciso. [...]*

---

[27] É um elemento típico da correspondência entre os dois ao longo de todos esses anos: cada um deles quer parecer o mais ocupado — ainda que o desenrolar real do dia não permita concluir por uma vida particularmente cansativa.
[28] No dia 8 de agosto era o aniversário de Gudrun.

Bonequinha está absolutamente encantadora; outro motivo que me deixa muito triste de ter que partir. Pois agora ela está de férias. Já passa horas me ajudando com as conservas.

No desconto já há presentes de Natal. Um homem prevenido vale por dois. Não consigo acreditar que as frutas estejam tão caras. Quanto ao resto, não acho a coisa assim tão terrível. Estou juntando o cheque.

A sra. Bäumel queria vir passar dois dias conosco, a sra. Stang também disse que vem. Frida [sic] e Röschen se foram. F.[rieda] estava muito depremida [sic].

Certamente seria afinal muito bom que você escrevesse uma vez à sra. von der Ahé. Talvez Horst se tenha emendado, também passamos por isso com Gerhard.[29] Quando lhe escrevo, devo continuar assinando Mamãe? Vou escrever-lhe, é necessário que ele escreva a sua mãe.

Na exposição gostei bastante do quadro de Heydrich.

O pr. Gebhard deve ter-lhe feito um relato dos meus ferimentos. Já está durando bastante tempo, mas também tenho a sensação de que não para de melhorar. E, depois, a gente se acostuma às dores.

Com minhas saudações e beijos do fundo do coração, sua M.

Os dois tinham distribuído entre si o encargo dos presentes de Natal: enquanto as secretárias de Heinrich Himmler cuidavam dos presentes para seus funcionários da SS, seus colaboradores e amigos próximos, Marga se incumbia dos presentes dos empregados particulares e suas famílias, dos colaboradores da Cruz Vermelha, seus parentes e amigos. Na média dos anos, a coisa representava entre sessenta e oitenta pessoas. Ela presenteva sobretudo com sabonetes, meias, papel de cartas, livros e porcelana da manufatura administrada pela SS em Allach. Quanto mais se prolongava a guerra, mais esses presentes significavam uma grande mobilização logística, de tal maneira que ela começava a juntá-los bem

---

[29] No dia 11 de junho de 1941, ela havia anotado: "Aconteceu toda uma série de coisas terríveis com Gerhard."

cedo já no decorrer do ano. E, no entanto, os Himmler ainda tinham durante a guerra acesso a muitos bens de consumo com os quais a população comum só podia sonhar.

Quartel-general do Führer, 9 de agosto de 1941

Minha boa Mamãezinha!

Desde esta tarde e até a noite estou aqui, em Hegewaldheim, um restaurante que requisitamos para nosso uso exclusivo, à beira de um lago; Arnold, o cozinheiro de Wewelsburg, dá plantão nos fogões. — Hoje o sol brilhou algumas vezes. Fui passear um pouco, mas, fora isso, trabalho em um refeitório. Estou de novo muito bem; mas essas histórias de intestino são mesmo muito incômodas e nos deixam muito abatidos. Na frente, são dezenas as pessoas que têm isso. — As vitórias são afinal de contas admiráveis; no Sul, as coisas avançam muito bem. Ontem à noite comi com Ribbentrop; foi <u>muito</u> agradável e irretocável.[30]

Obrigado de novo (agora por escrito) por sua carta de 2 de agosto e o cheque de 150 marcos. — Quanto a Otto, temos de esperar. — Agora vou escrever à sra. Von der Ahé. Da próxima vez, lhe envio a cópia carbono. Em uma primeira etapa, eu não assinaria mais "Mamãe" para Gerhard; se ele realmente se emendar, a coisa então poderia de novo ser contemplada.

É uma boa coisa que você já tenha se adiantado para o Natal! Fico tão feliz que seu estômago e suas fezes de novo estejam melhores! Os ferimentos certamente vão melhorar também. Você deve ter sentido muitas dores, pobre Mamãezinha! E que ótimo que Bonequinha seja tão boazinha, nossa diabinha!

Agora vamos falar um pouco de como eu emprego meu tempo. Levantar às 9 horas. Depois o "Grandalhão" vem durante uma hora. 10 horas, vestir-se e desjejum. Depois, fazer a barba e, ao mesmo tempo,

---

[30] Nos anos de guerra, foram muitos os motivos de tensão entre os dois.

apresentação do correio matinal pelo dr. Brandt.[31] *Em seguida trabalho e "governo" pelo telefone, rádio e Telex. Dia sim dia não, às 13 horas, ida para a casa do Führer, aonde chego às 14. Refeição. Entre 16 e 17 horas, retorno. De novo trabalho no trem, e, nos raros dias de sol, passagem por Hegewald, à beira do lago. 20 horas, jantar, trabalho e leitura até 23 ou meia-noite. Às 13 horas, e, à noite, às 20 horas, chega o mensageiro trazendo a cada vez novas montanhas de correspondência. Enquanto isso, viagens de três dias e mais. Vou tentando acompanhar a correspondência tanto quanto possível, mas no fim das contas as coisas vão ficando obscuras. Dia sim dia não eu como com Lammers.*[32]

Agora lhes desejo, a você e à Bonequinha, um bom domingo e a você uma excelente viagem a Berlim.

Para você e para Bonequinha, muitas saudações e beijos afetuosos

Seu Papaizinho

Desde o ataque à Rússia, Himmler encontrava-se quase sempre no seu "trem especial", em geral estacionado perto do quartel-general de Hitler, a "Wolfsschanze", a "toca dos lobos", perto de Angerburgo, na Prússia Oriental. As cartas enviadas a Marga confirmam as menções contidas em sua agenda de trabalho nessa época: ele de fato almoçava com Hitler dia sim dia não, permanecendo em sua residência até a tarde ou a noite.

"Hegewaldheim" — a cerca de uma hora de estrada do quartel-general de Hitler — tornou-se aos poucos o quartel-general fixo de Himmler quando não estava viajando por vários dias para visitar suas unidades da SS nas diferentes seções da frente, dando instruções ou controlando sua execução.

---

[31] Rudolf Brandt (1909-1948) foi de 1936 a 1945 assessor pessoal de Himmler. Desde o fim da década de 1930, era seu oficial de ligação no Ministério do Interior.

[32] Hans Heinrich Lammers (1879-1962) era diretor da Chancelaria do Reich, com a patente de *Gruppenführer-SS*. Desde 1933 como secretário de Estado, compartilhou a partir da época da guerra contra a Polônia e contra a França o "trem especial", com Himmler e o ministro de Relações Exteriores Joachim von Ribbentrop.

O "Grandalhão" era o massagista e terapeuta de Himmler, Felix Kersten (1898-1960), nativo da Estônia e cidadão finlandês, que tratou dele durante anos, especialmente por seus crônicos problemas digestivos. Em 1952, ele publicou suas Memórias, alegando ter utilizado sua proximidade do poder para salvar vidas humanas, convencendo Himmler, pouco antes do fim da guerra, a libertar detentos judeus.

Gmund a.[m] Teg.[ernsee], 9 de agosto de 1941 (Chegada ao quartel-general do Führer 11 de agosto de 1941, 22 horas, escrita a 13 de agosto de 1941, 19h15)

Meu caro e bom!

Wölffchen e Nüsschen chegaram,[33] *e me trouxeram um presente do pai, agradeça ao sr. Wolff por mim. Quinta-feira vou para Berlim. O sr. Pohl telefonou para ele. Mas ele não estava.*
   Bonequinha foi muito boazinha ontem. Ah, nossa boa diabinha! Ficou tão feliz com tudo isso. Especialmente com seu estojo de couro. Nós acendemos o Julleuchter.[34]
   O dr. Fahrenkamp está telefonando neste momento, ele não virá, ou melhor, seus filhos não virão ver Bonequinha, pois Inge está bem doente e sua mulher agora também está de cama. Gripe intestinal. E como vai você realmente? Melhor? Você ainda não nos disse de fato qual era a gravidade, mas pelo seu tom de voz percebi que nem tudo voltou ao normal. Achei que você tinha apanhado frio, o que não seria nem um pouco de se estranhar com esse tempo.

---

[33] Wölffchen, "lobinha" (*1930) e Nüsschen, "nozinha" (*1934) eram as filhas mais velhas de Karl e Frieda Wolff. Wölffchen tinha seis meses menos que Gudrun e já fizera amizade com ela e Gerhard em Munique. Em Gmund, Berlim-Dahlem e mais tarde Reichersbeuern, foi da mesma turma que Gudrun, e as duas frequentemente se visitavam.
[34] Espécie de porta-velas místico em forma de pirâmide que Himmler tinha "adaptado" para a SS, a fim de comemorar a festa do solstício (ver a carta de 15 de maio de 1943). [*Nota da tradução francesa.*]

Estou anexando a carta da condessa Wedel.

O sr. Schnitzler espera dar um jeito de nos conseguir um substituto para Otto, pois agora ele se vai. O pai não parece realmente ter-se restabelecido. Dizem que trabalha como diarista em uma propriedade na Pomerânia e que teria conseguido dez Morgen[35] para seu próprio uso. Esse tipo de coisa realmente existe?

O pr. Gebhard escreveu-me uma longa carta, muito tranquilizadora. Eu também vou muito melhor. Aos poucos tudo vai voltando à ordem.

*Com muitas saudações e beijos
do fundo do coração, sua M.*

Gmund a.[m] Teg.[ernsee] 13 de agosto de 1941 (Chegada ao quartel-general do Führer 16 de agosto de 1941, 14 horas, escrita a 27 de agosto de 1941, 20 horas)

Meu caro e bom!

Sua carta chegou hoje, obrigada, muito obrigada. Amanhã de manhã, ida para Berlim. Se agora está havendo lá ataques aéreos diários, não vou ficar mais tempo. Talvez você possa falar com o pr. Gebhard para saber se posso levar comigo a sra. Seeger, a quinesioterapeuta.

Mando junto 2 cartas. O dr. Rühmer[36] também me escreveu, o que me foi bem agradável. Até agora tenho dado sorte com as pessoas a

---

[35] Um *Morgen* equivalia mais ou menos a 20 ares. [*Nota da tradução francesa.*]
[36] Karl Rühmer (*1883) era especialista em piscicultura. A partir de julho de 1941, trabalhando no *Wirtschafts-Verwaltungshauptamt*, WVH, "escritório central para a economia e a administração" da SS em Berlim, ele montou um departamento de pescaria em Unterfahlheim. A partir de maio de 1942, nele são obrigados a trabalhar também detentos de Dachau. Foi com toda evidência por recomendação de Marga que ele entrou para o WVHA, dirigido por Pohl. Marga Himmler também lhe encomendava de vez em quando grandes quantidades de peixe.

quem recomendei o sr. Pohl. Sobre o outro livro, não sei o que lhe dizer, eu não gostava de Steinmeyer, mas da enfermeira que o atendia na época, e por isso é que eu fui. Preferia nosso velho Setzkorn,[37] espero que ele esteja bem.

Logo você deverá telefonar. Esta tarde, a sra. Stang chega com o marido. A sra. Bäumel estava aqui; foi muito agradável, ela é de fato uma pessoa inteligente.

Apareceu uma pequena vermelhidão na minha ferida. E eu achando que poderia aplicar compressas com mais frequência, pois o frio me fazia tanto bem.

Bonequinha agora fala o dia inteiro da minha viagem. Ela afirma que você não tem nada a ver com isso, por favor, não deixe de lhe dizer uma vez pelo telefone.[38]

Agora Otto vai embora, é mesmo uma pena, como ele se tornou útil, nossos porquinhos são a prova disso. Chegamos inclusive a colher no jardim cerca de 80 quilos de groselha, mas também demos aos policiais, inclusive ao sr. Laur, que está bem de novo.

Você perguntou o que é que fazemos o dia inteiro. Eu passo quase todas as minhas manhãs na cozinha. Fizemos muitas conservas, vou gostar de mostrá-las a você, e nosso jardim também está em bom estado. De Kalkreuth, não tivemos notícias. Chove toda noite há quase três semanas.

Há estrangeiros aqui, é indescritível. Eles compram tudo. E ficam diante das nossas portas. Mal se pode chegar ao jardim.

Com muitas saudações e beijos

Sua Marga

---

[37] O dr. Setzkorn era clínico-geral e naturopata em Berlim; a família de Heinrich e com toda evidência também seu irmão foram tratados por ele durante anos.
[38] Gudrun escreveu nesse dia ao pai: "Amanhã minha boa mamãe também viaja para Berlim e eu estou sozinha. Não posso deixar de chorar."

Berlim, 15 de agosto de 1941 (Chegada ao quartel-general do Führer 16 de agosto de 1941, 14 horas, escrita a 27 de agosto de 1941, 20 horas)[39]

Meu caro e bom!

Gertchen está a meu lado e conversa comigo. Encontrei tudo muito bem aqui, pois Liesl chegou antes de nós. O percurso foi magnífico, a bela pátria alemã. Se pelo menos chovesse menos. Hoje fiquei aqui para fazer uma triagem, telefonar e arrumar. Amanhã teremos a sra. Hermann, de noite a enfermeira Fridl. Consegui consolar Bonequinha na última hora, pois Inge Jarl virá. Infelizmente ela já não se entende muito bem com Lydia. Mando junto alguns bolos.
  Com muitas saudações e beijos do fundo do coração

Sua Marga

Himmler encontrou esta carta ao retornar de Minsk. Viajara acompanhado, entre outros, de Prützmann, Wolff e o fotógrafo de Hitler, Walter Frentz, que registrou a viagem de 14 a 16 de agosto batendo fotos coloridas. Em Minsk, na Bielorrússia, 1.050 já tinham sido executados a 13 de julho; no dia 19, outras pessoas foram retiradas do gueto para serem executadas. A 15 de agosto, Himmler assistiu perto de Minsk à execução de "partisans e judeus".

Berlim, 28 de agosto de 1941

Meu caro e bom! Espero que realmente esteja melhor e que não esteja apenas fingindo no telefone.

Hoje houve uma pequena emoção. Kalkreuth deu entrada no hospital militar de reserva 106.[40] *Justamente o 106! Vou para lá agora. [Ele tem] estilhaços de granada no pé.*

---

[39] Sua carta de resposta, com data de 27 de agosto de 1941, se perdeu.
[40] O hospital de reserva 106 em Berlim-Wilmersdorf era o primeiro onde Marga tinha trabalhado, a partir de 1939.

Mando junto uma carta que chegou ontem. Espero que não seja verdade tudo que se lê nela, pobres crianças. Sábado vou para Gmund, junto da minha Bonequinha. — Hammerl está de cama; dizem que está muito doente.

Também é o caso do sr. Karl,[41] que estaria com pneumonia. Aqui vai tudo como sempre, calmo e belo. Muitas frutas. Especialmente ameixas e peras. Gmund; o jardim fica com um aspecto magnífico com todas essas frutas.

Quando estivermos em Rimini e tivermos um hotel, mandarei um despacho para o sr. Baumert, foi o que combinamos.

Não paro de pensar que não poderemos ajudá-lo se lhe acontecer alguma coisa também. Só poderemos viajar no dia 4, pois os outros não conseguiram passagem de vagão-leito.[42] Vou levar-lhe um pijama. Precisa de alguma outra coisa?

Com muitas saudações e beijos do fundo do coração

Sua M.

29 de agosto de 1941 (Chegada ao quartel-general do Führer 30 de agosto de 1941, escrita a 31 de agosto de 1941, 20 horas)

Meu caro e bom! Eu achava que as crianças poderiam percorrer a pé os cinco quilômetros entre Gmund e Tegernsee. Mas imediatamente encomendei carros e eles chegam na terça-feira. Com a acompanhante que irá com eles. A sra. Johst e sua filha também. Hanns Johst deve estar em Berlim.

---

[41] Josef Karl (1910-1962) era desde 1937 Führer no Estado-Maior do escritório central da SS; em 1941 foi nomeado *Sturmbannführer*.

[42] Os "outros" eram Hugo e Frieda Höfl, além de sua filha Irmgard Klingshirn, de Apfeldorf, que foram a Rimini com Marga e Gudrun. Hugo Höfl, *Obersturmbannführer-SS*, trabalhava desde 1935 como voluntário no serviço de segurança da SS. O filho de Irmgard, recém-nascido, era afilhado de Himmler.

Mil vezes obrigada de todo o coração por sua carta, eu a recebi ontem à noite. Viajo amanhã de manhã e já estou muito feliz de reencontrar nossa diabinha.

Hoje ao chegar ao hospital militar 106 para visitar Kalkreuth, todo mundo estava muito satisfeito, o que também me alegrou. O ferimento de Kalkreuth dura no máximo quatro semanas.

Com muitas saudações e beijos do fundo do coração

Sua M.

Quartel-general do Führer, 31 de agosto de 1941

Minha querida Mamãezinha!

Estive esta manhã e esta tarde com o Führer e fui dar uma volta com ele. Ele também vai bem de novo. O jantar será servido daqui a meia hora e portanto estou lhe escrevendo do quartel-general do Führer propriamente dito. Vai tudo muito bem. E, de maneira geral, quando pensamos que amanhã, 1º de setembro, estaremos em guerra há dois anos, quanta coisa não alcançamos!

Todos os meus agradecimentos afetuosos por suas duas queridas cartas de 28 e 29/8. Eu realmente estou melhor; posso dizer com tranquilidade: francamente bem. Mas essas histórias todas são longas e tediosas, e devemos mesmo esperar isso a leste. Fico feliz que sua visita ao antigo hospital tenha sido tão simpática e que Kalkreuth esteja tão bem.

Recebi a carta anexa a esta, deixo que você verifique de perto e se algo está faltando, vou interferir. Deseje da minha parte um bom restabelecimento a Hammerl e Karl.

Fico tão feliz que vocês repousem um pouco em Rimini. Fora isso, não andaria demais, mas vocês precisam visitar Ravena. Conte absolutamente tudo isso à Bonequinha. Lá encontrarão o túmulo do rei dos godos Teodorico, o Grande, conhecido na lenda como Dietrich von Bern. Bern é o nome alemão de Verona, assim como Ravena se chamava Raben. O túmulo é uma das mais antigas construções germânicas; dois anos atrás, incumbi o "Ahnenerbe" de tirar suas medidas. Mas Teodorico não repousa mais no túmulo, não se sabe onde se encontram os despojos. — Aproveitem o mar e o sol, repousem bem! Mande-me o nome do hotel por despacho!

E agora todos os meus bons votos e muitas saudações e beijos do fundo do coração

Seu Papaizinho

Não se esqueça de cumprimentar os Höfl!

Gmund, 3 de setembro de 1941 (Chegada ao quartel-general do Führer a 6 de setembro [de 19]41)

Meu caro e bom! Todos os meus agradecimentos pelo belo tapete, fiquei muito feliz. Bonequinha já me havia deixado tão impaciente. Viajamos amanhã e esperamos encontrar um tempo magnífico. Quando voltarmos, saberemos se você virá; caso contrário, irei em seguida para Berlim. Esperamos ficar cerca de dez a doze dias. Depois, na segunda-feira 21, Bonequinha recomeça na escola. É o que o dr. Fahrenkamp escreveu. Bonequinha infelizmente não ganha peso, mas perde. —

Achei que sua mãe não estava assim com tão má aparência. Mas ela se sente muito cansada. O tempo esplêndido que faz hoje e que vai persistir, espero, certamente ainda vai ajudá-la um pouco.

O sr. Schnitzler veio e me trouxe o dinheiro da viagem. Eu não tinha a menor ideia do valor que se recebe para a viagem. Da próxima vez que Bonequinha viajar, precisará do seu próprio passaporte. O sr. Schnitzler disse que era a única coisa que se exige. Maria saiu de férias, sua mãe mandou escrever que ela não voltará pois ela própria precisa da filha. Mas Maria garante que voltará. Tannberger continua doente. O sucessor de Otto geme e não quer ficar, sempre sozinho e tão pouco dinheiro. Nós, ou seja, o sr. Schnitzler, vamos procurar um outro nas imediações. Temos frutas magníficas e os legumes também estão muito bons. É preciso afinal conservar tudo isso. Mando junto o livro de Hanns Johst. Meus melhores votos e, sobretudo, fique com saúde.

Eu o saúdo do fundo do coração

Com mil beijos, sua M.

Gudrun escreve em seu diário que no dia 4 de setembro de 1941 eles tomaram o trem para Rimini, onde o *Oberführer-SS* Eugen Dollmann, oficial de ligação de Himmler junto a Mussolini, os esperava e os "levou ao melhor hotel ainda aberto". "O chefe de polícia de Rimini também estava presente, naturalmente. [...] Ninguém lá falava uma única palavra de alemão, exceto o porteiro, mas, graças a Deus, Friedl fala italiano." Eles passaram as manhãs na praia, à tarde visitaram entre outros lugares a casa natal de Mussolini, o túmulo de Dante e, como recomendara Himmler, o mausoléu de Teodorico.

Já em 1926 Himmler anotava em sua lista de leituras: "Esse Dietr.[ich] von Bern certamente deve ter existido, caso contrário não estaria tão profundamente registrado no coração do povo."

A equiparação do lendário Dietrich von Bern ao rei godo Teodorico de fato foi corrente durante séculos, mas é extremamente duvidosa do ponto de vista histórico. Em julho de 1938, Himmler solicitou e obteve do ministro italiano da Educação Nacional, Bottai, autorização para que um arqueólogo e um arquiteto da organização "SS-Ahnenerbe" tomassem as medidas do túmulo de Teodorico em Ravena, argumentando que se tratava, "para a Alemanha, de um dos monumentos mais respeitáveis da história antiga". Os pesquisadores de Himmler julgaram ter demonstrado o "caráter germânico" da construção, classificando-a como "o edifício mais antigo da arquitetura alemã em pedra talhada".

Marga e Gudrun tiveram de interromper prematuramente suas férias na Itália por causa da morte da mãe de Heinrich Himmler, Anna, a 10 de setembro. Gudrun escreve que não foi autorizada a comparecer ao enterro, que o lamenta e que agora não tem mais avós.

Berlim, 17 de setembro [de 1941]

Meu caro e bom!

Ontem nós conversamos, e fiquei muito feliz. Os russos afinal de contas desfilaram hoje. O que, no fim das contas, vai mudar muitas coisas. Como já lhe disse, temos aqui cinquenta (doentes graves), ou seja, de fato ligeiramente doentes [sic]. Bonequinha está encantadora e brinca tão bem com suas casas. Tiramos as fotos antes de deixar Gmund. A sra. Foedisch[43] *está viva e escreveu, terrivelmente feliz, que Werner estava no 7º destacamento de polícia auxiliar junto à SS, e que foi liberado para cuidar da sua propriedade. O testamento foi aberto. Com a morte de Grete,*[44] *Lydia herda 30 mil marcos, ou mais exatamente os juros. Senhorita e Anni são muito corretas, só Schick se mostra impossível. É preciso realmente acabar com isso. Estou pesando 60 quilos e, portanto, não estou realmente tão gorda quanto pareço nas fotos. Ontem o tempo estava pavoroso, hoje está bom. Você nem calcula o prazer com que vou ao meu hospital. Nos tempos que correm, a gente quer mesmo ajudar. A sra. Foedisch me convidou.*

Mas não vou viajar logo. Nós o esperamos com tanta saudade, meu bom.

Com muitas saudações e beijos do fundo do coração,

sua M.

---

[43] Velha conhecida de Marga em Bromberg. Seu filho Werner era desde 1940 *Scharführer-SS* destacado no RuSHA (*Rasse- und Siedlungshauptamt*), e posteriormente na Waffen-SS.
[44] Segunda mulher de Hans Boden, com a qual Marga evidentemente já não andava em bons termos nos últimos anos. Após a morte do pai em junho de 1939, ela escreveu em seu diário: "Espero que não tenhamos mais muitas notícias de Grete, simplesmente tenho medo" (24 de agosto de 1939).

Berlim, 21 de setembro de 1941 (quartel-general do Führer, 23 de setembro de 1941, 19h20, escrita em 28 de setembro de 1941)

Meu caro e bom! Ontem à noite, no exato momento em que voltava para cá, chegava também o sr. Baumert com suas esplêndidas rosas e o café, mil obrigados de todo o coração. E também ao sr. Wolff. Hoje o tempo estava magnífico, espero que "eles" não voltem a nos visitar [os aviões britânicos]. Mas Bo[nequinha] ficou bem triste quando parti. "Não se esqueça de mim", disse. Depois dessas longas férias, ela tem muita dificuldade de recomeçar na escola. E, além disso, que pena que não encontre lá uma amiga de verdade. O sr. Burgstaller quer muito uma foto sua com dedicatória. As duas coisas causariam uma boa impressão.[45] *Ainda temos aqui uma tal quantidade de caviar, será que não deveria livrar-me disso? Não encontro botas suas para a operação de coleta de botas. Não podemos enviar-lhe alguma coisa?*
Com mil saudações e beijos do fundo do coração,

sua M.

Berlim 24 de setembro de 1941 (Chegada a Friedrichsruh 26 de setembro de 1941, escrita em 28 de setembro de 1941)

Meu caro e bom. Como pode ver, são as nozes da sra. Hermann. Espero que esteja melhor. Você me promete tantas coisas ante a ideia de que agora vai morar em casa e não no trem. Esperávamos preparar bolos para o fim de semana. Hoje telefonarei à Bonequinha. À noite irei à casa da sra. Von Ribb.[entrop]. Ela passou apenas três dias em Hohenl. [ychen]. Na DRK tudo transcorre de acordo com o previsto. Saudações e beijos do fundo do coração, sua M.

---

[45] Alois Burgstaller recebeu como presente de Natal a foto emoldurada de Himmler que solicitara.

Berlim, 27 de setembro de 1941 (chegada a Friedr.[ichsruh] 27 de setembro de 1941, 24 horas, escrita em 28 de setembro de 1941, 12 horas)

Meu caro e bom. Mando junto uma carta de Bonequinha, por favor, mande-a de volta. Como não existe a menor possibilidade de você estar aqui no seu aniversário, vou passar três dias em Gmund (tomando o trem). Acho que não devemos deixá-la sozinha. Mando também neste envelope uma carta que me foi enviada por um certo major Nolte. Ele dirige as estações ferroviárias e é muito correto (e, ainda por cima, oito filhos). Talvez você possa ajudá-lo nisso. Depois ele certamente preferirá também ajudar-nos aqui em alguma coisa. — Junto ainda a lista de presentes que Bonequinha gostaria no Natal, quem sabe você não vai riscando o que comprar e me manda de volta o papel. Também tenho aqui para ela, por outro lado, um colete de lã e luvas (com forro de pele). Ou então escreva dizendo o que eu ainda tenha de comprar da lista. Também comprei o jovem hitlerista e a mocinha do B.D.M. de Allach.[46] *Também posso dar-lhe presentes. A sra. Foedisch escreveu que Werner pode ser alistado a 1º de dezembro, pela Wehrmacht. Ele preferiria ir para a SS, é possível? E, nesse caso, poderia ser empregado por perto? O SD ou algo assim? Sua propriedade foi transformada em centro de aprendizado. Aqui está um tempo magnífico. Em Gmund também, e portanto espero que minhas ameixas ainda tenham tempo de amadurecer.*

Depois de nos entendermos com o escritório do sr. Pohl, vamos fornecer presentes de Natal aos homens da SS, e para mim também certas coisas contra pagamento. 10 mil barras de chocolate para a SS. Kalkreuth contou-me que no hospital de campanha eles recebiam uma barra por dia. Fico feliz assim por haver algumas para a SS, e também que sejam fornecidas meias [sic]. Somos os únicos a não dispor ainda de livros. É difícil consegui-los.

---

[46] O jovem hitlerista e a mocinha do B.D.M. faziam parte de uma série de figurinhas de porcelana produzidas na manufatura da SS, na qual também trabalhavam detentos de Dachau.

Para mim, ele trouxe, entre outras coisas, meio quintal de café e um pouco de chá. Paguei do meu bolso. Pretendo oferecer a maior parte do chá à SS e ficar com o café para os presentes de Natal. Quem sabe se não haverá gansos. Será que também não deveria oferecer algo aos idosos do 106? Às arrumadeiras etc.? Não consigo doces nem pão de mel. Você vê alguma solução? Dümig/Haar[47] não dispõe de pessoal para fazer os confeitos. Tenho de presentear cerca de sessenta pessoas, e não consigo pão de mel.[48] Com muitas saudações e beijos do fundo do coração, sua M.

Sexta-feira foi enterrado o pai da sra. Von Schade.

Quartel-general do Führer, 28 de setembro de 1941

Friedrichsruh

Minha cara Mamãezinha!

Primeiro de tudo, todos os meus agradecimentos por seus três queridos cartões e cartas dos dias 21, 24 e 27 de setembro.

Transmita à sra. Hermann meus agradecimentos, pois me poupará de escrever especialmente. [Os bolos] Estão ótimos.

A carta de nossa Bonequinha é encantadora. Ela também me escreveu de maneira igualmente gentil. Mandei-lhe bombons anteontem.

Também lhe mando a lista de seus desejos, acho que vou comprar o álbum de coleção. — Dei opinião favorável à solicitação da tia do major Nolte.

---

[47] A padaria Dümig, em Munique-Haar, ainda existe como empresa familiar.
[48] Na verdade, nesse ano ela teve de presentar cerca de oitenta pessoas. Depois que seu marido lhe conseguiu açúcar (ver a carta de 28 de setembro de 1941 que se segue), ela aparentemente preparou pessoalmente os pães de mel (carta de 23 de novembro de 1941 e registro de presentes).

Mando-lhe a descrição de Födisch [sic]. *Não quero fazer nada por Werner. A coisa deve seguir seu curso normal.*

Na verdade, o irmão de Paula (a mulher de Ernst), Walter Melters,[49] *morreu em combate nas fileiras da SS.*

Mando junto o pagamento mensal. — O buquê não deve ser posto em vaso. É uma erva — chama-se "porsch" —, eu mesmo a colhi na Letônia e dizem que ajuda a combater traças. Deve ser colocada entre as roupas de lã.

É uma boa coisa que você obtenha presentes de Natal para os homens da SS. Naturalmente, vou oferecer algo aos idosos do 106.

Por acaso ajudará se eu lhe mandar açúcar para preparar confeitos?

Agora vou tomar meu caminho ao encontro do Führer! Espero que vocês tenham menos aviões esta semana!

Mil saudações e beijos afetuosos

Seu Papaizinho

O Reich alemão, que devastara cidades como Varsóvia, Belgrado e Coventry com bombardeios maciços, por sua vez tornava-se então alvo dos ataques aéreos aliados. Em maio de 1940, aviões britânicos bombardearam pela primeira vez Dortmund, Mönchengladbach e outras posições no Ruhr. Em agosto caíram as primeiras bombas em Berlim. Embora as perdas sofridas nesses ataques fossem relativamente pequenas em comparação com o que se seguiria, verificou-se que a proteção da cidade era totalmente insuficiente. Foram demasiado tardias as primeiras medidas de defesa aérea, inicialmente improvisadas. Na correspondência entre Marga e Heinrich Himmler, os ataques aéreos são um tema recorrente: trata-se de "animais" que fazem "visitas" à noite, expulsando Marga de casa. Nessa época, os bombardeios

---

[49] Walter Melters (1913-1941), irmão caçula de Paula Himmler, *Sturmmann SS* e repórter de guerra da SS, morreu no dia 14 de setembro de 1941 na frente russa. Himmler aparentemente foi o primeiro a ser informado de sua morte: no dia 16 de setembro, ele telefonou a seu irmão Ernst, em Munique, onde este cuidava com Gebhard e Hilde da mudança do apartamento de seus pais, após a morte de Anna Himmler, para comunicar-lhe a morte do cunhado.

com frequência já a obrigavam a passar as noites no bunker — o que também explica o fato de Heinrich proibir a filha de visitar a mãe em Berlim durante a guerra.

Dahlem, 2 de outubro de 1941 (Friedrichsruh 5 de outubro de 1941, 23 horas, escrito a 17 de outubro de 1941, 23 horas)

Meu caro e bom, todos os meus votos do mais profundo do coração pelo seu aniversário. Continue com boa saúde, para poder seguir assumindo muitas responsabilidades. Bonequinha não entendeu de jeito nenhum que você não pudesse comemorar seu aniversário. Como somos felizes por nos amar tanto. Viajarei no sábado pela manhã, e já estou muito feliz por poder revê-la.

Mandei-lhe algumas coisinhas de que provavelmente está precisando. Aqui tudo segue seu curso habitual.

Atualmente temos com frequência visitas à noite, e esta noite também as estou esperando.

Terça-feira à tarde você nos vai telefonar em Gmund, não é mesmo? Se não gostar desses bolos, por favor, diga, podemos preparar outros.

Espero que retorne com saúde de Kiev, não consigo parar de pensar nisso o tempo todo. [...]

Todos os meus votos, meu Papaizinho.

Sua M. o saúda e o beija.

Lydia também escreveu de Gmund ao cunhado, em 2 de outubro de 1941: "Caro Heini! Também gostaria de enviar-lhe meus votos mais sinceros por seu aniversário! Antes de mais nada, continue com saúde para fazer frente a todas as tempestades. [...]"

De 1º a 5 de outubro, Himmler viajou pela Ucrânia, passando pela Eslováquia. Em Kiev, encontrou no dia 2 de outubro o *Höherer SS- und Polizeiführer* Jeckeln, que dias antes tinha organizado o massacre dos judeus de Kiev na ravina de Babi Yar (ver o comentário da carta de 7 de maio de 1941). Em 4 de outubro, Himmler ordenou que o *Sonderkommando*[50] Lange, que já adquirira na Polônia uma certa experiência no assassinato de doentes em caminhões de gás, fosse imediatamente enviado a Novgorod para assassinar os internos de três "asilos de loucos", pois as instalações eram necessárias para receber a tropa. No mesmo dia, fez em Nikolaïev um discurso para membros do *Einsatzgruppe D*, no qual declarou que a guerra contra a União Soviética visava ao aniquilamento do bolchevismo e à conquista de espaços vitais. As execuções em massa de judeus e adversários políticos, segundo ele, eram uma missão difícil, mas era necessário executá-la para alcançar o objetivo fixado. Na mesma noite de sua volta, a 5 de outubro, ele apresentou a Hitler um relatório sobre sua viagem, explicando que os habitantes de Kiev causavam má impressão, de tal maneira que era possível "dispensar pelo menos 80 a 90% deles".

Dahlem, 14 de outubro de 1941 (escrita a 17 de outubro 1941, 23 horas)

Meu caro e bom!

Neste envelope algumas cartas que me foram enviadas. Acabo de saber que o 2º filho de Ilse Göring morreu em combate. Era o seu favorito. — Aqui, vou muito bem, há muito tempo já não temos mais visitas durante a noite. O emissário diplomático Ettel[51] *pretende vir visitar-me nos próximos dias com sua mulher e sua irmã. Na DRK estão acontecendo coisas estranhas de novo. Um dia vou ter de contar-lhe pessoalmente. Continuamos esperando que você venha para o Natal. (Kalkreuth está aqui de licença.) Bonequinha ficaria muito triste. Como é que vou consolá-la? Por enquanto, não digo nada. Recebi um relógio. Você sabe o que gostaria que me desse no Natal?*
  Com muitas saudações e beijos do fundo do coração, sua M.

Em 26 de outubro, Marga anotava em seu diário:
  "H. telefona com frequência. Está com boa saúde. A guerra avança esplendidamente. Tudo isso devemos ao Führer."

---
[50] Comando especial. [*Nota da tradução francesa.*]
[51] Erwin Ettel (1895-1971), *Brigadeführer-SS*, desde 1936 alto funcionário no *Auswärtiges Amt*.

A rigor, nada permitia afirmar que a guerra "avançava esplendidamente". O ataque a Moscou, empreendido pelo Grupo de Exércitos do Centro no início de outubro, atolou na lama e no clima glacial de um inverno precoce. As tropas alemãs chegaram aos limites da cidade, mas os soviéticos lançaram um contra-ataque no dia 5 de dezembro. O recuo do exército alemão esgotado ficou parecendo uma fuga, e houve dificuldade para voltar a estabilizar a frente, cem quilômetros a oeste de Moscou. A 19 de dezembro, Hitler reassumiu pessoalmente o comando em chefe do exército de terra. O ataque japonês a Pearl Harbor, a 7 de dezembro, levou à entrada na guerra contra a Alemanha dos Estados Unidos, a maior potência econômica do mundo. Entre este fato e a derrota diante de Moscou, estava claro já a essa altura que a guerra praticamente não poderia mais ser vencida pela Alemanha.

Dahlem, 31 de outubro de 1941 (Chegada a Friedrichsruh 1º de novembro de 1941, 19 horas; agradecimentos em pessoa, Gmund, 9 de novembro de 1941!)

Meu caro e bom! Finalmente quero recomeçar a escrever, basicamente para agradecer-lhe todas as coisas que me dá para os meus feridos e para o pessoal. — Hoje a sra. Foedisch queria vir. À tarde, a condessa [Wedel] chega. Está com um aspecto terrível. É verdade que seu marido também morreu este mês. Esta manhã estou em casa. É preciso para cuidar da casa. Já preparamos a geleia de marmelo e lhe enviamos algo. Não quer receber algo de nós? Gostaríamos tanto de lhe enviar algo. — Não tenho notícias da Cruz Vermelha, e o dr. Brekenfeld[52] já está aqui desde segunda-feira. — O capitão Abt pediu-me ontem que conseguisse para ele um encontro com o sr. Pohl. Fico tão feliz de podermos ajudar esse homem profundamente correto. Agradeço-lhe muito isso. Com minhas saudações e beijos do fundo do coração, sua M.

---

[52] O dr. Friedrich Wilhelm Brekenfeld (*1887), médico-chefe de Estado-Maior aposentado, era médico especialista e professor de medicina higiênica e diretor-geral da DRK.

Himmler viajou a 7 de novembro de 1941 em seu "trem especial", deixando Rastenburg, na Prússia Oriental, em direção a Munique para participar da comemoração anual da tentativa de golpe de Hitler.[53] Na noite do dia 8, estava no Löwenbräukeller para uma reunião, e depois compareceu a uma refeição com os *Obergruppenführer* e os *Gruppenführer* SS. No dia seguinte houve uma cerimônia de promoção de integrantes da SS, e em seguida um breve congresso dos Reichsleiter e Gauleiter.

Durante esse período, ele dormiu duas noites em Gmund e passou o tempo livre com a mulher e a filha. Gudrun escreve a respeito em seu diário no dia 10 de novembro de 1941: "À noite jogamos baralho, dominó e resolvemos um enigma. Ele foi embora de novo esta manhã. É mesmo uma pena."

Berlim, 23 de novembro de 1941

Meu caro e bom!

Muito obrigada por sua querida carta. Ontem à noite estive com a condessa [Wedel] na casa de Anneliese R.[ibbentrop], ela não está com aparência nada boa. A colaboração com a sra. Hofmeister continua sendo um puro prazer. Amanhã será enviado um emissário a Gmund, vou mandar muitas coisas para o Natal. E você não nos dirá assim que possível quando é que poderá vir? Bonequinha ficou tão orgulhosa de saber datilografar. Ela só o faz na cama.

Nas fotos de Speer, infelizmente não dá para ver o que as maquetes representam. Preciso ir para a cozinha, estamos fazendo muitos doces.

Com muitas saudações e beijos do fundo do coração

Sua M.

Que me diz da carta anexa? Por favor, mande-a de volta.

---

[53] De novembro de 1923. [*Nota da tradução francesa.*]

2 de dezembro de 1941 (Chegada a Friedrichsr.[uh] 4 de dezembro de 1941)

Meu caro e bom!

Amanhã teria sido aniversário de Mamãe.
   Bonequinha vai bem, a esta altura você terá falado no telefone com ela.
   Duas cartas anexas. Recomendo-lhe calorosamente Kalkreuth.
   A sra. Hofmeister acaba de sair daqui de casa.
   A sra. von Schwöder [?] telefonou-me, está entusiasmada com sua ideia.
   Muito obrigada pelo chocolate. No meu trabalho a temperatura só fica entre 8° e 10°C, é terrível. Lá fora faz muito frio desde ontem. Estou indo bem com meus preparativos de Natal.
   Com minhas saudações e meus beijos do fundo do coração,

Sua M.

No avião, 21 de dezembro de 1941

Querida Mamãezinha!

Esqueci mais uma coisa. A caixinha é para você. Vem da nossa família (Heyder).
   Para você e nossa querida malandrinha, mais uma vez, muitas coisas boas,

Seu Papaizinho

Heinrich Himmler acabava de comemorar pela primeira vez a "Julfest",[54] no dia 20 de dezembro, em lugar do Natal, a 24,[55] e no dia seguinte voltou para a frente oriental. Gudrun escreve em seu diário a respeito desses dias:

---

[54] A festa do solstício. [*Nota da tradução francesa.*]
[55] A agenda de bolso de 1940 indica que no ano anterior ainda fora comemorado o Natal a 24 de dezembro.

"Mamãe chegou de Berlim no dia 13 de dezembro. Gerhard veio no dia 19 do seu novo internato em Gotha. Papaizinho veio nos ver no dia 20 pela manhã — depois de visitar o túmulo dos avós. Às 17 horas festejamos o Natal. [...] Ganhei tantas coisas lindas [...] e será que ainda estaremos em guerra no próximo Natal? Que Deus preserve nosso Papaizinho."

A tia Lydia fornece-nos uma descrição mais exata dos festejos de Natal na casa dos Himmler:

"Foi particularmente belo e solene, em uma peça tão grande quanto o salão. Os dias anteriores já eram bastante misteriosos e excitantes para as crianças, especialmente porque o salão lhes estava vedado. [...] Um grande pinheiro prateado ocupava quase totalmente a segunda janela. Bolas coloridas, por exemplo, vermelhas, amarelas ou azuis, alternavam com os mais variados tipos de decorações de Natal. Elas eram consideradas símbolos das cores das estrelas no céu. Velhos símbolos germânicos eram cozidos com uma massa bem definida: o peixe, o javali de Jul, as três Nornas, o bebê de fraldas e Wotan em seu cavalo Sleipnir. Os ramos eram cobertos de lâminas cintilantes, e tampouco faltavam os círios mágicos. Nos últimos anos, foram acrescentados símbolos do Winterhilfe.[56] Vocês, crianças, ajudavam a limpar o pinheiro. Entre as numerosas velas brilhava também a azul, acesa em sinal de consideração pelos alemães do exterior. [...] Alguma coisa também era instalada no salão para todos os empregados. Velinhas especiais eram dispostas nas mesas dos presentes. Após o tocar do sino, todo mundo se reunia no salão, e, à luz das velas, ouviam-se os primeiros cantos de Natal; em seguida cada um recebia seus presentes. As crianças recitavam os poemas que haviam escrito em belas folhas de papel. Cada uma delas tinha também um presente para os pais. Gerhard fazia trabalhos com a serra e Bonequinha já bordava toalhinhas. [...] Todos os moradores da casa faziam juntos sua refeição. Uma festa de Natal autenticamente alemã."[57]

Já em 1936, Himmler explicara em discurso para os Gruppenführer-SS o significado de que se revestiam para ele as antigas "festas germânicas", particularmente a "Julfest". Nele, afirmava: "Os solstício não é apenas o fim

---

[56] O "Socorro de Inverno", organização caritativa nazista. [*Nota da tradução francesa.*]
[57] Trecho das recordações de Lydia, escritas para Gerhard em 1955, Fundo Gerhard von der Ahé.

do ano, o Jul, após o qual vêm as doze noites santas nas quais tem início o novo ano, ele é antes de mais nada a festa na qual eram relembrados os antepassados e o passado, aquela em que o indivíduo tinha consciência do fato de que, sem os antepassados e sua veneração, ele não é nada, um pequeno átomo que pode ser apagado a qualquer momento, ao passo que é tudo uma vez integrado com real modéstia à infinita cadeia de sua linhagem, formada pelos ancestrais e sua descendência."

Com o objetivo de introduzir um novo ritual obrigatório para as unidades da SS, ele instaurou doze máximas de Jul, que eram pronunciadas acendendo-se uma vela — as Lichtsprüche —, e ordenou que essas sentenças "sejam utilizadas em caráter definitivo nas festas de Jul". No cerne dessas máximas encontravam-se o "combate pela liberdade", o "respeito pelos ancestrais", o companheirismo e o dever. A última máxima de Jul era dedicada ao juramento ao Führer, e terminava assim: "Acreditamos nele porque ele é a Alemanha, porque ele é a Germânia." Em 1944, Himmler ordenou uma revisão das Lichtsprüche. A nova versão, escrita em uma época em que a derrota da Alemanha era iminente, tinha forte conotação religiosa. Assim, a primeira e a última máximas são respectivamente dedicadas ao "sentido Deus único, reinando eternamente e Deus do mundo", e ao "objetivo sagrado" consistindo em "integrar [a] vida germânica no sentido da terra e portanto na vontade do Deus único".

Gmund 25 de dezembro de 1941[58] *(Friedrichsruh, 31 de dezembro [de 19]41, 17h15, escrito a 1º de janeiro de 1942, 13 horas)*

Meu caro e bom!

Todos os meus agradecimentos do fundo do coração pela bela violeta que chegou ontem. À noite, mais uma vez contemplamos tranquilamente nossas coisas e acendemos o pinheiro. E mais tarde jogamos com as crianças. Como elas eram belas, sempre, as outras festas. —

---

[58] É a última carta de Marga que chegou até nós.

Ainda chegaram muitas flores, estou juntando os cartões. E cerveja para você.

Enviei duas garrafas ao sr. Burgstaller. Você quer também? Quem vai beber? — Os Oswald nos mandaram um ganso. Resolvemos mantê-lo aqui, com esse tempo ruim, também não tem coragem de enviá-lo. — Uma tempestade terrível caiu durante toda a noite. No quarto, as cortinas ficaram estranhamente agitadas, embora a porta de madeira e as janelas estivessem fechadas. Gerhard teve febre alta, mas já recobrou a saúde. Seidel foi para a casa do pai adotivo, que está à beira da morte. Espero que volte. Mando-lhe a carta do sr. Hofmeister. Acho que talvez lhe interesse. Para mandar de volta, por favor. Não tenho mais cigarros, quer dizer, cigarros bons. Você, talvez? Ele [?] continua recebendo os pacotes porque são enviados por mensageiro.

Amanhã pretendemos arrumar a sala de Natal, pois está muito fria, e de qualquer maneira não temos como aquecer mais. E assim, além do mais, a árvore continua viçosa por mais tempo. Queremos voltar a acendê-la na véspera de Ano-Novo.

Desejamos muito que nos telefone em breve.

Sua M., que o saúda e o beija do fundo do coração.

Friedrichsruh, 1º de janeiro de 1942

Minha cara, boa Mamãezinha!

Para começar mais uma vez, do fundo do coração, todos os meus votos para você e nossa querida malandrinha. É verdade que acabo de falar com você pelo telefone.

Muito obrigado por sua querida carta. A cerveja acaba de chegar — já lhe disse quase tudo pelo telefone. Aqui vai o endereço de Kiss:

"*Hauptmann u. Abteil.*[ungs] *Kommandeur Kiss Fp. No. 20088.*" A ele é que você deve pedir um soldado para Bonequinha.[59] — Para Hofmeister, estou acrescentando algumas linhas.

<u>Continue repousando bem</u> estes dias em nossa bela e tranquila Gmund! A diabinha receberá mais uma carta da próxima vez.

Para vocês duas, muitas saudações e beijos afetuosos

do seu Papaizinho

Mantenha então a árvore por mais alguns dias, ela é tão bonita.
Se a carta é tão curta, infelizmente, é porque agora devo ir-me.

Depois de escrever esta carta, Himmler dirigiu-se ao quartel-general de Hitler para a hora do almoço; lá passou resto do dia e teve no fim da noite uma conversa com o Führer, durante a qual relatou entre outras coisas sua viagem de inspeção às divisões SS *"Leibstandarte Adolf Hitler"* e *"Wiking"*, no fim de dezembro, desmarcando a visita marcada para 3 a 6 de janeiro ao grupo de exército Norte e às divisões SS mobilizadas na região.

3 de janeiro de 1942

Cara Mamãezinha!

Com muita pressa, as linhas para Hofmeister, a carta e o certificado enviados de Gotha. — Muitas saudações e beijos afetuosos para você e Bonequinha

Seu Papaizinho

---

[59] Gudrun evidentemente queria o endereço militar de um soldado para enviar-lhe cartas na frente de batalha. Em 7 de março de 1943, ela anota em seu diário: "Estou me correspondendo por cartas com dois SS."

Friedrichsruh, 19 de janeiro de 1942

Minha querida Mamãezinha!

Às pressas antes de o mensageiro partir com a bela caixinha de âmbar do Gauleiter Koch e senhora (presente de Natal atrasado), algumas linhas. — Fico feliz de saber que você está melhor; cuide-se e não saia prematuramente!
Neste envelope os 125 marcos, e também um relato muito interessante no qual o nosso Gerhard tem um papel. Ele provavelmente nada pode fazer, mas seu gosto pela mentira é típico. Envie-me oportunamente este relato. — O diário vem do castelo Catschina,[60] mas já não é tão belo. É um estranho bairro militar muito miserável diante de Leningrado. Eu morei lá.
Por outro lado, mais uma carta da Itália e um cartão-postal de Lessines, onde estivemos na bela época de paz.[61]
Muitas saudações e beijos, e bom restabelecimento

Seu Papaizinho

Em 20 de janeiro de 1942 ocorreu na antiga mansão do industrial Marlier, transformada em casa de hóspedes do chefe da Sicherheitspolizei e do SD, às margens do Grosser Wannsee em Berlim, essa reunião que entraria para a história com o nome de "conferência de Wannsee". Dela participaram, além de Reinhard Heydrich, o chefe da Gestapo Heinrich Müller e Adolf Eichmann, do Reichssicherheitshauptamt, o secretário de

---

[60] Trata-se do castelo Gatchina, perto de São Petersburgo.
[61] Eles haviam se hospedado na propriedade de Lessines, na Prússia oriental, durante breve viagem feita a 28 de abril de 1935 a Königsberg, para o casamento do *Höherer SS- und Polizeiführer* Hans-Adolf Prützmann com Christa (ver nota sobre a carta sem data enviada por Marga de Königsberg no fim de maio de 1937, p. 205). No dia 17 de janeiro de 1942, o *Gauleiter* Koch promovera em Lessines uma caçada de que Himmler participou e durante a qual ele provavelmente também recebeu o presente de Natal tardio de Koch.

Estado Wilhelm Stuckart, do Ministério do Interior do Reich, o diretor do departamento Alemanha na Auswärtiges Amt e o subsecretário de Estado Martin Luther, o dr. Roland Freisler, o secretário de Estado no Ministério da Justiça Erich Neumann e outros altos representantes dos aparelhos de Estado e do partido.

Na conferência de Wannsee, não foi decidida a "solução final da questão judaica", como se chegou a afirmar na historiografia, e sim, como se pode constatar no relato posterior, o "paralelismo das linhas de ação", tal como expresso na carta-convite de Heydrich. Em outras palavras, os participantes entraram em acordo quanto ao princípio do assassinato. A emigração era substituída, "como outra possibilidade de solução, e em função da autorização anteriormente dada pelo Führer, pela evacuação dos judeus em direção Leste" — termos que constam literalmente da ata da conferência de Wannsee, e que camuflam o extermínio em massa.

Nos dias anteriores, Himmler discutira sobre a conferência com vários participantes, entre eles o secretário de Estado[62] para a administração do Governo-Geral, o dr. Josef Bühler, o comandante da Sicherheitspolizei e do SD em Cracóvia, o dr. Eberhard Schöngarth, e o próprio Heydrich. Nos dias 14 e 15 de janeiro houve também, no quartel-general de campanha de Himmler, uma reunião de cúpula de todos os chefes de escritórios centrais da SS. No dia seguinte à conferência de Wannsee, Himmler foi informado por Heydrich por telefone sobre o desenrolar da reunião.

Friedrichsruh, 17 de fevereiro de 1942

Querida Mamãezinha!

Mando junto cinco barras duplas de chocolate que eu havia prometido para as crianças; e também o queijo de que você pode estar precisando

---

[62] Na Alemanha, trata-se de um posto de funcionário, e não de ministro. [*Nota da tradução francesa.*]

tanto. — O branco é de mel e amêndoas, é muito bom, coma-o você (se gostar). Mandei-o recentemente para Bonequinha. Dizem que o Ovosport [?] é muito bom.
Muitas saudações e beijos afetuosos

Seu Papaizinho

Dois dias antes desta carta, Hedwig Potthast, a amante de Himmler, dera à luz o filho dos dois, Helge, na clínica da SS em Hohenlychen. O chefe da clínica, Karl Gebhardt, não se limitou a realizar pessoalmente esse difícil parto, e foi também padrinho da criança. É o que podemos constatar em uma carta que escreveu a Hedwig Potthast no Natal de 1942: "Cara e graciosa Senhora! [...] Quando volto a pensar no momento em que nasceu seu filhinho, meu afilhado, quando penso em toda a responsabilidade e toda a alegria que então sentimos, não encontro muitas palavras para me expressar. [...] Posso apenas assegurar-lhe que continuo me esforçando por ser um acompanhante absolutamente fiel do Reichsführer, que sempre haverei de assisti-la de bom grado, à senhora e a seu filho, como médico e companheiro [...] Minhas sinceras saudações, Heil Hitler! Seu Karl Gebhardt."

Em novembro de 1941, Hedwig Potthast confessara pela primeira vez sua gravidez à irmã Thilde, na esperança de que esta pudesse comunicá-la aos pais sem chocá-los. Escrevia ela nessa carta: "Encerrei minhas atividades, entrando no meu último período de férias, e desde então estou sem trabalho. [...] Depois das férias, fui posta em licença sem vencimentos por um semestre, e desde então não voltei a me apresentar. Em fevereiro [de 1941], comecei a me mudar para um pequeno apartamento [...]. Ele fica em uma casa da Caspar Theyss Strasse[63] que está vazia e cujos compartimentos do andar de baixo estão à disposição da SS para receber hóspedes estrangeiros e para certas reuniões. Estou vivendo aqui desde o início de maio [de 1941] [...].

---

[63] Essa mansão pertencente à SS ficava no número 33 da Caspar-Theiss-Strasse em Berlim--Grunewald. O "Rasputin" de Himmler, Karl-Maria Wiligut, também conhecido como Weisthor, igualmente morou nela por algum tempo.

Decidimos ter filhos e ficar juntos tanto tempo quanto possível, sem privar a esposa de seus direitos. Eles chegaram à conclusão de que ele não aceita o fato de não ter tido filhos, e buscam uma solução para o problema. Ela deve ser informada de que um recurso foi encontrado, mas só no momento em que o nosso estiver aí e puder defender com sua simples presença o seu direito à vida. [...] Nem o filho nem eu enfrentaremos problemas financeiros enquanto ele estiver vivo. Estão a par do nosso segredo o Führer, Bormann e Wolff; estão informados também Jochen e Sigurd [Peiper], Erika Lorenz, Brandt, Baumert [...]."

Isso significa que a decisão de Heinrich Himmler e Hedwig Potthast de ter filhos em segredo foi cuidadosamente preparada de longa data. Em novembro de 1941, Hedwig Potthast escrevera em outra carta à irmã sobre a maneira como "K.H."[64] imaginava o futuro de ambos:

"Quando terminar a guerra, ele pretende comprar uma casa no campo, com um terreno, que deverá permanecer para sempre como meu lar e meu refúgio. Sua ideia é usar o terreno para administrar um pequeno viveiro ou então uma criação de pequenos animais, ou ainda um cultivo de bagas, para auferir lucros." Mas ela própria não parece ter-se entusiasmado com esse projeto: "A ideia não é ruim — só que ainda não me decidi. Seria uma mudança considerável e eu ainda teria muitas coisas a aprender."

O ideal de Heinrich Himmler — a camponesa nacional-socialista que, armada, vai colonizar o Leste — indubitavelmente convinha mais a Marga, que conhecia bem a agricultura, do que à citadina cultivada que era Hedwig. Em compensação, era evidentemente com a amante que ele podia se abrir mais. Enquanto as anotações feitas por Marga em seu diário e as atas do seu interrogatório em 1945 permitem concluir que seu marido praticamente nunca lhe falou de sua atividade homicida, ele parece ter sido nitidamente mais franco

---

[64] K. H. significa aqui "*König Heinrich*", "Rei Henrique" — era como o chamavam Hedwig Potthast e outros membros do Estado-Maior pessoal de Himmler, por sua vez convencido de ser a reencarnação de Henrique I. Sua amante continuou a chamá-lo assim depois da guerra.

com Hedwig. Na qualidade de secretária de seu Estado-Maior pessoal, de qualquer maneira, a amante tinha uma visão muito mais clara do trabalho que ele efetuava.

Algumas semanas depois do nascimento de seu filho Helge, em 24 de fevereiro, Heinrich Himmler foi a Munique por ocasião do aniversário de fundação do partido. Como se pode deduzir dos diários de Marga e Gudrun, passou três noites e uma manhã com a família em Gmund, em seguida retornando a Berlim de avião com a mulher. Embora no dia 1º de março de 1942 ela tenha registrado apenas que Bonequinha ficou "feliz" por esse período passado juntos e que "o voo foi excelente", certamente podemos deduzir que Himmler aproveitou para finalmente comunicar à esposa a existência dessa segunda família. Marga fazia referência ao fato no mesmo dia em seu diário: "A sra. Berkelm.[ann] escreveu-me hoje que vai se divorciar. Seu marido deve ter filhos de uma outra mulher. Essas coisas só ocorrem aos homens depois que ficam ricos e famosos. Sem isso, as mulheres que vão envelhecendo precisam ajudá-los a se alimentar ou suportá-los."

Mas em momento algum do seu diário ela menciona concretamente a infidelidade do marido ou o nome da amante. Durante um interrogatório em Nuremberg, em 26 de setembro de 1945, Marga alegou que de fato fora informada da infidelidade do marido e da existência de outros filhos, mas que não sabia quantos eram eles nem de que mulheres.

Em 27 de maio de 1942, dois resistentes tchecos treinados na Inglaterra cometeram um atentado contra Reinhard Heydrich, chefe do Reichssicherheitshauptamt e "vice-protetor do Reich" na Tchecoslováquia ocupada, no momento em que saía de casa, nas proximidades de Praga, e se dirigia à cidade para tomar o avião com vistas a uma reunião com Hitler programada de longa data, a respeito da política alemã no protetorado. Uma semana depois, a 4 de junho, Heydrich morria em consequência dos ferimentos então contraídos.

Himmler rapidamente reagiu ao atentado de 27 de maio. No mesmo dia, teve com Hitler uma conversa na qual trataram da nova situação. A sede de vingança de Hitler não teve limites. No início de junho, na localidade tcheca de Lídice, todos os homens foram executados; as mulheres, deportadas para campos de concentração, e as crianças, entregues aos cuidados de famílias alemãs.

Ao ser informado da morte de Heydrich, na manhã de 4 de junho, Himmler foi para Praga no início da tarde, apresentou seus pêsames à viúva, deliberou com os chefes locais da SS e na mesma noite voltou ao quartel-general para discutir com Hitler os procedimentos a serem adotados.

Em 9 de junho transcorreram em Berlim os funerais oficiais de Heydrich, com a participação de toda a direção da SS. O discurso de Himmler foi ao mesmo tempo uma expressão do corte representado pela morte de Heydrich e da tentativa de restabelecer a confiança e referenciais para a direção da SS. Várias vezes ele se referiu ao desânimo, ao qual não se devia ceder, e ao pessimismo, que não tinha lugar na SS. A guerra, disse, podia inclusive durar ainda vários anos. Era portanto necessário passar no pente-fino cada um dos serviços e mandar para o combate todos os homens em condições de participar. "A palavra impossível não deve existir e jamais existirá entre nós." Considerando-se as elevadas perdas em homens jovens que tinham aos olhos de Himmler um "alto valor racial", a reconstrução da SS e da polícia seria a tarefa prioritária a ser conduzida depois da guerra. A terceira grande missão, para concluir, era a colonização alemã dos territórios conquistados a leste. Ficou claro a que ponto Himmler considerava grave a situação quando ele decidiu assumir pessoalmente, em uma primeira etapa, a direção do Reichssicherheitshauptamt.

Durante a longa pausa entre sua última carta de fevereiro e a seguinte, em julho, Heinrich Himmler fez várias visitas a Gmund. Assim é que sua filha menciona em seu diário o fato de que ele passou alguns dias na cidade depois da Páscoa, de 10 a 13 de abril, e que voltou para uma breve visita já a 30 de abril.

No dia 7 de junho de 1942, Gudrun escreveu em seu diário:

Mamãe finalmente chegou no dia 20 [de maio] pela manhã. À noite sentamos na varanda e jogamos Pulok,[65] *ouviu-se uma buzinada muito forte, nós comentamos: quem é que se permite uma coisa assim, e era*

---

[65] *"Sag nix über Pulok!"* era um jogo de letras muito apreciado na época.

Papai. (8h30) Ele vinha da Holanda, e [trouxe] muitas frutas, legumes e 150 tulipas.[66] *[...] No dia 29, Mamãe infelizmente voltou para Berlim, e depois seguiu para Riga no dia 1º de junho, para dirigir uma casa de repouso para os soldados durante o período em que a enfermeira-chefe estiver de férias (um mês). A 4 de maio, o Reichsprotektor Heydrich morreu em consequência dos graves ferimentos (atentado). Será enterrado no dia 9 de junho, em funerais de Estado. Papaizinho diz que ficou muito muito muito triste.*

[27 de junho de 1942]

Em [13 de] junho, à noite, Papaizinho veio, e voltamos a jogar Pulok. À noite brincamos de macaquinho, foi lindo, eu vi Papaizinho de roupas civis, agora ele finalmente está recuperando suas coisas civis, já fazia muito tempo. Fomos só nós dois, sozinhos, à Waller Jagd,[67] *cada um com sua luneta, atravessamos a floresta, eu colhi flores e musgos. Foi lindo. À tarde andamos de barco no lago. [...] Foi um dia magnífico. Infelizmente ele foi embora de novo ao meio-dia do dia seguinte.*

Uma semana depois, em 20 de junho, Himmler voltou a Gmund para passar uma noite na ausência da mulher; o pretexto dessa visita eram os funerais oficiais do Korpsführer Hühnlein, a 21 de junho, em Munique. Enquanto isso, Marga teve varíola após uma vacinação e passara quinze dias acamada em um hospital militar em Mitau (diário de 4 de agosto de 1942). A 4 de julho, Heinrich Himmler viajou para Tilsit e acompanhou a esposa de trem até Berlim. Só a 20 de julho ela voltaria para Gmund. No dia 11 de julho, Marga anotou em seu diário:

---

[66] Himmler esteve na Holanda de 16 a 20 de maio. Lá encontrou o comissário do Reich, Seyss-Inquart, além dos dois chefes antagonistas do movimento nacional-socialista holandês (NSB), Anton Mussert e Meinoud Rost van Tonningen. Por volta das seis da tarde, tinha aterrissado em Munique, para em seguida partir para Gmund.

[67] Um setor de caça perto do Wallberg, não longe de Gmund.

"Tanta mentira e falsidade, não suporto mais. Bonequinha não está mais aqui, continuo sozinha, gostaria de ir, mas a sra. H.[ermann] não está aqui, não posso no fim das contas ir-me agora. H. está tão abalado. Não me entendo mais nesse mundo. [...] Por que preciso continuar indo para Gmund? Quase não trabalho lá, no máximo 3h ou 4h na DRK."

A carta seguinte de seu marido, contudo, nada deixa transparecer das tensões entre os dois.

15 de julho de 1942

Minha boa Mamãezinha!

Antes de sair daqui, preciso mandar-lhe mais algumas linhas, mas também algumas florezinhas. Da próxima vez que escrever, será da Rússia.

Um grande obrigado por suas queridas cartas dos dias 6, 11 e 12/7 — a história com Werner Födisch já foi resolvida, como disse pelo telefone. Acho que vou encontrá-lo em breve, na minha casa ou no kolkhoz, em sua atividade.

Finalmente, não tive como enviar siris para Bonequinha; bem que gostaria de tê-lo feito para nossa pequena gulosa. Ela está feliz por estar de férias no momento e fica tão alegre quando você vem. Mas, Mamãezinha, é preciso realmente que você fique um dia 2 ou 3 meses em Gmund para repousar de verdade, pois afinal já estava mesmo precisando antes da sua viagem ao leste, e ainda mais agora que teve varíola para valer. — Em suma, para variar, seja <u>muito boazinha consigo mesma</u> e obedeça.

Nos próximos dias estarei em Lublin, Zamość, Auschwitz, Lemberg e, depois, nas novas instalações.[68] *Estou curioso para ver se e como o telefone vai funcionar, pois haverá cerca de 2 mil quilômetros*

---

[68] Essas "novas instalações" eram seu centro de comando de campanha "Hegewald", já mencionado na introdução, perto de Jytomyr, por ele visitado a 26 de julho.

de distância de Gmund. Agora muitas coisas boas, boa viagem e excelentes dias em Gmund com nossa filhinha. Muitas saudações e beijos cordiais,

Seu Papaizinho

Desde que os judeus passaram a ser sistematicamente assassinados no teatro de operações soviético, ou seja, desde o verão de 1941, os judeus poloneses também se viam ameaçados de genocídio. Uma vez bloqueada a possibilidade de deportar os judeus dos territórios ocupados na Polônia ocidental em direção ao Governo-Geral, as autoridades alemãs de ocupação mostraram-se indecisas quanto ao destino a ser reservado aos guetos. Ao todo, 140 mil pessoas se amontoavam no de Łódz′, a alimentação e a higiene catastróficas, provocando epidemias que mais uma vez forneciam aos alemães um pretexto: a ideia de que os guetos eram focos de epidemias a serem limpos sem contemplação.

Em outubro de 1941, o Gauleiter Greiser pediu a Himmler autorização para matar 100 mil judeus considerados inaptos para o trabalho. Foi então criado em Chełmno (Kulmhof em alemão), não longe dali, um local de extermínio por caminhões a gás onde ocorreram a partir de dezembro assassinatos sistemáticos. Entre as primeiras vítimas estavam roms deportados do Burgenland austríaco para Łódz′.

Em meados de outubro de 1941, Himmler incumbira o SS- und Polizeiführer de Lublin, Odilo Globocnik, de montar em Bełżec um campo de extermínio regional para os judeus poloneses vivendo no Governo-Geral. Ao mesmo tempo, os especialistas do T4, até então encarregados do assassinato dos deficientes e doentes, foram transferidos para Lublin para construir os novos campos de extermínio, onde os assassinatos deveriam ser efetuados com gás. Ao contrário do sucedido em Chełmno, foram erguidas pela primeira vez em Bełżec câmaras de gás às quais se ligaram enormes motores de blindados, para matar as pessoas com gás de escapamento.

Imediatamente depois de uma visita de Himmler à Cracóvia e a Lublin, em meados de março de 1942, teve início a "evacuação" do gueto judeu de Lublin e das cidades vizinhas. Em meados de abril, cerca de 44 mil pessoas consideradas inaptas para o trabalho foram assassinadas em Bełżec. No início de maio de 1942 veio somar-se Sobibór, e, na segunda metade de julho, Treblinka, para onde foram encaminhados os sobreviventes do gueto de Varsóvia, para serem imediatamente mortos nas câmaras de gás.

Entre 26 de abril e 2 de maio, Himmler encontrou-se quase diariamente com Heydrich; nos dias 23 de abril e 3 de maio, teve conversas prolongadas com Hitler. Era evidente que ele queria ter sob seu controle a política executiva na Polônia ocupada. O governador-geral Hans Frank ficara politicamente enfraquecido por um enorme escândalo de corrupção. O representante de Himmler na região, o Höherer SS- und Polizeiführer Friedrich-Wilhelm Krüger, foi nomeado a 7 de maio secretário de Estado para questões de segurança no Governo-Geral.

Em 17 de julho de 1942, Himmler viajou para Katowice e de lá retornou para Auschwitz. Segundo relatos do comandante do campo, Rudolf Höss, ele se interessou nos seus dois dias de visita pelo conjunto da "amplitude de interesses" representada por Auschwitz, visitou laboratórios e a plantação de borracha, os viveiros e as criações. Em Birkenau, segundo Höss, observou com exatidão "todo o processo de extermínio" — ou seja, a chegada de um comboio proveniente da Holanda, a "triagem dos aptos para o trabalho" e o assassinato de várias centenas de judias e judeus com gás. A 19 de julho, Himmler deu ordem de que se desaparecesse até o fim do ano com todos os judeus do Governo-Geral.

Foi então que teve início a fase mais terrível do extermínio. Em questão de poucos meses, entre julho e novembro de 1942, muito mais de 2 milhões de pessoas foram vítimas de genocídio sistemático. Sob a direção da polícia alemã, forças quase sempre locais iam buscar os judeus em suas casas, nos guetos. Doentes, deficientes e crianças abandonadas eram executados imediatamente. As outras vítimas eram reunidas em uma praça central onde ocorria uma seleção para determinar os que ainda fossem "aptos para o trabalho" e que assim escapavam temporariamente à deportação e à morte. Os demais eram levados à estação ferroviária e transportados em trens aos centros de extermínio. Só nos três campos da "Aktion Reinhard", mais de 1,4 milhão de pessoas foram mortas com gás. Em Bełżec, morreram aproximadamente 435 mil pessoas; em Sobibór, entre 160 mil e 200 mil. No campo de concentração de Treblinka, foram mortas cerca de 850 mil pessoas.

Auschwitz, em particular, simboliza um dos crimes mais terríveis da história da humanidade. Construído inicialmente, em 1939, como campo para os presos políticos poloneses, ele foi ampliado em 1941 para receber milhares de prisioneiros de guerra soviéticos. Ao longo desses anos, os assassinatos de presos tinham sido uma constante; mas os planos do novo campo em Auschwitz-Birkenau, que passou a funcionar em setembro de 1941, previam também dois fornos crematórios. Os primeiros assassinatos no Zyklon B foram cometidos em setembro de 1941 contra prisioneiros de guerra soviéticos. A partir de julho de 1942, trens de judeus deportados de toda a Europa passaram a chegar ali regularmente. Na "rampa" de Birkenau, médicos SS selecionavam as vítimas, classificando-as como "aptas" ou "inaptas" para o trabalho, sendo os "inaptos" — a começar pelos idosos e as mães com seus filhos — imediatamente assassinados em duas casas camponesas adaptadas, cujos compartimentos eram usados como câmaras de gás. Mais tarde, no início de 1943, entraram em serviço dois novos grandes fornos crematórios, dispondo cada um deles de suas próprias câmaras de gás. Um terceiro campo, Monowitz, foi construído em Auschwitz quando a indústria química IG Farben buscava um local para produzir borracha sintética, material considerado estratégico. Jamais se chegou a produzir em Auschwitz um quilo que fosse de borracha sintética, mas os projetos de cidades-modelo alemãs dotadas de um gigantesco campo de trabalho brotavam como cogumelos. Visões urbanísticas e política de extermínio andavam sempre de mãos dadas.

Hegewald, 28 de julho de 1942

Minha boa Mamãezinha!
Logo pegarei o avião aqui para a Finlândia. Acabo de falar com você pelo telefone. Mas é necessário que você ainda receba algumas linhas. Estou juntando o boletim de Bonequinha; poderia, apesar de tudo, estar um pouco melhor.

> *Na Finlândia, espero poder descansar um pouco paralelamente a minhas obrigações de trabalho. Mas, em matéria de trabalho, naturalmente, muitas coisas estão acontecendo. Visita ao chefe de Estado, ao ministro de Relações Exteriores, ao marechal Mannerheim, depois viagem para o Norte, para Dietl, junto à linha divisória.*
>
> *Mando junto um impresso sobre os procedimentos de escoamento; talvez lhe interesse.*
>
> *Agora às pressas, todo o meu afeto e todo o meu amor e <u>descanse</u> bem. Saudações e beijos*
>
> *Seu Papaizinho*

Helsinki, 30 de julho de 1942

Minha querida Mamãezinha, minha querida Bonequinha!

Fui recebido aqui com muita habilidade e gentileza pelo governo finlandês.

> *Agora prosseguimos para o norte. Estou muito bem.*
> *Mando junto algumas lembrancinhas para Mamãezinha e a diabinha. Muitas saudações e beijos afetuosos*

Seu Papaizinho

A visita extraoficial de Himmler à Finlândia durou de 29 de julho a 5 de agosto. Ele se encontrou com o presidente finlandês Risto Ryti, o primeiro-ministro Rangell, o ministro de Relações Exteriores Witting e o marechal Von Mannerheim, seguindo então para Rovaniemi, no norte, onde passou dois dias com o general Eduard Dietl e a divisão SS Norte. Ele já conhecia Dietl, pois o havia encontrado no Freikorps Epp, tendo sido ele, de 1942 a 1944, comandante em chefe do 20º Exército de montanha na Noruega; ele veio a morrer em 1944 em um acidente aéreo.

A conselho de Kersten, Himmler passou um dia na ilha de Petäys, para repousar com os efeitos "magnéticos e curativos dos banhos de sol". Em um encontro com Rangell, a 4 de agosto, este rejeitou a expulsão e perseguição dos judeus locais, explicando que estavam totalmente assimilados. De acordo com a ata redigida por Brandt, Himmler respondeu: "Só se pode resolver a questão social matando os outros para tomar seus campos."

Hegewald, 10 de agosto de 1942

Minha boa Mamãezinha!

Algumas rápidas linhas para acompanhar este pacote — o cestinho é para você; ele é muito prático, de ráfia de bétula. — Mandei-lhes todos os tipos de papel, lenços, papel-manteiga, papel higiênico; duas pequenas luminárias para você e Bonequinha, dois sacos de roupa suja para você e Bonequinha. E também uma prateleira de madeira e uma ripa de madeira, e mais o cesto de roupa para a viagem de Mamãezinha. — Duas bonecas finlandesas, a toalhinha de mesa de madeira para malandrinha. — Um pouco de produto de limpeza, uma velha escova de dentes minha (talvez precisem para engraxar os sapatos ou algo do tipo), e, além disso, algumas moedas finlandesas e dois saquinhos de guloseimas para Mamãezinha e Filhota, e papel de carta para tia Parre.[69]
Estou juntando uma carta de Gertrud von Patom.
Meus melhores agradecimentos por seu gentil pacotinho farmacêutico, pelas fotos encantadoras e suas duas cartas dos dias 24 de julho e 4 de agosto!

---

[69] Era como chamavam às vezes Lydia na família; a "velha Parre" é um personagem do romance *Rulaman* (ver carta de 5 de maio de 1929), no qual ela faz o papel da avó cheia de sabedoria; esse apelido provavelmente não se deve apenas ao fato de que Lydia escrevesse contos, mas também a seu amor, como o do cunhado, pelos usos e costumes "germânicos".

Tenho muito trabalho e muitas reuniões. Vou primeiro escrever à Bonequinha, depois lhes falarei um pouco da Finlândia e daqui. — Fico muito feliz de saber que a sra. von Schade e a srta. Görlitzer estejam em casa com vocês; mande saudações da minha parte. Em Berlim a esperam <u>trinta</u> ovos da minha parte, provenientes da região onde me encontro. — Paula,⁷⁰ a quarta filha, teve uma <u>terceira</u> filhinha, que se chama Ute. Vou de qualquer maneira mandar-lhes um telegrama da sua parte e da parte de Bonequinha.

Agora preciso concluir. Não seja tão terrivelmente esforçada, descanse um pouco!

Para você e Bonequinha, muitas saudações e beijos afetuosos

Seu Papaizinho

"Hegewald" era, desde julho de 1942, o quartel-general de Himmler na Ucrânia. O mesmo nome do quartel-general na Prússia Oriental voltara a ser usado para os novos prédios, enquanto o posto de comando ampliado na Prússia Oriental era rebatizado de "Hochwald". Enquanto o posto de comando anterior reunia cerca de quinhentas pessoas, o novo quartel, instalado em uma pequena base aérea que pertencera aos soviéticos, situada entre Jytomyr e Vinnytsia, era nitidamente maior: mais de cem oficiais SS e mil membros da polícia SS estavam instalados nele. Havia um aeroporto, um cemitério, bunkers, salas de banquete, casas elegantes, um escritório e apartamentos privados para o Reichsführer-SS. Himmler esteve constantemente em Hegewald até o verão de 1943. Em novembro e dezembro de 1943, o centro foi destruído pelas forças da polícia SS que recuavam.

Nessa época, tal como acontecera com frequência nos anos de guerra, Hanns Johst mais uma vez se hospedava, justamente, em Hegewald. Assim é que podemos ler, nas atas das conversas de Himmler registradas por Rudolf Brandt, na data de 11 de agosto de 1942:

---

⁷⁰ A mulher de Ernst Himmler.

"O *Gruppenführer*-SS Hanns Johst chegou aqui em 8 de agosto e deve permanecer cerca de quatro semanas, a pedido do Reichsführer-SS, participando em seguida de alguns deslocamentos. O *Gruppenführer*-SS Hans [sic] Johst é, de certa forma, o bardo da SS."

Johst e Himmler passaram muito tempo juntos, fizeram refeições juntos, dedicaram-se por tardes inteiras à pesca e tiveram à noite longas conversas.

No dia 6 de setembro de 1942, Marga escreveu em seu diário:

Volto amanhã para Berlim. Permaneci aqui sete semanas. Durante quase oito dias, Bonequinha e eu ficamos no hotel Vier Jahreszeiten em M.[unique], dos quais Lydia [ficou] dois dias.[71] *Esperávamos H. Ele veio. Teve tempo de visitar o túmulo dos pais, a exposição, e depois fomos a Starnberg, na casa dos Scharfe, e na noite de sexta-feira estávamos em G.[mund]. H. ficou até segunda-feira, depois da refeição. Acabou de telefonar e ficou muito espantado que eu já queira voltar para Berlim.*

[29 de setembro de 1942]

Fui para Berlim no dia 7 de setembro. Há muita coisa a fazer aqui, na DRK. Mas fico perfeitamente satisfeita. Em tempo de guerra, não suportaria deixar de trabalhar fora de casa. [...] Desde ontem, H. está aqui. Há muitas coisas novas e interessantes. À noite quase sempre estou sozinha. À tarde vêm senhoras.

---

[71] A este respeito, escreve Gudrun em seu diário: "No dia 24 de agosto fomos para Munique (Mamãe, T. Lydia, eu), fomos ao cabeleireiro e ao alfaiate. Ficamos hospedadas no hotel Vier Jahreszeiten no apartamento de Papaizinho" (diário de 3 de setembro de 1942). A fatura do hotel relativa a esse período chegou segundo o livro de contabilidade de Marga a 241 marcos.

[29 de novembro de 1942]

O Natal nos dá muito trabalho, mas fico muito feliz. Se pelo menos não precisássemos fazer sempre as coisas com tanto frenesi. Fui duas vezes ao teatro. Uma vez ao Staatstheater, conteúdo: escandaloso. Theater des Volkes: muito bom. Fui duas vezes ver uma exposição de moda. [...]

Segundo o diário de Gudrun, Himmler esteve em Gmund nos dias 8 e 9 de outubro para comemorar com atraso seu aniversário junto à família, retomou a viagem para a Itália e depois passou novamente a noite em Gmund para a viagem de volta, a 15 de outubro. Em novembro também, escreve Gudrun mais tarde, ele ainda teria estado "aqui 2 ou 3 vezes".

De 16 a 19 de dezembro, Himmler esteve novamente em Gmund e Munique, encontrou-se com Schnitzler, diretor do posto local da SS, visitou ao chegar e ao partir o túmulo dos pais e comemorou o Natal antecipadamente, a 17 de dezembro, com a mulher e os filhos. Escreve Gudrun a este respeito: "O Natal foi esplêndido. Ganhei tantas coisas: catorze livros, talheres, coisas para minha casa de boneca, um enfeite de pele e mil outras coisas" (nota de 19 de janeiro de 1943).

No total, Himmler esteve assim em Gmund com espantosa frequência durante esse ano de guerra.

26 de dezembro de 1942

Minha boa Mamãezinha!

Mudei-me ontem e hoje tenho belíssimas instalações em um quartel novo e perfeitamente habitável, uma grande sala de trabalho, um banheiro, um quarto e uma peça para o desjejum.[72]

---

[72] Em 25 de dezembro, na Prússia oriental, Himmler deixou seu antigo quartel-general de "Friedrichsruh" para se instalar no posto de comando de campanha ("Feldkommandostelle"), então rebatizado de "Hochwald".

Há uma quantidade enorme de trabalho, mas não há de ser nada; o ano certamente será muito difícil, é, dentre todos os anos, aquele que mais exigirá de nós.

Mando junto um pacote de Natal que não fora entregue, café da parte do Führer, um quadro de Hegewaldheim, aqui, na Prússia oriental, que faz par com o outro que está em Gmund, um pacotinho dos Zipperęr[73] para Bonequinha, o livro e a carta do Gaul.[eiter] Hofer (desculpe-me, ele foi aberto por inadvertência, ainda estou procurando o livrinho e vou mandá-lo em seguida), marzipã, farinha e açúcar da parte do Gaul.[eiter] Koch. — os chifres de cabra-montês vêm da caça na Estíria, o melhor seria deixá-los inicialmente em um escaninho da biblioteca. Veja os álbuns e os livros, são em certos casos muito bonitos, e guarde-os para mim. O livro intitulado Uma região humana *é particularmente belo — trata-se da Baviera, naturalmente!*

O correio vai mais ou menos. Repousem bem, você e nossa querida filhinha.

E agora muitas saudações e beijos afetuosos

Seu Papaizinho

Saudação à Lydia e à sra. Albers[74]

Depois que os roms e os sintis passaram a ser cada vez mais marginalizados, após a tomada do poder pelos nacional-socialistas, depois de terem sido internados e em grande parte deportados, na primavera de 1941, dos territórios do Reich para a Polônia ocupada, Himmler ordenou a 16 de dezembro de 1942 que fossem internados nos campos de concentração todos

---

[73] Ao concluir seus estudos, Falk Zipperer trabalhara inicialmente como jurista; concluíra seu doutorado em 1937 e depois se aperfeiçoara no *Deutschrechtliches Institut* de Bonn, que fazia parte do "*Ahnenerbe*".
[74] A sra. Albers, nativa da Inglaterra, começou dando aulas de inglês a Marga, e depois aulas de reforço a Gudrun na mesma disciplina (diários de Gudrun e Marga).

os "mestiços ciganos, ciganos roms e membros de sangue não alemão das tribos ciganas de origem balcânicas" da Alemanha, da Áustria e da Tchecoslováquia. Em Auschwitz, providenciou-se um "campo de ciganos" onde foram instaladas cerca de 23 mil pessoas. Na primavera de 1944, estavam vivas apenas cerca de 6 mil delas; seriam asfixiadas em câmaras de gás em agosto de 1944. Segundo certas estimativas, até meio milhão de roms e sintis foram assassinados na zona de influência alemã.

5 de janeiro de 1943

Minha querida Mamãezinha!

Todos os meus agradecimentos por suas duas cartas dos dias 24/12 e 2/1. Estou tão feliz que você tenha um pouco de calma na bela Gmund com nossa querida filhinha. Coma e durma direitinho! Acho muito bom que você esteja lendo três livros. Que sorte que a "aventura de carro" de vocês tenha terminado tão bem recentemente. Tive um certo medo. Aproveitem também os dias na querida cidade de Munique e vão ao teatro. Seja boazinha, não deixe de visitar o túmulo dos avós com Bonequinha!

Mando junto dois pacotes: pão de mel, um pedacinho de torta de frutas, a cinta para você, um belo vaso de cristal da Boêmia, um livro para Gerhard, livros que eu li, para serem arrumados na estante; 2 que são bons de ler e contemplar (sobre Dantzig e Schobert). — Estou pensando no caso Födisch e Schönthaler. Também lhe mando 2 pequenos calendários, um para Mamãezinha, que pode escolher, e outro para nossa malandrinha. Mando junto uma carta de Maria Wendler.[75]

As perspectivas de que eu volte de novo infelizmente são ruins. Com afeto, muitas saudações e beijos,

Seu Papaizinho

---

[75] Desde 1934, Maria Wendler era a terceira mulher do cunhado de Himmler, Richard Wendler, e vivia com o marido no Governo-Geral.

No início de janeiro de 1943, a situação do 6º Exército, que se pusera em marcha no verão para conquistar Stalingrado e assim abrir caminho para a conquista do Cáucaso e dos importantes campos de petróleo no mar Negro, tornara-se desesperadora. Em Stalingrado, os soldados soviéticos resistiam com inesperada bravura. A cidade fora definitivamente cercada pelo Exército Vermelho a 22 de novembro. A essa altura, o aprovisionamento dos soldados alemães só era possível por via aérea, sendo portanto cada vez mais difícil.

Hitler, para quem Stalingrado tornou-se uma questão de prestígio — tratava de garantir a vitória pessoal sobre seu adversário, Stalin —, deu a Paulus ordem de resistir a qualquer preço, recusando-lhe autorização de sair dessa zona de assédio. Desse modo, cerca de 250 mil soldados ficaram cercados, durante o inverno, em uma cidade em grande parte destruída. Em 18 de janeiro, as tropas alemãs tiveram de abandonar suas últimas linhas de defesa e se retirar totalmente para a zona urbana. Por mais que Hitler exigisse que ele combatesse até a "morte heroica", Paulus rendeu-se a 31 de janeiro na zona de assalto sul, com o restante de suas tropas; a zona norte haveria de se seguir dois dias depois.

A capitulação de Stalingrado foi a virada decisiva da guerra. Cerca de 150 mil soldados alemães tinham morrido nos combates ou haviam sido vítimas de fome e frio; cerca de 90 mil outros foram feitos prisioneiros de guerra na Rússia, e apenas uma pequena parte sobreviveu. Mas esse acontecimento teve um impacto considerável sobretudo na certeza que os alemães tinham de vencer: eles começaram a duvidar cada vez mais da "vitória final" — não obstante as tentativas da direção nacional-socialista de apresentar a queda do 6º Exército como uma epopeia heroica e apesar da convocação de Goebbels à "guerra total", em seu discurso no Palácio dos Esportes a 18 de fevereiro de 1943. Para arrancar a "vitória final", ordenou-se a mobilização de todos os recursos pessoais e materiais: todos os homens alemães entre 16 e 65 anos, assim como todas as mulheres entre 17 e 45 anos podiam a partir de então ser alistados para a defesa do Reich. A penúria de mão de obra que se seguiu acarretou por sua vez uma intensificação do recrutamento de trabalhadores forçados.

Segundo o diário de Gudrun (19 de janeiro de 1943), ela esteve com a mãe e Gerhard de 7 a 9 de janeiro em Munique, onde, como de hábito, se hospedaram no elegante hotel "Vier Jahreszeiten". Fizeram patinação no gelo e foram várias vezes ao teatro, encontraram os Fahrenkamp e outros amigos e comeram como sempre no sofisticado restaurante do hotel, comandado pelo famoso chef Alfred Walterspiel.

Hochwald, 9 de fevereiro de 1943[76]

Minha boa Mamãezinha!

Meus agradecimentos muito afetuosos por sua cartinha e os belos artigos de fumante. Estou mandando os dois jornais. O primeiro, Germanische Gemeinschaft,[77] *é particularmente bom; junto também um bom ensaio sobre a SS. Você gosta do marzipã de Königsberg? Bonequinha também recebeu. No verão, com certeza as coisas são mais fáceis em matéria de álcool e ovos. — A malandrinha também receberá o número, e um cartão desse tipo, proveniente da terra natal de Mamãezinha. Muitas saudações e beijos afetuosos*

Seu Papaizinho

Foram publicados apenas dois números de *Germanische Gemeinschaft*, um em 1941, o outro em 1942; nos dois casos, eram cadernos em formato grande nos quais se encontravam fotos de página inteira em papel cuchê de soldados, operários, camponeses e moças loiras, "nórdicos" idealizados praticando esportes ou dança folclórica, assim como reis "germânicos". Os textos, tratando de temas como "a herança germânica", "a migração

---

[76] Cartão-postal com o texto impresso: "A *Reichsgau* de Wartheland. Série: A bela Poznan."
[77] "Comunidade germânica." [*Nota da tradução francesa*.]

para o Leste" ou "linhagem e pátria", eram breves e enérgicos, compostos quase sempre de citações extraídas por exemplo de discursos de Hitler ou Himmler. Havia também breves poemas e trechos de cartas de soldados da Waffen-Missão. O *leitmotiv* dos dois números era a união de todos os germânicos: "O século XX é o século do renascimento do Germânico. Essa renovação afeta todos os povos alemães e germânicos. Saudamos como companheiros e irmãos todos os homens de sangue germânico que pela livre força de sua vontade passaram ao combate por uma nova Europa." Ilustrando esses textos, havia retratos de alistados voluntários holandeses, flamengos, noruegueses e dinamarqueses.

9 de fevereiro de 1943[78]

Querida Mamãezinha!

Mando junto o chá para a sra. Göring. — Como é que você pode pensar uma coisa assim, minha cara Mamãezinha? Muitas saudações e beijos afetuosos

Seu Papaizinho

Na DRK, Marga fez amizade com mulheres da melhor sociedade, que, assim como ela, se engajavam no voluntariado e cujos maridos desempenhavam um papel importante, entre elas Ilse Göring, a sra. Hofmeister e a sra. Von Hase. A sra. Hofmeister é mencionada várias vezes no seu diário e no de Gudrun. Seu marido, Georg Hofmeister (1892-1959), era general de divisão; depois da detenção e execução do comandante da cidade, Paul von Hase, nos desdobramentos do atentado de 20 de julho de 1944, ele foi até o fim da guerra comandante da Grande Berlim.

---

[78] Cartão-postal militar com o motivo "*Gruppenführer* da Waffen-SS".

19 de fevereiro de 1943

Minha boa Mamãezinha!

Algumas linhas às pressas para que o mensageiro possa levar tudo. Luminária e tomada para a condessa Wedel, marzipã, bombons e 250 gramas de café para você. (Já está começando a faltar), e também as ampolas de fricção. G em um braço, A no outro, mas cada uma delas pode ser usada várias vezes.

Estou cuidando dos castelos do príncipe Hessen. — O mensageiro vai amanhã para Gmund. — Estou mandando o Cinzano de Berlim. Por enquanto, ainda não posso fazer encomenda à empresa Verporten. —

Um obrigado muito grande por sua querida carta de 12/2. — Mando junto também 2 florezinhas e, no envelope, um relatório interessante de Dollmann,* uma carta de [sra.] Attolico e uma "celebração fúnebre" para o príncipe Hessen.[79]

Agora, um excelente restabelecimento, minha boa Mamãezinha, e muitas saudações e beijos afetuosos

Seu Papaizinho.

* *por favor, mande-o de volta depois*

2 de abril de 1943

Minha querida Mamãezinha!

Uma saudação afetuosa às pressas, antes da decolagem. O boletim de Gerhard, três cópias do artigo "Combatentes por uma visão do

---

[79] Ludwig von Hessen. Sua mulher, Margaret, era funcionária da Cruz Vermelha e certamente conhecia Marga. Durante a guerra, pôs pelo menos um castelo da família à disposição da DRK para instalação de um hospital, talvez a pedido de Marga Himmler ("Estou cuidando dos castelos do príncipe Hessen"). A "celebração fúnebre" certamente era um necrológio do irmão de Ludwig, morto em um acidente de avião em 1937.

mundo" (para você, para Bonequinha, para as sobrinhas), o dinheiro, a conferência de Dwinger[80] no anexo. Com seis pacotes de mate. Baumert manda-lhe grampos de cabelo, que vêm da Dinamarca. — Muitas boas coisas afetuosas. Telefonarei na quarta-feira. Para você e nossa filhinha amada muitas saudações e beijos afetuosos

Seu Papaizinho

No dia 30 de março, Himmler participou de uma "reunião na casa do Führer" em Obersalzberg; de lá, voltou diretamente para a frente oriental de avião.

Desde março de 1943, as sobrinhas de Himmler, filhas de seu irmão Gebhard, viviam com a mãe em Gmund. A este respeito, escreve Gudrun em seu diário: "Em virtude dos muitos ataques a Berlim, T.[ia] Edith Boden veio para cá com 2 filhas, e T.[ia] Hilde Himmler, com 3 filhas. As duas famílias estão morando no hotel" (notas de 7 de junho de 1943). Gudrun, então com 13 anos, frequentava a escola de Reichersbeuern com as duas primas, que tinham 15 e 12 anos.

No início de março, Gudrun registrara: "Se pelo menos a guerra tivesse acabado, mas Papai acha que ainda teremos de lutar muito e fazer muitos sacrifícios" (nota de 9 de março de 1943).

Bergwald,[81] 11 de abril de 1943

Minha boa Mamãezinha!

Acabo de saber que um carro vai para Munique, e não quero deixá-lo sair sem uma cartinha e algumas coisas. — Li os livros; alguns são muito bons, você precisa dar uma olhada.

---

[80] Edwin Erich Dwinger (1898-1981), agrônomo, autor etnopopulista, foi a partir de 1941 enviado por Himmler à URSS, como relator de guerra, com amplas delegações. Depois de 1942, criticando cada vez mais a política alemã a leste, foi proibido de escrever e confinado em prisão domiciliar. Com toda evidência, contudo, Himmler continuava a apreciá-lo como autor.
[81] O quartel-general de Himmler em Obersalzberg.

Os xampus e as travessinhas são para nossa malandrinha, assim como as flores do WHW.[82] Os grampos de cabelo e as caixas de doces são para você. Além disso, duas fotos de Angoulême para a coleção de Bonequinha. Um grande obrigado por sua carta de 3 de abril! Penso constantemente no caso de Werner Födisch. Que os Födisch levem essa história um pouco menos trágica. Ninguém vai matar Werner; ele apenas tentou fazê-lo por si mesmo.[83]

Mandei pagar as faturas de Spree.

Envio junto um excelente Leitheft[84] e um artigo interessante sobre os médicos militares prussianos, além de um álbum de selos.

A malandrinha receberá uma carta muito em breve. — Trate então de descansar um pouco, minha boa Mamãezinha.

Agora muitos beijos afetuosos, e beijocas para você e para a malandrinha!

Até vê-las em breve!

O Papaizinho de vocês

Reichenhall,[85] 22 de abril de 1943

Minha boa Mamãezinha!

---

[82] Winterhilfswerk, organização caritativa nazista. [*Nota da tradução francesa*.]
[83] Werner Föedisch (*1910), filho da amiga de Marga, era membro da Waffen-SS e agricultor em Hegewald. Ele e seu superior Karl Sulkowski, diretor do posto *Rasse- und Siedlung* de Jytomyr, tinham sido acusados em março de 1943 de terem promovido, em propriedades situadas perto de Hegewald, "tráfico de víveres, escambos proibidos e abates clandestinos de porcos e bezerros". Föedisch também estava sujeito à sanção disciplinar por "desmoralização da força de defesa (automutilação) com base em uma tentativa de suicídio".
[84] Uma revista voltada para os oficiais da SS. [*Nota da tradução francesa*.]
[85] Em 1934, quando Obersalzberg foi transformado no segundo centro de poder, também foi inaugurado o "aeroporto governamental de Reichenhall-Berchtesgaden", no qual também podiam aterrissar grandes aviões de linha.

Antes que eu pegue o avião amanhã, vocês precisam receber mais algumas linhas. Aproveite a caixa de bombons, e a malandrinha, a de amêndoas açucaradas.

Aí vai um pequeno bom-dia de depois da Páscoa da parte do Papaizinho de vocês duas.[86]

Em anexo, uma gentil foto dos três filhinhos de Ribbentrop, realmente parecem muito gentis! Estou levando um pacote para Rudi na frente.[87] *— Junto ainda o Leitheft com muitos artigos excelentes. Tomo então o avião amanhã, mas ainda vou telefonar antes disso. Vou visitar quatro divisões SS do outro lado. Dentro de oito dias estarei de novo aqui.*

Muitas saudações afetuosas e beijos para você e para Bonequinha! — Recupere-se bem e trate de descansar um pouco.

Seu Papaizinho.

Saudações à tia Lydia e à sra. Albers. — Como vai o inglês de Bonequinha?

Em janeiro de 1943, durante visita a Varsóvia, Himmler ordenara o total desmantelamento do gueto judeu. Mas, quando as tropas SS entraram nele em 19 de abril, para deter os últimos habitantes, se depararam de maneira totalmente inesperada com uma resistência armada. Não obstante a enorme superioridade das forças alemãs, várias centenas de judeus, homens e mulheres, lutaram com uma coragem desesperada e provocaram perdas expressivas para a SS. Esta precisou recorrer à extrema brutalidade e a armas pesadas para esmagar a insurreição do gueto de Varsóvia.

---

[86] Nesse ano, a Páscoa demorou, caindo no dia 25 de abril; mas Himmler fez uma visita a Gmund uma semana antes da Páscoa (diário de Gudrun, 7 de junho de 1943).
[87] Rudolf Ribbentrop (*1921), filho mais velho dos Ribbentrop, participava nessa época da terceira batalha de Kharkov e da operação "Cidadela".

A coragem e a determinação dos combatentes judeus foram um choque para a direção nacional-socialista, reforçando sua decisão de levar a "Solução Final" a seu termo o mais rápido possível, sem se preocupar com a necessidade de preservar a mão de obra judia. Em 19 de junho de 1943, Hitler deu a Himmler ordem de "conduzir de maneira radical e até o fim a evacuação dos judeus, apesar das perturbações que isso ainda provocar[ia] nos três ou quatro próximos meses".

15 de maio de 1943

Minha boa e querida Mamãezinha!

Acabamos de falar pelo telefone. Amanhã é o dia das mães. Bonequinha e eu mandamos as flores, e junto com elas <u>muitos</u> *bons pensamentos afetuosos. — Quando as flores, o pacotinho e minha carta chegarem, vá buscar nossa lâmpada de Jul e acenda-a, e eu farei o mesmo com a minha, e Bonequinha com a que temos em Gmund, e assim poderemos pensar um no outro.*

Telefonarei amanhã de manhã e então passarei o dia em Königsberg, onde tenho de conversar com o Gauleiter Koch e onde também visitarei a viúva e os filhos de um dos meus mais antigos SS.[88]

De coração grato, mando-lhe muitas saudações e beijos afetuosos

Seu Papaizinho

Amanhã teremos ambos nossa filhinha amada ao telefone.
Mando junto também uma pequena brochura do coronel [Walter] Scherff; você precisa lê-la, ela é notável e há um retrato de mim. Aproveite os doces!

---

[88] Talvez a viúva do *Oberführer-SS* Kurt Benson (1902-1942), SS desde 1929.

21 de maio de 1943

Minha querida Mamãezinha!

Aproveite bem os siris! Esses alertas aéreos são mesmo um horror! Fico sempre com tanta pena quando dormi bem e fico sabendo de manhã que os aviões estavam aí.
  Muitas, muitas saudações e beijos afetuosos

Seu Papaizinho

Desde o início do ano, os "tapetes de bombas" lançados pelos Aliados não paravam de se intensificar. Se no início os alvos eram antes de mais nada o Ruhr e outras cidades do oeste da Alemanha, a população de todo o país viu-se cada vez mais afetada, em 1943, por ataques aéreos americanos e britânicos. Com frequência cada vez maior, as pessoas passavam a noite em claro em abrigos antiaéreos ou porões de prédios, encontrando pela manhã inúmeros cadáveres, incêndios e prédios destruídos. O objetivo desses ataques não era apenas destruir a indústria (de armas) alemã e as infraestruturas do país, mas também quebrar a vontade de resistência da população. As consequências foram devastadoras: no fim da guerra, só um punhado de cidades fora poupado desses bombardeios sistemáticos; somente na "tempestade de fogo de Hamburgo", morreram cerca de 34 mil pessoas. No total, os ataques aéreos aliados contra cidades alemãs fizeram entre 400 mil e 600 mil vítimas. Embora a população duvidasse cada vez mais da vitória final, os bombardeios não a incitaram a se levantar contra a direção nacional-socialista, como se esperava. Considerando-se o estado da oposição, desmantelada há muito tempo, e do crescente terror que reinava no país desde a proclamação da "guerra total", tampouco seria realista. Os bombardeios extenuantes provocaram, pelo contrário, crescente acrimônia da população em relação aos Aliados, reforçando até o fim sua vontade absoluta de resistir.

Marga escreve em seu diário a 9 de junho de 1943: "Calma puramente aparente na DRK. Finalmente chegamos à Wehrmacht. Não tenho como registrar tudo que acontece além da guerra. Será inclusive que ainda se pode acreditar em um ser humano? Ficamos às vezes pensando que não temos como suportar, mas afinal de contas eu tenho minha filha. Como desprezo as pessoas. Bonequinha muitas vezes pergunta por que não escrevo mais no meu diário, só Elfriede notou que eu mudei. Como ela me conhece bem. Estou em Gmund, com frequência recebemos visitas."

25 de junho de 1943

Minha boa Mamãezinha!

Mando junto um pequeno pacote com bombons, frutas confeitadas, favas no conhaque e uma dose de leite condensado. Mais alguns tabletes de glicose e marzipã, para que você tenha durante essas noites terríveis algo para beliscar que a ajude a cair no sono.

Você precisa ingerir glicose quando tiver problemas com a Cruz Vermelha; dá forças.

Hoje também enviei um pacote para Bonequinha: algumas guloseimas, dois livros para tia Lydia (Páscoa e aniversário) e livros para a biblioteca. Depois mandei para Gmund uma caixa de bolos destinada a você, que certamente poderá ser-lhe útil.

Junto alguns livros, o primeiro Constanze (um dia gostaria de lê-lo em Gmund), mais o König Geiserich como de presente de solstício e o livro sobre Bismarck. Gostaria de ler este último quando você o tiver lido.

Há muito trabalho, uma reunião depois da outra.

De sábado a terça-feira estou nos campos de manobra; vou observar novos procedimentos de tiro, muito interessantes. — Volto na terça-feira à tarde e telefono. — Espero que os animais não a obriguem a sair com muita frequência. Não fique muito tempo em Berlin.

Muitas saudações e beijos afetuosos!

E faça-me o favor de ser bem prudente

Seu Papaizinho

Esta carta e muitas outras mostram que, apesar da segunda mulher de Heinrich, o contato entre o sr. e a sra. Himmler permaneceu até o fim muito mais estreito do que se supunha até agora. Eles se falavam regularmente pelo telefone, e ele continuava a se preocupar com a saúde de Marga. Oferecendo-lhe essas incontáveis guloseimas, ele não queria apenas fazer a mulher esquecer as noites brancas de bombardeios e seus eternos "problemas" com a Cruz Vermelha, mas também as queixas por sua ausência frequente e a raiva que lhe inspirava sua infidelidade.

Mas também se percebe que eles continuaram achando importante presentear-se com livros em certas ocasiões, por exemplo, no solstício, e trocar suas opiniões sobre os que ambos liam. Até o fim, ele também lhe enviou artigos publicados em revistas, seus discursos, cartas de conhecidos comuns etc., querendo conhecer a opinião de Marga a respeito.

Ao falar de "Constanze", ele provavelmente se refere ao livro que Robert Ries publicou em 1926 sobre a imperatriz Constância, rainha da Sicília na Idade Média e mulher de Henrique VI. O livro sobre o "rei Geiserich" era sem dúvida o livro homônimo de Hans Friedrich Blunck (1937), *Eine Erzählung von Geiserich und dem Zug der Wandalen*. Geiserich, rei dos vândalos, conquistara a África do Norte tomando Cartago e era considerado um sábio, mas também o rei mais poderoso da época das Grandes Invasões.

Desde o ataque à União Soviética, em 1941, as questões ligadas à SS estavam no cerne da atividade de Himmler. Pois os exércitos alemães tinham necessidade urgente e sempre maior de soldados, e a Wehrmacht só podia recrutar homens de nacionalidade alemã, ao passo que a Waffen-SS também podia mobilizar unidades estrangeiras. Analisando as anotações de Himmler a respeito de suas conversas com Hitler desde 1941-1942, notamos que a formação de novas divisões da Waffen-SS era a prioridade absoluta. Por estarem submetidas ao comando regular do exército de terra, as unidades da Waffen-SS frequentemente eram desorganizadas, mal-equipadas e engajadas em combates dos quais a Wehrmacht queria ficar afastada. O que lhes valeu perdas consideráveis. As viagens de inspeção de Himmler às frentes de combate serviam muitas vezes para amainar os problemas entre as unidades da SS e as do exército.

Nas Waffen-SS eram recrutados tanto noruegueses, finlandeses, suecos e dinamarqueses quanto flamengos, holandeses e franceses, e até muçulmanos da Bósnia. Foi sobretudo nas populações de origem alemã da Europa do Sul que a SS procurou formar divisões. O fato de os chefes dos grupos alemães do exterior terem sido na prática postos sob as ordens de Himmler em março de 1941 desempenhou um grande papel desse ponto de vista. Só na Hungria, cerca de 20 mil homens foram recrutados, às vezes sob falsas alegações. Os alemães da Iugoslávia foram reunidos na divisão de caçadores alpinos SS "Prinz Eugen", criada em 1942. Na Sérvia e na Croácia, justamente, a tendência a efetuar recrutamentos forçados era cada vez mais frequente. Assim foi que o número de divisões da Waffen-SS dobrou em 1941-1942, passando de quatro a oito, e chegou mesmo no início de 1945 ao limiar das quarenta divisões — que em sua maioria, contudo, há muito já não eram dotadas do efetivo regulamentar.

30 de junho de 1943

Minha boa Mamãezinha!

Neste pacote, duas enguias e algumas caixas de peixe. Se quiser, pode enviar uma enguia para nossa "diabinha", e dar algumas caixas à sra. Kränzlin.[89]
Mando também o dinheiro para o mês de julho e uma caricatura russa insolente, mas você deve apenas achar graça e não se irritar com isso. — Desejo-lhe um excelente restabelecimento para suas pobres costas; se pelo menos pudesse ajudá-la no seu trabalho. Uma saudação e um beijo afetuoso, seu Papaizinho.

Mas é verdade que vamos nos falar amanhã à tarde.

---

[89] A sra. Krenzlin/Kränzlin vivia em Gmund durante a guerra com seu filho; Marga e Gudrun os tinham conhecido durante um período de férias no Báltico (diário de Gudrun, 31 de julho de 1943).

2 de julho de 1943

Minha boa Mamãezinha amada!

Pretendia escrever-lhe uma longa carta, mas as pessoas são de novo tão terrivelmente numerosas aqui, e o tempo não dá.

Amanhã, quando receber esta carta, pensarei em você com amor e gratidão, minha querida malandrinha, no nosso 15º aniversário e na nossa querida filhinha que logo terá 14 anos.

Todos os meus bons pensamentos e todos os meus bons votos a cercam e estão junto de você.

Que estas rosas lhe levem uma saudação muito afetuosa! Na caixinha, vai encontrar um belíssimo âmbar; ganhei-o no Natal do Gauleiter Koch. Desde então ele está aqui, na Prússia oriental, no meu posto de comando de campanha, e eu pude vê-lo diariamente e muitas vezes o tive nas mãos. Mas justamente por lhe dar tanto valor é que ele agora deve ser o presente que lhe dou pelo nosso aniversário de casamento, ele agora estará com você, no seu quarto, e depois desfrutaremos dele juntos!

Por favor fique bem de saúde, que Deus a proteja sempre, especialmente quando chegarem os aviões!

Beijo sua querida boca e suas boas mãos! Com amor,

Seu Papaizinho

Hochwald, 16 de julho de 1943

Minha boa Mamãezinha!

Acabamos de nos falar e agora preciso botar no envelope mais algumas linhas destinadas a você. — Saboreie bem os pêssegos! — Você precisa ver e guardar o número da nova revista Westland. *Somos nós que a publicamos. Acho que está boa. Mando-lhe também duas transcrições, uma da minha entrevista com Mussert, que por infelicidade está terrivelmente pequena e sem graça*[90] *(esse artigo você pode guardar), a outra, sobre os bogomilos, terei de recuperá-la. Além disso, estou juntando o livro* Helden unter dem Sonnenbanner, *para você selos com o retrato do nosso bom Heydrich. Mandei alguns também para Bonequinha.*

Agradeço-lhe mais uma vez o sua cartinha de 10 de julho, naturalmente que você deve de fato escrever-me esse tipo de coisa. Mas, na verdade, eu não tinha esquecido.

Agora muitas saudações e beijos

Seu Papaizinho

A revista *Westland* era publicada pelo comissário do Reich para os territórios holandeses ocupados, Arthur Seyss-Inquart. O livro *Helden unter dem Sonnenbanner — von Hawai bis Singapur* ("Heróis sob a bandeira do sol levante — do Havaí a Cingapura"), de Hans Steen, era um "relatório composto de descrições de soldados japoneses", realizado em colaboração com o escritório militar da embaixada imperial do Japão em Berlim.

Anton Mussert (1894-1946), chefe do *Nationaal-Socialistische Beweging in Nederland* ("Movimento Nacional-Socialista nos Países Baixos", NSB), fundou em 1941 a *SS-Freiwilligen-Legion Niederlande* ("Legião dos Voluntários SS dos Países Baixos"); em 1942, foi nomeado "diretor do povo holandês". A 8 de julho de 1943, Himmler teve uma entrevista com ele no centro de comando de campanha; Brandt redigiu uma ata. Ela se seguia a uma controvérsia em torno da influência política sobre o NSB. Enquanto Hitler apoiava Mussert, Himmler apostava em um indivíduo mais radical, Rost van Tonningen — mas teve de recuar. Nesse encontro, Mussert continuou defendendo uma autonomia parcial dos holandeses e flamengos, invocando seus sete séculos de história. Himmler, por sua vez, tentou con-

---

[90] Himmler emprega o pronome relativo "*der*", referindo-se portanto a Mussert. É provável que se tenha enganado e que quisesse referir-se ao artigo. [*Nota da tradução francesa.*]

vencer Mussert da ideia de que os Países Baixos tinham sido perdidos na época pelo Reich alemão e de que os holandeses deviam fazer parte de um Reich germânico. Mussert não concordou, e Brandt observou que não fora possível identificar "qualquer traço de uma compreensão e de uma concepção generosas do pensamento germânico nessa conversa".

6 de agosto de 1943

Minha boa, querida Mamãezinha!

Neste dia, no dia em que, há catorze anos, você me ofereceu, ao preço de tantas dores e riscos para sua vida, nossa doce filhinha, penso particularmente em você e lhe mando muitos beijos.
Dê um beijo da minha parte na nossa malandrinha![91]
Todo o meu afeto

Seu Papaizinho

17 de agosto de 1943

Minha boa, querida Mamãezinha!

Às pressas uma saudação para acompanhar a remessa. Deixe os livros no meu quarto, quem sabe possa dar uma olhada antes. [...] — Mando junto alguns filmes para o seu pequeno aparelho; mandei buscá-los para você.
Descanse um pouco e não exagere tanto. Para você e para Bonequinha, muitas saudações afetuosas e beijocas

O Papaizinho de vocês

---

[91] Na noite do aniversário de Gudrun, ele fez uma breve visita-surpresa a Gmund (diário de Gudrun, 3 de setembro de 1943).

Marga escreve em seu diário a 16 de agosto de 1943:

> *Berlim ainda está de pé, embora estivessem dizendo que estaria reduzida a pó em 15/8. Passei duas semanas em B.[erlim.] Minhas estações estavam em uma ordem impecável. [...] Pretendo voltar lá assim que Bonequinha tiver de retornar à escola. Sinto falta do trabalho.*

28 de agosto de 1943

Minha boa Mamãezinha!

Mando junto o apanhado da imprensa e uma foto do meu discurso no Ministério do Interior.
    Todo o meu afeto para você e a filhota
    Muitas saudações e beijocas,

O Papaizinho de vocês

Em 20 de agosto de 1943, Hitler nomeara Himmler ministro do Interior do Reich. O ministro anterior, Wilhelm Frick, teria agora de se contentar com o cargo de protetor do Reich para a Boêmia e Morávia. A nomeação de Himmler mostra o quanto ele aumentou seu poder nos anos de guerra. Cabia-lhe agora estruturar o conjunto da "política de segurança" do Terceiro Reich e dirigi-la. Mas Himmler com toda evidência não queria tanto assim exercer uma atividade ministerial. Só botou os pés no ministério algumas vezes e o dirigiu do seu posto de comando de campanha, onde seu assessor pessoal Rudolf Brandt mantinha a ligação, deixando a direção operacional do ministério a cargo de Wilhelm Stuckart, que fora secretário de Estado durante longos anos e participara da conferência de Wannsee.

Gudrun escreve a 26 de agosto de 1943 em seu diário: "Papaizinho ministro do Interior do Reich; estou louca de alegria."

E Marga, a 3 de setembro: "O que não me aguarda no novo ano da minha vida que se aproxima. Não estou falando da guerra. Nesse plano, acredito no Führer e acredito que nosso povo não deve nem pode desaparecer. Muito embora as coisas se apresentem mal no país. — H. foi nomeado ministro do Interior. Os alemães acreditam que ele pode salvá-los. Deus os ouça. Eu vou a Berlim. Meu lugar é onde está a população trabalhadora. Estou tão inquieta, não consigo ficar no meu posto." E a 6 de setembro de 1943: "Logo completarei 50 anos e já vivi tantas coisas desagradáveis. [...] Não podemos nos felicitar por nada. Quero e devo suportar tudo pela minha filha."

19 de setembro de 1943

Minha boa, querida Mamãezinha!

As passas, que infelizmente já não estão muito bonitas, não podem ser mandadas sem minha cartinha. —
No envelope grande, envio algumas cartas que recebi a propósito da minha nomeação para o cargo de ministro do Interior do Reich, e que gostaria de lhe mostrar em Gmund. Preciso que as devolva em algum momento. Guarde o artigo do Baseler Zeitung *e o* Leitheft. *Envio também um livro,* Spuk am Balkan,[92] *trata-se certamente do rei Carol. Leia-o uma vez e diga-me o que acha. Estou enviando novamente as cartas de felicitações pelo seu aniversário, com minhas respostas. Não quer escrever você mesma a carta a Fahrenkamp? Mas voltaremos a falar disso pelo telefone.*
Creio que Mussolini está muito doente. Um destino trágico.
Estou novamente bem. Dormi 11 horas. Gostaria que você também pudesse, minha querida.
Muitas saudações afetuosas e beijos.

Seu Papaizinho

---

[92] Alfred Gerigk, *Spuk am Balkan. Ein König, ein Oberst, ein General*, 1943.

Em 9 de julho de 1943, depois de obrigar o Afrikakorps e o general Rommel a capitular, as tropas americanas e britânicas tinham desembarcado na Sicília, o que provocou a queda de Mussolini dias depois. O rei Vítor Emanuel mandou prender o "Duce" em 26 de julho e nomeou o marechal Badoglio primeiro-ministro. A 8 de setembro de 1943, a Itália firmou um cessar-fogo com os Aliados ocidentais. A Alemanha reagiu ocupando o centro e o norte da Itália, inclusive Roma. O exército italiano foi desarmado e mais de 600 mil soldados italianos, deportados para a Alemanha, na condição de trabalhadores forçados. Depois da espetacular libertação de Mussolini por um comando SS alemão, foi estabelecido no norte da Itália um governo fascista fantoche. Com a ativa ajuda das milícias nazistas, os judeus italianos, até então poupados, foram detidos em Roma, sob o olhar do Vaticano, e deportados para Auschwitz.

A potência ocupante alemã deu mostra de grande brutalidade contra o movimento dos partisans, que se fortalecia na Itália. A título de "represálias" após ataques contra soldados alemães, unidades da Wehrmacht e comandos da SS cometeram massacres contra a população civil italiana. Mas esse terror não foi capaz de entravar a vitória dos Aliados ao longo do ano de 1944, Roma e Florença foram liberadas; no fim de abril de 1945, as unidades da Wehrmacht alemã estacionadas na Itália capitularam ante os Aliados. Anteriormente, Mussolini já fora capturado e executado por partisans italianos.

A 4 de outubro de 1943, Himmler fez seu tristemente célebre discurso para os principais chefes da SS em Poznań; nele, descrevia sem enfeites a situação militar desesperadora e lançava um apelo à SS, cujas supostas "virtudes" específicas eram, segundo ele, as únicas ainda em condições de provocar uma virada na guerra. Uma dureza implacável era uma de suas qualidades. "Saber como vão os russos, como vão os tchecos é para mim totalmente indiferente. Os que têm bom sangue da nossa espécie no seio desses povos, haveremos de buscá-los, se necessário roubando seus filhos e educando-os entre nós. Saber se os outros povos vivem confortavelmente ou se morrem de fome é algo que só me interessa na medida em que precisamos deles como escravos para nossa cultura, o resto não me interessa. O fato de 10 mil mulheres russas caírem de esgotamento ou não cavando uma vala para tanques só me interessa na medida em que a vala para tanques for construída em proveito da Alemanha. Jamais seremos brutais e sem coração quando não for absolutamente necessário; nem é preciso dizê-lo. Nós, alemães, que somos os únicos no mundo a ter uma atitude honesta em relação ao animal, também teremos uma atitude decente em relação a esses animais humanos."

Nessa fala, Himmler também se expressou com absoluta franqueza sobre o extermínio dos judeus: "Isto é uma das coisas ditas com facilidade. 'O povo judeu será erradicado', afirma cada membro do partido, 'naturalmente, está no nosso programa, eliminação dos judeus, erradicação, vamos lá!'. Mas então aparecem esses bravos 80 milhões de alemães, cada um com seu judeu respeitável. Naturalmente, os outros são uns crápulas, mas aquele é um judeu extra. Dentre todos que assim falam, nenhum viu, nenhum suportou. A maior parte de vocês sabe o que significa quando cem cadáveres são perfilados uns ao lado dos outros, quando eles chegam a quinhentos ou quando são mil. Ter aguentado firme diante disso — abstraindo-se as fraquezas humanas excepcionais — e ter-se mantido correto durante esse tempo é algo que nos endureceu. É uma página gloriosa da nossa história, uma página que nunca foi escrita e que nunca deverá sê-lo."

No avião para Praga, 28 de outubro de 1943

Minha boa, querida Mamãezinha!

Viajo logo em seguida para Praga, para o enterro do pequeno Klaus.[93] — *Agradeço-lhe mais uma vez sua querida e boa carta pelo meu aniversário e sua carta de 20/10. — Mando junto com minha correspondência de hoje uma infinidade de coisas. Amáveis palavras de*

---

[93] Klaus Heydrich, filho mais velho de Reinhard e Lina Heydrich, morrera aos 10 anos de idade.

Gulbranson [sic],⁹⁴ *uma brochura que distribuímos a respeito da luta contra os mosquitos e moscas, minha carta a Grawitz a respeito da sra. Richter, meu "regulamento de defesa antiaérea e cartas" para Gmund. Belas fotos do alojamento SS em Sasbachwalden, aonde fomos uma vez juntos. Tudo foi lindamente reformado, com muito gosto. Além disso, uma carta da caixa local de seguros-doença. Uma carta do dr. Thönen, da Suíça, com fotos de sua amável família (você tem a foto da sra. Thönen de trajes folclóricos).*

Agradeço-lhe ainda muito cordialmente o copo que você tão gentilmente escolheu. Bebo nele diariamente e me felicito por isso com amor e gratidão.

Fico muito feliz de saber que você vai com nossa querida filhota para Daxenberg, que possam descansar bem lá.⁹⁵(Estou mandando o dinheiro) que tenham uma boa vida lá! Nos dias 8 e 9, espero passar dois a três dias com vocês em Gmund.⁹⁶ Todos os meus votos para a viagem, e muitas saudações e beijos afetuosos

Seu Papaizinho

Em 1º de novembro de 1943, Gudrun escrevia em seu diário: "Meus pais compraram mais um grande pedaço adicional de jardim. Por trás da estufa, o terreno sobe até atrás da floresta, e ao lado da pradaria. Os detentos deslocaram a grade do atual jardim. Quando vier a paz, certamente teremos uma propriedade a leste. A propriedade nos renderia mais dinheiro, o que nos permitiria reformar a casa de Gmund. Para tornar os corredores mais claros e para que tenhamos quartos maiores. É verdade que a casa de Lindenfycht mais tarde será minha. Em tempos de paz, também viveremos no

---

⁹⁴ Olaf Gulbransson (1873-1958), pintor e artista gráfico norueguês, desenhista da revista satírica *Simplicissimus*, vivia desde 1929 à beira do Tegernsee; depois de 1933, não fez mais qualquer crítica ao regime nacional-socialista.

⁹⁵ Gudrun registrou em seu diário a 31 de outubro de 1943 que se hospedava na pousada de Daxenberg após a constatação de uma epidemia de difteria em Gmund.

⁹⁶ Nos dias 8 e 9 de novembro, ele viajou, como fazia todo ano, para as cerimônias em Munique, e passou a noite em Gmund (diário de Gudrun, 1º de janeiro de 1944).

Ministério do Interior. Talvez tenhamos também uma casa em Obersalzberg. Sim, quando vier a paz, mas isso ainda vai demorar muito, muito tempo (dois, três anos)."

29 de dezembro de 1943

Minha boa Mamãezinha amada,

Uma última vez neste ano já velho que foi tão pesado para todo o nosso povo e tão pouco leve para você, minha querida, escrevo-lhe uma carta e lhe agradeço <u>do fundo do coração</u> seu amor e sua grandeza d'alma.
  Para o ano de 1944, que colocará nosso povo, todos nós e eu muito particularmente ante provas de coragem, de fé, de tenacidade e de espírito de resistência, mas também e sobretudo de força nervosa, mando-lhe todos, todos os meus votos. Faça-me o favor de ficar em boa forma e com boa saúde, especialmente na terrível Berlim — e, isso eu o desejo a mim mesmo, vá sempre <u>com frequência</u> e <u>a tempo</u> à nossa bela Gmund para repousar! (junto à nossa filhota = malandrinha)
  Agora muitas <u>saudações e beijos afetuosos</u>

Seu Papaizinho

Sobre o que estou mandando junto, já lhe disse tudo pelo telefone.
Que as saudações floridas na manhã do novo ano possam alegrá-la!

Em 15 de janeiro de 1944, Marga escrevia em seu diário: "O Natal e o Ano-Novo passaram. H. passou oito dias aqui antes do Natal e recentemente a 8 de janeiro. Bonequinha ficou muito entusiasmada e satisfeita com o Natal. Foi mais uma vez uma bela festa tranquila e calma. [...] H. está com boa saúde. Ele se divertiu muito com a filha e em nossas partidas de bridge. A sra. Albers está aqui agora, gentil e amável como sempre. A sra. Krenzlin e Edith B.[oden] vêm com frequência."

No dia 15 de julho de 1944, voltando a se referir ao início do ano, Gudrun escrevia: "Em 8 de janeiro transcorreu em Munique o campeonato feminino de patinação de velocidade; foi magnífico, Papaizinho também estava."

21 de janeiro de 1944

A encomenda deve ser um pacote de Natal atrasado para você e para Bonequinha. Espero que lhes agrade muito. Que a pele (o casaco) (casaco é exagero, mais parece um cafetã) a aqueça bem, minha boa diabinha; as cartas de bridge destinam-se à sua caixinha.

O álbum de imagens de arte animal é para nossa querida filhota.

Não posso escrever muito, pois o mensageiro logo sairá.

Logo escreverei uma carta especial para Bonequinha. Mando junto algumas cartas interessantes de ler.

Para você e para Bonequinha, muitas, muitas saudações e beijos afetuosos

O Papaizinho de vocês

28 de janeiro de 1944

Minha boa Mamãezinha!

Muito obrigado por sua querida carta! — também recebi as outras cartas, faturas e documentos. — Mando junto três fotos muito grandes do meu retrato (por Hommel),[97] *assim como uma linda brochura sobre os guerreiros da época do Partenon.*

---

[97] Conrad Hommel (1883-1971), inicialmente pintor da Secessão de Munique, fez a partir de 1938 o retrato dos principais nacional-socialistas.

Só vou tomar o avião depois de amanhã, pois amanhã ainda estarei na casa do Führer.

Muitas saudações e beijos afetuosos

Seu P.

E não vá ficar irritada por causa de gente incapaz!

Marga escreveu a 25 de março de 1944 em seu diário: "Em 22 de janeiro fui para Berlim; eram muitos ataques e não havia grande coisa a fazer. [...] Em 15 de fevereiro nossa casa foi atingida por um grave incêndio. Só agora está sendo refeito o telhado."[98]

Berlim sofre bombardeios mais intensos que qualquer outra cidade alemã. Ainda hoje, só podemos estimar o número de mortos: no total, os bombardeios aéreos certamente causaram na cidade cerca de 20 mil mortes, tendo sido particularmente afetados bairros inteiros, Berlim-Mitte com o setor governamental e as instalações industriais. A verdadeira batalha aérea por Berlim ocorreu do outono de 1943 ao início de 1944, e já agora ocorriam também muitos ataques diurnos. Pouco menos de 10 mil pessoas perderam a vida nesse período, um sexto das casas foi destruído. Como havia poucos abrigos, a população muitas vezes precisava refugiar-se nos porões dos prédios e nos túneis do metrô. Embora o Partido Nazista tentasse mobilizar depois de cada ataque muitos auxiliares para abastecer as pessoas bombardeadas, alimentar-se na vida cotidiana tornava-se cada vez mais difícil. Já no verão de 1943, grande parte dos escolares foi afastada da cidade. Mais de 2 milhões de berlinenses, entre eles 100 mil crianças, foram evacuados para regiões vizinhas; quase sempre ficavam apenas as mulheres com crianças pequenas e pessoas idosas.

---

[98] Segundo o diário de Marga, a villa Dohnenstieg fora seriamente danificada por uma bomba já no início de dezembro de 1943.

28 de março de 1944

Minha boa Mamãezinha!

Temos falado quase diariamente pelo telefone, mas já faz muito tempo que não escrevo. Antes de tudo, obrigado do fundo do coração por sua querida cartinha de 27/3!
 Para começar mando-lhe 2 fotos, uma do meu quartel na Prússia oriental, a outra de nós dois em Munique; além disso, a cópia de uma ordem do Führer. Que longo caminho nos espera, trabalhoso, cheio de combates e dificuldades.
 O painço é para vocês, com um saquinho para Elfriede (a quem eu o havia prometido).
 Há no pacote um álbum bonito de se ver (a ser depois guardado no meu quarto por favor), algumas revistas, um belo álbum ilustrado sobre o teatro, 2 brochuras sobre arte popular publicadas pelo Ahnenerbe, uma boa revista que publicamos sobre o Japão. Uma brochura dos correios militares para ser presenteada, um livro interessante, Povos do monte Branco. Que Bonequinha o veja também, pois afinal era nessa região que viviam os Passaquais.[99] E também uma bela medalha de Lübeck para nossa coleção, e ainda um lindo personagem de porcelana, "Götz von Berlichingen" para você e um isqueiro (para presentear).
 Não se preocupe com Bonequinha, tenho certeza de que são fenômenos ligados ao crescimento. Logo estarei junto de vocês e falaremos a respeito. —
 Já estou tão feliz pela nossa Páscoa!
 Muitas saudações e beijos afetuosos

Seu Papaizinho

---

[99] Os Passaquais eram antepassados dos Himmler, de cuja existência ele só tomara conhecimento pela genealogia.

Lydia Boden, que lia à noite para a sobrinha os contos que escrevia, era tão apaixonada quanto o cunhado pelos "antigos hábitos e costumes", e nos dá uma ideia da maneira como a Páscoa era festejada entre os Himmler: "Na Páscoa, fazíamos um desjejum camponês de Páscoa, com a torta de Páscoa, um pão especialmente preparado para essa festa, um caule de raiz forte, um pouco de sal e muitos ovos cozidos. Tudo isso ornamentado com flores primaveris. Bebíamos vinho tinto. O vinho também era servido às crianças, mas diluído com muita água. [...]

"Em um certo ano, na Páscoa, houve uma grande surpresa. O tempo estava bom e havíamos escondido [alguma coisa] no jardim. Um objeto grande, haviam dito os pais, e as crianças procuravam cada vez mais freneticamente. Por fim, sob os galhos de um pinheiro muito velho, um carro para crianças; a alegria delas foi indescritível. [...] Quando fazia mau tempo, os ovos de Páscoa eram escondidos no salão."

Chegaram até nós fotos desse automóvel. Pelas recordações de Gerhard, tinha sido fabricado especialmente para eles, e contava inclusive com um motor.

1º de maio de 1944

Minha boa Mamãezinha!

Muito obrigado por sua querida carta! É verdade que conversamos longamente pelo telefone hoje. Mamãezinha, <u>tantos pensamentos bons e queridos</u> a acompanham que nada pode lhe acontecer.[100]

Escrevi hoje mesmo a Elfriede R.[eifschneider]; mas a transferência é impossível, há uma proibição geral. — Perguntei a Kalkreuth por telegrama.

---

[100] Este comentário certamente diz respeito aos pesados bombardeios de Berlim, sobre os quais Marga registrou a 25 de maio: "Estive durante quinze dias em Berlim. Passei por 4-5 ataques. Terrível. Mas outras pessoas também são forçadas a viver na cidade."

Estou mandando (além do dinheiro) várias fotos da minha viagem à França, entre elas algumas adoráveis de Gmund com nossa malandrinha. Quando as tiver visto, mande as fotos para Bonequinha! Assim que estiver com vocês em Gmund, vou explicá-las e botar uma legenda.

Aproveite bem os chocolates!

Muitas saudações e beijos afetuosos!

Seu Papaizinho

E boa recuperação, minha querida!

4 de maio de 1944

Aproveite bem! Muito obrigado por sua carta e muitas saudações e beijos afetuosos.

Seu Papaizinho

16 de maio de 1944

Minha boa e querida Mamãezinha!

Pelo dia das mães mando-lhe muitos, muitos queridos e bons pensamentos de gratidão! Dê um beijo na nossa filhinha, nossa querida malandrinha!

Espero que a pasta com as belas imagens que mandaremos enquadrar lindamente quando vier a paz, assim como um "novo" cabrito-montês sejam do seu agrado.

Muitas saudações e beijos!

Com amor, seu Papaizinho

Nessa época, Hedwig Potthast estava grávida havia longos meses do seu segundo filho. O que não impedia Himmler não só de continuar fazendo projetos em comum com Marga para o momento em que a paz voltasse, como de mandar-lhe beijos, assinando "com amor".

24 de maio de 1944

Saudação e beijo muito afetuoso
do seu
Papaizinho

Diário de Marga, 25 de maio de 1944: "Plantei ontem os últimos arbustos e as últimas plantas do meu jardim. [...]" A esse respeito, escreve sua filha a 15 de julho de 1944: "Mamãe gosta muito do jardim, e infelizmente também trabalha nele pessoalmente, eu acho que como esposa do R.I.M. [ministro do Interior do Reich] não se pode fazer isso."

31 de maio de 1944

Minha boa, querida Mamãezinha!

Antes de tudo, obrigado do fundo do coração por suas duas queridas cartas de 24 e 27 de maio. Ficamos preocupados com o SS moribundo [sic]. Waldeck recebeu dois telex meus. Mando-lhe a carta do Obergruppenführer Pohl. Para poupá-la do trabalho eu lhe respondi e estou juntando a cópia.

Mando-lhe um dos meus discursos recentes; quando os outros tiverem sido escritos, vou mandá-los também, pois em grande parte são diferentes. Junto também o boletim do distrito superior da SS do Meno, contendo um artigo muito amável sobre a SS da Baixa

Baviera e sobre os primeiros anos, assim como um belíssimo poema intitulado Ablösung.[101] *Bonequinha também deveria ler os dois.*

Envio também, para nossa boa filhinha Gudrun, um agradecimento do Escritório Central da SS; mas nossos dois nomes não se encontram nele. Veja as fotos, foram tiradas na Bósnia; vou levá-las da próxima vez.

Allach recebeu instruções definitivas, a partir de agora você pode a qualquer momento comprar as mesmas peças que eu, à exceção dos presentes oficiais da SS, e isso com o mesmo desconto de 30-40%.

Continuo cuidando do caso em Apfeldorf, embora ele já tenha tomado um rumo muito adverso pelo fato de o policial, antes que Friedl[102] *nos pudesse advertir, ter levado o caso ao tribunal; mas eu já interferi.*

Arrume os livros no meu quarto!

Há dinheiro, 950 marcos, no envelope.

O dr. Stumpfegger[103] *está levando a carta. Espero muito que a cinesioterapia as ajude.*

Para você, minha querida Mamãezinha, e para nossa querida filhota, muitos beijos e saudações.

Com amor

O Papaizinho de vocês

Himmler fez ao longo dessas semanas vários discursos perante generais da Wehrmacht; neles, abordou sem rodeios o assassinato dos judeus. Por exemplo, no dia 5 de maio: "Na Alemanha, a questão judaica está resolvida. E o foi sem compromisso, como queria o combate vital do nosso povo, que diz respeito à existência do nosso sangue." Ou ainda em 24 de maio: "A questão

---

[101] *Ablösung* ("Substituição") é um poema de Joseph von Eichendorff que trata de alguns dos temas favoritos de Himmler: o eterno ciclo da natureza, o amor romântico entre o homem e a mulher, o caráter efêmero da existência.

[102] Frieda Höfl. Não sabemos de quem se trata.

[103] O dr. Ludwig Stumpfegger (1910-1945), *Obersturmbannführer-SS*, foi durante certo período médico de Himmler e de sua família (diário de Gudrun, 15 de julho de 1944), e, a partir de 1944, médico de Hitler. Em Hohenlychen, dirigiu as experiências médicas com detentas provenientes de Ravensbrück.

judaica foi [...] resolvida de acordo com as ordens e os conhecimentos proporcionados pela razão. Creio, senhores, que me conhecem o suficiente para saber que não sou um homem sanguinário, nem um homem que sinta prazer ou se divirta por dever fazer algo duro. Mas por outro lado tenho nervos tão sólidos e uma tal consciência do meu dever — posso assegurá-lo no que me diz respeito —, que, quando considero algo necessário, trato de executá-lo sem compromisso. Não me julguei no direito — e isso diz respeito precisamente às mulheres e às crianças judias — de deixar as crianças crescerem para se transformarem nos vingadores que virão depois a matar nossos pais e nossos netos. Teria considerado isso uma covardia. Em consequência, a questão foi resolvida sem compromisso."

8 de junho de 1944

Minha boa Mamãezinha!

Mando com algumas linhas, às pressas (é 1 hora da manhã), a gordura de marmota e dois dos meus discursos. Mas espero de qualquer maneira ir vê-las em breve. O recorte de jornal é para Bonequinha. — Espero que a gordura de marmota a ajude!
Muitas saudações e beijos afetuosos
para você e para Bonequinha!

Seu Papaizinho

Em 3 de junho de 1944, Nanette-Dorothea, a segunda filha de Hedwig Potthast e Heinrich Himmler, nascera em Hohenlychen. Desde o nascimento de Helge, Hedwig vivia em Brückenthin, uma casa florestal isolada e adaptada por Himmler, perto de Hohenlychen. Os únicos "vizinhos", a dois quilômetros de distância, eram os membros da família de Oswald Pohl, amigos de ambos. Em uma primeira etapa, Heinrich Himmler não foi mencionado como pai na certidão de nascimento dos filhos ilegítimos, tendo esperado até

25 de junho de 1944 para fazer o reconhecimento de paternidade perante o juiz da SS e alterado as certidões no registro civil de Lychen[104] a 20 de julho de 1944. O padrinho da menina era Sepp Dietrich, cujos dois filhos menores eram por sua vez afilhados de Himmler. Ursula Dietrich desejou ao "caro *Reichsführer*": "Que vossa pequena senhorita possa sempre trazer luz e sol à vida de seus pais..." Oswald e Eleonore Pohl também o cumprimentaram como "bons vizinhos", prometendo acompanhar "os dois filhos do destino com todos os melhores votos no caminho de um futuro forte". Eleonore Pohl, por sua vez mãe de três meninas, já no dia do nascimento mandou um pequeno cartão à "querida Senhora Coelhinho", procurando consolá-la: "A natureza segue seus próprios caminhos e quer — talvez —, com essas numerosas meninas, antecipar-se a uma época que não seja excessivamente masculina."

Heinrich Himmler não estava presente no nascimento de sua filha: nesse dia, estava em Obersalzberg, como testemunha do casamento do *Gruppenführer-SS* Hermann Fegelein com Gretl Braun, irmã de Eva Braun. Hermann Fegelein era oficial de ligação entre Himmler e Hitler, e a sra. Fegelein visitou Hedwig Potthast no fim de 1944 em sua nova residência, a casa de "Schneewinkllehen" em Schönau, perto de Berchtesgaden, casa que Himmler veio a comprar para sua amante no verão de 1944, por intermédio de Martin Bormann, providenciando posteriormente sua reforma por detentos de Dachau.

Desde que deixara o trabalho, Hedwig Potthast só tinha contato epistolar com os antigos amigos e colegas. Mas mantinha correspondência abundante com diferentes mulheres de dirigentes nazistas, como Gerda Bormann, Lina Heydrich, Eleonore Pohl e outras. Depois da guerra, Lina Heydrich diria a respeito de Hedwig Potthast: "Essa mulher não era pequeno-burguesa

---

[104] Segundo Peter-Ferdinand Koch (*Himmlers graue eminenz*, "A eminência parda de Himmler"), Nanette-Dorothea não nasceu em Hohenlychen, mas perto do lago Achensee, no Tirol; as obras nas quais ela é mencionada sempre indicam equivocadamente 20 de julho como sua data de nascimento.

nem excêntrica, não se envolvia nas mundanidades da SS, era inteligente e se caracterizava por uma profunda cordialidade. Reinhard disse certa vez que perto dela se podiam aquecer as mãos e os pés."

Também com Heinrich Himmler ela praticamente só continuava tendo contatos epistolares e telefônicos, interrompidos pelas visitas breves e excepcionais que ele lhes fazia, a ela e aos filhos. A visita de Himmler em outubro de 1944 à casa de Schneewinkllehen só é comprovada por uma carta de Martin Bormann à sua mulher, no início de outubro de 1944: "Heinrich disse-me ontem que tinha pendurado quadros, trabalhado na casa e brincado o dia inteiro com os filhos. Tampouco atendeu aos telefonemas, dedicando-se tranquilamente à família, para variar."

Hedwig Potthast evidentemente aceitava sem queixar-se seu papel de amante secreta. No fim de 1944, ela escrevia a Himmler:

"Meu precioso! [...] Desejo-lhe antes de mais nada que tenha força para executar a missão que o Führer e a pátria lhe vão confiar. — Ao lado disso, tudo é pequeno — nós somos — eu sou pobre. Cuide bem da saúde e não esqueça a sua H."

Hedwig Potthast nunca assinava suas cartas a Himmler nominalmente, mas sempre com a runa *Hagal*, que designava o som "H". O fato de essa carta ter sido endereçada a Himmler é confirmado pelas cartas seguintes, no início de 1945, nas quais a data vem inscrita manualmente a cada vez.

Na única entrevista que concedeu — ao jornalista Peter-Ferdinand Koch, na década de 1980 —, ela não se limitou a afirmar que Himmler manifestara em sua presença dúvidas quanto à possibilidade de a guerra ainda ser vencida, sustentando também que ela mesma fora uma engrenagem essencial nas negociações secretas empreendidas por Himmler com os Aliados ocidentais e na libertação de detentos de campos de concentração. Afirmou ainda que no outono de 1944 começara a exortar Himmler a se distanciar do Führer — pois queria sobreviver, a bem dos filhos.[105]

---

[105] É pelo menos o que relata Koch; mas são incontáveis os erros em sua publicação, de tal maneira que é recomendável encarar com prudência suas afirmações.

16 de junho de 1944

Minha boa Mamãezinha!

Mando junto de novo dois discursos meus; não tenha medo de me ofender, limite-se a passar os olhos. Junto duas cartas muito corretas de viúvas de SS; por favor, mande-as de volta depois!

Dois livros e chocolate para Lydia, algumas revistas e sabonetes para mim, além de um livro para a biblioteca, também estão indo com esta carta.

Muitas saudações e beijos afetuosos para você, boa Mamãezinha, e para nossa filhota (Marrequinha).

Do Papaizinho de vocês

Em 6 de junho de 1944, as tropas americanas tinham desembarcado na Normandia, abrindo a tão esperada segunda frente. Em questão de poucos dias, os Aliados puderam consolidar sua cabeça de ponte e empreender a liberação da França. A leste, o grupo de Exército do Centro há muito desmoronara e o avanço do Exército Vermelho era irresistível. O fim da guerra e a derrota da Alemanha nacional-socialista já não passavam de uma questão de tempo.

Gudrun escreve em seu diário a respeito do desenrolar da guerra, a 15 de julho de 1944: "[...] de maneira geral, alguma coisa está acontecendo, começou o desembarque na Normandia na noite de 5 para 6 [de junho], mas nós já abandonamos Cherburgo, [...] Roma foi abandonada há muito tempo e na Rússia os russos já estão quase na fronteira; é simplesmente terrível, mas todos acreditam tão firmemente na vitória (Papai) que como filha desse homem no momento particularmente prestigiado e apreciado sou forçada a acreditar nele também, e acredito perfeitamente. Seria absolutamente impensável que perdêssemos."

Nessa situação desesperada, um grupo da resistência militar, constituído em torno de um coronel — o conde Claus Schenk von Stauffenberg —, resolveu correr o risco de um atentado. A 20 de julho de 1944, por ocasião de uma reunião de avaliação da situação no quartel-general do Führer, foi plantada uma bomba destinada a matar Hitler e dar início a um golpe de Estado que havia muito vinha sendo preparado pelos meios conservadores e certas facções do Exército. Mas Hitler sobreviveu ao atentado, sofrendo apenas leves ferimentos, e em Berlim o grupo de revoltosos não conseguiu concentrar o poder em suas mãos. As unidades fiéis a Hitler detiveram os resistentes, que se haviam reunido no "Bendler-Block",[106] e ali mesmo executaram imediatamente a maioria deles. Muitos outros membros da conspiração foram detidos e condenados à morte pelo *Volksgerichtshof*, o tribunal especial presidido por Roland Freisler; suas famílias foram encarceradas em obediência ao princípio da Sippenhaft.[107] No total, cerca de duzentas pessoas foram executadas em consequência do atentado.

Gudrun escreveu a 22 de julho de 1944: "No dia 20 de julho de 1944, um atentado assassino contra o Führer foi cometido por oficiais alemães, quase todos nobres. O Führer quase nada sofreu, mas os que o cercavam ficaram feridos. Quando soube a respeito, no momento em que acabávamos de tomar banho, quase caí em lágrimas, graças a Deus Papai não estava lá, mas no fundo é ele quem, em última análise, assume a responsabilidade."

No dia 26 de julho de 1944, uma semana depois do fracasso da operação, Himmler pronunciou diante dos oficiais de uma divisão de granadeiros, no terreno de manobras de Bitche, um discurso em que falou das virtudes militares, inclusive a propósito do 20 de julho: "E eis que ocorreu o que

---

[106] Prédio em Berlim onde na época estavam instalados serviços dos exércitos alemães. [*Nota da tradução francesa.*]
[107] "Responsabilidade da linhagem." Com esse nome, Hitler havia posto novamente em vigor o princípio pretensamente "germânico" que consistia em fazer com que uma família inteira, ascendentes e descendentes, pagasse pelos "crimes" de um de seus membros. [*Nota da tradução francesa.*]

para todos nós era inacreditável, inconcebível: um oficial alemão, um coronel alemão não só violou o juramento prestado,[108] como, rompendo com todos os costumes do espírito do soldado germânico e alemão há muitos séculos, há milênios, levantou a mão contra seu chefe de guerra supremo. [...] É o golpe mais terrível jamais desfechado contra o exército alemão, e teremos [...] no fogo sagrado e no cumprimento sagrado do nosso dever, durante anos e anos, de nos esforçar por apagar esse crime da memória do povo alemão, apagar do escudo reluzente a mancha nele lançada."

Marga, por sua vez, registrava a 11 de agosto de 1944: "Que infâmia, oficiais alemães quiseram matar o Führer. Um milagre, ele está vivo."

O aparelho policial de Himmler não fora capaz de impedir o atentado. É verdade que nessa data ele pressentia algo a respeito dos projetos de golpe de Estado e já procedera a algumas detenções, mas o alcance da Resistência, estendida por todo o Reich, foi uma total surpresa para a Gestapo. Mas isso não chegou a comprometer o prestígio de Himmler, que, pelo contrário, consolidou ainda mais sua posição de poder após o fracasso do atentado.

18 de agosto de 1944

Minha boa, querida Mamãezinha!

Que esta cartinha e este pacote lhe levem um pouco de alegria agora que se levantou e que — espero — ficará pelo menos alguns dias em Gmund! — O livro sobre o Japão é muito interessante. Espero que as outras coisas possam ser-lhe úteis!

---

[108] Desde 1934, os soldados da Wehrmacht prestavam juramento ao Führer. [*Nota da tradução francesa.*]

Meus agradecimentos afetuosos por sua cartinha de 12/8! Li todas as peças anexas. [...] Como previsto, a guerra atualmente está em sua etapa mais difícil, com uma extrema tensão das forças e dos nervos. — Mas fique tranquila, tudo correrá bem e eu trabalho mais que nunca.

Minha boa Mamãezinha, desejo-lhe de todo o coração uma boa recuperação! Para você e para nossa querida filhinha, "a esperta", muitas queridas saudações e beijos do Papaizinho de vocês.

Desde o mês de julho de 1944, detentos do "kommando externo de Gmund" de Dachau construíam no jardim da casa de Lindenfycht um bunker antiaéreo, pois Himmler temia um ataque dirigido da parte dos Aliados.

A esse respeito, Gudrun escreveu em seu diário a 15 de julho de 1944: "Atualmente estão construindo um bunker no terreno de jogos, o que eu acho terrível; essa constante agitação, e sempre detentos, e não podemos ir aqui nem ali, mas Papai queria tanto tê-lo, e Mamãezinha também [...]."

O campo exterior de Gmund, que reunia vinte detentos estacionados em Bad Tölz, existiu de maio de 1944 ao fim de abril de 1945. As obras de construção eram supervisionadas por Marga Himmler, que logo haveria de se queixar junto à direção do campo de Dachau do rendimento dos detentos, em sua opinião insuficiente. A partir de setembro de 1944, um novo kommando de detentos foi incumbido de construir uma galeria antiaérea entre Lindenfycht e a mansão do general Walter Warlimont, situada não longe dali. Apesar do trabalho pesado que realizavam, eles só eram alimentados pela manhã e à noite no campo de Tölz.

Antes dessa data, Himmler já fizera detentos trabalharem para uma finalidade pessoal sua na mansão de Dohnenstieg, em Berlim, e na reforma do pavilhão de caça de Valepp. Em 1944-1945, detentos novamente trabalhavam em Valepp, assim como, na primavera e no verão de 1944, na reforma da casa de Schneewinkllehen, habitada por sua segunda família.

Imediatamente após o atentado de 20 de julho, Hitler nomeou Himmler comandante do exército de reserva, uma posição militar central para o recrutamento de novos soldados. Foi com as seguintes palavras que ele justificou o alistamento da classe de 1928, vale dizer, de rapazes de 16 anos: "Mais vale que uma classe de idade jovem morra e que o povo seja salvo, em vez de eu me preocupar em poupar a classe jovem e um povo inteiro de 80 ou 90 milhões de pessoas ser extinto."

A direção nacional-socialista já traçava planos para uma espécie de alistamento em massa desde o verão de 1944. O "decreto sobre a formação do alistamento popular ('Volkssturm')" promulgado por Hitler a 26 de setembro destinava-se a reunir as últimas reservas de homens de 16 a 60 anos ainda aptos para o combate. Embora a organização do Volkssturm ainda dependesse dos Gauleiter, Himmler, em sua qualidade de comandante do exército de reserva, devia assumir sua organização militar, sua formação, seu armamento e seu engajamento em combate. Em discurso transmitido pelo rádio, Himmler proclamou a 18 de outubro — não por acaso, dia do aniversário da Batalha das Nações em Leipzig: "Que nossos adversários entendam bem: cada quilômetro que quiserem percorrer no interior de nosso país haverá de lhes custar rios de sangue. Cada quarteirão de casas em uma cidade, cada aldeia, cada fazenda, cada floresta serão defendidos por homens, rapazes, velhos e — se necessário — por mulheres e moças."

A formação e o equipamento militares do "alistamento em massa" eram mais que insuficientes; assim é que eles foram utilizados essencialmente em trabalhos de escavação de abrigos e na evacuação de aldeias à medida que o inimigo avançava. O fato de, durante o Volkssturm, todos os homens em condições de tomar armas terem sido convocados, mas também submetidos à jurisdição da SS, mostra o medo que a direção nacional-socialista tinha de assistir a uma revolta, na retaguarda, de uma população cada vez mais cansada da guerra.

Além disso, Himmler tornou-se inclusive comandante de um grupo de exército: entre o início de dezembro de 1944 e meados de janeiro de 1945, o grupo de exército Oberrhein (Reno superior), e, do fim de janeiro a meados de março de 1945, o grupo de Exército Weichsel (Vístula). Mas sua capacidade militar era de tal forma catastrófica que ele teve de ser substituído nas duas funções.

22 de dezembro de 1944

Minha boa Mamãezinha amada!

Pela primeira vez não festejamos o Natal juntos; mas ontem, justamente, pensei muito em você e na Bonequinha. Vocês também acenderam nossas lâmpadas de Jul? — Espero que meus presentes lhes agradem; foram terrivelmente poucos o tempo e as oportunidades de procurar alguma coisa realmente amável. Mas talvez a bandeja de prata, a taça e os cortes de seda (preta e azul com branco), a bolsa azul e um pouco de roupa de cama e de meias lhe agradem. Dez livros de "la"/"ca" [?] vão junto ou se seguem.

Dê à nossa querida filhota a pulseira de ouro e o vestidinho esportivo. Irão em seguida a pele de goral, caixas de compassos e tecidos de algodão azul. — Separei para ela um velho livro sobre botânica.

E depois de amanhã, dia 24, estarei com o soldados do <u>meu</u> grupo de exército. Há 27 anos, eu era alistado aos 17 anos como aspirante, e hoje estou assumindo o comando na situação mais difícil. — Mas é muito, além de todas as minhas outras responsabilidades, e ela pesa muito, a responsabilidade, quando se sabe que das ordens que dou aqui depende a vida de tantos alemães cujas mulheres e mães depois ficarão enlutadas, e que, em grande escala, depende das ordens que dou ou deixo de dar a vida de nosso povo de 90 milhões de pessoas.

> *Mas logo serão 3 horas. Mando-lhe, minha boa Mamãezinha, [acrescentado posteriormente] todos os meus votos para a festa de Natal, e espero que meus presentes a alegrem um pouco apesar de tudo.*
> *Muitas saudações e beijos afetuosos*
>
> Seu Papaizinho

> *Envio junto chaves.*
> *O casaco de pele de Lydia vai em seguida.*

O que não fica claro é de que maneira e onde Himmler conseguia esses presentes, tanto mais que praticamente não tinha tempo e os produtos a que se refere quase não estavam mais disponíveis em 1944. É grande a tentação de supor que eram tirados do fundo de bens roubados das pessoas assassinadas, fundo que o Wirtschafts-Verwaltungshauptamt da SS, dirigido por Oswald Pohl, havia formado nos campos de extermínio e que sobretudo permitiu a membros da SS enriquecer. Mas Himmler dava o maior valor à "honestidade" e à "correção" na utilização dos bens obtidos com essa pilhagem, e podemos assim supor que pagara por eles. É igualmente o que nos leva a crer um inventário dos presentes do Estado-Maior pessoal no Natal de 1944, no qual os preços são anotados e no qual o casaco de pele destinado a Lydia Boden, avaliado em 1.700 marcos, representa de longe o objeto mais caro. Sobre a origem desses presentes, é indicado apenas: "Objetos provenientes da Itália e de Budapeste."

A população comum só encontrava no mercado negro, nos anos de guerra, a maioria dos presentes e doces que Himmler oferecia constantemente a sua família. Recorrer ao mercado negro era considerado um "crime contra a economia de guerra" e severamente punido, o que não impedia que esse comércio clandestino prosperasse. Ao mesmo tempo, aumentava na população a insatisfação com os privilégios desfrutados pelos "bonzos do partido" em matéria de aprovisionamento.

9 de janeiro de 1945

Minha querida, boa Mamãezinha!

Um mensageiro está partindo precisamente de carro para Munique e deve levar-lhe algo da minha parte.

O pacote de café do Führer (carta anexa), o pão de mel, os bolos de Nuremberg e o patê de fígado. [...] — Entre os livros, você deve ver com Bonequinha o álbum da divisão HJ[109] e o livro Die Vollendeten!*[110] Guarde as críticas dos jornais! — Os tíquetes de racionamento que faltam (da última vez) estão juntos. [...]*

Acabamos de falar pelo telefone. Muitas vezes acontece que seja impossível: as linhas estão muito sobrecarregadas em Munique.

Agora receba muitos, muitos agradecimentos por suas boas e queridas cartas dos dias 21, 28 e 29 de dezembro. Agradeço-lhe também sua querida foto, mais tarde, se tiver uma nova na qual não esteja com ar tão sério, precisará mandá-la para mim, eu a mandarei enquadrar; mas esta também me alegra, eu a contemplo com frequência. Estou lendo com muito prazer seu livro Preussische Soldaten,*[111] ele é notável. Eu o encapei com a capa que Bonequinha bordou para mim. — Na noite de Natal, eu estava em Metzeral, perto de Münster, na Alsácia, e em Gebweiler,[112] e também pensei em vocês e no presépio no seu quartinho.*

[...] No que diz respeito à Luftwaffe, as coisas estão muito difíceis. Como o pobre povo deve sofrer! Nossas belas Munique e Nuremberg! E apesar de tudo acredito que a guerra, em grande escala, vai terminar vitoriosamente este ano.

---

[109] A *Panzerdivision-SS* Hitlerjugend, criada em 1943 com membros da Juventude Hitlerista. [*Nota da tradução francesa.*]
[110] Coletânea de fotografias (Rosemarie Clausen [ed.], Stuttgart, 1941) com as máscaras mortuárias de alemães famosos, entre eles Beethoven, Frederico II, a rainha Luísa, Richard e Cosima Wagner, mas também Dietrich Eckart.
[111] Rudolf Thiel, *Preussische Soldaten*, Berlim, 1942.
[112] Em francês, Guebwiller. [*Nota da tradução francesa.*]

Eu lhe agradeço seus bons, bons votos. — *Você sabe o quanto lhe mando do fundo do coração bons votos para você, querida e boa Mamãezinha. Cuide bem da saúde!*

Fico feliz de saber que a sra. dra. Richter está cuidando de você.

Muitas saudações e beijos afetuosos

Seu Papaizinho

Em janeiro de 1945, o Exército Vermelho chegara à fronteira do Reich alemão, lançando com 6 milhões de soldados uma ofensiva contra a qual a Wehrmacht praticamente não pôde fazer nada, com seus 2 milhões de soldados insuficientemente formados e equipados, e nenhuma reserva. A 31 de janeiro, as unidades sob as ordens do marechal Jukov chegaram a Küstrin, à beira do Oder, enquanto as tropas soviéticas ocupavam a Alta Silésia. Dias antes, a 27 de janeiro, os detentos sobreviventes de Auschwitz tinham sido libertados pelo Exército Vermelho. A 25 de abril, o anel se fechou em torno da capital, Berlim; tropas americanas e soviéticas convergiram perto de Torgau, às margens do Elba.

Milhões de pessoas fugiram da Prússia Oriental, da Pomerânia e da Silésia ante o avanço das tropas soviéticas. A propaganda nacional-socialista, que pintara um panorama de horror sobre as atrocidades cometidas pelo inimigo bolchevique, não foi a única a alimentar o medo de uma população civil ameaçada. A soldadesca desembestada, as execuções, os estupros em massa, os saques, as deportações para o trabalho forçado também desencadearam movimentos de pânico. A Alemanha pagava agora pela brutalidade de sua guerra de extermínio.

O avanço do Exército Vermelho também levou a SS a desmantelar os campos de concentração a leste, deslocando os detentos para campos situados mais a oeste, em pavorosas marchas a pé. Assim foi que centenas de milhares deles atravessaram a Alemanha devastada. Essas "marchas da morte" ocorreram em um clima de gelo e neve, sem aprovisionamento suficiente, às vezes sem pausa, e diante dos aldeões alemães. Dezenas de milhares de detentos que não eram capazes de acompanhar esse ritmo foram executados pelos guardas da SS ou morreram de esgotamento durante o trajeto.

Podemos ler no diário de Marga, em 16 de janeiro de 1945: H. também dirige agora um exército no oeste, além de todo o resto de seu trabalho. É de mais. Mas ele está sempre alegre e de bom humor quando telefona.

Em 2 de fevereiro de 1945, ela escreve: H. agora está no leste. Quando a situação fica grave, ele é obrigado a ajudar. É magnífico que ele seja convocado a tão importantes missões e esteja em condições de cumpri-las. Toda a Alemanha olha para ele.

No trem, 20 de janeiro de 1945

Minha boa, querida Mamãezinha!
Minha querida Bonequinha!

Estou viajando do oeste para o leste. Será certamente a missão mais difícil que me foi confiada até agora. Mas acredito que <u>terei êxito</u> e, apesar de tudo que me esmaga, continuo <u>convencido de que alcançaremos a vitória final</u>.

Muito obrigado por sua querida carta de 16/1. — Estou mandando uma grande quantidade de livros, entre eles dois antigos, para você e Bonequinha, e um belíssimo calendário. Também lhe encaminho algumas cartas que talvez lhe interessem.

Recebi também a querida cartinha enviada por Bonequinha de Reichersbeuern, a 7/1. Todos os meus agradecimentos, minha querida filhinha!

Mandem-me muitos bons pensamentos!
Muitas beijocas e saudações afetuosas!

O Papaizinho de vocês

Hanns Johst lhe envia, com uma amável carta, uma pequena descrição da viagem.

13 de fevereiro de 1945

Nesta época tão difícil, que devemos e <u>vamos</u> superar, às pressas, para você, minha boa Mamãezinha, e para minha filhota de ouro, Bonequinha, saudações, pensamentos e beijos particularmente afetuosos

O Papaizinho de vocês

Já no fim de 1944, Himmler decidira que Gerhard deveria interromper sua formação agrícola e entrar para a SS. Aos 16 anos, ele deu início a sua formação de granadeiro de blindados na qualidade de "voluntário da SS". Marga escreve a 21 de fevereiro de 1945 em seu diário: "Não é certo que Gerhard ainda volte antes de partir para a frente. Ele é muito corajoso e está muito bem na SS, em Brünn." Última menção do diário de Marga no mesmo dia: "A situação militar permanece inalterada e é muito séria."

Gudrun escreveu, no dia 5 de março de 1945, em seu diário:

> *[...] Na Europa, não temos mais aliados, agora só contamos com nós mesmos. E há tanta traição entre nós. Os oficiais simplesmente debandam. Ninguém mais quer a guerra. O terror aéreo é indescritível, eles não param de atacar a população civil e os trens. Atacaram Dresden, embora a cidade estivesse cheia de refugiados do Leste. Nós mesmos reconhecemos que 10 mil pessoas foram mortas, é terrível. E no entanto ainda há taantas pessoas que poderiam ir combater e que se fingem de doentes, mas por outro lado ainda há taaanto heroísmo. Jovens de 16 anos já estão na frente e os jovens hitleristas se saíram muito bem, eles pelo menos ainda acreditam. — Papai proclamou o Volkssturm no dia 18 de outubro em um magnífico discurso. [...] Papai é, desde 20 de julho, comandante do Exército da retaguarda.*

> [...] O clima geral está a zero. [...] A Luftwaffe continua ruim; Göring, esse fanfarrão, não faz nada. Goebbels faz muita coisa, mas sempre fazendo questão de aparecer. Todo mundo recebe medalhas e condecorações, exceto Papai, embora devesse ser o primeiro a recebê-las. Se assim não fosse, muitas coisas seriam diferentes. O povo inteiro olha para ele. Ele se mantém sempre discreto, nunca quer aparecer. [...]

Em março de 1945, compreendendo que fracassara em seu papel de chefe do Exército, ele se retirou por várias semanas no hospital militar de Hohenlychen, com uma angina. A 21 de março, foi demitido de suas funções de chefe do Exército, por pressão dos generais da Wehrmacht.

Nas últimas semanas de guerra, Himmler ainda acreditava que poderia usar os detentos dos campos de concentração como reféns, permitindo-lhe conseguir das potências ocidentais certas concessões e mesmo uma paz separada. Por meio de Felix Kersten, conseguiu estabelecer contatos com a Suécia, país neutro. O vice-presidente da Cruz Vermelha sueca, o conde Folke Bernadotte, viajou pessoalmente à Alemanha no início de 1945 para resolver definitivamente com a SS essa operação de salvamento. Quando Bernadotte chegou a Berlim, a 16 de fevereiro, Himmler inicialmente receou o encontro. Só se encontrou com Bernadotte dois dias depois, fazendo promessas cuja concretização seria em seguida adiada. Foi necessário esperar até abril de 1945 para que os detentos escandinavos sobreviventes pudessem entrar em ônibus brancos da Cruz Vermelha sueca no campo de Neuengamme, de lá sendo repatriados para a Suécia, passando pela Dinamarca.

Em 10 (16) de abril de 1945, Gudrun escrevia:

> [...] H. Schnitzler telefonou, Papai ainda está em Berlim, e convocou todos os Obergruppenführer para uma reunião em sua casa, de modo que a situação ainda não deve estar tão terrível, embora a ofensiva russa também já tenha começado.

E em 17 de abril:

> [...] Ontem estávamos de muito mau humor, eles acabaram chegando pouco antes de Nuremberg. [...] Às 4 horas, alerta, ataque a Munique; a casa tremeu. Mamãezinha ficou muito apavorada. Botou a casa inteira para se mexer. Não achei que fosse grave.

17 de abril de 1945

> Minha boa Mamãezinha amada! Minha boa e querida filhota!
> O sr. B.[aumert] está indo, e assim tenho a oportunidade de lhe entregar esta cartinha. Ele vai contar muitas coisas pessoalmente à Mamãezinha.
> Mas ainda assim precisa levar algumas linhas com um pequeno pacote. Os tempos para nós todos são monstruosamente difíceis, e no entanto — estou firmemente convencido — tudo acabará por sofrer uma reviravolta em nosso proveito. Mas é difícil.
> Tratem apenas de cuidar da saúde, vocês, minhas queridas.
> A Antiguidade nos protegerá, a nós e particularmente ao corajoso povo alemão, não permitirá que desapareçamos.
> Estou mandando para você, minha Mamãezinha amada, e para você, minha Bonequinha, minha querida, muitas muitas beijocas e saudações afetuosas.
> Heil Hitler! Com amor
>
> *O Papaizinho de vocês*

Esta carta tem com toda evidência os traços característicos de uma carta de despedida. É uma das raras que Himmler endereçou explicitamente à mulher e ao mesmo tempo à filha, sendo a primeira e única vez em que conclui com um "Heil Hitler" — e, ironia da história, o faz em um momento em que há algum tempo tenta conduzir negociações secretas com os Aliados ocidentais sem ter informado Hitler.

Com efeito, há muito Heinrich Himmler deixara de acreditar que tudo ainda fosse "sofrer uma reviravolta" em proveito da Alemanha; ele se retirava com frequência cada vez maior e por períodos cada vez mais prolongados em Hohenlychen, depois de se declarar doente, e não podia mais ser encontrado por ninguém. O fato de falar nessa carta do possível desaparecimento do povo alemão, acrescentando que só uma instância divina poderia a rigor impedi--lo, mostra a visão desesperada que tinha da situação e o cinismo com que os dirigentes nazistas equiparavam a derrota de seu regime ao fim da Alemanha.

A "Antiguidade" era a divindade supostamente germânica "Waralda", mencionada por Himmler no discurso de 26 de julho de 1944 citado anteriormente: "Nada tenho a ver com as confissões religiosas, é coisa que deixo para cada indivíduo. Mas nunca tolerei um ateu nas fileiras da SS. Cada um tem uma fé muito profunda no destino, no senhor Deus, no que os meus antepassados chamavam em sua linguagem de Waralda, a Antiguidade, o que é mais forte que nós."

Muito provavelmente ele escreveu essa carta de despedida em Hohenlychen. Paul Baumert, do Estado-Maior pessoal do RF-SS, viajou em seguida em seu carro para a Baviera, para organizar a fuga de Marga e Gudrun, mas também de Hedwig, Helge e Nanette-Dorothea.[113]

Gudrun escreve a 18 de abril de 1945:

> [...] *Ontem foi publicada uma ordem do dia do Führer. Agora é preciso avançar. Volto a acreditar mais firmemente na vitória. Ontem*

---

113 Depois de 1945, Hedwig Potthast viveu com os filhos inicialmente na Baviera, mantendo contato, entre outros, com Eleonore Pohl, Karl Wolff e Gebhard Himmler. Em 1953, ela cortou todos os contatos na Baviera e partiu para Sinzheim, perto de Baden-Baden, onde voltou a trabalhar como secretária e coabitou com sua amiga Sigurd Peiper — ex-secretária no Estado-Maior pessoal do *Reichsführer-SS*. Quando o marido desta — antigo ajudante de campo de Himmler e responsável, como general SS, pelo massacre de Malmedy — foi libertado da prisão, em 1957, as famílias seguiram cada uma seu caminho, e Hedwig Potthast casou-se. Morreu em 1994 em Baden-Baden.

também teve início a batalha a leste. O relatório do Exército no oeste não era muito bom. Falamos o tempo todo da guerra, embora tentemos não fazê-lo.

E em 19 de abril de 1945:

[Ontem], *quando voltei, Schnitzler e Baumert estavam aqui, conversando com Mamãe.* [...] *Baumert queria convencer M. a aceitar que fôssemos com falso passaporte para Vallepp* [sic]*, acompanhadas de F. Heydrich. M. não quer, seríamos reconhecidas.* [...] *Baumert vinha da casa do Papai e voltou para lá. Agora eles decidiram. Nós vamos para o sul, M. e eu para um lugar, U.*[lla] *e T.*[ia] *M.*[artha]*, para outro. O lugar para onde vamos deve ser mantido* <u>absolutamente</u> *em segredo (com nome falso).* [...] *Para V.*[alepp]*, serão levadas muitas coisas, talvez tenhamos de ir para lá quando tudo estiver terminado, quando nossa casa não estiver mais aqui, o que esperamos que não aconteça. Papai mandou uma carta muito querida e chocolates.*

No dia 20 de abril, data do aniversário de Hitler, Himmler visitou pela última vez a chancelaria do Reich em Berlim; oito dias depois, um despacho de agência noticiosa britânica informando que Himmler negociava com as potências ocidentais foi interceptado e transmitido ao "Bunker do Führer". Antes de morrer, Hitler demitiu Himmler de todos os seus cargos no Estado e no partido. A essa altura, Himmler já fora para a Alemanha do Norte e residia em Flensbourg.

O almirante Karl Dönitz, designado seu sucessor por Hitler antes de se suicidar, em 30 de abril, e que também se encontrava em Flensbourg, soube que Himmler fora afastado de suas funções e se eximiu de nomeá-lo em seu gabinete de transição.

Himmler ainda permaneceu duas outras semanas em Flensbourg sem ser incomodado. Recebia os chefes da SS que permaneciam fiéis a ele, mantinha um Estado-Maior de 150 pessoas com comunicação por rádio e frota automobilística e escrevia ao marechal britânico Montgomery, sem obter resposta. Em 20 de maio, três dias antes da detenção do governo Dönitz, Himmler, o bigode raspado, usando tapa-olho e o uniforme da *Geheime Feldpolizei*, e portando documentos de identidade em nome de Heinrich Hitzinger, deixou a cidade acompanhado de alguns membros de seu Estado-Maior. O plano consistia em escapar ao cerco inglês passando pelo sul; mas fracassou. Como supostos membros da Gestapo, eles foram levados em 22 de maio de 1945 ao quartel-general britânico do Segundo Exército. Lá, Himmler declarou sua verdadeira identidade e se suicidou pouco depois com uma cápsula de veneno.

Epílogo

O pós-guerra

Na noite de 19 para 20 de abril de 1945, Erich Schnitzler transportou Marga e Gudrun Himmler, Lydia Boden e uma tia das duas irmãs para o Tirol do Sul. Em 2 de maio, as tropas americanas chegaram à região ao redor de Gmund e confiscaram os documentos particulares encontrados na casa de Lindenfycht. Marga e Gudrun foram detidas por soldados americanos no dia 13 de maio de 1945 em Wolkenstein, perto da mansão de Karl Wolff em Bolzano, e presas em um campo de internação em Roma, onde Marga Himmler foi interrogada por oficiais britânicos.

No dia 13 de julho de 1945, a jornalista Ann Stringer procurou-a para uma entrevista para *Il Giornale del Mattino*, em uma luxuosa mansão nas proximidades de Roma, e a informou da morte de seu marido: "A sra. Himmler não deixou transparecer qualquer emoção. Foi a mais fria manifestação de absoluto controle dos sentimentos humanos que eu jamais presenciei." Marga Himmler, uma "mulher corpulenta de coque severo, com muitos dentes de ouro", falava, segundo ela, um inglês relativamente bom. Confirmou que sabia quais eram as missões desempenhadas pelo marido como chefe da Gestapo. E não se espantava com o fato de que fosse odiado: "Ele era policial, e ninguém gosta de policiais." Perguntada se alguma vez fora a Dachau, Marga respondeu que quase diariamente se encontrava perto desse triste setor, para comprar legumes e frutas lá cultivados pela SS. Considerava que os responsáveis pela guerra eram os ingleses. Mas, diante de perguntas mais precisas, ela respondia de maneira evasiva: "Sou apenas uma mulher; não entendo muito de política."

Mais tarde, Marga e Gudrun foram internadas em diferentes campos na Itália e na França; em setembro de 1945, durante os processos em Nuremberg contra os principais criminosos de guerra, foram transferidas durante algumas semanas para o prédio das testemunhas, onde Marga foi interrogada em 26 de setembro de 1945 por um oficial americano. Afirmou que seu marido sempre agira exclusivamente por ordem do Führer, que suas múltiplas missões o deixavam em constante estado de fadiga e que ele vivia com uma saúde delicada. "Ele tinha uma quantidade terrível de tarefas a fazer." Duvidou de que ele jamais tivesse visitado os campos de concentração, ao mesmo tempo admitindo que sabia ser ele o responsável por esses campos e que ela própria visitara o campo de mulheres de Ravensbrück.

No fim de 1946, Marga e sua filha foram libertadas do campo 77 para mulheres de Ludwigsbourg e foram para o instituto de assistência e tratamento Bethel, do pastor von Bodelschwingh, perto de Bielefeld, onde passaram a trabalhar no serviço de tecelagem e fiação, e onde Gudrun fez um curso de corte e costura. Seu convívio com os outros moradores de Bethel teve momentos de tensão. Em 1962, o pastor von Bodelschwingh ainda se lembrava de seu comportamento "cada vez mais rebelde e complicado", recordando que elas continuavam a se considerar *gottgläubig* e se mantinham distantes da comunidade cristã de Bethel.

Perante a comissão de desnazificação de Bielefeld, Marga foi inicialmente considerada "pouco comprometida", em 1948, e depois "seguidora", em 1951, após uma revisão. No outono de 1952, foi iniciado na Baviera outro procedimento de desnazificação contra elas, envolvendo o problema da propriedade da casa de Lindenfycht. No julgamento de janeiro de 1953, elas foram consideradas "comprometidas", o que acarretava a perda de seu patrimônio e do direito de voto. No outono de 1955, Marga alugou com a irmã Lydia um apartamento em Bielefeld-Heepen. A saída de Bethel tampouco ocorreu nos melhores termos: segundo o pastor von Bodelschwingh, "a Sra. Himmler persistiu em sua cegueira absoluta até partir sem agradecer ao encontro de seus cúmplices da camisa-parda, que a essa altura já estavam de pé novamente".

Gudrun, que fora para Munique já em 1952, teve dificuldade para encontrar emprego como costureira, em virtude de seu nome de família. Como o ostentava obstinadamente nos anos que antecederam seu casamento, mudava constantemente de emprego, como relataria em 1960 ao jornalista Norbert Lebert, na única entrevista que jamais concedeu. Trabalhou como costureira, diarista, auxiliar de escritório e, por fim, secretária. Fazia, na época, planos de uma reabilitação do pai na forma de um livro, mas o projeto nunca se concretizou. No fim da década de 1960, em conversa com o biógrafo de Himmler, Josef Ackermann, defendeu a tese de que Hitler só pudera confiar ao "mais fiel" — isto é, seu pai — "a evacuação da sujeira do Reich".

Marga Himmler passou os últimos anos de vida junto à filha e a seu marido em Munique; morreu em agosto de 1967. Não se sabe onde nem quando faleceu sua irmã Lydia.

Gudrun, que passou a usar o nome de casada Gudrun Burwitz, teve dois filhos depois da morte de Marga e se manteve ativa durante décadas na *Stille Hilfe für Kriegsgefangene und Internierte* ("Ajuda silenciosa aos prisioneiros de guerra e internos"), organização de apoio aos criminosos de guerra nazistas encarcerados e a suas famílias. Além disso, era regularmente convidada para encontros de ex-combatentes da Waffen-SS e membro da "Juventude Viking", organização herdeira da Juventude Hitlerista que só seria proibida em 1994. Gudrun vive ainda hoje em Munique.

Gerhard von der Ahé, que se mudara para Brünn (Brno) aos 16 anos, no outono de 1944, para ser treinado como granadeiro de blindados na qualidade de aspirante "voluntário" da SS, foi feito prisioneiro pelos russos no fim do conflito, depois de apenas dois dias de serviço na guerra. Em dezembro de 1949, foi condenado a 25 anos de trabalhos forçados e passou os anos seguintes em diferentes campos, nos quais trabalhou, entre outras funções, como mineiro e rebocador.

Em outubro de 1955, voltou para a Alemanha — tendo sido o mais jovem soldado dentre os que voltaram tardiamente. No formulário que preencheu como prisioneiro de volta à Alemanha, em 10 de outubro de 1955, também continuava a se apresentar como *"gottgläubig"*. Marga, com quem já tivera contatos epistolares nos três últimos anos de prisão, foi buscá-lo no campo de Friedland; inicialmente, ele viveu por breve período na casa dela e de Lydia em Bielefeld. Foi lá que a tia escreveu para ele o livro de recordações sobre a época em que tinham vivido juntos em Gmund. Nele podemos ler a respeito do fim da guerra: "E nosso destino se cumpriu. Perdemos a guerra. Fomos feitos prisioneiros. Perdemos nossos direitos, tomaram todos os nossos bens."

Na primavera de 1956, Gerhard foi para Lübeck, e logo veio a casar, tendo um filho. Trabalhou a vida inteira como motorista de caminhão. Manteve-se em contato com Gudrun e Marga até a morte desta. Em 2001, deu ao *Lübecker Nachrichten* uma entrevista de três páginas contando sua infância e a vida quase sempre "tranquila e agradável" que levara com a mãe adotiva e sua tia em Gmund — uma vida que segundo ele só era perturbada de vez em quando por seu "pai adotivo" autoritário e temido. Quando Gerhard morreu em dezembro de 2010, em um hospital de Lübeck, seu filho encontrou em sua mesa de cabeceira dois retratos dentro de uma carteira: o primeiro mostrava Gerhard na juventude, o outro, seu "pai adotivo" Heinrich Himmler — ambos com o uniforme da SS.

Anexos

Índice de abreviações

Abtlg.	—	Abteilung (departamento)
a.D.	—	ausser Dienst (fora do quadro)
ao.	—	ausserordentlich (sobrenumerário)
B.	—	Berlim
BA-B	—	Bundesarchiv, Abt. Berlin-Lichterfelde (Arquivo Federal, sede de Berlim-Lichterfelde)
BA-K	—	Bundesarchiv, Abt. Koblenz (Arquivo Federal, sede de Koblenz)
BDC	—	Berlin Document Center
BDM	—	Bund Deutscher Mädel (União das Moças Alemãs)
DAP	—	Deutsche Arbeiterpartei ("Partido Alemão dos Operários", posteriormente Partido Nazista)
d.R./d.Res.	—	Der Reserve ("de reserva")
DRK	—	Deutsches Rotes Kreuz (Cruz Vermelha Alemã)
dt.	—	deutsch (alemão)
FHQ	—	Führerhauptquartier (Quartel-general do Führer)
Gaul.	—	Gauleiter (dirigente regional do Partido Nazista)
Gestapo	—	Geheime Staatspolizei (Gestapo)
GG	—	Generalgouvernement (Governo-Geral)

HIAG	— Hilfsgemeinschaft auf Gegenseitigkeit der Angehörige der ehemalige Waffen-SS (Ajuda Mútua dos antigos membros da Waffen-SS)
HJ	— Hitlerjugend (Juventude Hitlerista)
HSSPF	— Höherer SS- und Polizeiführer ("Chefe superior da SS e da polícia")
k.v.	— kriegsverwendungsfähig (apto para o combate)
KVK	— Kriegsverdienstkreuz (cruz do mérito de guerra)
KZ/ KL	— Konzentrationslager (campo de concentração)
LAH	— Leibstandarte Adolf Hitler (divisão de guarda-costas de Adolf Hitler)
MdR	— Mitglied des Reichstages (membro do Reichstag)
Min.Dir.	— Ministerialdirektor (diretor de gabinete)
Min.Dirig.	— Ministerialdirigent (chefe de serviço ministerial)
Min.Rat	— Ministerialrat (conselheiro ministerial)
Mü.	— Munique
Napola/NPEA	— Nationalpolitische Erziehungsanstalten ("Instituto de Educação para a Política Nacional", centros de formação ideológica e militar)
NARA	— US National Archives and Records Administration, Washington D.C.
N-GA	— Nachlass Gerhard von der Ahé (Fundo G. von der Ahé)
NS	— Nationalsozialismus/Nationalsozialistische (nacional--socialismo/nacional-socialista)
NSB	— Nationaal-Socialistische Beweging der Nederlanden (Movimento Nacional-socialista dos Países Baixos)
NSDAP	— Nationalsozialistische Deutsche Arbeiterpartei (Partido Nacional-socialista dos operários alemães)
NSDAP/AO	— NSDAP-Auslandsorganisation (organização do Partido Nazista no exterior)
NS-F	— Nationalsozialistische Frauenschaft (mulheres nacional--socialistas)

NSKK	— Nationalsozialistisches Kraftfahrerkorps (corpo dos condutores nacional-socialistas)
NSV	— Nationalsozialistische Volkswohlfahrt (resgate popular nacional-socialista)
OSAF	— Oberster SA-Führer (chefe supremo da SA)
Pers. Stab RF-SS	— Persönlicher Stab Reichsführer-SS (Estado-Maior pessoal do Reichsführer-SS)
RÄK	— Reichsärztekammer (Câmara dos Médicos do Reich)
REM	— Reichserziehungsministerium (Ministério da Educação do Reich)
RF-SS	— Reichsführer-SS (chefe da SS para o Reich)
RKF	— Reichskommissar für die Festigung deutschen Volkstums (Comissário do Reich para a consolidação da etnia alemã)
RM	— Reichsmark
RSHA	— Reichssicherheitshauptamt (Admininstração Central de Segurança do Reich)
RuSHA	— Rasse und Siedlungshauptamt (Admininstração Central para a Raça e a Civilização)
SA	— Sturmabteilung (Seção de Assalto)
Sipo	— Sicherheitspolizei (Polícia de Segurança)
SS	— Schutzstaffel der NSDAP (Esquadrão de Proteção do Partido Nazista)
SS-HA	— SS-Hauptamt (Escritório Central da SS)
SS-Oa.	— SS-Oberabschnitt (Setor Superior da SS, comando regional)
SSO-Akte	— SS-Officer-Akte im BDC (Arquivo dos Oficiais SS no BDC)
stellv./stv.	— stellvertretend (adjunto)
T4	— Operação T4 de assassinato de doentes mentais (Centro de Eutanásia do 4, Tiergartenstrasse)
TG	— Diário de Gudrun Himmler

TK	— Agenda de bolso
TM	— Diário de Marga Himmler
USHMM	— United States Holocaust Memorial Museum
VB	— *Völkischer Beobachter* (diário nazista)
verw.	— viúvo
Vomi	— SS-Hauptamt Volksdeutsche Mittelstelle (Escritório Central dos Alemães do Exterior, sede central)
WK	— Weltkrieg (guerra mundial)
WVHA	— SS-Wirtschaftsverwaltungshauptamt (Serviço Central de Admininstração Econômica)

Notas biográficas

(AB) = Agenda de bolso
(DM) = Diário de Marga
(DG) = Diário de Gudrun

As datas constantes do início das notas (sob as datas de nascimento e morte) remetem às cartas nas quais é mencionada a pessoa em questão.

Ahé, Anna von der, nascida Knaack
1899-1945/46

08/04/1938 (JM), julho de 1941. Mãe de Gerhard. 1921: casamento com o operário Kurt von der Ahé (1897-1933, 1931 Partido Nazista e SS), mãe de Horst (1924-1943) e Gerhard (1928-2010). Fevereiro de 1933, seu marido morre em confrontos de rua com os comunistas. 1940: Partido Nazista, depois de 1945 internada por motivos desconhecidos no campo especial de Sachsenhausen, declarada morta em 1946 (31/12/1945).

Ahé, Horst Kurt von der
1924-1943

28/07/1941, 02/08/1941 (carta de Marga). Irmão de Gerhard. Mecânico de precisão, *Sturmmann-SS*. Morto em combate na Ucrânia.

Albers, sra.

26/12/1942, 22/04/1943. Nascida na Inglaterra, deu aulas de inglês a Gudrun, viveu parte do tempo em Gmund a partir de 1942.

Attolico, Bernardo
1880-1942

21/02/1938 (DM), 19/02/1943. 1935-1939: embaixador da Itália em Berlim. Ele e a mulher eram amigos dos Himmler. 09/05/1940: chamado de volta em virtude de sua atitude pró-alemã.

Aumeier, Georg
*1895

04/04/1930. Negociante de tecidos, ajudante de campo de Himmler antes de 1933. Participação na Primeira Guerra Mundial (PGM). 1922-1926 Partido Nazista. 1928: SS. 1930: ajudante de campo do *Reichsführer-SS, Reichsgeschäftsführer-SS*. 1935-1939: Comandante do campo de manobras da SS em Dachau, posteriormente *Führer* junto à *Oberabschnitt-SS* Sul. 1934: *Oberführer-SS*. 1934: casa com Liana Schickendantz e tem três filhos.

Bach-Zelewski, Erich von dem
1899-1972

Citado nos comentários. *Obergruppenführer* e general de polícia. Tenente durante a PGM, *Freikorps*. 1930: Partido Nazista. 1931: SS. 1932: membro do Reichstag. 1934: *Führer-SS* para a Prússia Oriental. 1936: *Oberabschnitt--SS* Sudeste. 1938: *Höherer SS- und Polizeiführer* (HSSPF) no mesmo setor. 1941: HSSPF Rússia-Centro, chefe do *Einsatzgruppe B*. 1943; delegado do *Reichsführer-SS* para o "combate aos bandos" (assassinato de partisans e judeus). Agosto de 1944: repressão da insurreição de Varsóvia. Condenado em 1961, por participação no assassinato de Ernst Röhm, a cinco anos de prisão, e em 1962 à prisão perpétua pelo assassinato de três comunistas em 1933.

Bach-Zelewski, Ruth von dem, nascida Apfeld
*1901

20/09/1938 (DM). Mulher de Erich von dem Bach-Zelewski desde 1921, seis filhos, o mais novo (*1940) era afilhado de Himmler.

Bastians, Hans
1894-1940

05/03/1932, 27/4/1932 e 31/07/1932. *Obersturmführer-SS*, primeiro motorista de Himmler até morrer acidentalmente no quartel-general do Führer "Wolfsschlucht" quando limpava sua pistola.

Baumert, Paul
1904-1961

Muitas cartas. Negociante. 1934: auxiliar no Estado-Maior pessoal do *Reichsführer-SS*. 1937: *Führer-SS* titular. 1938: ajudante de campo do *Reichsführer-SS*. 1942: chefe do Estado-Maior pessoal de Himmler. 1945: *Brigadeführer-SS*. Casado, três filhos.

Berkelmann, Gabriele, nascida von Wolffersdorf

31/07/1932. Mulher de Theodor Berkelmann. No verão de 1932: com Marga e Gudrun em Unterwössen e Marquartstein/Chiemgau.

Berkelmann, Theodor
1894-1943

31/07/1932. Participação na PGM, *Freikorps*. 1929: Partido Nazista. 1931: SS. Junho de 1931: *Standartenführer-SA*, Comando Supremo da SA. 1932: volta à SS, até abril de 1936: ajudante de campo de Himmler. 1932-1933: chefe de Estado-Maior do grupo SS Norte, depois *Führer-SS* em vários lugares. 1936: *Gruppenführer-SS* e MdR. 1942: *Obergruppenführer-SS*. 1940: HSSPF para a Westmark, chefe da administração civil da Lorena. 1943: idem em Wartheland.

Blösl, Hans

31/07/1932, 13/07/1941. Dono de um hotel em Daxenberg, em Unterwössen, na região de Chiemgau, onde hospeda os Himmler em julho-agosto de 1932. Lugar de vilegiatura, última menção em outubro de 1943. Segundo o diário de Gudrun, membro do partido desde os primeiros tempos.

Boden, Berta

13/10/1930 e 14/10/1930. Irmã de Marga, casada.

Boden, Edith

09/06/1940 e comentários. Mulher de Franz Boden, durante a guerra morou com os dois filhos em Gmund, na "casa de Erika", a casa de hóspedes dos Himmler.

Boden, Elfriede, nascida Popp

13/11/1929, 02/12/1941. Mãe de Marga, primeira mulher de Hans Boden.

Boden, Franz

09/06/1940. Marido de Edith, parentesco não esclarecido com Marga.

Boden, Grete

Citada em muitas cartas. Segunda mulher de Hans Boden.

Boden, Hans
1863-1939

Muitas cartas. Pai de Marga, aposentado. Ex-proprietário fundiário em Goncerzewo/Bromberg, primeiro casamento com Elfriede, nascida Popp, seis filhos, filho mais velho morto em combate na PGM. Segundo casamento com Grete. Testemunha de casamento de Marga e Heinrich. 1930: Partido Nazista. Até 1932, Berlim e Röntgental bei Berlim, depois vários domicílios.

Boden, Helmut

28/12/1927. Irmão mais novo de Marga, conselheiro (jurista?). Testemunha de seu casamento. Não volta a ser mencionado posteriormente.

Boden, Lydia
*1899

Citada em muitas cartas. A irmã caçula de Marga, costureira, solteira. 1932: Partido Nazista. Vive inicialmente na casa dos pais em Berlim e Röntgental. 1932: Munique. 1934-1945: Gmund, casa de Lindenfycht, a partir de 1955 com Marga em Bielefeld-Heepen.

Boden, Martha

15/10/1931. Irmã de Marga.

Bouhler, Helene, nascida Mayer
*1912

29/07/1941. Mulher de Philipp Bouhler. 1933: Partido Nazista. Relação com Marga em Munique e Berlim.

Bouhler, Philipp
1899-1945

Comentários. 1921: Partido Nazista, *Gruppenführer-SS*. 1925-1934: *Reichsgeschäftsführer* do Partido Nazista e, na qualidade de delegado de Hitler para o programa "Eutanásia", responsável por dezenas de milhares de assassinatos de doentes ("Aktion T4").

Brandt, dr. Rudolf Hermann
1909-1948

09/08/1941. Jurista. 1932: Partido Nazista. 1933: SS, Estado-Maior pessoal do *Reichsführer-SS*. 1936-1945: assessor pessoal de Himmler, oficial de ligação de Himmler no Ministério do Interior do Reich, assessor ministerial no mesmo departamento em 1943. 1935: casa com Annemarie Willeck (*1914), estenógrafa na Gestapo, cinco filhos. Organizador do assassinato de 86 judeus para a coleção de esqueletos do anatomista da SS August Hirt em Eastrasburgo. 1944: *Standartenführer-SS*. Condenado à morte em 1947 no julgamento dos médicos em Nuremberg, executado a 02/06/1948 em Landsberg.

Brekenfeld, dr. Friedrich Wilhelm
*1887

31/10/1941. Higienista, *Generalhauptführer* da Deutsches Rote Kreuz (Cruz Vermelha Alemã, DRK). Participação na PGM, médico superior de Estado-Maior. Chefe do serviço central no presídio da DRK. 1937: Partido Nazista.

Bruger, Ferdinand
*1889

04/01/1931 (AB). Escritor etnopopulista. Participação PGM. 1923: Partido Nazista. A partir de 1926: empregado como orador de campanha eleitoral pelo *Gauleiter* Himmler. A partir de 1927: na redação do *Völkischer Beobachter*. 1930: segundo casamento, com Paula Scheel.

Burgstaller, Alois
1871-1945

21/09/1942, 25/12/1941 e comentários. Cantor lírico. Apoiado por Cosima Wagner, apresentações no mundo inteiro, quase sempre em óperas de Wagner.

A partir de 1909: aposentado com sua segunda mulher, Emma, em St. Quirin/ Gmund, sobre o Tegernsee. 1934: vende a Himmler a casa de Lindenfycht por 65 mil marcos-ouro.

Darré, Richard Walther
1895-1953

15/01/1931 (AB), 09/01/1945 e comentários. Agricultor, ministro do Reich para a alimentação e a agricultura. Participação PGM. 1927: conhece Himmler por intermédio da liga dos Artamans. 1930: Partido Nazista. 1931: SS, casa com Margarete von Vietinghoff, têm uma filha. 1931-1938: diretor do *Rasse- und Siedlungs-Hauptamt*, demitido em 1938, depois de tensões com Himmler. 1932: MdR. 1933: ministro da Alimentação e da Agronomia para o Reich *Reichsbauernführer*. *Gruppenführer-SS*. 1942: demitido da função ministerial. Condenado em 1949 a sete anos de prisão, libertado da prisão de Landsberg em 1950.

Deininger, Johann
1896-1973

29/07/1941. Agrônomo. Participação PGM. 1921: prefeito de Burtenbach (Suábia), fim da década de 1920: Partido Nazista, *Gaufachberater* para a agricultura da Suábia. Himmler fez um discurso em 1931 em Burtenbach. Membro da SS. 1932: MdR. 1943: *Brigadeführer-SS*.

Dietl, Eduard
1890-1944

28/07/1942. Participação PGM. 1919: *Freikorps* Epp. 1920: Reichswehr e Partido Nazista. 1923: participação na tentativa de golpe de Hitler. Casado, quatro filhos. 1942: general de exército. 1942-1944: comandante em chefe do 20º Exército de caçadores alpinos na Noruega. 1944: acidente de avião.

Dietrich, Josef ("Sepp")
1892-1966

24/02/1932 e comentários. Açougueiro, *Führer-SS*. Participação PGM. *Freikorps* Oberland. Participação na tentaiva de golpe de Hitler. 1928: Partido Nazista e SS. 1930: MdR. 1931: *Gruppenführer-SS*. 1933: "escolta pessoal do *Führer*", chefe do "batalhão de guarda SS Berlim" (1934: "Leibstandarte" Adolf Hitler). 1934: *Obergruppenführer-SS*. Durante a Segunda Guerra Mundial (SGM), comandante do 6º Exército blindado, responsável por crimes de guerra em Karkov. 1942: casa com Ursula Moninger, três filhos, dois dos quais afilhados de Himmler. 1944: padrinho de Nanette-Dorothea Potthast. 1942: *Oberstgruppenführer* da Waffen-SS. 1944-1945: ofensiva das Ardenas, responsável pelo massacre de Malmedy. 1946: condenação a vinte e cinco anos de prisão. 1955: libertado de Landsberg.

Dollmann, dr. Eugen
1900-1985

03/09/1941, 19/02/1943. Participação PGM. 1926: doutor em filosofia. 1927-1930: na Itália, teria conhecido Himmler em Roma nessa época. 1934: Partido Nazista. 1935: tradutor e correspondente no exterior em Roma. 1935-1937: diretor do serviço de imprensa local do Partido Nazista/AO [seção estrangeira do partido nazista *(N. da T.)*]. 1937: *Oberführer-SS* e oficial de ligação de Himmler com Mussolini. 1937: Estado-Maior da direção da Juventude Nacional na Itália. 1943: *Standartenführer*, encarregado de missão especial da SS na Itália.

Dwinger, Edwin Erich
1898-1981

02/04/1943. Participação PGM, agrônomo e escritor. 1941: repórter de guerra na URSS, dotado de amplos poderes por Himmler. A partir de 1942: crescentes críticas à política alemã a leste, proibição de publicar e prisão domiciliar.

Eberstein, Karl Friedrich von
1894-1979

26/01/1932, 26/06/1939. Barão, agricultor. Participação PGM. 1920: golpe de Kapp. 1925: Partido Nazista. 1929: *Untersturmführer-SS*. 1927: casa com Helene Meimel-Scholer (*1892), um filho. 1930: *Führer* titular na Turíngia. 1933: MdR, *Führer* do *Oberabschnitt SS Mitte*. 1936: HSSPF Sul. 1936-1942: chefe de polícia de Munique, depois no Ministério do Interior da Baviera. Depois de 1945: colaborador do cassino de Bad Wiessee/Tegernsee.

Ebner, dr. Gregor
1892-1974

25/1/1931 (AB). Participação PGM, médico militar assistente. *Freikorps* Epp, associação estudantil "Apollo". A partir de 1920: clínico geral em Kirchseeon; casa com Maria Jedelhauser, três filhas. 1930: Partido Nazista. 1931: SS, orador do partido; durante algum tempo médico pessoal de Himmler. 1936: médico-chefe do lar maternal da SS de Steinhöring. 1938: direção do *SS-Verein Lebensborn*. 1939: *Oberführer-SS*. Até 1945: diretor-médico de todos os *Lebensbornheime* da SS. Condenado em 1948 a pena breve de prisão; em seguida, atividade como médico.

Fahrenkamp, sra.

27/06/1941. Mulher de Karl Fahrenkamp, amiga de Marga Himmler. Vive em Munique com o marido e os seis filhos; a partir de 1943, na fazenda experimental SS de Pabenschwandt, perto de Salzburgo.

Fahrenkamp, dr. Karl
1889-1945

27/06/1941, 29/07/1941, 02/08/1941, 03/09/1941, 19/09/1943. Especialista em doenças internas. Médico-chefe durante a PGM. 1920: consultório particular em Munique. 1933-1944: médico de Estado-Maior da Waffen-SS no campo de manobras da SS em Dachau, diretor do "departamento F" no Estado-Maior pessoal do *Reichsführer-SS*. Mantinha um jardim experimental próprio em Dachau, experiências de alimentação e hormônios com detentos de Dachau, assessor de Sigmund Rascher em experiências mortais com pressão baixa. Médico da família Himmler, amizade particular. Suicídio no fim da guerra.

Foedisch, sra.

Citada em muitas cartas. Amiga de infância de Marga Himmler, proveniente das imediações de Bromberg, proprietária fundiária em Rogalin.

Foedisch, Werner Gustav Wilhelm
*1910

Citado em muitas cartas. Agrônomo, proprietário fundiário, filho da Sra. Foedisch. 1940: *Scharführer-SS* junto ao *Rasse-und-Siedlungs-Hauptamt*. 1942-1944: Waffen-SS. 1943: agrônomo de setor em Hegewald, denunciado no tribunbal da SS por "tráfico de víveres, escambo proibido e abate clandestino" de animais, mas também "desmoralização da força de defesa [...] com base em uma tentativa de suicídio". Processo arquivado em 1944.

Frank, Hans ("Frank II")
1900-1946

12/05/1931, 24/02/1932 e comentários. Jurista. *Freikorps* Epp. 1919: *Deutsche Arbeiterpartei* (DAP, mais tarde, Partido Nazista). 1923: Partido Nazista e SA, participação na tentativa de golpe de Hitler. 1924: doutorado. 1925: casa com Maria Brigitte Herbst (1895-1959), secretária, cinco filhos. 1926: assistente na universidade técnica de Munique. 1930: MdR. 1934: presidente da *Akademie für Deutsches Recht* ("Academia do Direito Alemão"). 1939-1945: Governador-geral dos territórios poloneses ocupados. 01/10/1946 condenado à morte no principal processo dos criminosos de guerra em Nuremberg. 16/10/1946: executado.

Friedrich, dr. Traude

22/07/1941 (JG). Farmacêutica. Diretora do laboratório do *Lehr- und Forschungsinstituts für Heilpflanzen- und ernährungskunde* ("Instituto de Ensino e Pesquisa sobre Plantas Medicinais e Alimentação") inaugurado em 1940 em Dachau.

Gebhardt, pr. Karl
1897-1948

13/09/1939 e numerosas cartas em 1941. Cirurgião, "chefe de clínica supremo" junto ao *Reichsarzt-SS*. Conhecia Himmler desde a infância. 1919: *Freikorps* Bund Oberland, participação na tentativa de golpe de Hitler. 1933: Partido Nazista. 1933: médico-chefe do hospital de Hohenlychen. Transforma-o em clínica cirúrgica; durante a SGM, hospital militar da Waffen-SS. 1935: SS. 1942: experiências médicas com detentos de Ravensbrück. 1943: *Gruppenführer-SS* e médico pessoal de Himmler. Padrinho de Helge Potthast. 20/08/1947: condenado à morte no julgamento dos médicos de Nuremberg. 02/06/1948: executado.

Globocnik, Odilo
1904-1945

Comentários. Empresário da construção civil. 1931: Partido Nazista Áustria, 1933: *Gauleiter* adjunto de Viena. 1934: SS. 1938: *Gauleiter* de Viena. 1939: destacado junto ao Estado-Maior pessoal do *Reichsführer-SS*. 1939: SS-*u. Polizeiführer* de Lublin. Incumbido por Himmler da "Solução Final" na Polônia ("Aktion Reinhard"), responsável pelos campos de extermínio de Bełzec, Sobibór e Treblinka. 1943: diretor da "Ostindustrie", encarregado da pilhagem, do patrimônio judaico e da exploração e posterior assassinato da mão de obra judia. 1943: *Höherer SS- und Polizeiführer* para o litoral adriático. Suicida-se em 31/05/1945.

Göring, Ilse, nascida Borchardt
*1898

14/10/1941, 09/02/1943 e comentários. Prima de Hermann Göring, viúva de seu irmão Karl (1885-1932), dois filhos. Durante a SGM colega de Marga Himmler na DRK. 1933: Partido Nazista e *NS-Frauenschaft* ("União das Mulheres Nacional-Socialistas"). 1940: viagem à França e à Bélgica com Marga Himmler por conta da DRK. 1943: segundo casamento, com Rudolf Diels (1900-1957), jurista, primeiro chefe da Gestapo de Berlim.

Grawitz, dr. Ernst-Robert
1899-1945

28/10/1943. Participação PGM. 1920: golpe Kapp. 1925: diploma de medicina. 1926: casa com Ilse Taubert. 1931: Partido Nazista. 1932: SS. 1935: chefe do escritório sanitário e *Reichsarzt-SS*. 1937: presidente delegado da DRK. 1941: *Gruppenführer-SS* e general de corpo de Exército na Waffen-SS. Experiências médicas com detentos. 1945: suicídio com a família.

Grawitz, Ilse, nascida Taubert
1905-1945

20/09/1938 (DM). Filha do *Führer-SS* Siegfried Taubert e sua mulher Arnoldine. 1926: casa com o dr. Grawitz, cinco filhos. 1932: Partido Nazista e *NS-Frauenschaft*. 24/04/1945: suicídio com toda a família na mansão oficial em Potsdam-Babelsberg.

Grynszpan, Herrschel
*1921

Citado em comentários. 1935: abandona a escola primária em Hanôver sem diploma. 1935: passaporte polonês (seus pais são originários da Polônia russa). 1936: entrada clandestina em Paris, expulso do país em julho de 1938 por falta de autorização de estada. Esconde-se na casa de um tio. A 28/10/1938, 15 mil judeus deixam a Alemanha em direção à Polônia, entre eles os pais de Grynszpan. Levado pelo desespero ante o destino dos pais e o seu, mata o secretário de embaixada Ernst vom Rath a 07/11/1938 na embaixada alemã em Paris. A 09/11/1938, seu atentado é usado pela propaganda como pretexto para um *pogrom* contra os judeus em todo o Reich alemão, que ficou conhecido como a "Noite de Cristal". Grynszpan é detido, entregue em julho de 1940 ao Reich alemão pelo regime de Vichy, depois encarcerado em Berlim e Sachsenhausen. Não se sabe ao certo se sobreviveu à guerra.

Gulbransson, Olaf
1873-1958

28/10/1943. Pintor, artista gráfico e caricaturista, desenhista da revista satírica *Simplicissimus*. 1929: Academia de Belas-Artes de Munique, vive no Tegernsee. Ausência de crítica em relação ao regime nacional socialista.

Günther, Hans Friedrich Karl ("Rassengünther" ["Günther Raça"])
1891-1968

Comentários. Escritor político e eugenista. Participação PGM em 1920, autor de *Ritter, Tod und Teufel: der heldische Gedanke* ("Cavaleiro, morte e diabo: a ideia heroica"). 1922: *Rassenkunde des deutschen Volkes* ("Ciência racial do povo alemão"). Um dos ensaístas alemães mais lidos e contestados do entre guerras. 1930: cátedra de "ciências raciais" na Universidade de Iena. 1932: Partido Nazista. 1935: professor de "ciências raciais" na Universidade de Berlim. 1940-1945: professor na Universidade de Freiburg. 1951: desnazificado, classificado na categoria "Mitläufer" ("seguidor").

Gutensohn, dr. Wilhelm
*1905

20/09/1929. Dentista. 1921: "Seção de ginástica e esporte" (SA), participação da tentativa de golpe de Hitler. 1926: Partido Nazista. 1931-1932: serviço de informações da SS. 1934: SS. 1930: casa com Carola Oefele, um filho, afilhado de Himmler. 1938: diretor da formação da polícia de manutenção da ordem em Viena, depois no *Hauptamt* da SS. 1943: *SS--Obersturmbannführer*.

Hahne, dr. Hans 1875-1935

18/11/1929. Médico, especialista em pré-história. 1921: professor em Halle, posteriormente diretor do Museu Provincial de Pré-história de Saxe, em Halle. 1933: reitor da Universidade de Halle. Década de 1920: Partido Nazista, orador nas formaturas de *Führer* dos Artamans. 1933: diretor de formação racial no *Rasse-und-Siedlungs-Hauptamt* da SS.

Hallermann, dr. August
*1896

01/12/1928. Conselheiro em agronomia. Participação PGM, inspetor de pecuária em Halle. 1928: Partido Nazista, conselheiro especializado de *Gau* do Partido Nazista. 1925: casa com Marga Lampe (*1898), enfermeira, e tem quatro filhos. 1928: Partido Nazista. 1933: inspetor-geral do *Reichsnährstand*. 1934: SS. 1942: *Oberführer-SS*.

Hallermann, Wilhelm
1901-1975

01/12/1928, 23/07/1930. Médico-legista, irmão de August Hallermann. 1935: professor no Instituto de Medicina Legal e Social de Berlim, Aliança dos Professores Nacional-Socialistas. 1937: Partido Nazista. 1941-1971: diretor do Instituto de Medicina Legal e Social de Kiel.

Hammerl, Sebastian
*1894

27/06, 28/08 e 31/08/1941. Agrônomo, membro da polícia criminal. Participação PGM. 1921-1935: diretor da polícia de Munique. 1933: Partido Nazista, a partir de 1934: diretor da Kommandantur SS em Gmund. 1944: *Obersturmführer-SS*. Casa com Anna, nascida Hofbauer (*1898). Gudrun fez amizade com sua filha em Gmund.

Hauschild, dr. Bernhard

Cartas de 1928 e 01/05/1929. Cirurgião e ginecologista. Coproprietário da clínica particular de Berlim-Schöneberg, colega de Marga Siegroth. Comprou-lhe em 1928 sua participação na clínica. 1935: provável emigração da Alemanha, não havendo mais indícios seus no catálogo de Berlim.

Hermann, Nora

Muitas cartas em 1941 e comentários. Colega e amiga de Marga Himmler na DRK.

Hess, Rudolf
1894-1987

21/02, 05/03 e 31/12/1938 (DM). Comerciante. Participação PGM, *Freikorps* Epp. 1920: Partido Nazista. Participação na tentativa de golpe de Hitler, sete meses de detenção na fortaleza de Landsberg. Assistente na redação de *Mein Kampf*. 1925: secretário particular de Hitler, *Reichsleiter* do Partido Nazista. 1927: casa com Ilse Pröhl (1900-1995, 1921: Partido Nazista), um filho (*1937). 1933: delegado do Führer. 1941: aterrissa em um avião de caça na Grã-Bretanha, internado, declarado louco por Hitler. Condenado à prisão perpétua no processo de Nuremberg. 17/08/1987: suicídio na prisão.

Heydrich, Klaus
1933-1943

28/10/1943. Filho mais velho de Reinhard e Lina Heydrich, afilhado de Himmler, morte acidental.

Heydrich, Lina, nascida von Osten
1911-1985

19/04/1945 (JG). Mulher de Reinhard Heydrich. 1931: Partido Nazista e casamento, quatro filhos. Após a morte do marido, em 1942, continua a viver na propriedade de Jungfern-Breschan perto de Praga, empregando detentos judeus como trabalhadores forçados. 1948: condenada à prisão perpétua por um tribunal tchecoslovaco. Recebe, a partir de 1956, a pensão completa do marido ("vítima de guerra").

Heydrich, Reinhard Tristan
1904-1942

02/08/1941 (carta de Marga), 16/07/1943, citado em comentários. 1918: *Freikorps* Märker, Halle. 1922: Marinha do Reich. 1928: tenente. 1931: Partido Nazista e SS. 1931: organização dos serviços secretos da SS; casa com Lina von Osten, com quem tem quatro filhos. 1932: diretor do *Sicherheitsdienst* da SS (SD). 1936: chefe da *Sicherheitspolizei*, reunindo a Gestapo e a Kripo. 1941: *Obergruppenführer-SS* e general da polícia. 1941: protetor adjunto do Reich da Boêmia e da Morávia. 20/01/1942: diretor da conferência de Wannsee sobre a "solução final da questão judaica". 27/05/1942: gravemente ferido no atentado de Praga, morre a 04/06/1942 em consequência dos ferimentos. Em "represália" ao atentado, assassinato de todos os habitantes masculinos de Lídice.

Himmler, Anna Maria, nascida Heyder
1866-1941

Citada em muitas cartas. Mãe de Heinrich Himmler e de seus irmãos Gebhard e Ernst. 1897: casamento com Gebhard Himmler. 1933: Partido Nazista.

Himmler, Ernst Hermann
1905-1945

Citado em muitas cartas. Irmão mais moço de Heinrich Himmler, engenheiro eletricista. A partir de 1928 em Berlim. 1931: Partido Nazista. 1933: SS, engenheiro-chefe na Reichsrundfunk (rádio do Reich) em Berlim. 1933: casa com Paula Melters, Heinrich Himmler testemunha, e tem quatro filhos. Seu filho (*1939) era afilhado de Himmler. 1939: *Sturmbannführer-SS*. 1942-1945: engenheiro-chefe e diretor técnico da rádio do Reich. Dado como desaparecido no fim da guerra.

Himmler, Gebhard, pai
1865-1936

Citado em muitas cartas. Pai de Heinrich Himmler e de seus irmãos. Professor colegial de latim e grego antigo. 1897: casa com Anna Heyder. 1913-1919: corretor em Landshut. 1919-1922: diretor do colégio de Ingolstadt. 1922-1930: diretor do colégio de Wittelsbach em Munique até se aposentar. 1933: Partido Nazista.

Himmler, Gebhard Ludwig, filho
1899-1982

Citado em muitas cartas. Irmão mais velho de Heinrich Himmler, engenheiro de máquinas-ferramentas. Participação PGM, *Freikorps* Epp, participação na tentativa de golpe de Hitler. 1924: professor em escola profissionalizante. 1926: casa com Mathilde Wendler, irmã de Richard Wendler, três filhos, sendo a última afilhada de Himmler. 1933: Partido Nazista e SS. 1933: *Hauptamt für Technik* ("escritório central da técnica") de Munique. 1935-1939: diretor de uma faculdade de engenharia em Munique. 1939: oficial na campanha da Polônia; dezembro de 1939: ministro da Educação do Reich. 1944: *Standartenführer-SS*. 1944: diretor ministerial no REM.

Himmler, Johanna, nascida Mildner
1894-1972

15/10/1930. Política, membro do KPD (comunista). Empregada comercial, KPD em 1919. 1930-1933: MdR. Posteriormente detida várias vezes, libertada em 1945 em Ravensbrück.

Himmler, Mathilde, "Hilde", nascida Wendler
1899-1986

Citada em muitas cartas. Mulher de Gebhard filho, irmã de Richard Wendler. Casamento em 1926, tendo três filhos (*1927, 1930 e 1940); a última era afilhada de Himmler. 1932: Partido Nazista.

Himmler, Paula, Gertrud, nascida Melters
1905-1985

Citada em muitas cartas. Mulher de Ernst, chapeleira. Conhece Ernst Himmler em 1930 em Berlim, casamento em 1933, teve quatro filhos. Viúva em 1945, trabalha novamente como chapeleira em 1945.

Hofer, Franz
1902-1975

13/07/1941, 26/12/1942. Comerciante. 1931: membro do Partido Nazista proibido na Áustria. 1932: *Gauleiter* do Tirol. Depois da Anschluss, em 1938, *Gauleiter* di Tirol-Vorarlberg, a partir de 1940, também *Reichsstatthalter*. 1949: condenado à morte à revelia na Áustria; a partir de 1949, comerciante em Mülheim Kaufmann, vive até 1954 com nome falso.

Höfl, dr. Hugo
*1886

01/05 e 29/07, 28/08 e 31/08/1941. Marido de Frieda, médico clínico geral em Apfeldorf, mais tarde em Weilheim, Freising e Issing. Participação

PGM, médico de Estado-Maior da reserva. 1930: Partido Nazista. 1933: SS. 1935: SD. 1937: diretor honorário dos postos destacados do SD. 1941: *Obersturmbannführer-SS.*

Höfl, Frieda, nascida Nässl ("Friedl")
*1886

06/04/1929, 29/07, 28/08, 31/08/1941 e 31/05/1944. Prima de Anna Himmler. 1913: casa com Hugo Höfl em Apfeldorf am Lech, uma filha (*1919). 1930: Partido Nazista.

Hofmann, Frieda

30/05/1930, cartas de 1941. Parente de Marga, supostamente prima. Vive com o marido e os três filhos primeiro em Pressig/Kronach, depois em Berlim.

Hofmeister, sra.

23/11, 02/12, 26/10/1941 e 11/8/1944 (DM). Colega e amiga de Marga no hospital militar.

Hofmeister, Georg
1892-1959

25/12/1941, 01/01/1942, 11/8/1944 (DM). Marido da sra. Hofmeister. Coronel, general de divisão. Participação PGM. A partir de 1941, dirige como tenente-coronel da Wehrmacht um regimento de caçadores alpinos. 1944: comandante da Grande Berlim.

Holfelder, Hans
1900-1929

18/11/1929 e comentários. Administrador de bens. Conhecia Himmler desde os estudos em Munique. 1924: liga dos Artamans. 1925: Partido Nazista. 1927: chanceler federal dos Artamans. Novembro de 1928: acidente de moto, morre pouco depois em consequência dos ferimentos.

Hommel, Conrad
1883-1971

28/01/1944. Pintor, tio de Albert Speer. Membro da Secessão de Munique, impressionista tardio. Fez inicialmente os retratos de Einstein e Friedrich Ebert, e mais tarde de Goebbels, Göring, Hitler, Himmler e outros.

Hühnlein, Adolf
1881-1942

26/01/1932 e comentários. *Reichsleiter* e *Korpsführer* do NS-Kraftfahrerkorps ("corpo de motoristas alemães", NSKK). Participação PGM, oficial de Estado--Maior geral. *Freikorps* Epp, participação na tentativa de golpe de Hitler, seis meses de detenção em uma fortaleza. 1925: suboficial naval do Partido Nazista e *Obergruppenführer-SA*. 1931: fundação do NSKK. 1933: MdR. 1936: general de divisão. Sob sua direção, o NSKK torna-se uma organização supletiva paramilitar da Wehrmacht, usada também em deportações para os campos de extermínio.

Johst, Hanns
1890-1978

29/08 e 03/09/1941, 20/01/1945. Escritor, "guarda da SS". 1932: Partido Nazista. 1933: presidente da *Deutsche Akademie der Dichtung* (Academia Alemã de Letras). 1935: presidente da *Reichsschrifttumskammer* ("Câmara de Escritores do Reich"). 1935: *Oberführer-SS* no Estado-Maior pessoal do *Reichsführer-SS*. 1942: *Gruppenführer-SS*.

Johst, Johanna, nascida Feder ("Hanne")
*1892

29/08/1941. Mulher de Hanns Johst desde 1915, uma filha (*1920). Sua família vive em Allmannshausen, no lago Starnberg, e ela se liga intimamente à família Himmler.

Kalkreuth, sr.

Citado em muitas cartas de 1941 e 01/05/1944. Empregado em Gmund. 1939: jardineiro.

Karl, Josef
*1910

28/08 e 31/08/1941. Cervejeiro. 1933: Partido Nazista e SS. Janeiro de 1935: auxiliar no *Hauptamt* da SS. 1937: Führer no Estado-Maior do *Hauptamt*. 1940: Waffen-SS. 1941: *Sturmbannführer-SS*, ajudante de campo no grupo de combate Jeckeln da SS. 1943: casa com Edith Schäfer.

Kersten, Felix ("o Grandalhão")
1898-1960

9/8/1941. Administrador de bens, massagista. Cidadão finlandês. 1928-1934: conselheiro sanitário da família real holandesa. A partir de 1937 na Alemanha, casa com Irmgard Neuschäffer, um filho (*1943) afilhado de Himmler. A partir de 1939: tratamento regular dos problemas digestivos de Himmler. 1943: Suécia. 1944-1945: intermediário nas negociações da Cruz Vermelha sueca e do Congresso Mundial Judaico com Himmler pela libertação de detentos dos campos de concentração.

Killinger, Manfred, barão von
1886-1944

01/12/1928, 07/05/1929. Durante a PGM tenente de marinha. *Freikorps* Marinebrigade Ehrhardt. 1927: Partido Nazista. Até 1933: direção da SA em Dresden. 1932: MdR. 1933: primeiro-ministro do Saxe, demitido por Hitler em 1935. *Auswärtiges Amt*. 1936: cônsul-geral em San Francisco. 1939: embaixador em Bratislava. 1941-1944: em Bucareste, encarregado das "questões judaicas". 02/09/1944: suicídio em Bucareste.

Kiss, Edmund
1886-1960

03/12/1938 (DM). Arquiteto e escritor. Participação PGM. Na década de 1920: expedição a Tiwanaku (Brasil); julgava ter encontrado perto do lago Titicaca restos de "portos mundiais de extraterrestres". 1938: Ahnenerbe da SS. *Hauptsturmführer-SS*.

Klingshirn, Irmgard, nascida Höfl
*1919

25/01/1931 (AB), 28/08/1941. Filha de Hugo e Frieda Höfl, casada com o médico Richard Klingshirn (*1910, 1937: Partido Nazista), o filho de ambos (*1941) era afilhado de Himmler. Viviam em Apfeldorf am Lech.

Koch, Erich
1896-1986

01/05/1929, 19/01/1942, 26/12/1942, 15/05 e 02/07/1943. Funcionário ferroviário, participação PGM, *Freikorps* na Alta Silésia. 1922: Partido Nazista, antigo partidário de Strasser. Desde 1925 amizade com Himmler; casado. 1928: *Gauleiter* da Prússia Oriental. 1933: MdR. 1938: *Obergruppenführer--SA*. 1941: Comissário do Reich para a Ucrânia (Rowno). Considerado o mais brutal e eficiente de todos os *Gauleiter*. 1959: condenado à morte em Varsóvia, pena comutada em prisão perpétua, morre na prisão.

Laur, M.

13/08/1941. Funcionário SS na Kommandantur de Gmund.

Litzmann, Karl
1850-1936

12/05/1931. General. 1930: Partido Nazista. 1932: MdR. Em sua homenagem, depois da invasão da Polônia, a cidade de Łodz é rebatizada de Litzmannstadt.

Litzmann, Karl-Siegmund
1893-1945

06 e 09/11/1931. Oficial de carreira e agrônomo, filho do general. Participação PGM, *Freikorps*. A partir de 1921: administrador de bens perto de Insterburg (Prússia Oriental). 1925: casa com Tony Regling (*1889), uma filha (*1930). 1929: Partido Nazista e SA. 1931: *Führer-SA* para a Ostland (Prússia Oriental e Dantzig). 1932: *Gruppenführer-SA*. 1933: *Obergruppenführer-SA* e MdR. 1941: mobilizado na frente bielorrussa, comissário geral na Estônia.

Loeper, Wilhelm ("Capitão von Loeper")
1883-1935

23/07/1930, 10/10/1931. *Gauleiter* do Partido Nazista. Participação PGM, *Freikorps*. 1920: oficial da Reichswehr, participação na tentativa de golpe de Hitler, expulso da Reichswehr. 1925: Partido Nazista. 1928: *Gauleiter* de Magdeburgo-Anhalt. A partir de 1930: chefe do departamento de pessoal do Partido Nazista, MdR. 1933: *Reichsstatthalter* para Brunswick e Anhalt. 1934: *Gruppen- führer-SS*.

Lorenz, Werner
1891-1974

06/11/1931. Oficial durante a PGM, *Freikorps*. Casa em 1919 com Charlotte Ventzki, propriedade "Mariensee" perto de Dantzig. 1929: Partido Nazista. 1931: SS. 1933: MdR. 1937-1945: chefe do escritório central *Volksdeutsche Mittelstelle* da SS. 1936: *Obergruppenführer-SS*, general da Waffen-SS e da polícia. Organizador da transferência de cerca de 900 mil *Volksdeutsche* (alemães do exterior), e também da expulsão e do assassinato da população local. Condenado a vinte anos de prisão em 1948, libertado em 1955.

Lucas, Franz
*1901

07/07 e 25/07/1941. Diretor técnico da frota de veículos no Estado-Maior pessoal do *Reichsführer-SS* e motorista de Himmler. Às vezes tirava fotos como correspondente de guerra SS. 1944: *Sturmbannführer-SS*.

Melters, Walter
1913-1941

28/09/1941. Irmão menor de Paula Himmler, pintor. 1935: formação na SS. 1937: Partido Nazista. 1940: tropas de reserva da SS, seção dos repórteres de guerra SS. Morto em combate a 14/09/1941 perto de Dnipropetrovsk.

Menke, Miens e Frida ("Mieze")

19/09/1928, 21, 22 e 24/09/1929. Irmãs vivendo em Ober Siegersdorf (Silésia); Miens era amiga de Marga.

Mielsch, Max Hermann

03/05/1929 e comentários. A partir de 1927, *Führer* federal dos Artamans. 1929: sucessor de Hans Holfelder no cargo de chanceler federal (diretor delegado) dos Artamans.

Moulin Eckart, Karl Leon du
1900-1991

24/02/1932. Político e jurista. Participação PGM, *Freikorps* Epp, participação na tentativa de golpe de Hitler, amigo de Himmler. 1930-1932: diretor do serviço de informação da SA na Casa Marrom. 1933: *Brigadeführer-SA*, ajudante de campo de Röhm, escapa por pouco de uma tentativa de assassinato em 1934. Detido de 1934 a 1936 no campo de concentração de Lichtenburg.

Oeynhausen, (Friedrich) Adolf barão von
1877-1953

05/01/1933. 1919-1923: funcionário de finanças. 1923: casa com Jutta Höpfner (*1903). 1931: Partido Nazista. Em janeiro de 1933, hospeda em seu castelo de Grevenburg (Vestfália) Adolf Hitler e seu séquito. 1933-1943: chefe do governo de Minden. 1941: *Brigadeführer-SS*. Sua filha (*1935) era afilhada de Hitler e Himmler.

Oldenburg, grã-duquesa Elisabeth von, nascida zu Mecklenburg-Schwerin
1869-1955

10/10/1931. 1896: casa com o grão-duque Friedrich August von Oldenburg, tendo três filhos: Nikolaus (1897-1970), casado com Helena, irmã de Waldeck, Ingeborg Alix (1901-1996), casada com Stephan von Schaumburg-Lippe, e Altburg (1903-2001), casado com Josias zu Waldeck und Pyrmont.

Ossietzky, Karl von
1889-1938

Citado em comentários. Ensaísta, democrata. 1913: casado com Maud Lichfield-Wood, uma filha. Participação PGM. 1919: mudança de Hamburgo para Berlim, secretário-geral da *Deutsche Friedensgesellschaft* ("Sociedade Alemã para a Paz"). A partir de 1920 no *Volks-Zeitung* social-democrata. 1927: torna-se, como redator-chefe da *Weltbühne*, um dos jornalistas mais importantes da República de Weimar. Crítico entre outras coisas da política dos partidos e do rearmamento. Condenado a dezoito meses de detenção em 1931 por revelação de segredos militares. Libertado antecipadamente em 1932, detido em fevereiro de 1933 pela Gestapo e torturado. Até 1936: diferentes campos de concentração, em 1936, no hospital de Berlim com tuberculose, sob vigilância policial. Contemplado retroativamente com o prêmio Nobel da Paz relativo a 1935. Morre no hospital a 4 de maio de 1938, de tuberculose e das consequências dos maus-tratos sofridos.

Oswald, sr. e sra.

21/02/1938 e outros (DM), 25/12/1941. Amigos dos Himmler em Berlim. Provavelmente sr. Von Oswald, membro da embaixada, e sra. Von Oswald, nascida princesa Lippe.

Pfeffer von Salomon, Franz
1888-1968

08/05/1929, 21/07/1930. Oficial, político e jurista. Participação PGM. 1920: tentativa de golpe de Kapp. 1924: fundação da *Gau* do Partido Nazista na Vestfália com Joseph Goebbels e Karl Kaufmann. 1926-1930: *Oberster Führer* (chefe supremo) da SA, Himmler é seu secretário em Munique. Depois de conflitos com ele, Hitler assume pessoalmente a direção da SA. 1932-1941: MdR, Estado-Maior de ligação do Führer à chancelaria do Reich. 1941: cai em desgraça junto a Hitler.

Pohl, Oswald
1892-1951

Cartas de 1941, 31/05/1944 e comentários. Soldado de carreira. 1918: oficial de contabilidade da marinha, *Freikorps*. 1921: Partido Nazista. 1922: SA. 1934: SS. 1935: chefe da administração da SS (campos de concentração). 1939: chefe da administração central da SS para orçamento/construção, administração/economia, do *Verwaltungsamt* da SS. 1942: chefe do *Wirt- schaftsverwaltungs- -Hauptamt* (escritório central de administração econômica). 1942: *Obergruppenführer-SS* e general da Waffen-SS. 1942: casa em segundas núpcias com Eleonore Brüning, nascida Holtz (1904-1968), uma filha juntos (*1944). Na propriedade de Comthurey, perto de Hohenlychen, vizinhos e amigos de Hedwig Potthast. 1947: condenado à morte. 08/06/1951: executado em Landsberg.

Potthast, Hedwig
1912-1994

Comentários. 1932: estuda economia na Handels-Hochschule de Mannheim, empregado em Koblenz. 1935: na Gestapo de Berlim. Passagem pelo Estado-Maior pessoal do *Reichsführer-SS*, onde se torna em 1936 secretária particular de Himmler. A partir de 1938: amante de Himmler. 15/02/1942: nascimento do filho de ambos, Helge; 03/06/1944: da filha Nanette-Dorothea. Vive com os filhos de 1942 a 1944 em Brückenthin/Comthurey, perto de Hohenlychen. 1944-1945: em Schönau/Berchtesgaden. Depois de 1945, instala-se inicialmente na Baviera. 1953: Sinzheim, trabalhando como secretária. 1957: Baden-Baden, casa com Hans Adolf Staeck.

Pracher, Auguste von, viúva Zipperer

05/05/1929. Mãe de Falk Zipperer, mulher em segundas núpcias de Ferdinand von Pracher, uma filha comum. Amiga da família Himmler desde a época em que viviam em Landshut.

Pracher, Ferdinand von ("Exc. Pracher")

05/05/1929. Pai adotivo de Falk Zipperer. 1914-1923: chefe do governo da Baixa Baviera.

Prützmann, Christa, nascida von Boddien
*1916

Sem data (maio de 1937) e 01/06/1937. Mulher do *Obergruppen- führer-SS* Hans-Adolf Prützmann. 1935: presença dos Himmler no casamento dos dois em Lessen (Prússia Oriental).

Prützmann, Hans-Adolf
1901-1945

Sem data (maio de 1937) e comentários. Agrônomo, MdR, HSSPF e general da Waffen-SS. 1935: casa com Christa von Boddien. 1937: HSSPF Noroeste (Hamburgo). 1941: HSSPF Nordeste (Königsberg), HSSPF Rússia Norte,

HSSPF Rússia Sul e Ucrânia. 1941: *Obergruppenführer-SS*. 1944: general dotado de plenos poderes para a Croácia. 1945: prisioneiro dos britânicos em Lüneburgo. 21/05/1945: suicídio.

Rainer, Friedrich ("Dr. Reiner")
1903-1947

13/07/1941 e comentários. Tabelião, *Gauleiter* do Partido Nazista. 1923: SA. 1930: Partido Nazista. Na qualidade de um dos "reformadores da Caríntia", amizade com Globocnik e Kaltenbrunner. Maio de 1938: *Gauleiter* de Salzburgo, MdR. 1940: *Reichsstatthalter* de Salzburgo. 1941: também da Caríntia. Chefe da administração civil da Carníola (Eslovênia). 1943: *Obergruppenführer-SS*. Casado com Ada, nascida Pflüger (*1904), quatro filhos, sendo a menor (*1939) afilhada de Himmler. 19/07/1947: condenado à morte pelo tribunal militar de Ljubljana, executado no mesmo dia.

Raubal, Angelika ("Geli")
1908-1931

14/10/1930. Filha da irmã de Hitler, Angela Raubal; Hitler era seu tutor desde 1923. A partir de 1927: estudante em Munique. 1929: muda-se para o novo apartamento de Hitler, na Prinzregentenplatz. 18/9/1931: morre nesse apartamento com uma bala de pistola, sem que tenha ficado claro se foi um acidente ou suicídio.

Rehrl, Alois
*1890

14/11/1938 (DM). Empresa de agronomia em Fridolfing; Himmler fizera um estágio com ele em 1921, desde então mantendo amizade com a família Rehrl. 1936: SS. 1942: *Obersturmführer*, viagem à Crimeia com Himmler em 1942. 1944: trabalhador forçado na fazenda por determinação de Himmler.

Reifschneider, Carl

Citado em muitas cartas até 1932. Marido de Elfriede Reifschneider, negociante em uma empresa têxtil de Berlim.

Reifschneider, Elfriede
*1883

Citada em muitas cartas até 1932; 28/03 e 01/05/1944. Enfermeira, melhor amiga de Marga Himmler, madrinha de Gudrun. 1929-1931: dona de uma clínica particular. 1931: Partido Nazista. 1932: na casa dos Himmler em Waldtrudering. 1933: em Munique. 1935: de volta a Berlim. 1941: clínica particular nessa cidade.

Reiner, Rolf
1899-1944

26/1/1932. Cônsul. Participação PGM, *Freikorps*. 1921: na "Reichsflagge" de Röhm. Participação na tentativa de golpe de Hitler, um ano de detenção em uma fortaleza. 1930: Partido Nazista. 1931: ajudante de campo de Röhm, chefe do seu Estado-Maior. 1933: conselheiro de legação da Baviera e *Gruppenführer-SS*. 1934: *Oberste Führung* ("direção suprema") da SA. Junho de 1934: detido no episódio da "Noite das Facas Longas", entra em julho de 1934 para o Estado--Maior do *Reichsführer-SS*. 1934: expulsão do Partido Nazista e da SS. Durante a Segunda Guerra Mundial, a velha amizade com Himmler lhe vale uma nomeação "condicional" como oficial da Luftwaffe. 1944: dado como desaparecido.

Reinhardt, Fritz
1895-1969

08/08/1928 (AB), 03/05/1929, 24/02/1932. 1923: Partido Nazista. 1928-1930: *Gauleiter* de Alta Baviera. 1928-1933: diretor da Escola de Oradores do Partido Nazista. 1930: diretor de Propaganda do Reich e MdR. 1933: cargo de secretário de Estado no Ministério das Finanças. 1935: no Estado-Maior do "delegado do Führer", departamento de "política financeira". 1941-1942: membro do Conselho de Fiscalização dos AG Reichswerke "Hermann Göring".

Reitzenstein, Elizabeth von, nascida Heimburg ("os barões")
*1889

24 e 28/09/1929. 1925: Partido Nazista. 1927: casa com Friedemann von Reitzenstein.

Reitzenstein, Friedemann von ("os barões")
*1888

24 e 28/09/1929. Capitão da reserva. 1927: casa com Elizabeth Heimburg; aparentemente entra para o Partido Nazista em 1928 por intermédio da mulher.

Ribbentrop, Annelies von, nascida Henkell
1896-1973

13/07/1941, 23/11/1941, muitas menções no diário. Historiadora da arte, filha do fabricante de espumantes Otto Henkell. 1920: casa com Joachim Ribbentrop e tem cinco filhos. A partir de 1922, a família vive em Berlim-Dahlem. Na década de 1920, círculo de amigos basicamente judeus. 1932: Partido Nazista; considerada em geral a força motora por trás do marido, algo insignificante. Estreita amizade com Marga Himmler.

Ribbentrop, Joachim von
1893-1946

09/08/1941, muitas menções no diário. Trabalhador auxiliar no Canadá, participação na PGM, tenente. 1919: comerciante de vinhos, 1920: casa com Annelies Henkell, fortuna no negócio de vinhos. 1932: Partido Nazista.

1933: *Standartenführer-SS*. Na década de 1930, faz amizade com Heinrich Himmler. Assessor de Hitler em política externa. 1936-1937: embaixador em Londres. 1938: ministro de Relações Exteriores do Reich. 1940: *Obergruppenführer-SS*. 1946: condenado à morte no julgamento dos principais criminosos de guerra em Nuremberg. 16/10/1946: execução.

Ribbentrop, Rudolf von, "Rudi"
*1921

22/04/1943. Filho mais velho dos Ribbentrop. 1933: SS. 1939: Partido Nazista. Tropas de reserva da SS, *Junkerschule* da SS em Brunswick. 1941: *Untersturmführer-SS*, grupo de combate SS Norte na Finlândia. 1943: participação na batalha de Karkov e na operação "Cidadela", em seguida chefe da divisão SS *Hitlerjugend*. 1943: cruz de cavaleiro. 1945: *Hauptsturmführer-SS*. Depois de 1945, sócio gerente da empresa Henkell em Wiesbaden.

Röhm, Ernst
1887-1934

09/05/1931, 26/01/1932. Capitão, chefe da *Reichskriegsflagge*, mentor de Himmler até o início de 1924. Maio de 1924: MdR (Völkischer Block, "bloco nacional-étnico"). 1925: retira-se da política. 1928-1930: oficial do exército boliviano durante a guerra do Chaco. 1931: volta à SA como chefe supremo do Estado-Maior (Hitler continua chefe da SA). Sob sua direção, forte expansão da SA. 01/07/1934: assassinado pela SS de Himmler, na luta pelo poder entre SA e SS.

Rosenberg, Alfred
1893-1946

24/02/1932 e comentários. Arquiteto, ministro do Reich para os territórios ocupados do Leste. 1919: DAP. 1923: *Völkischer Beobachter*, participação na tentativa de golpe de Hitler. 1929: fundador e *Reichsleiter* da *Kampfbund für*

Deutsche Kultur ("união de combate pela cultura alemã"). 1929: conselheiro dos Artamans. 1930: MdR. Autor do livro *O mito do século XX*. 1933: diretor do departamento de política externa do Partido Nazista. 1934: incumbido pelo Führer da missão de fiscalizar toda a formação intelectual e ideológica do Partido Nazista. 1941: chefe da admininstração civil do comissariado do Reich para a Ostland. 1946: condenado à morte em Nuremberg. 16/10/1946: executado.

Rühmer, dr. Karl
*1883

13/08/1941. Especialista em piscicultura. Capitão durante a PGM. 1933: Partido Nazista. 1941: entra, após intervenção de Marga, para o *Wirtschafts--Verwaltungshauptamt* da SS. Fundação de uma indústria pesqueira. A partir de 1942, utilização de detentos de Dachau nas instalações piscícolas. Marga Himmler também encomendava peixe a Rühmer. 1942: SS. 1944: *Obersturmbannführer*.

Schade, barão Hermann von
*1888

Cartas de 1937, 26/06/1939. Oficial, *Führer-SS*. Capitão durante a PGM. 1932: Partido Nazista e SS. 1936: *Oberführer-SS*. Escritório em Munique. 1936-1937: diretor da seção SS de Königsberg. 1939-1940: inspetor da *Sicherheitspolizei* e do SD em Düsseldorf. 1940-1942: *Führer* no Estado-Maior do *Reichsführer-SS*. 1942-1944: diretor da seção superior Elba da SS.

Schade, Erna von, nascida Wagener ("tia Schadi")
*1891

Cartas de 1937, 26/06/1939, 27/09/1941, 10/08/1942. Amiga de Marga, mulher do barão Hermann von Schade. Membro do Partido Nazista. 1932-1933: Berlim. 1933-1934: Munique, depois, entre outras cidades. 1937-1938: Königsberg.

Schaumburg-Lippe, Ingeborg Alix, nascida von Oldenburg
1901-1996

21/07/1930. Mulher do príncipe Stephan zu Schaumburg-Lippe, dois filhos. 1930: Partido Nazista. Acompanha o marido em Sófia, Roma, Rio de Janeiro e Buenos Aires; atividade na Cruz Vermelha. Após sua volta, em 1943: *Führerin-SS*. Ativa depois de 1945 na associação *Stille Hilfe für Kriegs- gefangene und Internierte* [de ajuda aos antigos nazistas (*N. da T.*)].

Schaumburg-Lippe, príncipe Stephan zu
1891-1965

21/07/1930. Marido de Ingeborg Alix. 1922: secretário de legação da embaixada em Sófia, Roma e Rio de Janeiro. 1940: Buenos Aires. 1936: SS. 1937: *Hauptsturmführer-SS*. 1939: *Obersturmbannführer-SS*. 1943: deixa o *Auswärtiges Amt*.

Scheubner-Richter, dra. Mathilde von, nascida von Scheubner
*1855

11/06/1928, 1928 e 1931 (AB). 1911: casa com o diplomata báltico alemão Max Erwin Richter (1884-1923, 1920: Partido Nazista). Seu marido morre em 1923 na tentativa de golpe; é a ele que Hitler dedica a primeira parte de *Mein Kampf*. 1926: Hitler incumbe a viúva de preparar com Himmler uma documentação sobre a imprensa nacional-socialista e a dos adversários (Arquivo Central do Partido Nazista).

Schick

28/08/1939 (DM), 17/09/1941. Empregado de Marga Himmler.

Schirach, Baldur Benedikt von
1907-1974

20/08/1930. 1925: encontro com Hitler na casa da família em Weimar, Partido Nazista. 1928: *Führer* da *NS-Studentenbundes* ("união dos estudantes nacional-socialistas"). 1929: conselheiro dos Artamans. 1931: *Reichsjugen-*

dführer ("*Führer* da juventude para o Reich") do Partido Nazista. 1932: casa com Henriette Hoffmann, filha do fotógrafo pessoal de Hitler, e tem quatro filhos. 1932: direção da *Hitlerjugend* (Juventude Hitlerista), MdR. 1940: *Reichsstatthalter* e *Gauleiter* de Viena. A partir de 1941, responsável pela deportação da população judia de Viena. Diretor da operação *Kinderlandverschickung* (evacuação de 5 milhões de crianças). Condenado em 1945 a vinte anos de prisão, libertado em 1966.

Schirach, Carl Baily von
1873-1948

20/08/1930. Pai de Baldur. Capitão de cavalaria e camareiro de Saxe. 1908-1918: diretor do Nationaltheater de Weimar. Casado com Emma Middleton Baily (1872-1944), quatro filhos. Membro do diretório da *Kampfbund für Deutsche Kultur* de Rosenberg. 1933-1943: diretor-geral do Landestheater de Wiesbaden. 1944: aposenta-se.

Schnitzler, Erich
*1902

Citado em muitas cartas de 1941, 1945 (JG). Decorador, *Führer-SS* no Estado--Maior pessoal do *Reichsführer-SS*. Casado, teve cinco filhos. 1932: SS. 1935: Partido Nazista. 1939: direção da filial da *Adjudantur* SS em Munique, e também escritório em Munique. 1942: *Hauptsturmführer-SS*. Depois de 1945: negociante em Starnberg.

Schönbohm, Heinrich 1869-1941

Muitas cartas de 1929 e 1930. Livreiro. 1925: Partido Nazista; casado, com dois filhos. Amizade com os Himmler em Waldtrudering. 1934: insígnia de honra do partido.

Schönbohm, Margarete

Muitas cartas de 1929 e 1930. Mulher de Heinrich, amiga dos Himmler.

Schreiner, dr.

15/02/1931. Casado com Gerda Schreiner. 1926: Partido Nazista. 1927: *Führer--SS* em Plattling (Baixa Baviera). Conhece Himmler desde a estada deste em Landshut, apresentações juntos como oradores do partido. Morre em 10/02/1931.

Schultze-Naumburg, Paul
1869-1949

30/01/1931 (AB), 27/03/1931. Arquiteto. Constrói em 1912 o castelo de Cecilienhof em Potsdam. De 1929 a 1933, sua casa torna-se ponto de encontro do "círculo de Saaleck" (Hans F. K. Günther, Richard Walther Darré, Wilhelm Frick e outros). Hitler, Himmler e Goebbels são hospedados por ele em várias ocasiões. 1930: Partido Nazista. 1930-1940: diretor da *Staatliche Hochschule für Baukunst* em Weimar, onde bane as obras ditas "degeneradas" (iconoclasmo de Weimar).

Schwarz, Berta, nascida Breher

14/10/1930. Mulher de Franz Xaver Schwarz.

Schwarz, Franz Xaver
1875-1947

Comentários. Tesoureiro do Partido Nazista para o Reich. Participação PGM, defesa civil de Munique. 1922: Partido Nazista, participação na tentativa de golpe de Hitler. 1931: SS. 1933: MdR. 1935: *Reichsleiter*. 1942: *Oberstgruppenführer-SS*. Responsável pelas questões patrimoniais do Partido Nazista e pela Aktion T4 (assassinato de doentes). Morto em 1947 em campo de internação.

Seidl, dr. Siegfried
1911-1947

26/01/1932. Historiador. 1930: Partido Nazista. 1931: SA. 1932: SS. 1940: colaborador do *Reichssicherheitshauptamtes*, Departamento IV B4, sob a direção de Adolf Eichmann em Poznán. 1941-1943: comandante do campo de concentração de Theresienstadt; depois, de Bergen-Belsen e Mauthausen. 1944: com a equipe de Eichmann em Budapeste. Entra para a clandestinidade em Viena no fim da guerra, condenado à morte em 1946 pelo tribunal popular de Viena, executado em 04/02/1947.

Stang, sra.

02/08/1941, 13/08/1941. Talvez mulher de Walter Stang (*1895), *Reichshauptamtsleiter* do Partido Nazista.

Stegmann, Wilhelm Ferdinand
1899-1944

08/05/1929, 14/10/1930. Agrônomo. Participação PGM, *Freikorps* Epp, Bund Oberland. Colega de estudos de Himmler. 1923: casa com Emmy Holz (*1900), tendo quatro filhos. 1924: Partido Nazista. Antes de 1933: *Kreisleiter* (chefe de distrito) do Partido Nazista em Feuchtwangen, Ansbach e Rothenburg ob der Tauber, e também *Gauleiter* da Francônia. Orador do Reich. 1932: *Gruppenführer-SA*. 1930-1933: MdR. *Führer-SS* de reserva no escritório central da SS. Morto em combate em 1944.

Strasser, Gregor
1892-1934

Citado em muitas cartas de 1927 a 1931. Participação PGM. *Freikorps* Epp, a partir de 1920: farmacêutico em Landshut, participação na tentativa de golpe de Hitler. 1924: MdR do *Deutschvölkische Freiheitspartei*, Himmler é seu secretário de 1924 a 1928. 1925: Partido Nazista, *Gauleiter* da Baixa Baviera/Alto Palatinado. 1926-1928: *Reichspropagandaleiter* do Partido Nazista, 1928-1932: *Reichsorganisationsleiter* do Partido Nazista. 1932: aumento da rivalidade com Hitler. 30/06/1934: detido e assassinado na esteira da "Noite das Facas Longas".

Strasser, Otto
1897-1974

05/05, 18/11/1929. Político, irmão de Gregor Strasser. Participação PGM, *Freikorps* Epp. 1917-1920: membro do SPD, Ministério da Alimentação. 1925: Partido Nazista, monta com o irmão e com Joseph Goebbels uma ala "esquerda", social-revolucionária, do partido. 1930: demissão do partido. 1933: emigração. 1955: volta à Alemanha.

Stumpfegger, dr. Ludwig
1910-1945

31/05/1944. Médico. Casado com Gertrud, nascida Spengler. Por um tempo, médico de Himmler e família; a partir de 1944, de Hitler. Dirige em Hohenlychen experiências médicas com mulheres detidas em Ravensbrück. 1943: *Obersturmbannführer-SS*. Suicídio em Berlim em 02/05/1945, com Martin Bormann.

Tannberger, sr.

03/09/1941. Empregado em Gmund.

Thermann, Vilma von

13/07/1941, 19/07/1941 e 20/07/1941. Mulher do diplomata Edmund von Thermann (1883-1951). 1913: serviço diplomático. 1925-1932: cônsul geral em Dantzig. 1933: Partido Nazista e SS. 1933: embaixador da Alemanha em Buenos Aires. A filha de ambos casa em 1939 com o ajudante de campo de Himmler, o dr. Hans-Joachim, barão von Hadeln (1910-1943), e mais tarde, em 1944, com o ex-ajudante-de-campo de Himmler e Hitler, Fritz Darges.

Wagner, Adolf
1890-1944

12/02/1931. Oficial durante a PGM. 1922: Partido Nazista, participação na tentativa de golpe de Hitler. 1924: deputado no Landtag. 1930: *Gauleiter* de Munique-Alta Baviera. 1933: vice-primeiro-ministro e ministro do Interior da Baviera. 1933: MdR. 1939: comissário da defesa do Reich. O mais poderoso dentre os *Gauleiter* ("o déspota de Munique"), acesso permanente a Hitler. 1942: demitido de suas funções após um acidente vascular cerebral.

Waldeck und Pyrmont, príncipe herdeiro, Josias zu
1896-1967

21/07/1930, 06/01/1931 (A.P.), 26/01/1932 e 31/05/1944. Agrônomo, oficial. Participação PGM, *Freikorps*. 1929: Partido Nazista e SS. 1930: ajudante de campo de Himmler. 1932: *Gruppenführer-SS*. 1933: MdR. 1932: casa com Altburg von Oldenburg (1903-2001, 1929: Partido Nazista), cinco filhos. Um filho (*1936) era afilhado de Hitler e Himmler. 1934: execução de chefes SA na esteira da "Noite das Facas Longas". 1936: *Obergruppenführer-SS*. 1938-1945: HSSPF de Fulda-Werra. 1944: general da Waffen-SS. Amigo de Himmler. Condenado à prisão perpétua em 1947, libertado em 1950.

Wedel, conde Wilhelm Alfred von
1891-1939

21/02/1938 (DM), 13/07 e 31/10/1941. Oficial. Participação PGM, capitão de cavalaria. 1919: casa com Ida von Schubert. Proprietário fundiário, anfitrião de Hitler antes da tomada do poder. 1932: Partido Nazista e SA. 1933: Landrat de Ostprignitz. 1935: SS. 1935: *Oberführer-SS*. 1938: *Brigadeführer-SS*. 1935-1939: chefe de polícia de Potsdam.

Wedel, conde Wilhelm von ("Mops")
1922-1941

13/07/1941, 02/08/1941. Filho menor dos Wedel. *Untersturmführer-SS*, caído em combate em 1941.

Wedel, condessa Ida von, nascida von Schubert
1895-1971

Citada muitas vezes nas cartas e no diário. Filha de um general. 1919: casa com o conde Wilhelm von Wedel e tem três filhos. 1931: Partido Nazista. 1932: *NS-Frauenschaft*. Amizade muito próxima com Marga Himmler. Viúva em 1939.

Weiss, Ferdl (Ferdinand Weisheitinger)
1883-1949

02/10/1928 (AB). Ator, o mais famoso cantor popular de Munique. Apresenta-se na cervejaria Platzl na cidade, tornando-se seu diretor em 1921. Simpatiza desde cedo com os nacional-socialistas. 1940: Partido Nazista.

Wendler, Maria, nascida Haggenmüller
*1908

05/01/1943. 1934: casa com Richard Wendler. *NS-Frauenschaft*, durante a guerra vive com o marido no Governo-Geral. Depois de 1945: médica em Rosenheim.

Wendler, Richard
1898-1972

08/05/1929, 05/01/1943. Jurista, irmão de Hilde Himmler. *Freikorps* Epp. 1927: Partido Nazista. 1928: *Führer-SA* e orador do Partido Nazista. 1933: SS. 1933: prefeito de Hof. 1934: casa com Maria Haggenmüller. 1939: governador civil em várias cidades da Polônia. 1941-1942: Cracóvia. 1943-1944: Lublin. 1943: *Gruppenführer-SS*, contato muito próximo com Himmler. 1971: acusado pela deportação dos judeus do gueto de Cracóvia, processo abandonado.

Wiligut, Karl Maria ("Karl Maria Weisthor")
1866-1946

Comentários. Coronel, ocultista. 1924-1927: em uma casa de repouso em Salzburgo. 1933: SS, assessor muito próximo de Himmler para questões ideológicas, trabalha na interpretação das runas, da heráldica, da astrologia. Afirmava descender diretamente da raça dos deuses nórdicos dos "Ases". Também chamado de "Rasputin" por sua influência sobre Himmler. 1934: Rasse-und Siedlungshauptamt, 1936: *Brigadeführer-SS*. Obrigado a deixar a SS em 1939 por charlatanismo e abuso de álcool. Mesmo depois disso, Himmler continuou a se aconselhar com ele.

Wolff, Karl
1900-1984

09/08/1941 (carta de Marga) e 21/09/1941. Comerciante, *Führer-SS*. Oficial durante a PGM. 1923: casa com Frieda von Römheld (*1901, 1932: Partido Nazista), tem quatro filhos; dois filhos (*1936 e 1938) eram afilhados de Himmler. 1931: Partido Nazista e SS. 1933: Estado-Maior pessoal do *Reichsführer-SS*. 1935 ajudante de campo em chefe de Himmler. 1936: chefe do Estado-Maior pessoal do *Reichsführer-SS*. 1939: oficial de ligação da SS com o Führer. 1942: *Obergruppenführer-SS* e general da Waffen-SS. 1943: HSSPF para a Itália, chefe do grupo de exército B. Sua filha mais velha (*1930) foi colega de Gudrun na escola Berlim e Reichersbeuern. 1943: divórcio, casa com a condessa Inge von Bernstorff. O filho de ambos (*1937) era afilhado de Himmler. Condenado em 1964 a quinze anos de prisão, libertado em 1970.

Zipperer, Falk Wolfgang
*1899

26/12/1927, 28/01/1928, 26/12/1942. Jurista, melhor amigo de Himmler desde a escola em Landshut. Participação PGM. *Freikorps* Landshut e *Freikorps*

Epp. 1937: Partido Nazista. 1938: SS. 1938: *Führer* no Estado-Maior do *Reichsführer-SS*. 1939: *Obersturmführer*. 1943: *Hauptsturmführer*. A partir de 1937: conselheiro no *Deutschrechtlichen Institut des Reichsführer-SS* ("instituto de direito alemão do *Reichsführer-SS*") em Bonn ("Ahnenerbe" da SS). 1937: casa com Lieselotte Lubowski (*1908). A filha de ambos (*1944) era afilhada de Himmler.

Fontes e bibliografia seleta

Fontes inéditas

Coleção privada dos documentos de Tel Aviv

Cartas de Heinrich Himmler a Marga Himmler, 1927-1945 (rolos de microfilmes)
Diário de Marga Himmler, 1937-1945 (rolos de microfilmes)
Diário de Gudrun Himmler, 1941-1945 (original)
Diário de infância de Gudrun Himmler, 1929-1936 (original)
Registro do orçamento doméstico de Marga Himmler, 1941-1944 (original)
Registro dos presentes de Natal de Marga Himmler, 1935-1944 (original)
Livreto do partido Partido Nazista de Marga Himmler (original)
Diário de Marga Boden, 1909-1916 (original)
Álbum de poesia de Gudrun Himmler, 1939-1945 (original)

Bundesarchiv Berlin (BA-B) (Arquivo Federal de Berlim)

NS 19, Estado-Maior pessoal do *Reichsführer-SS*
Muitos arquivos pessoais extraídos do fichário de membros do Partido Nazista, arquivos das *Führer SS* (SSO) e das patentes inferiores da SS (SM), arquivos do *Rasse- und Siedlungshauptamt* da SS e da SA (antigo BDC)

Bundesarchiv Koblenz (BA-K) (Arquivo Federal de Koblenz)

Fundo Heinrich Himmler N 1126, e nele especialmente:

N 1126/4, *Korrespondenzheft* Heinrich Himmler, 1908-1927 (registro das correspondências)

N 1126/5, *Tagebuch* Heinrich Himmler, 1914-1924 (diário)

N 1126/8, *Leseliste* (lista de leituras) com comentários de Heinrich Himmler, 1919-1934

N 1126/14, Cartas de Marga Himmler a Heinrich Himmler, 1927-1941

N 1126/16, Cartas de Gudrun Himmler e Lydia Boden a Heinrich Himmler, 1939-1941

N 1126/37 e 38, Documentos privados e cartas de Hedwig Potthast

N 1126/7, 42 e 46-52, *Taschenkalender* Heinrich Himmler, 1927-1940 (agenda de bolso, incompleta)

Arquivos ilustrados: Fundo fotográfico Heinrich Himmler

US Holocaust Memorial Museum, Washington D.C. (USHMM)

Acc. 1999. A.0092 *Tagebuch* Margarete Himmler (diário)
Arquivos ilustrados: Fundo fotográfico Heinrich Himmler

National Archives Washington D.C. (NARA)

Interrogative Records, Margarete Himmler RG 238, M1270/0006

Staatsarchiv Munique (Arquivo de Estado de Munique)

Arquivos da Câmara de Desnazificação, Himmler Margarete, caixa 710 (compra casa de Gmund)

Registro Civil Berlim Schöneberg/Tempelhof (anteriormente Schöneberg)

Certidão de casamento de Heinrich Himmler e Margarete Siegroth, Reg. nº 459/1928

Coleção privada Horst von der Ahé

Fundo Gerhard von der Ahé (N-GA), e especialmente:
Livro de recordações de Lydia Boden, *Um und mit Gerhard 1933-1945*
Documentos privados sobre a família von der Ahé

Arquivo privado Heinz Höhne

Reprodução de memória de entrevista de Heinz Höhne com Gebhard e Hilde Himmler, Munique, 29 de janeiro de 1966

Publicações

Bibliografia anterior a 1945

Blunck, Hans-Friedrich, *Eine erzählung von Geiserich und dem Zug der Wandalen*, Hamburgo, 1937.

Clausen, Rosemarie (ed.), *Die Vollendeten*, coletânea de fotos, Stuttgart, 1941.

Darré, Richard Walther, *Neuadel aus Blut und Boden*, Munique, 1930.

Gerigk, Alfred, *Spuk am Balkan. Ein König, ein Oberst ein General*, Berlim, 1943.

Günther, Hans Friedrich Karl, *Rassenkunde des deutschen Volkes*, Munique, 1922.

Haarer, Johanna, *Die deutsche Mutter und ihr erstes Kind*, Munique/Berlim, 1938.

Himmler, Heinrich, *Der Reichstag 1930. Das sterbende System und der Nationalsozialismus*, Munique, 1931.

_____, *Die Schutzstaffel als antibolschewistische Kampforganisation*, Munique, 1936.

Johst, Hanns, *Ruf des Reiches, Echo des Volkes! Eine Ostfahrt*, Munique, 1940.

Kiss, Edmund, *Das Sonnentor von Tihuanaku und Hörbigers Welteislehre*, Leipzig, 1937.

Kriegsgeschichtliche Abteilung I des Grossen Generalstabes (ed.), *Die Kämpfe der deutschen Truppen in Südwestafrika*, t. 1: *Der Feldzug gegen die Hereros*, Berlim, 1906.

Ries, Robert, "Die Regesten der Kaiserin Konstanze, Königin von Sizilien, Gemahlin Heinrichs VI", *Quellen und Forschungen aus italienischen Archiven und Bibliotheken* 18, 1926.

Steen, Hans, *Helden unter dem Sonnenbanner — von Hawai bis Singapur. Ein Tatsachenbericht, zusammengestellt aus Schilderungen japanischer Soldaten*, em col. com o escritório militar da embaixada imperial do Japão em Berlim, Berlim, 1943.

Strasser, Gregor, *Kampf um Deutschland. Reden und Aufsätze eines Nationalsozialisten*, Munique, 1932.

Thiel, Rudolf, *Preussische Soldaten*, Berlim, 1941.

Weinland, David Friedrich, *Rulaman. Naturgeschichtliche erzählung aus der Zeit des Höhlenmenschen und des Höhlenbären*, 1878.

Zipperer, Falk, *Das Haberfeldtreiben. Seine Geschichte und seine Bedeutung*, Weimar, 1938.

Coletâneas de fontes e documentação

Akten zur deutschen auswärtigen Politik 1938-1945. Documentos dos arquivos da Auswärtiges Amt, Série D: 1937-1945, Göttingen 1950-1961, Série E: 1941-1945, Göttingen, 1969-1979.

Czech, Danuta, *Kalendarium der ereignisse im Konzentrationslager Auschwitz-Birkenau 1939-1945*, Reinbek bei Hamburgo, 1989.

Dahm, Volker, Feiber, Albert A. et al. (ed.), *Die tödliche Utopie. Bilder, Texte, Dokumente, Daten zum Dritten Reich*, Institut für Zeitgeschichte, Munique, 1999.

Enzyklopädie des Holocaust. Die Verfolgung und ermordung der europäischen Juden, Israel Gutman et al. (ed.), 3 vols., Munique, 1995/Tel Aviv, 1990.

[Frank, Hans,] *Das Diensttagebuch des deutschen Generalgouverneurs in Polen 1939-1945*, Werner Präg e Wolfgang Jacobmeyer (ed.), Stuttgart, 1975.

[Goebbels, Joseph], *Die Tagebücher von Joseph Goebbels*, Elke Fröhlich et al. (ed.), por encomenda do Institut für Zeitgeschichte e com apoio do Serviço de Arquivos de Estado da Rússia, Munique, 1993-2006 [tradução parcial em francês nas edições Tallandier: *Journal*, 4 vols., 2006-2009].

Grabitz, Helge e Wolfgang Scheffler (ed.), *Letzte Spuren. Fotos und Dokumente über Opfer des Endlösungswahns im Spiegel der historischen Ereignisse*, Berlim, 1993 (2ª ed. revista).

Heiber, Helmut (ed.), *Reichsführer!... Briefe an und von Himmler*, Stuttgart, 1968.

—— (ed.), *Goebbels-Reden 1932-1939*, t. 1, Düsseldorf, 1971.

[Himmler, Heinrich], *Der Dienstkalender Heinrich Himmlers 1941/42*, Peter Witte et al. (ed.), por encomenda da Forschungsstelle für Zeitgeschichte in Hamburg, Hamburgo, 1999.

——, *Heinrich Himmlers Taschenkalender 1940*, Markus Moors e Moritz Pfeiffer (eds.), Paderborn, 2013.

Hitler, Adolf, *Monologe im Führerhauptquartier 1941-1944. Die Aufzeichnungen Heinrich Heims*, Werner Jochmann (ed.), Bindlach, 1988.

Höss, Rudolf, *Le commandant d'Auschwitz parle*, Paris, La Découverte, 2004.

"Die letzten Tage von Heinrich Himmler. Neue Dokumente aus dem Archiv des Föderalen Sicherheitsdienstes", apresentação e introdução de Boris Chavkin e A.M. Kalganov, *Forum für osteuropäische Ideen- und Zeitgeschichte*, 4 (2000), p. 251-284.

München — "Hauptstadt der Bewegung". Bayerns Metropole und der Nationalsozialismus, Münchner Stadtmuseum (ed.), 2002 (nova edição).

Der Prozess gegen die Hauptkriegsverbrecher vor dem Internationalen Militärgerichtshof, 14. Oktober 1945 bis 1. Oktober 1946, 42 vols., Nuremberg, 1947-1949.

Rürup, Reinhard (ed.), *Der Krieg gegen die Sowjetunion 1941-1945. Eine Dokumentation*, Berlim, 1991.

Schulz, Andreas, Wegmann, Günter e Zinke, Dieter, *Die Generale der Waffen-SS und der Polizei. Deutschlands Generale und Admirale*, vol. 1-6, Bissendorf, 2003-2012.

Tessin, Georg, *Verbände und Truppen der deutschen Wehrmacht und der Waffen-SS im Zweiten Weltkrieg 1939-1945*, vol. 1-76, Osnabrück, 1972--2002.

Die Verfolgung und ermordung der europäischen Juden durch das nationalsozialistische Deutschland 1933-1945 (VeJ), por encomenda do Bundesarchiv, vol. 1-7, Munique, 2008-2011, sobretudo o vol. 7: *Sowjetunion mit annektierten Gebieten. Besetzte sowjetische Gebiete unter deutscher Militärverwaltung, Baltikum und Transnistrien*, Bert Hoppe et Hildrun Glass (eds.), Munique, 2011.

Wildt, Michael (ed.), *Die Judenpolitik des SD 1935 bis 1938. Eine Dokumentation*, Munique, 1995.

Bibliografia posterior a 1945

Ackermann, Josef, *Heinrich Himmler als Ideologe*, Göttingen, 1970.

Adam, Peter, *Kunst im Dritten Reich*, Hamburgo, 1992.

Alisch, Michael, *Heinrich Himmler. Wege zu Hitler*, Frankfurt, 2010.

Aly, Götz, *"Endlösung". Völkerverschiebung und der Mord an den europäischen Juden*, Frankfurt, 2002 (1ª ed. 1995).

_____ e Heim, Susanne, *Vordenker der Vernichtung. Auschwitz und die deutschen Pläne für eine neue europäische Ordnung*, Hamburgo, 1991.

Aronson, Shlomo, *Reinhard Heydrich und die Frühgeschichte von Gestapo und SD*, Stuttgart, 1971.

Benz, Wolfgang (ed.), *Dimension des Völkermords. Die Zahl der jüdischen Opfer des Nationalsozialismus*, Munique, 1991.

Benz, Wolfgang e Distel, Barbara (ed.), *Der Ort des Terrors*, vol. 3, Munique, 2006 (Berlim-Dahlem/"Dohnenstieg").

Benz, Wolfgang, Distel, Barbara e Königseder, Angelika (eds.), *Der Ort des Terrors: Geschichte der nationalsozialistischen Konzentrationslager*, vol. 2: *Frühe Lager, Dachau, Emslandlager*, Munique, 2005 (Gmund, Valepp).

Birn, Ruth Bettina, *Die Höheren SS- und Polizeiführer. Himmlers Vertreter im Reich und in den besetzten Gebieten*, Düsseldorf, 1986.

Black, Peter, *Ernst Kaltenbrunner. Vasall Himmlers. Eine SS-Karriere*, Paderborn, 1991.

Böhler, Joachim, *Auftakt zum Vernichtungskrieg. Die Wehrmacht in Polen 1939*, Frankfurt, 2006.

Bramwell, Anna, *Blood and Soil. Richard Walther Darré and Hitler's "Green Party"*, Bourne End, 1985.

Breitman, Richard, *Der Architekt der "Endlösung". Himmler und die Vernichtung der europäischen Juden*, Paderborn, 1996.

Breuer, Stefan, *Nationalismus und Faschismus. Frankreich, Italien und Deutschland im Vergleich*, Darmstadt, 2005.

_____ e Schmidt, Ina, *Die Kommenden. Eine Zeitschrift der Bündischen Jugend (1926-1933)*, Schwalbach im Taunus, 2010.

Browning, Christopher, *Des hommes ordinaires. Le 101e bataillon de réserve de la police allemande et la solution finale en Pologne*, tradução do inglês de Elie Barnavi, Paris, Les Belles Lettres, 1994.

_____ com a col. de Jürgen Matthäus, *Die entfesselung der "Endlösung". Nationalsozialistische Judenpolitik 1939-1942*, Berlim, 2006, tradução alemã de *The Origins of The Final Solution: The evolution of Nazi Jewish Policy 1939-1942*, Londres, William Heinemann, 2004.

Chamberlain, Sigrid, *Adolf Hitler, die deutsche Mutter und ihr erstes Kind, über NS-erziehung*, Giessen, 2003 (1ª ed. 1997).

Chaussy, Ulrich e Püschner, Christoph, *Nachbar Hitler*, Berlim, 2005 (5ª ed. revista).

Conze, Eckart, Frei, Norbert, Hayes, Peter e Zimmermann, Moshe, *Das Amt und die Vergangenheit. Deutsche Diplomaten im Dritten Reich und in der Bundesrepublik*, Munique, 2010.

Cüppers, Martin, *Wegbereiter der Shoah. Die Waffen-SS, der Kommandostab Reichsführer-SS und die Judenvernichtung 1939-1945*, Darmstadt, 2005.

Dederichs, Mario R., *Heydrich — Le Visage du mal*, tradução do alemão de Denis-Armand Canal, Paris, Tallandier, 2007.

Dening, Hilke, *Chronik 1930. Tag für Tag in Wort und Bild*, Dortmund, 1989.

Diehl, Paula, *Macht — Mythos — Utopie. Die Körperbilder der SS-Männer*, Berlim, 2005.

Dierker, Wolfgang, *Himmlers Glaubenskrieger. Der Sicherheitsdienst der SS und seine Religionspolitik 1933-1941*, Paderborn, 2002.

Dietz, Burkhard, Gabel, Helmut e Tiedau, Ulrich (ed.), *Griff nach dem Westen. Die "Westforschung" der völkisch-nationalen Wissenschaften zum nordwesteuropäischen Raum (1919-1960)*, Münster, 2003.

Dornheim, Andreas, *Röhms Mann fürs Ausland*, Münster e outros, 1998.

Döscher, Hans-Jürgen, *SS und Auswärtiges Amt im Dritten Reich. Diplomatie im Schatten der "Endlösung"*, Ullstein, Berlin, 1991.

Düsterberg, Rolf, *Hanns Johst: "Der Barde der SS". Karrieren eines deutschen Dichters*, Paderborn, 2004.

Elste, Alfred, Pucher, Siegfried, *Kärntens braune elite*, Klagenfurt, 1997.

Faatz, Martin, *Vom Staatsschutz zum Gestapo-Terror. Politische Polizei in Bayern in der endphase der Weimarer Republik und der Anfangsphase der nationalsozialistischen Diktatur*, Wurtzbourg, 1995.

Frei, Norbert, *Vergangenheitspolitik. Die Anfänge der Bundesrepublik und die NS-Vergangenheit*, Munique, 1996.

Frischauer, Willi, *Himmler: The evil Genius of the Third Reich*, Londres, 1953.

Fuhrer, Armin e Schön, Heinz, *Erich Koch, Hitlers brauner Zar. Gauleiter von Ostpreussen und Reichskommissar der Ukraine*, Munique, 2009.

Gerlach, Christian, *Kalkulierte Morde. Die deutsche Wirtschafts- und Vernichtungspolitik in Weissrussland 1941-1944*, Hamburgo, 1999.

_____ e Aly, Götz, *Das letzte Kapitel. Der Mord an den ungarischen Juden*, Stuttgart, 2001.

Germanisches Nationalmuseum (ed.), *Katalog Olaf Gulbransson. Werke und Dokumente*, coletado por Ludwig Veit, Munique, 1980.

Gerwarth, Robert, *Reinhard Heydrich. Biographie*, Munique, 2011.

Gies, Horst R., *Walther Darré und die nationalsozialistische Bauernpolitik in den Jahren 1930 bis 1933*, Frankfurt, 1966.

Gläser, Helga, Metzger, Karl-Heinz et al., *100 Jahre Villenkolonie Grunewald 1889-1989*, Berlim, 1988.

Görtemaker, Heike B., *Eva Braun. Leben mit Hitler*, Munique, 2010.

Graf, Oskar Maria, *Gelächter von aussen: aus meinem Leben 1918-1933*, Munique, 1966.

Gugenberger, Eduard, *Hitlers Visionäre. Die okkulten Wegbereiter des Dritten Reiches*, Viena, 2001.

Hachmeister, Lutz, *Der Gegnerforscher. Die Karriere des SS-Führers Franz Alfred Six*, Munique, 1998.

Hahn, Judith, *Grawitz, Genzken, Gebhardt. Drei Karrieren im Sanitätsdienst der SS*, Berlim, 2007 (tese).

Hajak, Stefanie e Zarusky, Jürgen (ed.), *München und der Nationalsozialismus*, Berlim, 2008.

Heinemann, Isabel, *"Rasse, Siedlung, deutsches Blut". Das Rasse- und Siedlungshauptamt der SS und die rassenpolitische Neuordnung Europas*, Göttingen, 2003.

Helzel, Frank, *Ein König, ein Reichsführer und der wilde Osten*, Bielefeld, 2004.

Herbert, Ulrich, *Best. Biographische Studien über Radikalismus, Weltanschauung und Vernunft, 1903-1989*, Bonn, 1996.

Heydrich, Lina, *Leben mit einem Kriegsverbrecher*, Pfaffenhofen, 1976.

Hilberg, Raul, *La Destruction des Juifs d'europe*, tradução do inglês de André Charpentier e Marie-France de Paloméra, 3 vols., Paris, Gallimard, "Folio", 2006 (nova edição ampliada).

Hiller von Gaertringen, Hans Georg (ed.), *Das Auge des Dritten Reiches: Hitlers Kameramann und Fotograf Walter Frentz*, Berlim, 2006.

Hillesheim, Jürgen e Michael, Elisabeth, *Lexikon nationalsozialistischer Dichter*, Wurtzburgo, 1993.

Himmler, Heinrich (Smith, Bradley F. e Peterson, Agnes F., eds.), *Discours secrets*, tradução do alemão de Marie-Martine Husson, Paris, Gallimard, 1977.

Himmler, Katrin, *Les Frères Himmler. Un portrait intime de Heinrich Himmler raconté par sa petite-nièce*, tradução do alemão de Sylvia Gehlert, Paris, David Reinharc, 2012.

Höhne, Heinz, *Die SS. Orden unter dem Totenkopf*, Munique, 1967.

Huber, Gabriele, *Die Porzellan-Manufaktur Allach-München GmbH. Eine "Wirtschaftsunternehmung" der SS zum Schutz der "deutschen Seele"*, Marburgo, 1992.

Hüser, Karl, *Wewelsburg 1933-1945: Kult- und Terrorstätte der SS. Eine Dokumentation*, Paderborn, 1982.

Jacobsen, Hans-Adolf, Greiner, Helmuth e Schramm, Percy Ernst, *Kriegstagebuch des Oberkommandos der Wehrmacht*, vol. 1-8, Frankfurt, 1965.

Janda-Busl, Ingild, *Juden im Landkreis Tirschenreuth*, vol. 1, Bamberg, 2011 (sobre a história do dr. Hauschild).

Jansen, Hans, *Der Madagaskar-Plan. Die beabsichtigte Deportation der europäischen Juden nach Madagaskar*, Munique, 1997.

Joachimsthaler, Anton, *Hitlers Liste. Ein Dokument persönlicher Beziehungen*, Munique, 2003.

John, Jürgen, Möller, Horst e Schaarschmidt, Thomas (eds.), *Die NS-Gaue*, Munique, 2007.

Kaienburg, Hermann, *Konzentrationslager und deutsche Wirtschaft 1939-1945*, Opladen, 1996.

_____, *Die Wirtschaft der SS*, Berlim, 2003 (tese de habilitação).

Kampe, Norbert et Klein, Peter (eds.), *Die Wannsee-Konferenz am 20. Januar 1942. Dokumente. Forschungsstand. Kontroversen*, Colônia, Weimar e Viena, 2013.

Kater, Michael H., *Das "Ahnenerbe" der SS 1935-1945. Ein Beitrag zur Kulturpolitik des Dritten Reiches*, Munique, 2006 (4ª ed. ampliada).

Kershaw, Ian, *Hitler*, tradução do inglês de Pierre-Emmanuel Dauzat, Paris, Flammarion, 2008.

[Kersten, Felix,] *Totenkopf und Treue. Heinrich Himmler ohne Uniform. Aus den Tagebuchblättern des finnischen Medizinalrats Felix Kersten*, Hamburgo, 1952.

Kipper, Rainer, *Der Germanenmythos im deutschen Kaiserreich. Formen und Funktionen historischer Selbstthematisierung*, Göttingen, 2002.

Kirsten, Holm, *Weimar im Banne des Führers*, Colônia, 2001.

Kissenkötter, Udo, *Gregor Strasser und die Partido Nazista*, Stuttgart, 1978.

Klee, Ernst, *La Médecine nazie et ses victimes*, tradução do alemão de Olivier Mannoni, Arles, Actes Sud, 1999.

_____, *Das Personenlexikon zum Dritten Reich*, Frankfurt, 2003.

_____, *Das Kulturlexikon zum Dritten Reich: wer war was vor und nach 1945*, Frankfurt, 2009 (edição totalmente revista).

Klein, Peter (ed.), *Die einsatzgruppen in der besetzten Sowjetunion. Die Tätigkeits- und Lageberichte des Chefs der Sicherheitspolizei und des SD 1941/42*, Berlim, 1997.

Kley, Stefan, *Hitler, Ribbentrop und die Entfesselung des Zweiten Weltkrieges*, Paderborn, 1996 (tese).

Koch, Peter-Ferdinand, *Himmlers graue eminenz, Oswald Pohl und das Wirtschaftsverwaltungshauptamt der SS*, Hamburgo, 1988.

_____, *Menschenversuche. Die tödlichen Experimente deutscher Ärzte*, Munique/Zurique, 1996.

Krausnick, Helmut e Wilhelm, Hans-Ulrich, *Die Truppe des Weltanschauungskrieges. Die einsatzgruppen der Sicherheitspolizei und des SD 1938-1942*, Stuttgart, 1981.

Krauss, Marita (ed.), *Rechte Karrieren in München*, Munique, 2010.

Kroll, Frank-Lothar, *Utopie als Ideologie*, Paderborn, 1999 (1ª ed. 1998).

Lang, Hans-Joachim, *Die Namen der Nummern. Wie es gelang, die 86 Opfer eines NS-Verbrechens zu identifizieren*, Hamburgo, 2004.

Lang, Jochen von, *Der Adjutant. Karl Wolff, der Mann zwischen Hitler und Himmler*, Munique, 1985.

Lange, Hans-Jürgen, *Weisthor, Karl-Maria Wiligut. Himmlers Rasputin und seine erben*, Engerda, 1998.

_____, *Otto Rahn und die Suche nach dem Gral*, Engerda, 1999.

Large, David C., *Hitlers München*, Munique, 2001 (1ª ed. 1998).

Lilienthal, Georg, *"Der Lebensborn e.V.". Ein Instrument nationalsozialistischer. Rassenpolitik*, Frankfurt, 2008 (2ª ed.).

Lilla, Joachim, *Statisten in Uniform. Die Mitglieder des Reichstags 1933-1945*, Düsseldorf, 2004.

Lingen, Kerstin, *SS und Secret Service. "Verschwörung des Schweigens" Die Akte Karl Wolff*, Paderborn, 2010.

Longerich, Peter, *Nous ne savions pas. Les Allemands et la solution finale*, tradução do alemão de Raymond Clarinard, Paris, Héloïse d'Ormesson, 2008.

_____, *Geschichte der SA*, Munique, 2003 (1ª ed. 1989).

_____, *Himmler. L'éclosion quotidienne d'un monstre ordinaire*, tradução do alemão de Raymond Clarinard, Paris, Héloïse d'Ormesson, 2010.

_____, *Joseph Goebbels*, tradução do alemão de Raymond Clarinard, Paris, Héloïse d'Ormesson, 2013.

Ludendorff, Erich, *Vom Feldherrn zum Weltrevolutionär und Wegbereiter. Deutscher Volksschöpfung*, vol. 2: *Meine Lebenserinnerungen von 1926 bis 1933*, Stuttgart, 1951.

Lumans, Valdis O., *Himmler's Auxiliaries. The Volksdeutsche Mittelstelle and the German Minorities of Europe, 1933-1945*, Chapel Hill/Londres, 1993.

Madajczyk, Czesław, *Die Okkupationspolitik Nazideutschlands in Polen 1939-1945*, Berlim, 1987.

_____, *Vom Generalplan Ost zum Generalsiedlungsplan*, Munique, 1994.

Mallmann, Klaus-Michael e Musial, Bogdan (ed.), *Genesis des Genozids. Polen 1939-1941*, Darmstadt, 2004.

———, Angrick, Andrej, Matthäus, Jürgen e Cüppers, Martin (eds.), Die "Einsatzmeldungen UdSSR" 1941. *Dokumente der einsatzgruppen in der Sowjetunion*, Darmstadt, 2011.

Manvell, Roger e Fraenkel, Heinrich, *Himmler: Kleinbürger und Massenmörder*, Herrsching, 1981.

Matthäus, Jürgen et al., *Ausbildungsziel Judenmord? "Weltanschauliche Erziehung" von SS, Polizei und Waffen-SS im Rahmen der "Endlösung"*, Frankfurt, 2003.

Meindl, Ralf, *Ostpreussens Gauleiter. Erich Koch — eine politische Biographie*, Osnabrück, 2007.

Melzer, Jörg, *Vollwerternährung: Diätetik, Naturheilkunde, NS, sozialer Anspruch*, Stuttgart, 2003 (sobre as experiências de Fahrenkamp com hormônios e alimentação).

Mennel, Rainer, *Die Schlussphase des Zweiten Weltkrieges im Westen (1944/45). Eine Studie zur politischen Geographie*, Osnabrück, 1981 (HH como comandante de exército).

Miller, Alice, *Le Drame de l'enfant doué*, tradução do alemão de Lea Marcou, Paris, Presses Universitaires de France, 2012.

———, *Am Anfang war erziehung*, Frankfurt, 1980.

Morgenbrod, Birgit e Merkenich, Stephanie, *Das Deutsche Rote Kreuz unter der NS-Diktatur*, Paderborn, 2008.

Moynihan, Michael e Flowers, Stephen, *The Secret King: Karl Maria Wiligut, Himmler's Lord of the Runes*, Harrow, 2001.

Mues-Baron, Klaus, *Heinrich Himmler — Aufstieg des Reichsführers SS (1900-1933)*, Göttingen, 2011.

Müller, Rolf-Dieter, *Hitlers Ostkrieg und die deutsche Siedlungspolitik. Die Zusammenarbeit von Wehrmacht, Wirtschaft und SS*, Frankfurt, 1991.

Musial, Bogdan, *Deutsche Zivilverwaltung und Judenverfolgung im Generalgouvernement. Eine Fallstudie zum Distrikt Lublin 1939-1944*, Wiesbaden, 1999.

_____, "*Konterrevolutionäre elemente sind zu erschiessen.*" *Die Brutalisierung des deutsch-sowjetischen Krieges im Sommer 1941*, Berlim/Munique, 2000.

Naasner, Walter (ed.), *SS-Wirtschaft und SS-Verwaltung. Das SS-Wirtschafts--Verwaltungshauptamt und die unter seiner Dienstaufsicht stehenden wirtschaftlichen Unternehmungen*, Düsseldorf, 1998.

Padfield, Peter, *Himmler: Reichsführer-SS*, Londres, 1990.

Paul, Gerhard (eds.), *Die Täter der Shoah. Fanatische Nationalsozialisten oder ganz normale Deutsche?*, Göttingen, 2002.

Paul, Gerhard e Mallmann, Klaus-Michael (ed.), *Die Gestapo. Mythos und Realität*, Darmstadt, 1995.

Pelt, Robert-Jan van e Dwork, Deborah, *Auschwitz. Von 1270 bis heute*, Munique e Zurique, 1998.

Pieper, Christine, Schmeitzner, Mike Naser, Gerhard (eds.), *Braune Karrieren. Dresdner Täter und Akteure im Nationalsozialismus*, Dresden, 2012.

Piper, Ernst, *Alfred Rosenberg. Hitlers Chefideologe*, Munique, 2005.

Plöckinger, Othmar, *Geschichte eines Buches: Adolf Hitlers "Mein Kampf" 1922-1945*, Munique, 2006.

Pohl, Dieter, *Nationalsozialistische Judenverfolgung in Ostgalizien 1941-1944*, Munique, 1997.

Pucher, Siegfried K., *"... in der Bewegung führend tätig". Odilo Globocnik — Kämpfer für den "Anschluss", Vollstrecker des Holocaust*, Klagenfurt, 1997.

Reichardt, Sven e Nolzen, Armin, *Faschismus in Italien und Deutschland*, Göttingen, 2005.

Ribbentrop, Joachim von, *De Londres à Moscou: Mémoires*, tradução do alemão de Claude Pascal, Coulomniers, Deterna, 2007.

Riesenberger, Dieter, *Das deutsche Rote Kreuz. Eine Geschichte 1864-1990*, Paderborn, 2002.

Rösch, Mathias, *Die Münchner Partido Nazista 1925-1933. Eine Untersuchung zur inneren Struktur der Partido Nazista in der Weimarer Republik*, Munique, 2002 (tese).

Rose-Oertel, Oda, "Sagt Ihnen der Name Himmler etwas?", entrevista em três partes com Gerhard von der Ahé, *Lübecker Nachrichten* de 10--13/02/2002.

Roth, Claudia, *Parteikreis und Kreisleiter der Partido Nazista*, Munique, 1997.

Rothländer, Christiane, *Die Anfänge der Wiener SS*, Viena, 2012.

Schenk, Dieter, *Hans Frank: Kronjurist und Generalgouverneur*, Frankfurt, 2008.

Schieder, Wolfgang, *Faschistische Diktaturen. Studien zu Italien und Deutschland*, Göttingen, 2008.

Schloss Reichersbeuern. Geschichte und Rundgang in Bildern. 50 Jahre Landerziehungsheim Reichersbeuern Max-Rill-Schule 1938-1988, Reichersbeuern, 1988.

Schmeling, Anke, *Josias erbprinz zu Waldeck und Pyrmont*, Kassel, 1993.

Schmitz, Peter, *Die Artamanen. Landarbeit und Siedlung bündischer Jugend in Deutschland 1924-1935*, Bad Neustadt an der Saale, 1985.

Schmitz-Köster, Dorothee, *Kind L 364. Eine Lebensborn-Familiengeschichte*, Berlim, 2007.

_____, "Deutsche Mutter bist du bereit...", *Der Lebensborn und seine Kinder*, Berlim, 2010.

Schröm, Oliver e Röpke, Andrea, *Stille Hilfe für braune Kameraden. Das geheime Netzwerk der Alt- und Neonazis. Ein Inside-Report*, Berlim, 2001.

Schulte, Jan Erik, *Zwangsarbeit und Vernichtung: Das Wirtschaftsimperium der SS. Oswald Pohl und das SS-Wirtschafts-Verwaltungshauptamt 1933--1945*, Paderborn, 2001.

_____ (ed.), *Die SS, Himmler und die Wewelsburg*, Paderborn, 2009.

Schwarz, Gudrun, *Eine Frau an seiner Seite. Ehefrauen in der "SS-Sippengemeinschaft"*, Hamburgo, 1997.

Seidl, Daniella, *Zwischen Himmel und Hölle. Das Kommando "Plantage" des Konzentrationslagers Dachau*, coleção "Dachauer Diskurse", Munique, 2007.

Sigmund, Anna Maria, *Les Femmes du IIIe Reich*, tradução do alemão de Janine Bourlois, Paris, J.-C. Lattès, 2004.

Smelser, Ronald e Syring, Enrico (ed.), *Die Militärelite des Dritten Reiches. 27 biographische Skizzen*, Berlim, 1997.

_____ (ed.), *Die SS: Elite unter dem Totenkopf. 30 Lebenslaufe*, F. Schoningh, 2000.

Smith, Bradley F., *Heinrich Himmler 1900-1926. Sein Weg in den deutschen Faschismus*, Munique, 1979.

Stockhorst, Erich, *5000 Köpfe — wer war was im Dritten Reich*, Kiel, 2000.

Tálos, Emmerich et al. (ed.), *NS-Herrschaft in Österreich. Ein Handbuch*, Viena, 2002/2000.

Theweleit, Klaus, *Männerphantasien*, vols. 1 e 2, Reinbek, 1980.

Trevor-Roper, H. R., *The Bormann Letters*, Londres, 1954.

Ueberschär, Gerd R. (ed.), *Hitlers militärische Elite*, vol. 2: *Von Kriegsbeginn bis zum Weltkriegsende*, Darmstadt, 1998.

Ullrich, Volker, *Die nervöse Grossmacht 1871-1918. Aufstieg und Untergang des deutschen Kaiserreichs*, Frankfurt, 1997.

Vogel, Klaus (ed.), *Das deutsche Hygiene-Museum Dresden 1911-1990*, Dresden, 2003.

Wagner, Andreas, *Mutschmann gegen von Killinger*, Beucha, 2001.

Wasser, Bruno, *Himmlers Raumplanung im Osten. Der Generalplan Ost in Polen 1940-1944*, Birkhäuser, Basel, 1994.

Wegener, Franz, *Heinrich Himmler. Deutscher Spiritismus, französischer Okkultismus und der Reichsführer-SS*, Gladbeck, 2004.

Wegner, Bernd, *Zwei Wege nach Moskau. Vom Hitler-Stalin-Pakt bis zum "Unternehmen Barbarossa"*, Munique e Zurique, 1991.

_____, *Hitlers Politische Soldaten: Die Waffen-SS 1933-1945. Leitbild, Struktur und Funktion einer nationalsozialistischen Elite*, Paderborn, 2010 (9ª ed.; 1ª ed. 1982).

Westemeier, Jens, *Himmlers Krieger. Joachim Peiper und die Waffen-SS in Krieg und Nachkriegszeit*, Paderborn, 2013.

Wette, Wolfram, *Schule der Gewalt. Militarismus in Deutschland 1871-1945*, Berlim, 2005.

Wicke, Markus, *SS und Deutsches Rotes Kreuz: Das Präsidium des DRK im nationalsozialistischen Herrschaftssystem 1937-1945*, Potsdam, 2002.

Wildt, Michael, *Generation des Unbedingten. Das Führungskorps des Reichssicherheitshauptamtes*, Hamburgo, 2003 (1ª ed. 2002).

_____, *Volksgemeinschaft als Selbstermächtigung: Gewalt gegen Juden in der deutschen Provinz 1919-1939*, Hamburgo, 2007.

_____ e Kreutzmüller, Christoph (eds.), *Berlin 1933-1945. Stadt und Gesellschaft im Nationalsozialismus*, Munique, 2013.

Wörmann, Heinrich-Wilhelm, *Widerstand in Berlin-Charlottenburg 1933-45*, publicado na coleção *Widerstand in Berlin von 1933 bis 1945*, Gedenkstätte Deutscher Widerstand (ed.), nº 5, Berlim, 1991 (Kurt von der Ahé).

Zámecník, Stanislav, *Das war Dachau*, Frankfurt, 2010 (1ª ed. 2002).

Zelle, Karl-Günter, *Hitlers zweifelnde elite: Goebbels, Göring, Himmler, Speer*, Paderborn, 2010.

Ziehe, Irene, *Hans Hahne (1875-1935), sein Leben und Wirken. Biographie eines völkischen Wissenschaftlers*, Landesmuseum für Vorgeschichte, Halle an der Saale, 1996 (tese).

Periódicos

Il Giornale del Mattino

Germanische Gemeinschaft, Franz Riedweg (ed.), Berlim e Leipzig, Séries 1 [1941]-2 [1942]

SS-Leithefte, Reichsführer-SS et SS-Schulungsamt (ed.)

Völkischer Beobachter

Artigos

Angress, Werner T. e Smith, Bradley F., "Diaries of Heinrich Himmler's Early Years", *The Journal of Modern History*, vol. 31, nº 3 (1959), p. 206-224.

Angrick, Andrej, "Die Einsatzgruppe D", *in* Klein, *Einsatzgruppen*, p. 88-110 (ver bibliografia posterior a 1945).

Brauckmann, Stefan, "Artamanen als völkisch-nationalistische Gruppierung innerhalb der deutschen Jugendbewegung 1924-1935", *Jahrbuch des Archivs der deutschen Jugendbewegung*, nova série, vol. 2/05, Schwalbach 2006, p. 176-196.

Breitman, Richard e Aronson, Shlomo, "Eine unbekannte Himmler-Rede vom Januar 1943", *Vierteljahrshefte für Zeitgeschichte*, 38 (1990), p. 337-348.

Brüggemann, Karsten, "Max Erwin von Scheubner-Richter (1884-1923), der 'Führer des Führers'?", *in* Garleff, Michael (ed.), *Deutschbalten, Weimarer Republik und Drittes Reich*, vol. 1, Colônia, 2001, p. 119-146.

Buchheim, Hans, "Die SS — Das Herrschaftsinstrument", *in* _____, Broszat, Martin, Jacobsen, Hans-Adolf e Krausnick, Helmut, *Anatomie des SS--Staates*, Munique 1994 (1ª ed. 1965), p. 13-212.

Fest, Joachim C., "Die andere Utopie. Eine Studie über Heinrich Himmler", *in* _____, *Fremdheit und Nähe. Von der Gegenwart des Gewesenen*, Berlim, 1998, p. 108-129.

Hallgarten, George W. F., "Mein Mitschüler Heinrich Himmler", *Germania Judaica*, 1960/61, nº 2.

Himmler, Heinrich, *Denkschrift über die Behandlung der Fremdvölkischen im Osten*, VfZ, nº 2 (1957), p. 194-198.

Himmler, Katrin, "'Herrenmenschenpaare'. Zwischen nationalsozialistischem Elitebewusstsein und rassenideologischer (Selbst-)Verpflichtung", *in* Krauss, Marita (ed.), *Sie waren dabei. Dachauer Symposien zur Zeitgeschichte*, vol. 8, Göttingen, 2008, p. 62-79.

Kater, Michael H., "Die Artamanen — Völkische Jugend in der Weimarer Republik", *Historische Zeitschrift*, vol. 213 (1971), p. 577-638.

Kinder, Elisabeth, "Der Persönliche Stab Reichsführer-SS. Geschichte, Aufgaben und Überlieferung", *in* Boberach, Heinz e Booms, Hans (eds.), *Aus der Arbeit des Bundesarchivs*, Boppard am Rhein, 1977, p. 379-397.

Krausnick, Helmut, "Himmler über seinen Besuch bei Mussolini", *Vierteljahrshefte für Zeitgeschichte*, 4 (1956), p. 423-426.

Lehnstaedt, Stephan, "Das Reichsministerium des Innern unter Heinrich Himmler 1943-1945", *Vierteljahrshefte für Zeitgeschichte*, 54 (2006), p. 639-672.

Matthäus, Jürgen, "'Es war sehr nett'. Auszüge aus dem Tagebuch der Margarete Himmler, 1937-1945", *Werkstatt-Geschichte*, 25 (2000), p. 75-93.

Nieden, Susanne zur, "Banalitäten aus dem Schlafzimmer der Macht. Zu den Tagebuchaufzeichnungen von Margarete Himmler", *WerkstattGeschichte*, 25 (2000), p. 94-100.

Plöckinger, Othmar, "Heinrich Himmlers Privatexemplar von *Mein Kampf* als zeitgeschichtliche Quelle", *Zeitschrift für Religions- und Geistesgeschichte*, 61 (2009), n° 2, p. 171-178.

Schalm, Sabine, "Unterfahlheim: Eine Fischzuchtanlage der SS als Dachauer KZ-Aussenlager im 2. Weltkrieg", *Mitteilungen des Dokumentationszentrums Oberer Kuhberg Ulm e.V. KZ-Gedenkstätte*, n° 40 (nov. 2003), p. 6 ss.

Wildt, Michael, "Himmlers Terminkalender aus dem Jahr 1937", *Vierteljahreshefte für Zeitgeschichte*, 4 (2004), p. 671-691.

Wittler, Christina, "Leben im Verborgenen. Die Witwe des 'Reichsführers- -SS' Heinrich Himmler Margarete Himmler (1893-1967)", it Sunderbrink, Bärbel (ed.), *Frauen in der Bielefelder Geschichte*, Bielefeld, 2010, p. 193-203.

Zondergeld, Gjalt R., "'Nach Westen wollen wir fahren!' Die Zeitschrift 'Westland' als Treffpunkt der 'Westraumforscher'", in Dietz, B., Gabel, H. e Tiedau, U. (eds.), *Griff nach dem Westen*, Münster, 2003, p. 655-671.

Fontes on-line

Anuários de Berlim de 1920 a 1943 na Zentral- und Landesbibliothek de Berlim: adressbuch.zlb.de

Discursos do *Reichsführer-SS* no congresso dos *Gruppenführer-SS* em Poznań a 4 de outubro de 1943, *1000 Schlüsseldokumente zur Deutschen Geschichte im 20. Jahrhundert*. Documento sonoro Deutsches Rundfunkarchiv Wiesbaden 2006 e transcrição: www.1000dokumente.de

Österreichisches Biographisches Lexikon 1815-1950, Österreichische Akademie der Wissenschaften ed., edição on-line: www.biographien.ac.at

Protocolo da Conferência de Wannsee: www.ghwk.de/wannsee/dokumente-
-zur-wannsee-konferenz/lang.de

Cidade de Munique (ed.), *KulturGeschichtsPfad* 3, Maxvorstadt, Munique, 2003: www.muenchen.de/kgp

www.deutsche-biographie.de

www.lexikon-der-wehrmacht.de

www.reichstag-abgeordnetendatenbank.de

www.ushmm.org

www.yadvashem.org

www.zweiter-weltkrieg-lexikon.de

Este livro foi composto na tipologia Minion
Pro Regular, em corpo 11/16, e impresso
em papel off-white no Sistema Cameron da
Divisão Gráfica da Distribuidora Record.